LES VINS du RHONE et de la MEDITERRANEE

LES VINS du RHONE et de la MEDITERRANEE

TEXTES DE
JEAN BOISSIEU
PIERRE BOSC
HENRI BOSCO
GEORGES BRUNET
PIERRE CHARNAY
ROBERT CORDONNIER
RAYMOND DUMAY
JEAN GIONO
MARIE MAURON
OLIVIER OTT
REMY PECH
PIERRE POUPON
ROBERT SABATIER

SOUS LA DIRECTION DE RAYMOND DUMAY

PHOTOS DE FRANCIS JALAIN
MAQUETTE DE DORITA LAVAGNO

EDITIONS MONTALBA

Paul Valéry qui, un pied à Gênes et l'autre à Sète, fut l'un de nos plus parfaits méditerranéens disait: «Le plus nouveau, c'est toujours le plus ancien». Nous ne saurions trouver plus belle proclamation à placer en tête de ce volume où nous verrons les jeunes rosés venir chercher leur fortune dans les couvents cisterciens et jusque dans les amphores grecques et romaines rangées au fond des eaux comme dans la plus invulnérable des caves.

Vieux vignoble, donc complexe, car raffiner, c'est toujours diviser. D'où la mobilisation d'une équipe exceptionnellement nombreuse. Rassemblement d'ailleurs facile, la qualité ayant précédé la quantité. Nulle part nous n'avons pu trouver autant d'écrivains du cru parlant de leurs crus: Jean Giono, Henri Bosco, Marie Mauron, Robert Sabatier... Nous n'avons craint que de succomber sous l'excès de talents, et de talent. D'autres noms montrent que la relève est déjà faite. Tous ces hommes ont voulu rappeler que le vin était leur vin, ce vin qui est apparu sur le même rivage que la civilisation. Même, nous oserons dire, avec le même visage.

Georges Brunet, vigneron. Heureux ordre alphabétique qui place en tête de la liste l'un de ces hommes sans lesquels il n'y aurait pas de vin. Cas unique dans l'histoire, la création systématique d'un grand cru.

Jean Boissieu, écrivain et journaliste, résidant à Marseille. Auteur de plusieurs ouvrages de tourisme culturel, tel «Sentiers et randonnées de Provence». Passionné de viticulture.

Pierre Bosc, écrivain et journaliste, né à Perpignan et résidant à Montpellier. Auteur du «Vin de la colère». Premier prix de reportage de télévision agricole au Salon de l'Agriculture 1977.

Henri Bosco, écrivain français né en Avignon. Son œuvre exprime à la fois la séduction et le mystère de la Provence.

Pierre Charnay, directeur de l'Institut National des Appellations

4

d'Origine en Avignon. En activité dans la région des Côtes-du-Rhône depuis trente ans.

Robert Cordonnier, directeur de la Station de Technologie Végétale de l'Institut National de la Recherche Agronomique à Montpellier. Né dans les Corbières, d'une famille de vignerons. Spécialiste des « Arômes et enzymes du raisin ».

Raymond Dumay, directeur de la collection. Né en Bourgogne, il a eu la chance de vivre aussi en Languedoc et en Provence. Auteur d'un « Guide du Vin » et d'autres ouvrages gastronomiques.

Jean Giono, écrivain français. Il ne fut pas un grand buveur de vin, mais il avait le nez fin.

Marie Mauron, écrivain français dans la série des grands de la Provence. De plus en plus confondue avec un pays qu'elle connaît de la racine à l'étoile. Désormais, quand la Provence parle, c'est avec l'accent de Marie Mauron.

Olivier Ott, vigneron et dégustateur. Il fait partie de la troisième génération d'une famille alsacienne sans laquelle les vins des Côtes-de-Provence ne seraient pas ce qu'ils sont. Un don ne venant jamais seul, il a reçu aussi celui d'écrire.

Rémy Pech, maître assistant à l'Université de Toulouse-le-Mirail. Fils d'un vigneron de l'Aude, il s'est orienté tout naturellement vers l'histoire du vignoble languedocien.

Pierre Poupon, dégustateur. Il savoure avec le même plaisir et la même compétence la prose que le vin. Il l'a déjà prouvé dans les volumes consacrés au « Vin de Bourgogne » et au « Vin de Bordeaux ».

Robert Sabatier, de l'Académie Goncourt. S'est converti à la Provence où il habite une partie de l'année. Charme et vérité lui permettent de toucher à la fois l'élite et le grand public. Comme le grand vin.

l'odeur du vin

Avant d'entreprendre ce voyage sur les routes à travers les vignobles, je pense qu'il serait peut-être bon de parler un peu des mystères du vin. Un coup de l'étrier, somme toute.

Pour qu'on ne sache pas seulement de quoi il s'agit, mais aussi (et peut-être surtout) de quoi il ne s'agit pas. Une façon comme une autre de s'enivrer, pour qu'en chemin, les plaines et les coteaux, les vallons et les collines, les fleuves, les ruisseaux, les bosquets et les prés rouent autour de nous non plus comme géographie mais comme plumage de paon. Nous occuper un peu de ce personnage Vin d'une façon nouvelle, voir plus loin que son anatomie, siroter un bon coup de magie organique, tâcher de savoir ce qu'il y a derrière sa matière et atteindre, s'il se peut, (comme pour un homme, et il en est un) son appareil passionnel. Le vin est un personnage avec lequel il faut constamment compter; à chaque instant il intervient dans nos affaires, il s'occupe de nos bonheurs et de nos malheurs, de nos amours, de nos haines, de notre égoïsme, de notre espoir et désespoir, il faudrait bien, à mon avis, finalement savoir ce qu'il a, lui, dans le ventre. Partir pour aller le voir chez lui, d'accord, mais partons avec un cheval arabe, et qu'il joue des quatre fers pour illuminer le départ.

Chaque fois qu'on s'inquiète de connaître le cœur d'un personnage important qui a barre sur toutes nos entreprises on se sert instinctivement des plus petites découvertes que le hasard nous permet de faire. Pour moi il s'est d'abord passé quelque chose d'assez curieux et qui m'a mis la puce à l'oreille. Un soir, je cherche un livre et j'entre dans une de ces pièces du bas qui, chez moi, servent à la fois de bibliothèque et de serre. Comme il n'y a pas l'électricité, j'ai à la main une bougie que la porte ouverte souffle. Il est assez tard dans la nuit, c'est l'heure où la fraîcheur distille de la rosée au joint des fenêtres. Avant de trouver des allumettes dans mes poches, je suis touché par la présence d'une délicieuse odeur. C'est ici que l'ombre me servit: je ne pouvais penser que par mon odorat et mon imagination. Je ne pense pas du tout à une fleur quelconque. La seule idée qui me vient à l'esprit est celle de cuveaux de vin. C'est tellement précis que j'imagine voir la belle surface goudronnée de pourpre d'un vin paisible, le fleurissement d'une légère écume de rose. L'odeur est si exquise que je garde à la main sans l'ouvrir la boîte d'allumettes. Par quel procédé magique des cuves de vin sont-elles venues là? Il n'y a aucune raison. Et cependant, c'est bien l'odeur précise du vin. Il n'est pas possible de se tromper; mon odorat ne raisonne pas, c'est lui qui a mis en alerte mon appareil de connaissance, celui-ci a décidé que c'était du vin, cela doit en être. Plus je laisse cet appareil de connaissance jouer son rôle dans l'obscurité, plus je vois la cuve et le pourpre, et l'écume, et l'odeur forte et si précise que tout à l'heure, si je m'obstine elle va me saoûler. Or, je sais qu'à part quelques bouteilles cachetées que je garde à la cave, loin de la pièce où je suis, il n'y a hélas pas d'autre vin dans la maison. Alors, j'allume, je regarde autour de moi, je ne vois rien que des rayons de livres et je reste un temps infini avant de faire le point. L'odeur persiste, toujours la même, toujours si précise et si exigeante dans les images qu'elle commande que je continue à voir des cuveaux de vin se superposer à l'image réelle de mes livres jusqu'au moment où, enfin, je comprends que c'est tout simplement (mais quel admirable enchevêtrement de richesses dans cette simplicité) tout simplement l'odeur de trois jacinthes fleuries.

Ne tirons pas de conclusion mais laissons-la émerger toute seule de tous les faits juxtaposés. Nous ne devons ici rien trancher. Ce qu'il nous faut savoir, ce n'est pas la solution d'un problème de géométrie mais le miroitement de l'âme d'un prince.

Autre chose, donc. Regardons un vigneron. Ne le regardons pas seulement dans sa vigne ou dans ses vendanges (c'est-à-dire dans son triomphe), mais le reste du temps, dans sa vie. Moi, ce qui m'épate, dès l'abord, maintenant qu'il est devant moi, ce sont ses joues. Je n'ai jamais rien vu de plus royalement sanguin: à un point que ce n'est plus de la chair humaine, c'est, on ne sait quelle tapisserie extraordinaire avec laquelle on s'est fait un masque. Le sang qui est là, «généreux et ayant le temps enfin de fleurir» est comme la sève dans deux belles feuilles rouges; on le voit circuler paisiblement dans d'adorables petites ramures corail ou violettes; il dessine des ferronneries et des arbres persans. J'admire la sécurité de cœur et d'âme d'un homme qui peut vivre dans notre société moderne masqué d'une semblable richesse d'un masque. Car, c'est ainsi que le vigneron vit sa vie ordinaire. Imaginons-le, assis en face de sa famille, sa femme et ses enfants, à la table de ses repas. Alors que nous, nous le faisons à visage nu (et Dieu sait si cela complique la chose) lui, s'y place masqué, derrière ce masque de pontife. Le vin dont il est le serviteur et le prêtre lui a dessiné sur le visage l'ornement derrière lequel il est tenu par ordre divin de dissimuler sa faiblesse humaine. C'est le tatouage du grand prêtre d'un dieu naturel; c'est ainsi caché qu'il compose ses colères, ses tendresses, ses jalousies, ses générosités, haines; c'est d'un endroit mystérieux et retranché des regards du monde qu'il lance sa foudre et ses passions. Ce que peut faire un homme ordinaire: aimer, haïr, il le peut mais, ceux à qui sa haine ou son amour s'adressent ne peuvent rien supputer, rien préparer en défense. Ce qu'on lit sur son visage à ces moments-là est sans commune mesure avec ce qu'on lit sur un visage nu. Le masque qui nous affronte porte la marque du dieu avec lequel il faut compter. Quelle étonnante supériorité dans la controverse!

Aussi bien, ce n'est pas tout; si le vigneron n'était le prêtre que d'une imposture, son masque pour superbe et surprenant qu'il soit n'imposerait pas longtemps une supériorité qui ne reposerait que sur l'étonnement. Si la jacinthe et le masque n'étaient que les jeux gratuits de l'ombre et du sang, il n'y aurait pas à y attacher tant d'importance. Ils n'en ont que s'ils sont les façons délicieuses et magnifiques de se faire pressentir qu'emploie un être fantastique.

Or, voici de très grandes puissances d'envoûtement: ce sont les Arts. A un point que dès les premiers âges de l'humanité on a appelé le poète: celui qui sait, que dès ces mêmes premiers âges avant de poursuivre la bête sauvage, l'aurochs ou le tigre à dents de sabre on le dessinait sur la paroi des cavernes et pour être plus sûr de le vaincre, on demandait à l'artiste de le percer des flèches dessinées plus décisives que les flèches réelles. A partir de ce moment-là, on l'avait dans la poche, il était envoûté, promis à la défaite, subjugué sous des forces bien supérieures à celles des muscles. Et il est absolument certain aussi que ces premiers hommes chantaient: chantaient les passions, les désirs et les terreurs de leur cœur. C'était somme toute l'expression du monde qui était reconnue comme supérieure au monde lui-même et avait le pas pour lui. Depuis cette lointaine époque, jusqu'à nos jours cette supériorité de l'expression du monde sur le monde réel n'a pas cessé d'enchanter l'âme des hommes. Homère, Mozart, Giotto expriment. Mais, le vigneron aussi exprime; (si l'on me permet cette facile acrobatie). Et le résultat de son travail d'expression est une matière qui contient la force d'envoûtement de tous les arts. Matière? que non pas: personnage! Prince dont le corps pourpre surgit de l'ombre au simple appel d'un parfum de jacinthe, qui distribue à ses sujets des masques de corail et de violettes derrière lesquels le pouvoir de l'homme s'amplifie de mystères, nous savons maintenant qu'il ne s'agit pas d'imposture. Le personnage a bien dans la paume de sa main tous les jardins des Hespérides, et dans la paume de son autre main toutes les mers enchevêtrées autour d'Ulysse (et toujours prêtes à s'enchevêtrer autour de tous les Ulysses de tous les temps) la grotte de Calypso, l'île de Circée, la côte basse des Lotophages et les cieux éclatants d'Etéocle et Polynice. Il m'épate plus que ne le faisait le vigneron tout à l'heure. Malgré toute la puissance que je supposais à celui qui pouvait surgir d'un parfum de jacinthe dans le noir, et qui distribuait généreusement de tels masques, maintenant qu'il est devant moi, j'en suis bouche bée! Rien qu'à le regarder il m'enivre. Si j'étais parti tout à l'heure pour aller le voir chez lui sans ma petite prudence et cet essai préalable pour tâcher de savoir à l'avance qui il était, je courais le risque de tomber sur un fameux bec de gaz. Et combien de chances d'impairs où je risquais de perdre la face. Ce n'est pas un personnage tout d'une pièce; il est fait de mille pièces et de mille morceaux. Il est à la fois la forêt des Ardennes et Rosalinde et Orlando. Il est à la fois Othello et Desdemone; Hamlet, le fantôme et le roi assassin; il est la brume qui enveloppe les donjons d'Elseneur et le bourdonnement des flèches de la bataille d'Azincourt. Il est le roi Richard et Lear et la lande. Il est tous les rois et tous les temps et s'il existe cent mille landes désertes battues d'orages et parcourues de sorcières, il est les cent mille landes à la fois. Des rois, des princes, des amoureux, des jaloux, des avares, des prodigues, des mégères, des agneaux, des lions, des serpents et les mancenilliers géants qui dispensent le sommeil à mille tribus, composent corps à corps, ses bras, ses jambes, son torse, sa tête. Le vent, la pluie, la foudre et la fanfare goguenarde qui à la fin de la pièce accompagne l'enlèvement des cadavres, tonnent et flûtent et crient dans sa cervelle. Il est sur mer, il est la mer, il est le voilier et la voile. Il glisse, il tangue, il roule, il se soulève, se cabre, fait front, se penche, embarque, sombre, disparaît, s'engloutit jusqu'à la pomme des mâts, puis surgit, émerge, reprend sa course, si véloce que le voilà, arraché des sommets de la houle, qui s'envole tel un goéland et fonce battant furieusement des ailes vers le cœur de feu des cyclones. Il est le marchand qui perd sa cargaison et l'assassin caché dans l'embrasure des portes; celui qui tombe dans l'abîme pendant l'éternité; et celui qui brise contre les murs toutes les coupes du banquet. Il étrangle pendant des heures celle qui l'a trompé: elle meurt des milliards de fois, terriblement dans ses mains qui jouissent des milliards de fois, et, en même temps il est celui qui fouille délicatement dans l'ordure et sait y recueillir des trésors incomparables de hontes, de lâchetés et de remords. Il connaît le truc pour créer des Dulcinées avec des souillons ou même avec la «poupée» qui enveloppe son doigt malade. Il est composé de Dulcinées plus magnifiques les unes que les autres. Il en est bourré; il en éclate, il en est vermillonné des pieds à la tête. On voit leurs visages ou leurs fesses, ou leurs cuisses, hanches,

seins et beaux yeux limpides pleins de «pureté candide et de lin blanc» apparaître à chaque instant dans l'enchevêtrement des drames, fantômes, brumes et autres chevauchées de la mort. Il s'en goberge, il les caresse; il les possède mille fois mieux que ne permettent les possessions en usage depuis le commencement du monde. Il jouit du sang et du vent! bref, il est l'ivresse.

Certes, voilà de quoi faire réfléchir! Réflexion non pas pour faire dételer les chevaux, au contraire. Pressons, pressons. Arrachez les freins de mes roues? partons mors aux dents, au triple galop, à tombeau ouvert, volons jusque dans les embrasements de ce géant de misères et de royaumes. Sortons enfin de notre triste vie de berné.

Or, maintenant regardons le pays! Ce sont plaines et coteaux, prés et vignes, et blés et vignes, et champs et vignes jusqu'au sommet; et routes circulant dans le crépitement des ceps et villages cernés de villes et fermes submergées de vignes. A peine si le blé fait ici ou là une mare d'or, toute la terre est couverte de vert épais; à peine si le feuillage boueux des yeuses en émerge ou parfois le toit rouge d'une maison, la génoise vermeille d'une grande bâtisse carrée, le trou noir d'une fenêtre dans un mur de craie, tout est recouvert du vert épais des vignes taché de ce bleu métallique des «bouillies». Le long des chemins les raies de vignes s'ouvrent comme des tranches d'un éventail découvrant cette terre d'ocre blond sur laquelle les ceps ont pleuré et de laquelle monte la sève chaude et gaillarde. De loin en loin, un saule qu'on a conservé soigneusement pour faire des corbeilles avec ses branches, ou le fronton de la coopérative contre laquelle rebondit l'écho des voix qui font reculer les charrettes vers le mur des cuves, ou bien c'est un clocher fin et luisant comme une aiguille. Et le ciel lisse et pur appuie sa joue contre la joue des vignobles et tout le long jour paisible sous le soleil ils se caressent

tendrement l'un l'autre comme deux animaux magiques qui n'en peuvent plus de tendresse. Et sans fin les vignes aux vignes s'ajoutent et se rapiècent; ouvrent et ferment et rouvrent les éventails de leurs raies, couvrent les plaines, entrent dans les vallées, emplissent vallées et vallons, suintent jusqu'au plus étroit des combes, escaladent les collines, se déversent par dessus les cimes, coulent de l'autre côté, s'étalent en océan immobile avec des houles et des rouleaux, des ressacs, des marées, des hautes mers, portant villages en voiliers d'or et galères, barques de tuiles, caboteurs de chaux éclatante, sans fin jusqu'au cercle de l'horizon flottille de pêcheurs de joie, flottille de prêtres masqués, marsouins vêtus de salopettes bleues jouant dans l'écume de l'océan des vignes.

Et la route s'ajoute à la route sans que jamais la vigne ne puisse le céder à quoi que ce soit. De fin qu'il était, comme une aiguille, le clocher est devenu carré et trapu, puis il s'est orné de fenêtres arabes ou il s'est revêtu de sobriété montagnarde, ou il s'est lancé comme un qui prévoit les horizons illimités de l'océan. Les visages rasés ont succédé aux visages à moustaches, puis les barbes sont venues. Les langages ont cessé de chanter pour rouler des pierres, les femmes ont passé du blond au brun, du lourd au léger, du râblé au fluide, du rêve au nerf, de la marche à la danse, du cotillon clair à la jupe rouge, du bonnet au fichu, de la socque au soulier, de la chanson légère au rauque appel des femmes sauvages aux passions pourpres. Lilliput sur l'énorme Gulliver du vin. Et la vigne est partout et partout la vigne s'ajoute aux vignes, partout la vigne emploie la moindre parcelle de terre à peine si on lui prend le rectangle nécessaire à la construction des caves. L'ivresse et le rêve sont les seuls instruments du bonheur.

11

le fleuve qui fit déborder le vin

Luttant sans cesse contre le courant qui l'emporte sans retour, l'homme consacre le meilleur de son énergie à remonter aux sources. Toutes le fascinent, les siennes aussi bien que celles de l'Amazone. Il n'a pas de plus grande fierté que de pouvoir répondre à la question: «D'où venez-vous?»

Pareil souci court tout au long de l'histoire de France: d'où vient le vin, notre vin? Un légitime chauvinisme local aussi bien que les vertigineuses transformations de la vigne, ce Frégoli du monde végétal, ne rendent pas la réponse facile. Il se pourrait que cette tâche se révèle vaine et que le secret soit abandonné un jour à un paresseux de la race de Picasso: «Je ne cherche pas, je trouve.»

Il est toutefois des régions du monde où l'on ressent plus que dans d'autres le frémissement des civilisations anciennes, où tel procédé de vinification nous fait escalader quelques millénaires aussi sûrement que la découverte d'un silex taillé ou d'un col d'amphore. Alors, dans ce jeu d'enfants que nous ne cessons de pratiquer, nous avons la certitude de «brûler».

La vallée du Rhône est un de ces lieux où il fait chaud, au corps, au cœur, à l'esprit. Les vents y sont puissants qui ont balayé le pollen de la vigne, de la mer à la source, dans les deux sens. Nous allons tenter d'en retrouver quelques traces. Même si cet espoir devait être finalement déçu, nous aurons fait un beau voyage.

LE VIN DE SAVOIE

Le vin de Savoie nous offre l'exemple d'une biographie parfaite. S'il n'étale pas son mystère en pleine lumière, il ne refuse aucun de ses secrets à l'amateur attentif et il se trouve qu'il les possède tous. A le découvrir, on a même l'impression d'un artifice, comme lorsque l'on regarde l'un de ces «paysages de Babar» destinés aux enfants où tout est rassemblé sur un étroit espace: le paquebot et le traîneau, la montagne et l'épicerie du quartier... A toutes les qualités exigées d'un bon vin, il ajoute celle d'être pédagogique. Ne nous hâtons pas de faire la fine

bouche, quelques gorgées de savoir, c'est toujours bon à boire.

Au commencement, il y a l'eau, mère de tous les vins, et des meilleurs lorsqu'elle peut se dire thermale. Une grave erreur d'appréciation de nos humanistes latins en a attribué l'exploitation aux Romains qui, dans ce domaine comme dans beaucoup d'autres, ont su valoriser un bien qu'ils n'avaient pas créé. Le thermalisme date du premier homme qui se sentit soulagé de quelque mal après la première gorgée, ce qui se produisit voici bien des millénaires. Nos ancêtres n'aimaient pas la souffrance, les sources leur servaient de médecins, de médicaments, de cliniques. Même les plus anciens itinéraires préhistoriques vont de l'une à l'autre, trajet encore suivi par les incurables d'aujourd'hui.

La route crée le voyageur. Le premier curiste voyageait en famille, ou avec sa tribu, alors fort réduite. Il cueillait la raiponce et la pomme sauvage, chassait l'escargot et la marmotte. On n'arrête pas le progrès. Un jour, il s'était laissé domestiquer par un troupeau qu'il eût été imprudent de laisser derrière lui. «Tout le monde au bain!» Ce fut aussi, très vite, tout le monde au vin, car si le paysan est spontanément indifférent au vin, il en est tout autrement du pasteur nomade qui, ne cultivant rien ou très peu, a appris à tirer parti de tout et particulièrement des fruits sauvages. Marie Mauron qui a passé toute une saison avec les bergers a raconté dans *Transhumance* la transformation désinvolte et rapide de son ami Gerin en vigneron et vinificateur: *«Lorsque mûrirent les myrtilles, il les ramassa avec ses gros peignes pour en faire son vin. Vin chargé en couleur, qu'il me dit fermenter longtemps et faire sauter les bouchons, vin qui faisait jusqu'à 18 degrés, vin parfumé, riche de vertus montagnardes.»* Autre préparation, celle du vin de gentiane. Cette expérience a été vécue vers 1950, à une centaine de kilomètres à vol d'oiseau des alpages savoyards. Elle répétait fidèlement une technique que nous ne sommes pas encore en mesure de dater, mais qui a dû précéder de beaucoup l'occupation romaine.

La Savoie nous paraît l'une des provinces françaises

13

qui put connaître le vin avant Rome. Le château des sources devenu très vite un château des routes, la démographie ne tarda pas à s'accélérer particulièrement à la fin du néolithique: âges du bronze, du fer. Ces époques sont caractérisées par un grand développement de l'élevage, or, il y a convergence entre les vocations thermales et pastorales. Bientôt de vraies villes s'établirent sur pilotis, au bord des lacs. Le citadin aussi a soif.

Venus du Caucase, les bergers de moutons avaient pu apporter les cépages et les procédés des vignerons du mont Ararat et autres clos de Noé. Pour hardie qu'elle puisse paraître, cette hypothèse se trouve appuyée par quelques faits troublants, figurant pour la plupart dans l'ouvrage de P. Galet *« Cépages et vignobles de France »*. Les premières vignes vivaient à l'état naturel sur les arbres. Elles sont présentes en Savoie. A Lugrin et Maxilly, dans le canton d'Evian, on cultive certains cépages, dont la Douce noire, le Guy blanc, le Concord, sur des châtaigniers, procédé dit *« en crosses d'Evian »*. Plus convaincant encore, l'usage du Hibou noir, cépage très employé pour couvrir les cerisiers, au point d'avoir été nommé *« raisin cerise »*. Or le cerisier est lui aussi originaire du Caucase. Ils ont pu arriver ensemble! Ils sont d'ailleurs allés loin en compagnie des bergers, jusque dans les hautes vallées, en Maurienne et en Tarentaise. Le raisin était réputé pour son parfum de violette et de framboise.

Autre trait préhistorique: le Hibou noir était aussi cultivé en treilles, procédé encore très répandu en Savoie avec de nombreux cépages, à Albens, dans la vallée du Gelon, dans la région d'Evian. Enfin, nous croyons reconnaître aussi comme très ancien, un cépage installé à Saint-Pierre et Saint-Jean-de-la-Porte, le Crussin «rouge à grains fermes et croquants, se conservant très bien pour la table pendant l'hiver».

Même le plus célèbre cépage de Savoie, l'Altesse, s'inscrit dans ce pèlerinage aux sources. Son nom a donné lieu à beaucoup d'interprétations romanesques. Certains esprits prosaïques l'ont expliqué d'une façon on ne peut plus terre à terre: «Le nom du cépage viendrait du coteau des Altesses, mot qui dans le patois du pays signifie escaliers ou gradins, tels que ceux qui ont dû y être créés pour établir le vignoble.» Si c'est vrai, c'est triste et peu convaincant, nombre de cépages ayant été cultivés dans les mêmes conditions.

La version diffusée jusqu'à nos jours avait un tout autre panache: le plant aurait été rapporté à l'époque des Croisades par deux jeunes mariés, Louis, fils du duc de Savoie et Charlotte de Lusignan, unique héritière d'Arménie, de Jérusalem et de Chypre. Les comptes du palais ducal confirment en effet la présence de ce cépage dans le vignoble de Lucey dès 1366.

Mais notre guide dans ce labyrinthe, M. Galet, chef de travaux à l'Ecole Nationale d'Agriculture de Montpellier, est d'autant moins homme à se contenter de légendes qu'il peut les contrôler. Voici son diagnostic: *« Au cours de nos travaux de délimitation des vins de Savoie, nous avons identifié l'Altesse au Furmint de Hongrie, appelé Tokay dans le Midi et cultivé dans le célèbre vignoble de Tokay-Hegyala, dont les meilleurs crus étaient réservés à la table des Empereurs de l'Autriche-Hongrie. C'était donc le plant donnant le vin des Altesses, et par contraction le cépage a pu être appelé Altesse. Il est fort possible qu'au Moyen Age l'aire du Furmint se soit étendue jusqu'à Chypre au moment de la domination des Templiers à Lusignan. Puis les Turcs dévastèrent l'Ile et beaucoup de vignobles furent détruits. »*

Remarquons tout d'abord que M. Galet a retrouvé l'Altesse sur l'itinéraire qui nous intéresse le plus, la route du Danube, la grande voie des bergers de l'âge du bronze. D'autre part, il ne se risque pas à proposer de dates pour son installation, ni en Hongrie, ni en Savoie. Rien ne s'oppose donc à l'idée d'un cépage préhistorique qui aurait été amélioré sur place. Après tout, il a bien dû commencer lui aussi...

Arrivons au plus surprenant, et qui pourrait bien constituer une sorte de révélation. Comme toujours lorsqu'il s'agit de questions brûlantes se prêtant à la contestation, nous laisserons parler les textes. Voici ce qu'écrit M. Galet sur la haute vallée de l'Isère: *« D'Albertville à Moutiers, on trouve des vignobles bien exposés au sud ou au sud-ouest, sur des pentes formées d'éboulis comme à Grand Cœur, Aigueblanche, le Bois, Notre-Dame-de-Briançon. Dans la vallée, les treilles et les treillages sont assez importants... Les montagnards* qui possèdent ces vignes rassemblent curieusement les raisins dans des outres formées de peaux de vachette cousues. L'encolure, fermée par un lacet de cuir, sert à introduire le raisin qui est fortement tassé; l'ensemble pèse 80 kg et il est descendu à dos d'homme, puis chargé sur des bâts pour être ramenés à la ferme.»

Dans notre étude sur les vins du Jura, nous avons fait allusion aux «Cuves d'Isaïe», ces récipients creusés dans le roc qui servaient à la fois de tonneaux et de cuves à fermentation, mais il nous manquait une information importante: comment pendant la période préhistorique, alors que la tonnellerie n'était pas encore une technique maîtrisée, transportait-on la vendange d'un vignoble situé loin de ces cuves primitives? Nous n'avons eu à effectuer aucune fouille, la Savoie du XXe siècle apporte la réponse!

Jusqu'à présent, pas plus que dans le Jura, nous n'avons retrouvé en Savoie de cuves bibliques. Il nous faudra aller à Gigondas. En revanche, l'empreinte préhistorique reste très visible en ce qui concerne la consommation du vin. Surtout s'il est voué à la transhumance, le berger se trouve placé dans des conditions différentes du dégustateur qui vit chez lui toute l'année, les pieds bien calés sous ses tonneaux. Rentrant à l'automne juste au moment de faire sa vendange, il veut pouvoir boire son vin nouveau, au sortir du pressoir, exigence qui est encore celle de presque tous les Savoyards, même ceux qui se croient très loin de leurs ancêtres gardeurs de troupeaux. Mais l'inévitable printemps surgit et adieu mon verre! Si l'année a été bonne, on laisse derrière soi quelques tonneaux pleins, que le prochain vin nouveau fera oublier au fond de la cave. Seulement, s'il y a eu gel ou grêle, on ira voir. Un cépage «berger» satisfaisant doit donc répondre à deux exigences en apparence contradictoires: être bon en primeur et bien vieillir sans soins excessifs, comme abandonné dans la Cuve d'Isaïe.

Exploit réussi. Quand il s'agit de boire bon, l'homme le plus rustre se découvre du génie. Citons du docteur Paul Ramain, l'un des meilleurs experts jamais apparus sur notre terroir qui, mieux que tout, connaissait la Savoie, étant né les pieds dans le vin de Crépy:
«Le Savoyard est un rude buveur adorant le vin blanc «nouveau» tiré au pressoir plus que les vins mûris en fûts ou en fioles. Cette acidité naturelle est, toutefois, un gage de longue conservation. J'ai des vins blancs de Crépy, de 1895, et des vins blancs de Digny, de 1904, encore excellents.»

Quant aux vins rouges, surtout récoltés en Savoie, ils sont très fruités, se conservent très longtemps, vieillissent magnifiquement en bouteille et prennent à la longue un étonnant bouquet de framboise, de violette et — eux aussi — de truffe noire. Issus des cépages Mondeuse, Syrah ou Cortaillod, ils arrivent parfois à titrer 12°5.

Après l'homme de goût, le technicien qui nous fait entrer dans le parcours mystérieux du vieillissement. Voici quelques lignes de P. Tochon, extraites de la Monographie des cépages et vins des deux départements de la Savoie, publié en 1887 à Chambéry:
«Le vin de Mondeuse blanche est de fort bonne qualité, d'une grande douceur en moût, il devient vif en s'éclaircissant; blanc moelleux au début, il se dore en vieillissant. En six mois, il atteint des qualités remarquables. Perlé, doux et piquant pendant la première année, il perd, après ce terme, ses qualités primitives pour passer en prenant de l'âge, au madère sec. Il peut facilement se conserver jusqu'à trente ans; même après cet âge, il ne passe ni à l'amer, ni à l'aigre, il vieillarde. Le grain de Mondeuse blanche laisse dans la bouche une âpreté qui réside surtout dans sa peau.»

On peut aller plus loin encore avec le Gringet, nom local du fameux cépage Savagnin, fournisseur unique du Château-Chalon. P. Galet, qui a mené une enquête modèle, note: «Nous avons dégusté du Gringet à Ayse de 1897 qui était parfait.»

Toutes les informations continuent donc à converger sur un point capital pour l'histoire de notre viticulture: l'existence d'un formidable «château des vins», peut-être d'origine préhistorique, installé sur l'Alsace, la Franche-Comté, la Savoie, le Dauphiné. De Wissembourg à Vienne... Une étude sérieuse de la question devrait inclure les vins suisses, particulièrement ceux de Neufchâtel, du Pays de Vaud, du Valais. Le problème de la propagation de la vigne en direction de la Bourgogne, de la Champagne, de la vallée de la Loire et du Borde-

lais pourrait être repris sur de nouvelles données.

Ces recherches seraient peut-être moins ardues qu'il n'y paraît, à condition de respecter la consigne: suivre le berger. Lui-même a toujours eu la précaution de se faire suivre par la vigne jusqu'à l'extrême limite, son rêve étant d'installer son troupeau entre un raisin et un glacier. Il l'a réalisé parfois, ainsi en Maurienne, à Orelle et à Saint-André où il posa ses treilles à plus de 1.000 mètres. S'il lui arrive de descendre aux environs de 600 mètres, voire au-dessous, comme dans la cluse de Chambéry, soyons sûrs que c'est par pure modestie, pour faire plaisir à la femme et aux petits enfants. Quittons à regret, nous le retrouverons, cet excellent compagnon, mais non sans rendre hommage à «son» cépage, sans doute transmis par le Caucase et qui survit à Challonges en Haute-Savoie, sans avoir rien perdu de ses vertus d'origine. Il s'agit du Hibou blanc, *«plant très vigoureux, dit P. Galet, cultivé entre Albertville et Grésy où il est planté au pied de grands arbres sur lesquels s'élancent ses puissantes ramifications. Sa production est souvent considérable.»*

Les Romains, les Moines, les Rois et les Touristes

Quel rôle ont pu jouer les Romains? Ils occupèrent fortement la région, nœud de communications vital pour l'Empire. Sans nul doute, ils furent amenés à y créer nombre de leurs auberges pour fonctionnaires, dites *«Maisons Rouges»* à cause de leur couleur. Installées de préférence aux carrefours, au débouché des cols, sur les gués, elles suscitèrent la naissance des clos, dans le cas où ils n'existaient pas. Cependant, dans l'état actuel des recherches, nous en sommes réduits aux conjonctures et ce ne sont pas une ou deux citations de Columelle et de Pline sur les vins de l'Allobrogie servis sur les tables d'Antoine et de Lucullus qui nous éclaireront beaucoup. Ce sont de ces citations à roulettes qu'on promène d'un vignoble à l'autre.

Il y eut pourtant un vigneron romain, le plus grand de tous les temps, et qui n'a pourtant jamais été célébré comme tel, l'empereur Constantin. Lorsque après sa victoire de 312, il prit la série de mesures qui aboutirent à la reconnaissance du christianisme comme religion d'état, ce fut soudain comme s'il couvrait le monde d'une forêt de jeunes ceps. En effet, la communion se faisant alors sous les deux espèces, chaque église avait sa vigne, même si les conditions étaient peu favorables. A plus forte raison, les monastères qui, outre leur service ordinaire, avaient à se préoccuper d'assurer le vivre et le couvert à nombre de voyageurs et à un nombre encore plus grand de pauvres. De plus, la viticulture étant une technique nouvelle, pour beaucoup de curés, les monastères servaient de centres d'initiation professionnelle et de pépinière.

Or la Savoie eut la même chance avec les moines qu'avec les bergers. Elle fut l'une des premières à recevoir la bonne parole, comme elle avait été la première à accueillir le mouton. Ce fut à sa porte, côté suisse, à Saint-Maurice d'Agaune, devenu depuis Saint-Maurice du Valais, que s'éleva l'un des premiers monastères d'Europe. Il fut bâti par saint Théodore, évêque du Valais de 351 à 391. Pour nous, il est intéressant de relever le lien avec la Rome païenne. En 302, l'endroit était encore occupé par la légion thébaine, dont les membres à l'instigation de leur chef Maurice refusèrent de sacrifier aux dieux et subirent le martyre. Est-ce faire injure à l'esprit que de remarquer à moins de deux kilomètres, la présence de la source thermale sulfatée sodique et radio-active de Lavey-les-Bains et, non loin, celle des salines de Bex? L'endroit était sans doute aussi bon pour le corps.

L'abbaye devint vite très prospère. De nombreuses dotations complétées par une politique d'achats bien conduite devaient l'amener à étendre très loin son domaine. L'abbaye de Château-Chalon, dans le Jura, fut l'une de ses succursales. Les hasards des archives à une époque où elles étaient encore dans l'enfance ne nous permettent que de nous faire une idée assez vague de l'implantation monastique sur la rive sud du Léman pendant le haut Moyen Age, mais nous sommes en droit de supposer qu'elle fut une esquisse pour la période suivante. Comme les châteaux, les villes et les auberges, les abbayes ont tendance à réoccuper les mêmes sites.

Parmi les premières créations, nous devons signaler celles qui se firent auprès des villes gallo-romaines, elles-mêmes situées à proximité d'abondantes sources thermales. Le couplé monastère du Lémenc-Saint-Jeoire-Prieuré qui enserre Challes-les-Eaux comme dans une tenaille fut sans doute le plus ancien de tous, les rapports du monastère bénédictin de Lémenc avec les moines irlandais actifs en France dès le VIᵉ siècle paraissant bien établis. Devrons-nous alors nous étonner s'ils sont placés pour contrôler, après avoir largement participé à sa création, deux des aires les plus riches et les plus estimées du vignoble de Savoie: celle de Chignin, Montmélian, Arbin, Saint-Jean-de-la-Porte, Miolans; celle d'Apremont, Myans, les Abymes, qui est comme le jardin de Challes-les-Eaux et de Saint-Jeoire-Prieuré.

Créant à la fois des devoirs et des ressources, les points chauds de la circulation apparaissent comme des lieux privilégiés lors des débuts de l'équipement monastique. N. D. de l'Aumône à Rumilly sera d'abord un couvent de passeurs, tout comme sans doute Hautecombe, tête de pont du raccourci qui permettait de gagner Aix-les-Bains par bateau. Devenue une très grande abbaye, lieu de sépulture des princes de la maison de Savoie, Hautecombe, qui fut peut-être l'une des premières abbayes cisterciennes de France — une tradition la donne comme fondée en 1101, elle l'était, en tous cas en 1121 —, fut à coup sûr l'un des plus grands centres de formation viticole du Moyen Age. Les fameuses collines en gradins de Lucey sur lesquelles le cépage Altesse aurait été acclimaté et qui produisirent jusqu'à leur abandon le plus grand cru de Savoie faisaient partie du jardin immédiat de l'abbaye. Sur les neuf «sections» retenues par la classification des appellations contrôlées, trois se situent dans le périmètre immédiat de Hautecombe et nous ne pensons pas qu'il puisse s'agir d'une coïncidence: Chautagne, Mont-du-Chat, Marestel.

Plus ancienne encore est l'abbaye cistercienne de N. D. d'Aulps, sur la route Thonon-Morzine, fondée en 1097. Son installation qui lui permettait de cumuler les avantages des pâturages et des cultures sur les bords du lac, témoigne en faveur de l'esprit économique des abbés de Cîteaux, capables de donner à l'une de leurs maisons tous les avantages que l'on peut attendre d'une ville-marché. Sans doute ne fut-ce pas non plus un hasard si la route qui passait devant l'abbaye gagnait en ligne droite

la ville gallo-romaine et thermale de Thonon-les-Bains, elle aussi section d'appellation contrôlée, Ripaille.

Cependant, il était, non loin du lac, une abbaye de Cîteaux qui, moins qu'une autre ne cherchait pas à cacher sa vocation viticole, Lieu-l'Abbaye, située sur la commune de Perignier, sur la grande route de Thonon à Annemasse. Elle fut fondée vers 1150. Il suffit de se laisser glisser par la voie la plus courte, une demi-douzaine de kilomètres et l'on arrive au petit port de Sciez, qui est aussi une section d'appellation, Marignan. Cependant, si l'on avait pris un autre chemin vers l'ouest, bordé de «Granges» cisterciennes — on en rencontre tout au long du lac — on serait arrivé à Loisin, Ballaison, Douvaine, appellation Crépy. Mais dans ce territoire, il se peut que les mérites doivent être partagés avec l'abbaye de Bellervie, cistercienne aussi, située à moins d'une vingtaine de kilomètres, à l'est de Genève et dont il ne reste plus aucune trace. Enfin, l'inspiration a pu venir du pays de Gex où Cîteaux avait fondé, en 1140 à Chézery, une abbaye qui devait créer à ses portes un vignoble et qui, comme il était d'usage alors, et encore aujourd'hui a pris des participations dans les environs.

Quant au vignoble de Seyssel, de Frangy à Corbonod et jusqu'à la rive droite du fleuve, il n'est sans doute pas une seule de ses parcelles qui ne puisse être nommée «Clos-de-l'Abbaye». La difficulté serait de nommer l'abbaye. Le gué semble avoir été tenu d'abord par des passeurs bénédictins. On y vit aussi des Augustins, aubergistes par vocation, et des Capucins qui aimaient le mouvement. Mais le feu croisé le plus vif vint, une fois encore, de Cîteaux. Pour nous en tenir au plus près: à l'ouest du Rhône: Chézery déjà nommé, Saint-Sulpice à Thézillieu dans le Bugey, que nous retrouverons en étudiant les vins de cette région; à l'est du Rhône, Hautecombe et plus probablement encore les monastères de la région d'Annecy qui avaient occupé les anciennes villes romaines et leurs établissements de bains installés sur une source sulfureuse particulièrement efficace contre les maladies les plus difficiles à soigner autrefois: peau, intestin, rhumatismes. Il y eut donc très probablement sur les bords du lac d'Annecy, comme autour de toutes les villes d'eau un vin romain, dont les crus blancs de *Chavoires* et de *Talloires,* encore

signalés en 1950 par le docteur Ramain — ils ne sont pas mentionnés parmi les appellations — sont peut-être les héritiers. Plus probablement encore, ils furent cultivés et rénovés par les Cisterciens qui créèrent en 1179 à Annecy le monastère de Sainte-Catherine. Une vingtaine de kilomètres les séparaient de Seyssel-Frangy qui offrait des possibilités viticoles très supérieures à celles de leur propre région. Qu'ils en aient profité ne peut faire aucun doute.

A maintes reprises, en particulier à propos des vins du Jura, nous avons signalé l'extraordinaire morcellement de l'ancien vignoble français. Cette situation s'expliquait par l'ambition des établissements religieux d'avoir des vignes dans tous les finages réputés. Aussi la supériorité, pour nous évidente, de l'Ordre de Cîteaux, était loin de se traduire par un monopole. Dans plusieurs provinces, ils trouvèrent des compétiteurs compétiteurs, les plus fréquents, surtout après l'élimination des Templiers, étant les Chartreux. Ce fut le cas en Savoie.

Dans la région située au bord du Léman, ils exploitèrent les mêmes terrains. Si la Chartreuse de Mélan, près de Tanninges, sur la route de Cluses à Thonon se trouvait assez éloignée des bons vignobles, il n'en était pas de même de l'abbaye du Vallon, à l'est de Morzine, qui n'avait qu'à se laisser glisser pour se retrouver à Sciez et à Thonon. Elle se laissa si bien glisser qu'en 1627, elle prit possession du château de Ripaille, aux portes de Thonon, l'un des plus grands crus de Savoie.

La position des Chartreux ne fut pas moins forte dans le vignoble de la région de Chambéry, grâce à leur puissante abbaye de Saint-Hugon, fondée en 1175 par saint Hugues, à une dizaine de kilomètres à l'est d'Allevard, et plus près encore des anciens vignobles de la région de la Rochette. Une fois encore nous constaterons l'équilibre entre la densité monastique, celle du vignoble et celle des sources: il y eut un couvent bénédictin à Allevard, une abbaye cistercienne à Betton-Bettonet, à quelques kilomètres au sud-est des vignobles de Saint-Jean-de-la-Porte, dont nous pensons que le rôle encore ignoré fut capital, et enfin un couvent de Carmes à Chamousset au sud des communes classées de Fréterive et de Saint-Pierre-d'Albigny. Quant aux eaux sulfureuses d'Allevard, elles comptent au nombre des plus riches du monde et font merveille dans la guérison des voies respiratoires, des rhumatismes et des maladies de peau. On a pu les exploiter aux temps préhistoriques avec le minimum d'investissements: pour guérir, il suffit de les respirer! Un ensemble de conditions idéales pour recruter et former les bons buveurs qui font vivre les vignerons! Les Bénédictins de Saint-Pierre à Allevard furent parmi les premiers à en prendre conscience.

Le détective scrupuleux ne manquera pas d'être intrigué par la neuvième et dernière section des aires des appellations contrôlées, Sainte-Marie-d'Alloix et réservée à cette seule commune. Elle se trouve dans la vallée de l'Isère, à quelque cinq kilomètres et non loin du monastère bénédictin Saint-Pierre d'Allevard et de la Chartreuse de saint Hugon... mais l'explication pourrait être plus proche encore: il suffit de lever la tête vers le sommet de la montagne. Elle porte le célèbre couvent de la Grande Chartreuse qui pouvait ainsi se ravitailler au plus près. S'il est hors de doute que les Chartreux furent majoritaires dans cette région, ils n'en furent pas moins encore serrés de près par les Cisterciens qui possédaient sur le flanc de la même montagne un monastère encore mal repéré à une dizaine de kilomètres au nord de Grenoble dans la région de Bernin-Saint-Pancrasse.

Déjà, nous avons tenté de dresser la liste des parties prenantes du vin de Seyssel. Les Chartreux n'auraient eu garde d'y manquer, s'étant installés au pied du Grand Colombier, dans la forêt d'Arvières et sur la rivière du même nom, à quelques kilomètres à vol d'oiseau de Seyssel.

Avec regret nous fermerons derrière nous la dernière porte de ce dernier monastère, en caressant l'espoir de la rouvrir un jour. En effet, la vigueur d'une tradition qui n'a guère commencé à s'affaiblir que vers le milieu du XXe siècle devrait nous permettre de découvrir sur le terrain beaucoup d'informations qui manquent dans les archives. Suivre le moine après le berger ne serait pas l'une de ces excursions où l'on perd son temps.

Encore que de sentiments républicains, nous suivrions tout aussi volontiers les Rois, les Princes et autres seigneurs de moindre importance. Leur rôle n'a pas été négligeable, surtout dans ces petites cours qui vivaient bourgeoisement, où le roi de Sardaigne et de Piémont, duc de Savoie, comptaient au nombre de ses privilèges celui d'offrir de temps en temps à ses féaux un vin meilleur que celui qu'il buvait chez eux. Dans bien des cas, les premiers seigneurs n'étaient que les descendants des plus riches propriétaires de troupeaux. Les moutons ayant l'habitude d'occuper les deux flancs d'une montagne, la géographie politique a suivi. Plus il y a eu de pasteurs et plus on a compté de nobles. Ils n'ont donc pas manqué en Savoie où ils ont certainement contribué à l'amélioration du vin dans les deux régions où ils furent les plus riches, sur les bords du Léman, où tout poussait, tout payait, y compris les Suisses d'en face; la région de Chambéry, où résidaient les souverains. Dans bien des cas, leur action a relayé celle des moines. Une célèbre anecdote concerne le château de Ripaille qui appartenait aux ducs de Savoie ainsi que les deux clos les plus fameux qui en dépendaient, le Clos de Tully et le Clos du Monarque. Un membre de la famille, l'anti-pape Amédée VIII s'y retira en 1439. Il y fit bombance jusqu'à la fin de ses jours. Selon Voltaire, cette conduite aurait donné naissance à l'expression «faire ripaille». Cette alliance de mots est d'autant plus cocasse que l'étymologie de ripaille s'explique par rippe, lieu aride. Nous savons déjà que le château passa aux mains des Chartreux qui le conservèrent jusqu'en 1789.

En définitive, et jusqu'à nos jours, les vins de Savoie sont restés des vins paysans, au sens le plus rigoureux du terme, des vins qui ne sont guère sortis de leur pays. N'ayant rejoint la France que sous Napoléon III, ils n'ont pas profité de la haute culture gastronomique du XVIIIᵉ siècle, à peine de celle du XIXᵉ siècle. Leur sort lié à celui du petit pays qui ne remportait pas de victoires, ne leur a permis d'emprunter la peau du lion indispensable au départ de toute grande carrière gastronomique. Le prestige conduit à la qualité, non le contraire, comme on voudrait le croire. Dure loi que celle qui condamne les petits pays à produire des petits vins. Ce fut celle de la Savoie. Ses grands crus sont restés à l'état d'intention.

Hommage à un dégustateur

Plusieurs signes nous laissent espérer un retournement de la tendance. Le développement des sports d'hiver amène à pied d'œuvre un nombre de plus en plus grand de dégustateurs. Surtout, il y a eu l'hirondelle qui annonce le printemps, un gastronome qualifié, rare oiseau! Il s'agit du docteur Paul Ramain dont nous avons prononcé le nom à plusieurs reprises. J'ai commencé à apprécier sa science voici une trentaine d'années, alors que nous collaborions à la même collection, *Recettes et paysages*. Il était savoyard lui-même, né quelque part sur les coteaux de Crépy, à Douvaine, à ce qu'il me semble. Le décrire? il l'a fait lui-même sans y songer, dans le texte qu'il consacra aux vins du Bugey:

«N'oubliez pas que le Bugey fut la patrie de cette trinité de gourmands absolus: Brillat-Savarin, Lucien Tendret et mon oncle A. Martelin — vous vous en souvenez, mon cher Curnonsky? — qui avec ses 140 kilos — sa femme en pesait 130! — élevait des faisans avec des truffes de choix pour en imprégner leur chair pendant leur courte vie; et avec sa compagne et deux domestiques, allait deux fois l'an, en wagon de 1ʳᵉ classe — ou en auto découverte — chercher lui-même ses vins de Champagne qu'il voulait «tel et tel» — surtout «œil-de-perdrix» — et les ramenait en des paniers capitonnés, sur leurs genoux, de manière à éviter les chocs, le voyage trop long et à laisser les fioles à l'air!...»

De ces Mousquetaires, il a été le quatrième, d'Artagnan! Pour se joindre aux trois précédents, il n'avait pas eu grand chemin à faire, il lui avait suffi de passer le gué de Seyssel, en buvant ses deux premiers verres, un de chaque côté du pont. Se considérant comme gastronome héréditaire et de goût divin, il employait son Tastevin comme l'autre sa bonne lame de Tolède. Il avait même sa devise, qu'il céda à la Confrérie des Chevaliers du Tastevin, «Jamais en vain, toujours en vin». Il l'honora jusqu'au dernier jour avec une curiosité intrépide et un rare bonheur d'expression. De Napoléon, retour de l'île d'Elbe et posant le pied à Golfe-Juan, Chateaubriand a très bien dit qu'il envahissait tout seul la France. Ramain a réussi un exploit du même ordre. A la pointe de son Tastevin, il a conquis et assimilé la totalité du vignoble français. Il avait tout bu, il se souvenait de tout, et il était prêt à tout recommencer.

Il ne s'embarrassait guère d'érudition. Le vin, il le voulait tout nu, comme la vérité, comme versé par la

main de Dieu. Il ne s'encombrait pas non plus de ces futilités, qui forment la conversation de tant de pisse-froid n'ayant jamais rien à dire sur le fond du problème, alors, ils débattent si tel vin doit être bu frais ou chambré, ou à moitié frais, ou à moitié chambré. On boit comme on aime, comme on a envie ce jour-là, et pas en obéissant à son thermomètre! Ramain, face à un vin, grand ou petit, c'était une personnalité qui en rencontrait une autre et toutes deux traitaient de pair à compagnon. La grande classe suppose autant de bienveillance que de sévérité. Pour un dégustateur du premier cartel, un petit vin n'est pas si petit, ni le plus grand à l'abri d'une remontrance, voire d'une remise en place.

Les écrits de Ramain font découvrir cette vérité: la grande objectivité n'est pas le fruit du sang-froid mais de l'amour. Résolu à ne jamais parler que pour lui seul, il a jugé pour le bien de tous. *« Ah! malheureux qui croit que je ne suis pas toi! »* disait Musset. De tels hommes sont rares, un ou deux par siècle, et chaque fois on croit qu'il n'y en aura plus d'autre jusqu'à ce que l'on se sente touché au coude au tournant d'une cave.

En attendant, nous avons le moyen de conserver vivants ces hommes parmi nous. Il nous suffit de les lire. Mort trop jeune, après s'être dispersé dans beaucoup de publications, le docteur Ramain n'a pas laissé d'œuvre en librairie. Nous ne pouvons faire notre vendange qu'au hasard, nous contentant parfois de grappiller. Aussi, plutôt qu'une statue sur la place de Douvaine, nous avons pensé qu'il aurait été heureux de rencontrer un hommage dans un livre consacré à ce qu'il avait le plus aimé. Quant à nous, nous nous offrirons encore une fois le plaisir d'entendre sa voix célébrant les vins de son pays. Nous savons déjà comment il parlait des vins rouges, voici les vins blancs:

« Les meilleurs vins blancs savoyards sont: en Haute-Savoie, le Digny, au bouquet de truffe fraîche, de tilleul en fleur et d'aubépine, à la saveur moelleuse et sèche — parfaitement! — de miel et de calcium. Il est, du reste, de plus en plus rare. Ensuite viennent les Roussettes de Frangy et de Seyssel, vins non mousseux et demi-liquoreux ou secs, suivant les coteaux. Le Crépy, vin clair, fruité, très sec, pétillant à peine, au parfum d'amandes et au goût de noisettes et de pierre à fusil, récolté entre Thonon et Genève, sur les communes de Douvaine, Ballaison et Loisin. Ce vin, actuellement délimité, est connu et apprécié non seulement dans toute la France, mais encore à l'étranger, où il est expédié en élégantes «flûtes» vertes bien habillées. L'Ayse, récolté au-dessus de Bonneville sur une étroite bande de colline à sol manganifère. Il est nerveux, pétillant naturellement, à forte saveur de silex, riche en alcool et «cassant les jambes».

Le *Bossey*, récolté sur les pentes jurassiques et très chaudes du Salève, près d'Annemasse, riche en éthers et en alcool, ressemble aux vins suisses et très parfumés du Valais. Le *Féternes*, en voie de disparition, récolté sur Evian, est bouqueté de violettes et plus diurétique que les eaux de cette station.

Le *Ripaille*, très sec et fruité, est récolté sur un terrain caillouteux d'alluvions, au bord du lac Léman, entre Thonon et Evian. Le *Marignan* de Sciez, près de Thonon, est un vin batailleur, coquin et fruité, au nom évocateur: c'est à Marignan que fut, au XIIe siècle, le berceau monacal du vin actuel de Crépy. Enfin, les rares et «gouleyants» vins blancs de Talloires et de Chavoires, récoltés aux environs d'Annecy.

En Savoie, citons les vins blancs suivants: en tête, le merveilleux *Altesse*, à la fois moelleux et doux, plein de sève, au parfum violent de violettes, à la saveur quasi angevine de miel et de tilleul: il rappelle le grand — très grand — vin blanc rhodanien de Château-Grillet, sur Condrieu.

Son voisin, le *Marêtel*, très capiteux, demi-liquoreux, titrant jusqu'à 12°8, issu du cépage «Viognier» mêlé de la «Roussanne» de l'Hermitage est récolté près d'Yenne. (Actuellement, la présence du «Viognier» en Savoie est contestée. Il s'agirait plutôt de la «Mondeuse blanche»). Le vin de la Côte-Rouge: blanc, fin, charmant, issu d'un cépage particulier, la «Jacquine» est récolté près de la Rochette. Le *Chignin*, près de Chambéry, tantôt sec, tantôt mi-liquoreux. Le *Clos-de-l'Evêché*, près de Chambéry, extrêmement fin et pétillant, mais, hélas, presque introuvable. Enfin, le rarissime Malvoisie de *Lasseraz* issu de plants importés de Chypre et, malheureusement, en voie de totale disparition, aux environs de Chambéry.

LE VIN DU BUGEY

Le Bugey, c'est plus qu'une route, trois étoiles de routes. A part les pavés du chemin, on n'y voit que prés et sapins. Nous pouvons donc nous attendre à y rencontrer, le pas vif et la mine insolente, un de ces vins de courants d'air dont la silhouette commence à nous être familière. Mi-gueux, mi-diable, comme tous les voyageurs solitaires. A la différence des vins de Savoie qui ont eu tant de pères et mères qu'on ne s'y reconnaît plus, tous les vins du Bugey sont les fils de la même mère, une seule. Il est vrai qu'elle a porté tant de noms: l'aventure, la bougeotte, le feu-aux-fesses... avant de se résigner au dernier, le plus administratif et le plus terne, la circulation.

A qui n'aurait jamais vu une carte et ignorerait tout de la géographie, la plus sommaire des analyses sanguines, celle des cépages, suffirait à nous révéler que tous sont des étrangers à la région. Ils viennent de Savoie, de Franche-Comté ou de Bourgogne. *Cépages et vignobles de France* de P. Galet en témoignent. Voici la liste des principales variétés actuellement cultivées dans l'Ain: l'Altesse, appelée localement parfois Roussette de Montagnieu, Fusette d'Ambérieu, Montelaure; la Mondeuse; la Douce noire, dite Montmélian, voilà pour la Savoie. Le Poulsard, dit Mescle Méthie, voilà pour le Jura. Le Pinot noir ou Noirin, le Pinot gris connu sous le nom de Malvoisie, le Gamay noir ou Bourguignon, voilà pour la Bourgogne.

Si nous passons à l'exploration sur le terrain, nous nous apercevrons que les principales régions viticoles sont d'abord alignées le long des routes, elles-mêmes établies au plus près des fleuves et des rivières:
à sud-ouest, de Lagnieu à Saint-Benoît, le long du Rhône et de la D 19, le vignoble installé sur des terrains jurassiques, bénéficie d'une belle exposition et de bonnes conditions topographiques. Bon pays pour la *Roussette du Bugey* qui bénéficie de deux crus: *Montagnieu* — produit sur les communes de Montagnieu et de Seillonaz — et *Lagnieu.*
à l'est, le vignoble de la Côte du Rhône, de Bellegarde à Anglefort, le long du Rhône et de la N92, dont les coteaux exposés au soleil levant, jouissent des mêmes avantages que les côtes de Bourgogne et d'Alsace. Le

nœud de cette région est le gué de Seyssel. Selon le docteur Ramain, les vins de Roussette, de *Seyssel-Ain,* demi-liquoreux ou secs seraient supérieurs à ceux de *Seyssel-Savoie.* Il est à noter que dans cet étroit vignoble, la législation a néanmoins cru bon de distinguer encore deux autres crus de Roussette, *Chanay,* au nord de Seyssel, *Anglefort* au sud.
de l'est à l'ouest, le vignoble suit la grande transversale du Bugey qui va de Pont-d'Ain à Culoz et à Vrignin, par Belley. Les différences d'exposition, de sol, de climat, nous amènent à diviser cette route en plusieurs tronçons.

La première section prend son départ au nord de Cerdon sur la D 84 et gagne Ambérieu en empruntant la D 36 après Poncin. Ce vignoble du *Revermont* est l'un des plus connus. Il a provoqué une explosion de tendresse chez le docteur Ramain: «les vins si agréables, blancs et blancs rosés de *Cerdon,* pétillant naturellement, changeants et capricieux comme une fille volage, traîtres et charmants, qui sont bus d'une vendange à l'autre et enchantent leurs buveurs — en leur coupant les jambes — par leur bouquet d'ananas, leur saveur de silex et d'aubépine.» A côté de ce petit seigneur, mentionnons quelques compagnons dignes de lui, la *Tête d'Ours,* le coteau de *Gravelle* à Saint-Etienne-du-Mont sans oublier quelques bons clos de *Jujurieux.*

Le long de l'Albarine, d'Ambérieu à Tenay, le vignoble est surtout présent sur la rive droite, bien qu'elle soit très escarpée. Les meilleures cuvées de ce parcours se font à Torcieu.

Tout change quand la Cluse des Hôpitaux s'ouvre au soleil levant, après Rossillon, autrefois capitale du Bugey, et sur le territoire de laquelle se trouve la grotte préhistorique magdalénienne des Hoteaux, l'une des très rares de l'est de la France. Région prédestinée donc, et comme telle destinée au vin. Jusqu'à Culoz se succèdent un certain nombre de crus qui furent grands et qui pourraient le redevenir: *Manicle,* sur les communes de Cheigneu-la-Balme et de Pugieu, *Machuraz,* commune de Vieu; *Virieu-le-Grand,* où le docteur Ramain recherchait le *Clos-Lourdel* et le *Clos-Agniel; Chavornay:* les Chartreux d'Arvières y possédaient le *Clos-Lavanche; Culoz,* où les mêmes Chartreux cultivaient le *Clos de la Chèvrerie.*

Si, à Pugieu, nous prenons la direction sud, vers Belley, nous entrons dans un bassin, comme si la route soudain s'enflait pour recevoir un supplément de vignobles. Nombre d'entre eux qui furent bien connus survivent en attendant de renaître: au nord-est, à Ceyzeirieu et à Vongnes, *Grilly* vers Belley, *Arbignieu*, au sud-ouest, encore bien tenu par la Roussette.

Sur la rive droite du Rhône, le long de la N 92, protégeant en quelque sorte le bassin de Belley et prolongeant la côte de Seyssel, s'étend le vignoble du Petit-Bugey, de Lavours à Vrignin. Faisant face à un vignoble parallèle en Savoie, il a été assez naturellement planté de *Roussette*.

Un examen statistique complèterait utilement ces informations. Il ferait apparaître que les communes sur lesquelles la culture de la vigne s'est le mieux maintenue sont les nœuds de communication. Les deux plus importants viennent largement en tête: Belley, plus de cent cinquante hectares, Ambérieu, un peu moins de cent. Nous trouverons ensuite dans la liste: Corbonod, Lagnieu, Brégnier-Cordon, Chazey-Bons, Poncin...

Des crus nés de la force des choses

La carte des vins du Bugey maintenant dépliée sous nos yeux, il nous reste à la commenter en détail. Revenons à notre route, la transversale. Elle présente une caractéristique unique en France: à l'entrée et à la sortie, comme des poteaux de signalisation et plus encore comme des messages sont placées deux stations magdaléniennes célèbres pour les œuvres d'art qu'elles ont livrées: à l'ouest, la Colombière, à Neuville-sur-Ain, où furent recueillis plus de 700 objets de silex, dont les fameux galets gravés; à l'est, les Hoteaux, à Rossillon, où fut découvert un bâton à trou reproduit dans presque tous les ouvrages consacrés à l'art préhistorique. Ces deux stations témoignent d'une circulation et d'une vie spirituelle toutes deux intenses. Les Sumériens l'avaient remarqué, les grandes manifestations artistiques sont liées à la consommation des boissons alcoolisées. Dix mille ans avant notre ère, les habitants du Bugey consommaient une sorte de «vin», qui pouvait être de la bière. La carte des sites publiée dans la *Préhistoire française* éditée par le CNRS apporte un début de

confirmation à cette thèse: tous les sites occupés par l'homme entre 50.000 et 6.000 ans avant notre ère, produisent des vins et souvent les meilleurs: Arbignieu, Pugieu, Montagnieu, Poncin-Cerdon... On n'en trouverait pas un seul qui ne soit apte à produire un bon cru. On retrouve de telles correspondances dans le Jura, à Mesnay; en Savoie, à Veyrier, non loin d'Evian. Les périodes suivantes, néolithique, bronze, fer, âges des troupeaux, du sel et des sources thermales ne firent qu'accélérer le mouvement, ce que confirment de nombreuses trouvailles, en particulier au voisinage des gués sur la rivière d'Ain et le Rhône.

Comme en Savoie et dans le Jura, l'existence d'un vin préhistorique nous semble donc probable en Bugey et l'on peut supposer qu'elle fut agréable aux Romains qui ne manquèrent pas d'occuper solidement une voie d'un si grand intérêt stratégique. Pourtant, il ne nous semble pas que l'essentiel ait pu être fait sous César et ses successeurs. La terre rare, difficile à cultiver, n'enrichissait pas son homme et ne se prêtait guère à l'établissement de ces grandes *villas* entretenues par quelques centaines d'esclaves, formule préférée des conquérants. D'autre part, il n'existait pas de ville d'eaux dans laquelle on put mener une bonne vie gastronomique.

Comme il n'y a eu qu'une introductrice, la route, le vin du Bugey pourrait bien n'avoir eu qu'un véritable créateur, le passant qui s'est arrêté, le moine. Il y a d'ailleurs mis le temps. Le premier monastère connu du Bugey est apparu seulement vers l'an 800, alors que dans nombre de régions plus isolées et plus déshéritées les moines étaient déjà installés depuis plusieurs siècles.

Une si longue réflexion a porté ses fruits. En choisissant Ambronay, entre Ambérieu et Pont-d'Ain, les Bénédictins montrèrent qu'ils avaient l'œil américain. Monastère-carrefour placé à la sortie de la Cluse, il était aussi un monastère-marché, entre plaine de Bresse et collines jurassiennes. Du vin des Bénédictins d'Ambronay, personne encore ne nous en a parlé, sauf la carte, mais elle est éloquente: à une dizaine de kilomètres au nord, c'est Cerdon; la même distance au sud, c'est Lagnieu. Plus près, presque dans la clôture, Jujurieux, l'Abergement, Ambérieu, Vaux-en-Bugey. La gloire viticole du *Revermont,* ce fut d'abord Ambronay.

Les siècles usent le vin comme le pouvoir, avec lequel ils ont tant de complicités. Vint le second souffle, et pas le moins bon, Cîteaux! L'Ordre de Cîteaux aimait les défis. Il arrivait vers l'an 1100 dans une région où depuis trois siècles un seul monastère avait péniblement survécu. Il en fonda trois...

A l'ouest, il se garda d'empiéter sur le domaine des Bénédictins, allant chercher un gîte à dix kilomètres à l'ouest d'Ambérieu, à Crans, dans la Dombe marécageuse et forestière. Mais, c'était un sort! chaque fois que le père abbé levait son regard au-dessus des étangs, il apercevait quelques taches dorées sur les flancs du Revermont! Que l'abbaye de Crans se soit intéressée de très près au vignoble, un certain nombre de «Granges» (monastères secondaires délégués à l'exploitation) en témoignent encore: Grange de Luisandre, au sud de l'Abergement, à quelques kilomètres d'Ambérieu, lieu-dit Les Granges aux portes même de Montagnieu.

A l'est, la voie était libre. Cîteaux occupa d'abord une position en retrait, un poste de garde qui surveillait l'entrée de la Cluse, à Thézillieu. Cette abbaye Saint-Sulpice est encore mentionnée sur les cartes. Sa position lui assurait la maîtrise d'un certain nombre de terres, à Thézillieu, Virieu-le-Grand qui, comme par enchantement, se mirent soudain à produire de très bons vins.

Cependant, la surprise fut surtout le fait de l'abbaye de Bons, installée à quelque cinq kilomètres au nord de Belley et qui n'a laissé aucun souvenir ni dans les guides ni sur les cartes. Mais elle a laissé un bon vin, que je rencontrai un jour sur la carte d'un restaurateur fameux. Cette réputation fut mon fil d'Ariane. Le *Manicle!* On buvait du Manicle là où l'on boit d'ordinaire le Clos-de-Vougeot! Il fallait y aller voir. Je vis! Je vis que ce vin provenait d'un tout petit terroir, quelques parcelles réparties sur les communes de Chazey-Bons et de Pugieu. Au terme d'une assez laborieuse enquête, je découvris une abbaye cistercienne sur l'aire de production. Situation exceptionnelle. Un monastère de Cîteaux se tenait presque toujours loin de ses vignes, au moins tant que vécut saint Bernard, incorruptible buveur d'eau. Mais saint Bernard est mort en 1153... et l'abbaye aurait été fondée en 1155. O vin impatient!

Une tradition assez solide permet d'affirmer que Brillat-Savarin fut un fervent du vin de Manicle, au point d'avoir eu son cellier à Cheigneu-la-Balme. Au-delà de cette anecdote, nous pouvons remonter plus haut pour expliquer quelques caractères des vins de cette région et d'abord leur aptitude au vieillissement: dans la mémoire des anciens, les vins rouges de Machuraz ne prenaient leur personnalité qu'après cinq ou six ans de bouteilles et se conservaient trente ans et plus, les blancs de Virieu-le-Grand pouvaient dépasser les quarante ans de bouteille. Ces vins avaient-ils hérité cette aptitude de la préhistoire, grande école du vieillissement? Plus sûrement encore, ils furent modelés par les Cisterciens. En effet, Virieu et Machuraz appartenaient à l'abbaye de Saint-Sulpice et elle conservait leurs vins dans ses caves de Thézillieu. Même les cépages parlent. Toute la région située autour des deux abbayes cisterciennes de Saint-Sulpice et de Bons est la seule de tout le Bugey où les cépages d'origine bourguignonne l'emportent sur tous les autres. P. Galet nous apprend que les meilleurs crus de Virieu, Manicle, Machuraz et Culoz sont issus du Chardonnay et du Pinot noir et gris et que ceux du bassin de Belley sont en grande majorité obtenus à partir de l'Aligoté, du Chardonnay, du Pinot noir et gris, du Gamay. Encépagement qui laisse penser que les promoteurs arrivèrent directement du Clos-de-Vougeot.

Là où se trouve le Cistercien, cherchez le Chartreux! Entre ces deux ordres contemporains, il semble qu'il y ait eu dès le premier jour une ardente compétition. Sur le plan spirituel, elle amena Cîteaux à se réformer en Trappe, citadelle du silence qui le dispute en rigueur aux Chartreux. Dans l'ordre matériel, ce fut à qui produirait le meilleur vin. Du haut des gradins du Bugey, nous avons l'occasion d'assister à un match qui est bien dans le style des adversaires et néanmoins amis. Alors que les Cisterciens s'étaient postés presque au bord des routes, et parfois dessus, les Chartreux occupèrent l'entre-deux routes, position qui leur permettait d'avoir des vignes sur chaque flanc.

Le coup d'envoi fut donné par les vieux Bénédictins d'Ambonay. En 1130, ils déléguèrent un de leurs moines dans un désert situé à l'ouest de la Cluse des Hôpitaux, où il fonda la Chartreuse de Portes, entre la région de Virieu-le-Grand-Belley dont nous venons de parler et celle de Lagnieu et de Montagnieu où il acquit la seigneurie de Saint-Sorlin-en-Bugey. Depuis, les Chartreux-Seigneurs sont partis, mais on fait toujours du bon vin à Saint-Sorlin.

A propos de la Savoie, nous avons déjà fait allusion à la Chartreuse d'Arvières, installée dans les forêts au sud-est de Seyssel. Son histoire est peu connue, sauf en ce qui concerne le vin. Elle était propriétaire de deux vignobles célèbres, celui de *Lavanche* à Chavornay, celui de *la Chèvrerie* à Culoz, où l'on pourrait voir leur cellier.

Les moines ont semé le vin. Nous avons récolté les gourmets, Brillat-Savarin, Lucien Tendret... Les fruits ont-ils passé la promesse des fleurs?

LES VINS DU LYONNAIS

Le vin du Beaujolais n'est pas, n'a jamais été, le vin de Lyon, comme voulut le faire croire Léon Daudet, polémiste ardent mais gastronome endormi, plus ami des formules que de la vérité. Vin de Paris, le Beaujolais a commencé sa fortune au milieu du XVIIᵉ siècle et si les bourgeois de Lyon s'en sont occupés, c'était pour le produire et le vendre. A leur table, comme l'avait fait le dernier des esclaves romains et comme le faisaient encore le batelier de l'Ile Barbe et le canut de la Croix Rousse, ils buvaient le vin de leur clos, celui qu'ils pouvaient voir de leur fenêtre, un vin du Lyonnais.

La naissance d'un vin est toujours entourée des fumées de l'histoire ou du mythe. Si le dieu manque, il faut que le Romain y aille. La vigne aurait été un don personnel de l'Empereur Probus qui voulait remercier les Lyonnais de leur avoir livré un chef rebelle. Il fit venir de Dalmatie un plant qui put être le Viognier que nous retrouverons à Condrieu et fit planter par ses soldats la face sud du Mont d'Or. Cette montagne devrait son nom à la couleur des vignes à l'automne.

Plutôt qu'à des légionnaires au repos, nous aurions tendance à attribuer une si bonne action à quelques gardeurs de chèvres, qui nous ont laissé la plus authentique des signatures, un fromage. Aujourd'hui fromage de vache, le Mont d'Or était encore voici quelques dizaines d'années un fromage de chèvre à croûte bleue, provenant d'animaux nourris en étable. Aux siècles romains, les chèvres broutaient le long des chemins, les

plus coopératives allant tailler la vigne au printemps, les pieds dans les eaux thermales de Charbonnières.

Autre point d'appui en faveur de l'origine pastorale du vignoble de Lyon, les anciens cépages étaient ceux qui se sont maintenus auprès des alpages savoyards: Mondeuse et Douce noire. Le phylloxéra et la mode créée par le succès les ont fait disparaître au profit des cépages bourguignons: Gamay noir à jus blanc, Gamay blanc ou Melon, Aligoté, Chardonnay.

Comme dans toutes les villes romaines, les vignes furent d'abord installées à l'intérieur des remparts, puis dans les plus proches faubourgs. Justifiée autant par un souci de sécurité que par la rareté des moyens de communication, cette culture au plus près se maintint très longtemps. Les nommées — listes de contribuables — de l'an 1446 indiquent que *«tous ceux qui possédaient quelque chose possédaient d'abord une vigne, petite ou grande»*, vigne qui bien souvent se trouvait encore dans l'enceinte de la ville. Cependant, à mesure que la population croissait, il fallait aller plus loin, mais on dépassait rarement la distance d'une étape à cheval, sauf lorsque pour les transports, on pouvait disposer d'une voie d'eau. L'aire de production actuelle Limonest-l'Arbres-le-Givors, correspond assez bien à cette définition. Elle est tout entière inscrite dans les limites de l'ancien comté de Lyon, devenu généralité en 1543 par l'édit de Cognac pris par François Iᵉʳ. Politique et administration ont donc joué leur rôle.

Lyon fut très tôt une ville industrieuse et bien peuplée. Ses bateliers, ses ouvriers, les pèlerins et les voyageurs qui la traversaient fournissaient au vin une abondante clientèle, essentiellement populaire. Elle aimait boire beaucoup et bon marché. En 1664, elle stupéfia Sébastien Locatelli, prêtre bolonais, qui arrivait pourtant d'une autre riche contrée viticole: *«Les trois cent mille habitants de cette ville boivent plus de vin qu'on en consomme en douze villes d'Italie; dans presque chaque maison se trouve un cabaret et, chose curieuse, aucun ne manque de pratiques.»*

De telles écluses devaient être alimentées. Jusqu'au milieu du XIXᵉ siècle l'aire de production des vins du Lyonnais était plus vaste que celle des vins du Beaujolais. En 1827, 11.000 hectares dans l'arrondissement de

Lyon contre 6.000 dans l'arrondissement de Villefranche; 14.000 contre 17.000 en 1866. Les productions s'équilibraient à peu près, le vignoble du Beaujolais étant neuf et mieux conduit.

La ville de Saint-Etienne et toute la vallée industrielle du Gier, comprenant Saint-Chamond et Rive-de-Gier, a certainement contribué à la prospérité de ce vignoble, jusqu'à la création des wagons-foudres qui permirent aux mineurs, intrépides buveurs, — certains auraient vécu au régime des quinze litres quotidiens! — de se brancher sur les vins du Midi. Ainsi s'explique-t-on la modestie de la situation actuelle: quelque 500 hectares pour quelque 4.000 hectolitres.

Ce serait méconnaître ce vignoble que lui dénier le souci de la qualité. Peu connus aujourd'hui, faute d'appartenir à une écurie dans le vent, de nombreux crus ont été élaborés, diversifiés, choyés. Certains sont devenus d'autant meilleurs qu'ils pouvaient se vendre plus cher, sans être grevés de frais de transports. Ils se trouvent donc soit à proximité de Lyon, à *Sainte-Foy*, à *Brindas;* soit le long de la vallée du Rhône où il était facile aux mariniers de les recueillir: *Millery* — Clos de la Gelée — *Charly, Irigny, Saint-Genis-Laval* — les Barolles.

LES VINS DE LA CÔTE-RÔTIE ET DE CONDRIEU

«Coin du Ruisseau». Condrieu est un gué, comme l'Angleterre une île. Cette situation explique tout et particulièrement ce qui nous intéresse le plus, la haute qualité de ses vins et ceux de la Côte-Rôtie, installé sur le même débarcadère.

Un certain nombre de raisons se sont conjuguées pour faire de ce lieu de passage, l'un des plus importants de tout le cours du Rhône. Tout d'abord, il s'agissait d'un fleuve déjà large et ardent dont la traversée ne s'improvisait pas. Des deux côtés, des criques aux abords en pente douce permettaient des accostages faciles. Non seulement le franchissement du fleuve se révélait donc relativement facile, mais à cet endroit il en valait la peine. Il se trouvait au carrefour de trois régions: Lyonnais, Viennois, Forez dont les économies étaient complémentaires. En outre, situé sur la grande voie nord-sud, il permettait aux voyageurs qui l'empruntaient de changer de rive.

Pour ceux qui prétendaient l'utiliser, la difficulté était à la hauteur du résultat. Il ne pouvait être question d'entrer dans l'eau en cherchant les hauts fonds de la pointe du pied, le Rhône étant alors beaucoup plus abondant et tumultueux que de nos jours. Les économes et les timides attendaient l'hiver et passaient sur la glace, car il gelait encore en ce temps-là. Les techniciens et les audacieux construisaient des radeaux faits de troncs d'arbres reposant sur des outres et les laissaient dériver en godillant vers la rive opposée. Toutes ces tentatives supposaient un séjour plus ou moins long sur la rive pendant lequel les voyageurs mangeaient et buvaient. Une plante poussait irrésistiblement au bord du gué, l'auberge.

Une nouvelle qui dut faire sensation vers l'an 600 avant notre ère, l'arrivée des Grecs à Ampuis! Elle paraît certaine, même s'il n'est pas tout à fait prouvé qu'ils aient eu alors l'idée d'apporter avec eux les deux cépages qui ont fait la fortune du vignoble, le Viognier et le Syrah, ce dont pourtant quelques érudits ne doutent pas. Ils pourraient n'avoir pas entièrement tort et presque raison si nous pouvions connaître l'origine et l'itinéraire de ces Grecs. Chassant la source thermale en direction de Charbonnières et venant de Saint-Georges-les-Bains, ils ont pu s'établir à Limony, à une dizaine de kilomètres au sud de Condrieu. Vers la même époque, des Phocéens fondèrent Marseille et ils auraient pu remonter la vallée du Rhône. Mais, outre que ce trajet eût été un véritable exploit, leur cas est à rapprocher de la colonie grecque qui s'installa au Pègue, dans la Drôme, et dont il est certain qu'elle n'appartient pas à la branche marseillaise. Il existe une explication si naturelle que nous ne sommes pas loin de la trouver évidente. Beaucoup plus que par la mer et la vallée du Rhône, les échanges vers l'est se faisaient alors par les cols alpins, comme nous l'avons déjà signalé en étudiant les vins de Savoie. Que des bergers grecs poussant leurs troupeaux aient traversé la Suisse, voire le nord de l'Italie et que, butant contre le massif Central, ils aient finalement planté au bord du Rhône le sarment qu'ils emportaient

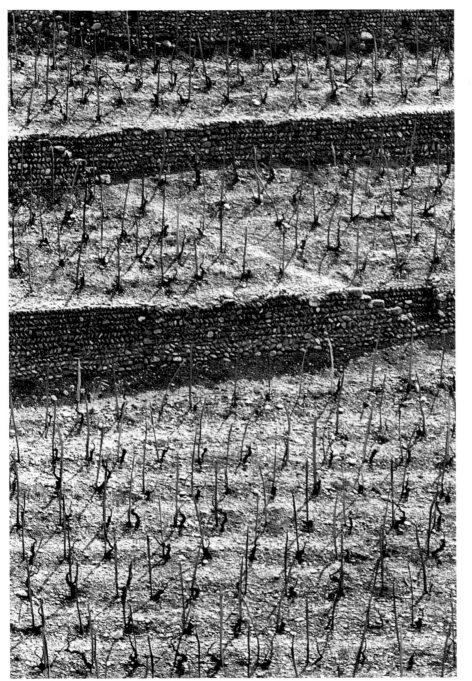

comme un bâton de maréchal, quoi de plus naturel. Ils avaient pu couper cette bouture en Dalmatie, que l'on donne avec obstination comme la région d'origine du Viognier. L'épisode suivant vient à l'appui de cette hypothèse. En 121, Fabius ayant battu les Allobroges et les Arvernes, les Romains avaient établi leur domination sur toute la région, mais en 84 les Helviens, de l'Ardèche et les Voconces, de la Drôme, se soulèvent. Par où passe le général romain, l'illustre Pompée, envoyé pour les mâter au plus vite? Par le Petit-Saint-Bernard qui le conduira droit sur Vienne où il fera établir un fort.

Beaucoup d'autres traits montrent la force et la persistance des liens de cette région avec les Alpes. Les La Chapelle, la plus importante famille noble avant les Villars héritiers de leur seigneurie, et qui donneront deux évêques à Vienne, sont originaires du Grésivaudan. D'ailleurs le territoire du Dauphiné tout entier est beaucoup plus alpestre que rhodanien.

Par eux, ou pour eux, le gué où passaient les bergers fut enrichi d'un vignoble, comme en beaucoup d'autres endroits similaires. Nous avons d'autres traces de leur passage, comme la rigotte, le fromage de chèvre de Condrieu. Chaque troupeau de moutons comprenait toujours deux ou trois chèvres qui pouvaient assurer le ravitaillement du berger en lait et en fromage.

Par-dessus tout, nous avons les deux vins eux-mêmes qui s'affirment résolument pastoraux et préhistoriques. Rappelons-nous: le berger souhaite pouvoir boire son vin dès son retour de transhumance mais il exige aussi un vin qui vieillisse tout seul dans les « Cuves d'Isaïe » parce que, passant beaucoup de temps loin de chez lui, il n'a pas le loisir de s'en occuper. Ces exigences exposées, le couple Condrieu-Côte-Rôtie y répond parfaitement. Pour le Condrieu, le principal souci du vinificateur est de le maintenir doux et pétillant. Après le débourbage, le moût est mis en tonneaux et on le soutire tous les jours pendant une semaine. Cette opération a pour but de retarder la fermentation et de la prolonger pendant tout l'hiver. En mars, le vin est fait, mais il reste légèrement moelleux et pétillant. On le met alors en bouteilles... mais pas pour longtemps. A Condrieu, l'on prétend que la dernière bouteille est bue pour la dernière première

communion, vers la fin du printemps. Autrefois, ce devait être le jour où le berger prenait le départ pour l'alpage. Quant au vin rouge de Côte-Rôtie, il répond à la définition contraire. Imbuvable s'il ne compte pas plusieurs années de tonneaux, il peut se conserver cinquante ans. Retiré du circuit, le berger vieillira auprès de lui.

L'histoire de Condrieu restera celle de son gué, du «coin du ruisseau», même si cette étymologie a été justement discutée par le général F. Béranger dans sa brève mais précise *Histoire de la région de Condrieu.* Un bac à draille y fut installé avant 1426. Au XVIIe siècle, une partie des droits perçus servait à payer les trois jours de fête des Bachelards, nom donné aux jeunes gens de Condrieu. L'affaire était si bonne que la famille de Villars avait acquis le droit de tenir port sur le Rhône et de percevoir le péage du bac à draille. Elle «arrentait le droit de péage à un marchand voiturier par eau du port de Condrieu pour la somme de 700 livres par an». A la mort du maréchal de Villars, les chanoines-comtes de Lyon parvinrent à se ressaisir de ce droit, mais en 1741 le Conseil d'Etat du roi le rendait au fils du maréchal. Des documents datant de 1783 font apparaître l'importance de l'activité portuaire. La ville comptait 318 maisons et le Grand Port 133, parmi lesquelles une auberge fameuse, «l'Ecu de France», située juste au débarcadère du bac — une certaine interprétation du mot «écluser» a pu y naître —. Aussi le Conseil d'Etat, qui semble n'avoir fixé que quatre tarifs n'avait-il pas oublié le vin: 6 deniers par *ânée* — sensiblement un hectolitre —. L'ânée est encore une création de bergers, c'est la charge que peut porter l'âne accompagnant le troupeau. En 1832, le bac à traille était affermé 2.400 francs par an. Ce fut l'année où l'on construisit le pont suspendu.

Après le gué, la seconde chance de Condrieu fut de pouvoir établir un port. Le second n'est pas la conséquence évidente du premier. Il faut que la forme des berges et la ligne du courant s'y prêtent. Condrieu fut actif dès la période romaine, placé presque à portée de voix du préfet maritime des Gaules qui avait établi sa résidence à Vienne. «Le Rhône, nous dit F. Béranger, devenait une voie navigable très utilisée par les *Nautae Rhodanici,* corporation des bateliers du Rhône, et les utriculaires qui se servaient de radeaux soutenus par des outres; à la remontée on employait le halage par des esclaves.» Le système qui devait nous valoir le fameux chant des bateliers de la Volga.

Ce moyen de communication resta le plus utilisé jusqu'à la création des chemins de fer. En 1248, il fut celui de Saint-Louis et de sa suite en partance pour la VIIᵉ croisade, comme il fut celui de d'Assoucy au XVIIᵉ siècle, alors qu'il allait retrouver Molière en Avignon, et celui de Stendhal dans la première partie du XIXᵉ siècle, alors qu'il préparait les *Mémoires d'un touriste*.

Très prospère pendant près de deux mille ans, le port de Condrieu fut touché en 1780 par la création du canal de Gier qui aboutissait à Givors. Jusqu'alors les mines de charbon de Rive-de-Gier avaient utilisé le port de Condrieu à la cadence de 500 mulets par jour. Ce fret fut perdu et profita à Givors. La blessure pourtant fut loin d'être mortelle: «*En 1823*, dit Béranger, *Condrieu remplace Sainte-Colombe comme chef-lieu de ce canton du Rhône riche et peuplé, 100 habitants au km², en raison de son importance due notamment à son port fluvial. Condrieu était depuis longtemps la patrie de bien des mariniers du Rhône, qui, avec leurs attelages, tiraient les chalands lors de la remontée du fleuve. En 1830, la flotte se composait de savoyardes de 300 tonnes, de sicelandes de 150 tonnes, de caburies ou bateaux pilotes et de coursieris pour le transport des chevaux à la décize, au total 1.200 bateaux. Le trafic fluvial aurait été d'environ 100.000 tonnes de marchandises — charbon et bois principalement — à la descente et de 30.000 à la remontée.*»

Malgré la concurrence du chemin de fer, le trafic en marchandises sur le Rhône n'a cessé de progresser jusqu'à nos jours: 600.000 tonnes en 1934, plus de 1.500.000 en 1977... mais il ne profite plus au port de Condrieu, désaffecté, et que les gigantesques travaux entrepris feront sans doute disparaître tout à fait d'ici quelques années.

Les bergers étaient les clients du vin, les passeurs et les bateliers en amenaient d'autres. Mais tous avaient une autre précieuse qualité, ils pouvaient cultiver la vigne à mi-temps. En effet, en un temps où l'on n'appliquait aucun traitement, la viticulture était loin de mobiliser son homme toute l'année. Du printemps à l'automne, il disposait d'un temps libre que dans les régions de polyculture, il employait à faner, moissonner, biner les betteraves et les pommes de terre. La topographie et la rareté de la terre cultivable ne permettaient rien de pareil sur la rive droite du Rhône. En revanche, les bras disponibles ne manquaient pas en hiver, époque où les bergers étaient rentrés et où la hauteur des crues réduisait les sorties des bateliers. Tous comblaient ces loisirs forcés par une activité d'appoint qui leur apportait fierté et profit. De plus, voyageurs, ils jouaient un rôle publicitaire non négligeable, aussi bien auprès des mineurs de Rive-de-Gier que dans les bouchons des quais de Lyon ou d'Avignon où ils accostaient.

Nécessité du cru, le vin de Lyon

Ainsi les conditions économiques et humaines étaient remplies, on pouvait produire du vin et le vendre. Nécessaires, elles auraient été suffisantes pour l'établissement d'un vignoble orienté vers la consommation courante. Là était la pierre d'achoppement. Ce qui était possible en Languedoc et même en Bordelais, voire en Bourgogne, ne l'était pas dans une région où les parcelles étaient autant de nids d'aigle qu'il fallait aller cultiver à la main et dont le rendement était des plus réduits. Il fallait recourir au seul procédé qui permette de triompher de la difficulté et de la pauvreté, faire du très bon vin pour le vendre cher. Or si des conditions économiques satisfaisantes peuvent permettre le maintien d'un vin honorable, seules des conditions politiques peuvent se trouver à l'origine de très grands crus. Après les bergers et les bateliers, quelle fut la troisième chance de Condrieu?

Les chanoines. Dans presque toutes les régions de France, le pouvoir tombé des mains des fonctionnaires romains, avait fini par revenir aux enfants légitimes de Constantin, les évêques. Il en fut ainsi à Condrieu et Ampuis. Après avoir été sujets du premier royaume de Bourgogne qui eut un moment Vienne pour capitale et qui dut réclamer de bons vins, les habitants de cette contrée finirent par faire partie du comté de Lyon qui, en définitive, ne se trouva pas soumis temporellement à l'archevêque de Vienne, mais à celui de Lyon, dont les affaires temporelles étaient conduites par le Chapitre de chanoines de Saint-Jean.

Amour divin, amour des hommes, amour du vin?... On peut épiloguer sur les motifs qui faisaient agir les chanoines lyonnais, mais nous devons convenir que leur zèle ne se démentit guère au cours des siècles. Dès 1195, ils firent construire à Condrieu un château fort avec un donjon circulaire de quinze mètres de diamètre et des murs de deux mètres d'épaisseur. Tout autour de ce donjon des remparts, à l'intérieur des bâtiments pour la garnison... et à l'occasion pour les tonneaux menacés par les pillards, qui pouvaient être tout aussi bien les soldats réguliers de l'armée ennemie.

La protection du domaine assuré, restait à l'arrondir. Une politique d'échanges et d'achats est menée tambour battant. Un acte est encore signé en 1303, à la suite duquel F. Béranger peut écrire: «*En un siècle, le Chapître de Saint-Jean avait donc réussi, dans l'obédience de Condrieu, à devenir le suzerain incontesté, en recevant l'hommage de seize seigneurs, damoiseaux ou chevaliers de Condrieu et de ses environs.*»

Tout restant toujours à conquérir, nos bons chanoines ne cessent de ramasser des miettes, parfois savoureuses: en 1315, ils s'assurent la viguerie de Longes. En 1480, c'est le doyen du Chapitre qui reconstruit à ses frais la tour qui subsiste encore sous le nom de tour Garon. En 1590, le Chapitre accepte enfin de licencier sa garnison — qui était payée par les habitants de la ville. En 1684, les chanoines profitent d'une révision du cadastre pour faire signer à tous les propriétaires de Condrieu, par devant notaire, un texte ainsi libellé:

«*X...cultivateur à Y...volontairement reconnaît et confesse tenir et posséder en emphytéose perpétuelle d'illustres seigneurs, les doyens chanoines et Chapitres de l'Eglise, comtes de Lyon, seigneurs hauts justiciers de la ville et baronnie de Condrieu, telle terre... telle maison...*»

Au cours du XVIIIe, nous les avons déjà vus disputer les revenus du péage à la famille du maréchal Villars. L'un de leurs derniers actes connus concerne les travaux de voirie, ordonnés par une affiche placardée en 1750:

«*De par les seigneurs, doyens, chanoines et Chapitre de l'Eglise, comtes de Lyon, hauts justiciers de la baronnie de Condrieu, noble Jean François Joubert, capitaine... ordonnons de faire réparer les creux et cavités...*».

Subtils chanoines! En prenant position dès 1173 sur ce coin privilégié de la rive droite pour y tirer plus que leur vin de messe, ils avaient eu la main heureuse. En effet, jusqu'en 1307, rive gauche et rive droite restant, au moins théoriquement, terres d'Empire, les échanges étaient libres. Il n'en fut plus de même par la suite et surtout à partir du traité signé en 1312 entre Philippe le Bel et l'Archevêque de Lyon qui rattachait le comté de Lyon à la France, ce qui supposait une renonciation au moins provisoire à toutes revendications concernant le Dauphiné. Les appellations «*au royaume*» et «*à l'empire*» pour désigner l'une ou l'autre rive datent de cette époque. En deux étapes, 1349 et 1461, le Dauphiné était enfin rattaché à la France. Le rôle final avait été joué par Louis XI qui annexait peu après la Bourgogne et la Provence, donnant ainsi toute son importance à la grande voie Saône et Rhône qui devint le grand axe du vin français. Tous les ports fluviaux en furent les premiers bénéficiaires et celui de Condrieu en bénéficia tout autant que son vignoble.

Quand cette bonne nouvelle arriva, les vignerons de Condrieu et de la Côte-Rôtie avaient déjà croqué d'excellents marrons. De 1307 à 1461, il s'était, en effet, écoulé un siècle et demi pendant lequel le vin de Condrieu n'avait guère eu à redouter la concurrence des vins de la rive gauche, laquelle comptait au nombre de ses crus un certain «*vin de Tournon*». Ce vin dirigé par les droits de tonlieu vers Vienne, Grenoble et autres villes du Dauphiné cessait d'être compétitif à Lyon et au-delà, ce qui représentait un marché plus important.

A maintes reprises, Roger Dion, grand historien du vin français, s'est attaché à montrer quels rapports étroits le vin entretenait avec la liberté, au point que l'on pourrait écrire, l'odeur du vin rend libre. Il pourrait ajouter à ses exemples celui du Chapitre Saint-Jean et de ses relations avec la commune viticole de Condrieu. La première charte est octroyée en 1199 par l'archevêque Renaud du Forez. Ce qui a été dit n'ayant jamais été assez dit, les habitants de Condrieu obtinrent en 1345 le renouvellement de leur charte par le Chapitre Saint-Jean.

Les moines encore...

Cependant, si important qu'ait pu être son rôle, le Chapitre de Saint-Jean n'a pas agi seul. Nous pouvons même dire que dans les conditions où il se trouvait placé, jamais il ne serait parvenu à créer d'aussi grands crus que Condrieu et Côte-Rôtie. D'abord, il n'était pas réellement propriétaire, ou mieux, il l'était pour ordre et pour toucher des revenus. Ces terres louées, il n'aurait pas pu les reprendre et il n'y songeait pas, le faire-valoir direct n'étant pas dans ses moyens. Avec le vin, il avait essentiellement des relations d'affaires, ses fermiers le lui livraient pour acquitter les loyers et divers impôts, dont le vingtain, c'est-à-dire le vingtième de la récolte. D'autre part, la distance relativement grande qui sépare Lyon de Condrieu ne permettait guère le contrôle quasi permanent qu'exige la création d'un produit de haute qualité. Enfin, les chanoines se préoccupaient d'autant moins de faire face à ces obligations qu'ils les savaient très bien assumées à l'intérieur de l'église même par le clergé régulier.

Après les chanoines, ou plutôt avec eux, les moines. Leur situation était des plus favorables. Ils se trouvaient sur place, ils possédaient des vignes qu'ils exploitaient directement, souvent même de leurs propres mains, la règle de beaucoup de monastères exigeant le travail manuel. Ajoutons que dans bien des cas le vin était la principale source de revenus des abbayes dont les dépenses étaient considérables, certaines entretenant régulièrement jusqu'à mille pauvres sans compter les pèlerins et les passants.

Importante cité romaine, christianisée très tôt, Vienne abritait des monastères, parmi lesquels celui de Saint-Maurice. Le premier nom cité est donc le même que celui de la grande abbaye du Valais qui fonda Château-Chalon et sans doute nombre de vignobles savoyards. Quel fut son rôle? Faute de précisions nous rappellerons que les liaisons de cette section du Rhône avec les Alpes étaient bien établies. Nombre d'hommes connaissaient la route, les ceps ont pu la prendre.

Sur la rive droite du Rhône, où s'étaient élevés tant de palais romains, nombre de monastères et de prieurés bénédictins ont occupé leur place comme Bernard l'Ermite dans des coquilles Saint-Jacques. Ils étaient installés à Ampuis, à Chavanay, à Pélussin, aux Haies. Les Cordeliers étaient à Sainte-Colombe où ils hébergèrent Philippe le Bel en 1312, pendant le concile de Vienne qui abolit les Templiers. A Condrieu, François de Villars fonda en 1603 le couvent des Recollets, qui sera bientôt suivi par un monastère de la Visitation, en liaison avec la maison du même ordre installée à Bellecour à Lyon. Ce seront encore des Visitandines qui s'installeront à Sainte-Colombe en 1644. Faut-il dire que ce recensement est très incomplet et ne mentionne peut-être pas le dixième des monastères qui ont pu être établis dans cette région?

Qu'importe! Nous connaissons ceux que nous ne pourrions nous permettre d'ignorer, les Chartreux et les Cisterciens. Les premiers avaient occupé la meilleure position, ils étaient les plus près. Située dans les montagnes à une dizaine de kilomètres à l'est de Condrieu, la Chartreuse de Sainte-Croix-en-Jarez fut fondée en 1280 à la suite d'un songe miraculeux par Béatrix de la Tour du Pin, femme de Guillaume de Roussillon, baron d'Annonay, mort aux croisades. Assez bien dotée dès le départ, l'abbaye fut administrée avec assez de sagesse pour ne pas perdre ses avantages puisqu'en 1656 nous la voyons acheter le château voisin de Longes qu'elle conservera jusqu'à la Révolution. Les Chartreux étaient volontiers maîtres de forges, cette région leur était donc propice, mais leur vocation viticole était plus ancienne encore. Gageons qu'ils ont eu la sagesse de concilier les deux.

Sur la route qui conduit de Condrieu à la Chartreuse Sainte-Croix se trouve un lieu-dit la Grange et des Granges à la sortie nord de Condrieu. Signal d'alerte! Suivons le sentier. Dix ou quinze kilomètres supplémentaires nous conduiront dans les quartiers sud-est de Saint-Etienne, à Valbenoîte, monastère cistercien fondé en 1184 par des moines envoyés par l'abbaye de Bonnevaux-en-Dauphiné.

Ce sera le moment de faire demi-tour et d'utiliser le gué de Condrieu. Plein est pendant une vingtaine de kilomètres et, un peu avant d'atteindre Saint-Jean-de-Bournay, nous arrivons à Villeneuve-de-Marc où nous chercherions vainement trace d'un monastère. Ce fut pourtant l'emplacement d'une des plus anciennes

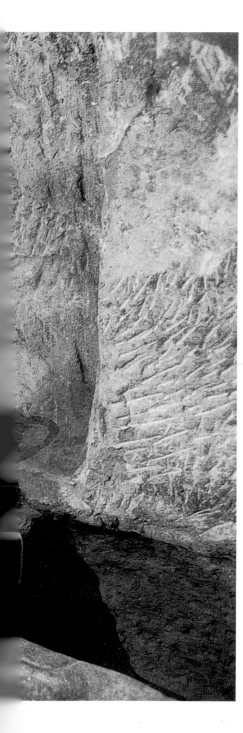

abbayes cisterciennes, puisque fondée en 1119 sous Etienne Harding, c'est-à-dire avant la direction de saint Bernard.

Le sens de la carte est clair. Placés chacun à un bout du chemin, les deux monastères encadraient Condrieu. Villeneuve dans la plaine et Saint-Etienne dans la fraîcheur, les troupeaux pouvaient aller de l'un à l'autre. Bergers et moines se retrouvaient dans les vignes où ils faisaient étape. Situés tous deux dans des terroirs hostiles à la vigne, il est certain que ces monastères ont pris en main les vins de Condrieu et de Côte-Rôtie. Quelque document nous en apportera un jour la preuve.

Chapitre Saint-Jean, Chartreux, Cisterciens, Récollets, curés de villages et bedeaux ont ainsi conduit ces grands vins jusqu'à la Révolution. Quand l'outil leur échappa des mains, il fut ramassé par ceux qui étaient depuis toujours leurs collaborateurs, les vignerons. La vigne cessa d'avoir plusieurs maîtres pour ne plus obéir qu'à un seul, la difficulté.

LES VINS DE L'HERMITAGE, SAINT-JOSEPH, CORNAS, SAINT-PÉRAY, DIE

Assez souvent nous avons posé la question: «Pourquoi tel vin à tel endroit?» L'occasion nous est donnée de la retourner: «Pourquoi pas de vin de Condrieu à Tournon? Pourquoi ce «creux» de quelque cinquante kilomètres entre deux régions viticoles aussi anciennes que prestigieuses?»

A vrai dire, nous devons aussi préciser que nous constatons essentiellement l'absence de grands crus. Les vignes y restent assez fréquentes, qui fournirent autrefois des vins de bergers, de bateliers, de pêcheurs, et qui nous rappellent aujourd'hui que, comme les autres, dans des conditions favorables, elles auraient pu réussir.

L'insuffisance du terroir est une explication qui ne peut être retenue. Comme une cascade, nous venons de faire tomber, devant nos yeux, les vins du Jura, de Savoie, de Côte-Rôtie, de Condrieu et nous y avons trouvé la constante confirmation d'une thèse déjà exprimée par Olivier de Serres, on trouve du bon vin partout où il est avantageux de le produire, c'est-à-dire à vendre au prix le plus élevé. Stimulé par le profit, le *«lobby»* vigneron parvient toujours à trouver les cépages et la vinification adaptés au terroir et ce dernier, si nécessaire, il le fabrique.

A propos de Condrieu, nous avons tenté de mettre en relief les conditions de son succès: circulation intensive sur les routes et sur le fleuve, proximité d'une clientèle abondante et riche dans les villes voisines de Vienne et de Lyon, forte implantation religieuse qui fournit à la fois les capitaux et les techniciens tout en restant bien entendu très traditionnelle et consciencieuse.

Au sud de Condrieu, nous tombons dans le vide: aucune ville importante, pas d'évêque, des monastères rares et pauvres et surtout ralentissement considérable des échanges. Comme nous l'avons déjà remarqué, le Rhône ne deviendra vraiment un fleuve commercial apte à distribuer en France les produits méridionaux qu'à partir de l'entrée dans le domaine national du Dauphiné et de la Provence sous Louis XI. Alors, pour le vin, les jeux étaient faits.

Revenons à nos questions. «Où trouverons-nous le prochain grand vin? — Au premier «bouchon». Nous voulons dire au premier embarras de circulation.» Le regard alors n'hésite pas et se pose sur le gué de Tournon.

Il fut autrefois synonyme de vins et il n'y a rien de plus juste. Victor Hugo ne s'y est pas trompé qui savait que la *Légende des siècles* est aussi une légende des vins:

«Ce vin qu'aimait le Grand Pompée
Et que Tournon récolte au flanc de son vieux mont.»

Vin romain, l'Hermitage? On pourrait le croire avec le Dr Ramain, qui lui découvrait une odeur de rue, imbuvable plante aromatique, chère aux dames romaines qui aimaient l'odeur forte des généraux vainqueurs.»

Donc, il y eut un «vin de Tournon», qui comprenait celui produit par l'Hermitage, la commune de Tain-l'Hermitage étant propriété des seigneurs de Tournon qui avaient réussi à posséder les deux débarcadères. Les vins de Saint-Joseph, produits sur la rive droite étaient alors vendus sous ce même nom, peut-être même ceux de Cornas. L'écart se creusa politiquement à partir du moment où le Rhône devint frontière entre le Royaume et l'Empire et, dans le même temps, il se creusa qualitativement pour des raisons que nous allons évoquer. A la sortie du Moyen Age, le «vin de Tournon» se divisa en deux branches: sur la rive droite, le «vin de Mauves» qui allait devenir le Saint-Joseph; sur la rive gauche, l'Hermitage qu'allait célébrer Boileau.

« Un laquais effronté m'apporte un rouge bord
D'un Auvernat fumeux qui, mêlé de Lignage,
se vendait chez Crénet, pour vin de l'Ermitage. »

Au contraire, le vin de Mauves toujours resta assez confidentiel, fort apprécié cependant par une clientèle de connaisseurs. Un croche-pied de l'histoire lui a fait manquer le coche au bon moment. A propos de Condrieu, nous avons dit que de 1307 à 1461, période de la mise en réputation des grands crus, le Rhône servit de frontière. Une telle situation privait le vin de la rive droite de presque tous ses débouchés. La rive dauphinoise était devenue terre étrangère, de même que la Provence et les Etats du Pape, qui ne manquaient d'ailleurs pas de vignoble. Atteindre Lyon par le Rhône était un exploit difficile et coûteux, risqué même étant donné l'insécurité des temps. Arrivé sur la place, ce vin inconnu aurait eu à affronter le vin de l'Archevêque-Comte de Lyon qui ne distribuait pas aux pauvres toute sa récolte de Condrieu et de Côte-Rôtie mais le vendait contre bon argent comptant. D'ailleurs, s'il y avait eu la moindre tentative de cet ordre, elle nous serait connue, car elle aurait aussitôt suscité un barrage au port de Condrieu même, dans le genre du Grand Privilège de Bordeaux et que Mâcon sut fort bien reprendre pour tenter de freiner l'ascension des vins du Beaujolais. S'il se laissait glisser vers le sud, le vin de Tournon se heurtait à celui de Saint-Péray, puis à l'armée des vins de Provence et du Languedoc, rangée en ordre serré derrière les maréchaux Tavel et Châteauneuf-du-Pape.

Restaient à l'ouest, les monts d'Auvergne. A condition de les franchir, on pouvait atteindre les riches plaines de l'Allier et de la Loire... solidement occupées par nombre de crus, des *Côtes-du-Forez* à *Sancerre* et par le plus célèbre de tous, celui de *Saint-Pourçain*,

massé non loin de Vichy. Restaient les bergers, qui buvaient mais savaient se contenter de peu, aussi bien en quantité qu'en qualité. En définitive, la qualité des vins de la rive droite, *Saint-Joseph, Cornas, Saint-Péray* doit être attribuée exclusivement à la passion d'une poignée d'ecclésiastiques, de nobles, de bourgeois, tous plutôt pauvres que riches. Si l'on tient compte des conditions dans lesquelles cet exploit a pu être réalisé, on reste un peu incrédule. Qu'est-ce que ça cache? Comment si peu d'hommes ont-ils pu réussir si souvent et si longtemps de si grands automnes? Question qui aurait pu rester longtemps sans réponse sans la passion qui nous fait croire que le secret de beaucoup de choses est sur la route et nous a conduits à lire *Les muletiers du Vivarais et du Gévaudan* par A. Mazon (Aubenas, 1ᵉ édition 1888).

Le préfacier de notre édition, datée de 1967, glisse cette curieuse réserve qui se trouve être aussi une approbation: «L'auteur accorde dans les échanges une place de choix au vin et relègue à l'arrière-plan d'autres denrées alimentaires, ce qui est excessif. Il est vrai cependant que le vin fut la raison première du commerce entre *Pays d'en Haut* et *Pays d'en Bas;* aussi pardonnera-t-on volontiers à l'historien disert d'être remonté jusqu'aux temps les plus anciens pour mieux établir les quartiers de noblesse du vignoble vivarois.»

Pour notre part, nous faisons plus que pardonner, nous applaudissons. Albin Mazon qui se démit en 1890 de ses fonctions de directeur des services télégraphiques de l'agence Havas à Paris pour se consacrer à des recherches sur son pays natal avait le sens de l'information. L'une de ses plus belles trouvailles fut celle d'un manuscrit dû à la plume de Jean Pélisson, premier principal du collège de Tournon, écrit vers 1560. Au cours de nos recherches sur le vin, nous avons rencontré peu de textes aussi savoureux et aussi précis:

«Encore aujourd'hui vous iriez chez un paysan de Tournon, vous y seriez bien souvent mieux reçu que chez les bourgeois, et vous trouveriez le plus souvent que le vigneron aura mis à part de quoi acquérir quelque bon fonds de terre et de vigne, que n'aura pas l'artisan ni le bourgeois; car il n'est fruit qu'il ne fasse sortir de ses terres et vignes; et aux pays circonvoisins il ne se cueille point de vin si délicat ni friand qu'aux terroirs de Medves

(Mauves) et de Tournon, ni qui soit plus renommé; car il se porte à Rome et s'y vend presque autant qu'on veut; et les princes de la cour de France et le roi lui-même en achètent tous les ans; de quoi se fait beaucoup d'argent; car il est plus qu'incroyable qu'en divers endroits des dits vignobles de Tournon et de Medves, chaque homme de vigne rend un muid de vin quand il est bien fait et cultivé.

» Dont on donne communément aux vignerons les vignes à faire par telles conditions qu'ils fournissent tout à leur propre dépens et avec ce payent toutes les contributions; et par leur travail et dépens, ils ont la moitié de la vendange qu'ils font vendanger à leurs dépens, et l'autre moitié est aux maîtres de la vigne, et le vigneron la fait porter à son tinal à ses dépens; et plusieurs des maîtres retiennent les sarments et toutes les amandes s'il y a plusieurs amandiers, et se partagent ensemble les autres fruits, comme figues, pêches, abricots, aubergines, grenades, pommes et poires de la Saint-Jean, cerises et griottes, et semblables fruits dont les vignerons font un grand argent, car ils sont plus beaux et meilleurs et mûrissent plus tôt qu'en Dauphiné et au pays bas, et on les porte à Lyon et au Puy, où ils se vendent au poids de l'or, si grande envie chacun a aux dites villes d'en avoir et s'en font des présents comme fruit nouveau. Les riches ont, outre leurs vignes, de beaux vergiers, et après qu'ils ont cueilli ce qu'ils ont voulu pour eux, ils vendent aux dits vignerons ou laboureurs, ou bien aux coutauds des montagnes qui ne font jamais qu'aller et venir pour amener du vin ou du sel ou des fruits, et apportent beaucoup de blé, avoine, légume et fromage des dites montagnes. De toutes choses, les habitants de Medves font beaucoup d'argent.»

Sur l'autre rive soufflait le vent de la chance. Aucun vignoble n'était mieux placé que celui de l'Ermitage pour devenir le numéro un du Dauphiné, province riche et peuplée et bien encadrée par des droits de douane. Le climat d'abord le favorisait. L'ensoleillement, déjà provençal permettait d'obtenir des vins puissants et corsés, voyageant bien, se conservant longtemps qui, en un temps où la chaptalisation ne corrigeait pas leurs défaillances, leur donnait un énorme avantage sur les vins du nord et en particulier sur leurs principaux rivaux installés en Savoie. Cette richesse alcoolique est d'ailleurs à l'origine d'une affirmation souvent répétée, les vins de l'Hermitage auraient été utilisés à Bordeaux pour remonter les vins à destination de l'Angleterre. Cette vérité est bien admise au bord du Rhône, mais en préparant mon volume sur les vins de Bordeaux, je n'en ai recueilli aucun écho sur les bords de la Garonne. Pascal, qui s'intéressa aux vins de Condrieu, pourrait peut-être nous expliquer cette contradiction.

Le système de voies de communications aussi favorisait l'Ermitage. Autrefois, la circulation des marchandises se heurtait à de nombreuses difficultés, en revanche celle des personnes était très libre. De préférence à la rive droite, escarpée et riche en mauvais chemins muletiers, les voyageurs par terre empruntaient de préférence la route de la rive gauche, tracée dans une plaine confortable. De terre et d'eau, ils se retrouvaient tous à l'étape dans les villes de la rive gauche, de loin les plus importantes: Vienne, Valence, Montélimar... D'autre part, la meilleure voie de communication entre les Alpes du Nord, si actives, et la Méditerranée qui alors l'était encore davantage, restait la vallée de l'Isère dont les deux points d'arrivée sur le Rhône se trouvaient être les gués de Tain-L'Ermitage-Tournon et Valence-Saint-Péray.

Les avantages de cette situation n'avaient pas échappé à ces hommes qui alors, plus que tous les autres étaient les «gens du voyage», les moines. L'écrivain et critique d'art Louis Gillet qui connaissait aussi bien son histoire religieuse que l'Irlande n'a pas craint d'affirmer que le vignoble de l'Ermitage avait été planté par Patrick, le saint protecteur de l'Irlande. Nous remontons ainsi avant le Ve siècle. Sans doute compta-t-il aussi parmi les voyageurs qui firent étape à Tain et goûtèrent son vin déjà bien établi, puisque l'on a retrouvé à mi-coteau des constructions romaines.

A Valence, l'Evêque

A Valence, comme en beaucoup d'autres régions où l'occupation romaine avait été absolue, l'évêque recueillit leur succession et fut le seigneur temporel non seulement de la ville mais d'un très vaste domaine, puisqu'il était aussi Evêque-Comte de Die. Sans nul doute, il exigea des vins au niveau de sa puissance. Il est assez curieux de trouver des vins mousseux aux extrémités est et ouest de son diocèse, à Die et à Saint-Péray. Si, lors du rattachement à la France, les droits seigneuriaux du prélat furent rognés, il fut assez adroit pour obtenir en compensation une université qui fonctionna jusqu'en 1790. Or les intellectuels, étudiants et professeurs, ont toujours été fort amis du vin. On ne saurait être surpris que Rabelais vint y «humer le piot».

L'évêque pouvait être le premier client, l'animateur, le dégustateur suprême, les créateurs de la qualité restaient les moines et nombreux furent ceux qui, à l'inverse de saint Patrick, se gardèrent de reprendre la route. Ce n'est pas par hasard si nous trouvons à la fois une collégiale et les restes d'un cloître romans, ces derniers témoignant sans doute de la présence d'une ancienne abbaye bénédictine à Saint-Donat-sur-l'Herbasse, soit à quelques kilomètres à l'est de Tain, en direction de Romans.

Il y en eut d'autres, nombreux. Des érudits locaux pourront préciser leur rôle. Pour nous, ils sont éclipsés par le déferlement des Cisterciens. Comme à l'ordinaire, ils ne furent pas attirés par le vin, mais par les difficultés de l'œuvre à accomplir. Sur ce point, les taillis marécageux situés le long du Rhône et de l'Isère, dans le triangle Romans-Tournon-Valence, pouvaient les combler. Ils constituaient une imitation réussie de la forêt de Cîteaux où le jeune Bernard et ses trente compagnons avaient vécu de soupe aux feuilles de hêtre, sans sel. Ils s'y installèrent donc par groupe de trois! Les monastères de la première vague s'élevèrent à Pont-de-l'Isère, au confluent de l'Isère et du Rhône, secteur alors particulièrement malsain et infertile; à Vernaison sur l'Isère, au sud-ouest de Romans, à Châteauneuf, à mi-distance entre les deux précédents. Par la suite, l'Ordre éleva à Romans le monastère Saint-Just et Châteauneuf créa à Valence une abbaye-bureau-cellier, dont on peut penser qu'elle ne devait pas négliger les intérêts matériels des Cisterciens aux champs.

L'inévitable scénario se reproduisit. En quelques dizaines d'années les moines assainirent le sol, firent pousser des céréales, de l'herbe. Ils s'aperçurent que, situés dans la plaine, mais très près des alpages, qu'ils soient des Alpes ou du Massif Central, ils se trouvaient,

sans l'avoir cherché, dans les meilleures conditions pour user de ce merveilleux outil à s'enrichir, le mouton. Le lieu-dit Granges, sur la rive droite de l'Isère pourrait bien avoir été une bergerie modèle.

Lorsqu'il fut question de réinvestir les bénéfices, les pères abbés levèrent leur regard au-dessus de l'horizon. Tous, ils pouvaient apercevoir le Coteau! Jusqu'à présent, nous n'avons pas eu le bonheur de rencontrer aucun document digne de foi sur ce que fut le «siècle» de la création des grands vins, de 1150 à 1250 environ. De nombreux exemples pris dans d'autres vignobles nous laissent cependant penser que pour l'Hermitage cette reconstitution est plausible. Elle l'est en tous cas bien davantage que la version ordinaire admise, celle des hauts faits vinicoles du Chevalier Henri-Gaspard de Stérimberg. Résumons-la: en 1224, Henri Gaspard de Stérimberg, revenant de la guerre des Albigeois au cours de laquelle il avait été blessé, s'arrêta pour prier à la Chapelle Saint-Christophe, située au sommet du coteau, où elle avait remplacé un temple romain voué à Mercure. Eclairé, il décida de rester sur les lieux, vouant sa vie au recueillement et à la pénitence. L'année suivante, il obtint de Blanche de Castille l'autorisation de bâtir un ermitage près de la chapelle, moyennant une rente annuelle payée aux moines de Saint-André-le-Bas. Tous les voyageurs qui passaient par Tain faisant l'ascension, ce lieu de pèlerinage se révéla très fréquenté. De plus, une procession avait lieu chaque année. Pour remercier ses visiteurs de leur obole, l'ermite leur offrait un verre de son vin qu'il faisait meilleur chaque année et dont la réputation ne cessait de croître. Cet échange de bons procédés satisfaisant tout le monde, il semble que l'ermitage fut occupé jusque vers 1789 et ne fut déserté qu'après la destruction ou l'effondrement de la chapelle. Une autre version qui sacrifie à la mode orientale affirme que Stérimberg revenait en réalité de Terre Sainte, rapportant de Chypre des plants de Syrah!

Hélas, on n'est jamais trahi que par les siens! Il revenait à un ecclésiastique de mettre en poudre cette histoire si édifiante. Ayant retrouvé l'inventaire des maisons et vignes de Tain dressé en 1389, Mgr Bellet l'examina avec soin. Le coteau de Saint-Christophe surtout l'intéressait, déjà entièrement couvert par les vignes, avec quarante noms de lieux bien précis, dont beaucoup subsistent. Mais d'ermitage, aucun! Poussant plus loin sa recherche de paternité, le briseur d'idoles dut atteindre l'an 1598 pour trouver enfin des ermites dans les archives de Tain. Il en conclut que ce fut vers ce temps-là que le coteau de Saint-Christophe perdit son nom et le «vin de Tournon» le sien. Le vin de l'Hermitage était né.

La psychanalyse, voire même la simple analyse, nous ont conduit à considérer les contes du temps passé comme des documents non moins authentiques que les bulles des papes ou les actes des notaires. A peine devons-nous les interpréter. Le temple de Mercure s'imposait. Quelle protection plus adéquate pouvait-on souhaiter que le Dieu du voyage, du commerce et, dit-on, des voleurs. On rencontre tout cela dans le vin et parfois simultanément.

La biographie de Gaspard de Stérimberg est elle-même exacte, mais les éléments nous sont proposés dans le désordre, comme l'on bat un jeu de cartes avant d'entamer une partie avec des joueurs trop malins. Au début, elle rapporte l'histoire d'innombrables vignobles tels qu'ils se sont installés au début du christianisme, après l'édit de tolérance de 313 de Constantin et surtout après la série d'édits de Théodose Ier le Grand qui, en trois actes datés de 381, 391 et 392, fit du christianisme une religion d'Etat et abolit le paganisme, culte domestique des dieux compris. Déjà fort nombreux sur les routes, les apôtres «sauvages» et solitaires s'en donnèrent à cœur-joie. Un soir, fatigués, les pieds couverts de poussière, ils se faisaient ermites, s'installant non loin d'un village où les paysans leur fournissaient quelques aliments. L'apôtre plantait une vigne et l'entretenait, seules activités conciliables avec l'exercice permanent de la prière. Au lendemain de la vendange, il invitait tous ses bienfaiteurs à une grande fête du vin nouveau qui réglait en une fois tous les problèmes de conservation des stocks.

L'ermite mort, le village conservait le souvenir de ses vertus et de son vin. Gravés sur l'arbre de la foi, ses moindres gestes grandissaient jusqu'à devenir des miracles. Un saint était né. Arrivaient quelques moines appartenant à des équipes déjà bien structurées. Ils bâtissaient un monastère, élevaient un enclos, agrandissaient la vigne et mettaient le vin en vente. Ainsi durent pratiquer les moines de Saint-André-le-Bas, mentionnés par la légende. Je ne sais où ils s'étaient installés, mais on peut bien savoir pourquoi d'abord ils s'étaient contentés d'élever une chappelle sur le coteau au lieu de s'y installer. La superficie en était très réduite et d'autre part, presque tous les bâtiments d'importance: églises, châteaux, abbayes étaient de préférence construits sur les bords d'un cours d'eau facilement navigable, permettant la livraison des matériaux lourds. Lorsqu'en 1598, les ermites se réinstallèrent dans le vignoble et réussirent un merveilleux coup de relations publiques, ils ne le firent sans doute pas consciemment, comme nous nous acharnons à remettre en état de marche une vieille cheminée mais ils accomplirent une véritable «restauration». Ils avaient remis leurs pas dans ceux d'un inconnu qui les avait précédés de plus de mille ans.

Gaspard, croisé contre les Albigeois? Sur ce point aussi, on peut entrevoir la vérité. Le chef nominal de la Croisade et qui ne se contenta pas du titre fut... le grand maître des vins, l'abbé de Cîteaux. Lui-même, sa suite et ses soldats eurent donc l'occasion de s'arrêter tant à l'aller qu'au retour dans l'un des monastères de l'Ordre, non loin du coteau de Saint-Christophe. Peut-être même y eut-il une visite dans les vignes, suivie d'une conférence éclairée de l'abbé qui rendit compte de l'état des recherches dans son cher Clos-de-Vougeot. Au retour, quelques éclopés qui tiraient la patte purent penser que ce point de chute leur convenait.

Tout aussi cohérente est la thèse qui remet à un croisé retour de Chypre le soin de «lancer» le vin du coteau de Saint-Christophe. La popularité de ce vin chaleureux dépassait alors toutes les autres, au point que même en France il ne soulevait pas de contestations. Un des premiers textes spécialisés consacré à notre sujet fut écrit au Moyen Age par le poète Jean d'Angéli. Sous le titre *Bataille des vins,* il raconte une dégustation générale de tous les vins réputés du temps, appelés par le roi de France par ordre de mérite. Philippe-Auguste n'a aucune hésitation: *Premier manda le vin de Cipre.*
Un tel prestige ne pouvait faire plaisir à tous ceux qui en France vivaient du vin, en particulier les Cisterciens

dont le chiffre d'affaires était considérable, non plus d'ailleurs qu'aux Templiers eux aussi fortement implantés dans la région, à Saint-Vincent-la-Commanderie, à quelque vingt kilomètres à l'est de Valence. Les uns et les autres avaient les moyens de se procurer facilement les cépages utilisés à Chypre. Soyons sûrs qu'ils les ont expérimentés et qu'ils les ont retenus ou abandonnés à bon escient. Rêvant peut-être d'imiter, l'Hermitage a fini par créer un produit nouveau, le vin rosé. D'après M. René Bailly qui a eu en main les papiers de la maison Faure, négociant à Saint-Péray et créatrice du mousseux, l'Hermitage rosé se vendait à Bayonne en 1841 au prix de 2,25 F la bouteille. C'est le plus ancien emploi connu du mot «rosé».

Die, une abbaye cistercienne
Terminons cette histoire de vignobles originaux par une petite tournée que nous oserons conseiller à nos lecteurs, la visite de la région de Die où ils ne découvriront pas moins de cinq vins: deux mousseux, *clairette* de tradition ou moderne, deux vins blancs tranquilles, l'un issu de clairette, le *tranquilet,* l'autre surtout d'aligoté; enfin le vin rouge de *Châtillon-en-Diois.*

Pour les érudits locaux, fondé par Rome en même temps que la ville, aucun doute, leur vin est romain. La preuve, Pline, qui aurait affirmé que les Empereurs tenaient en grande estime «la Clairette de Dea Augusta». Las de boire du Pline à tous les vins, comme du poisson à toutes les sauces, j'avoue ne pas y être allé voir. Le vin de Die nous paraît pouvoir prétendre à une origine beaucoup plus ancienne.

Les sources thermales d'Aix-en-Diois et le bassin de Die lui-même qui a la forme d'un enclos, l'ouverture vers les Alpes aussi bien que vers la vallée du Rhône, incitations irrésistibles à la transhumance, nous conduisent à soupçonner dans ce vin un apport préhistorique et à affirmer, en tous cas, qu'il fut de berger. Qu'il fut ensuite romain et épiscopal, nous n'avons pas tellement besoin de Pline pour le croire. Mais que, par-dessus tout, il ait été cistercien, voilà ce que personne ne paraît avoir soupçonné.

Le document décisif était trop proche et trop visible: une abbaye dans son jus, peut-être la moins ruinée de France. Petite sans doute, posée dans une clairière au milieu des montagnes. Un décor pour jouer Robinson des Alpes! Valcroissant, à quelques kilomètres à l'est de Die. Son histoire est peu connue, celle de ses vignes moins encore. Nous nous contenterons donc de remarquer qu'elle se trouve à une ou deux crêtes des vignes de Châtillon-en-Diois et qu'au fond de la route qui conduit de Die à Romeyer, en passant par les Vignons où il y a encore des vignes d'altitude, on trouve un lieu-dit, les Granges, preuve d'un autre établissement cistercien.

GIGONDAS: LES CUVES D'ISAÏE
Lecteur, ami du vin, n'avez-vous pas rêvé de voir ces cuves bibliques avant de mourir? Ne mourez pas, elles existent! Moi-même, je les ai vues, de mes yeux vues, au domaine Saint-Cosme, à Gigondas. Je n'y suis pas arrivé tout seul, mais grâce à un érudit d'Avignon d'une rare qualité. Voici un extrait de son *Histoire du vin en Vaucluse,* 1972, complété en 1978 par *Histoire de la vigne et des grands vins des Côtes-du-Rhône,* ouvrages disponibles chez l'auteur:

« S'il est un domaine qui devait exister du temps de Pline le Naturaliste, c'est certainement celui dont nous nous proposons de dresser l'historique.»

La présence d'une «villa» à l'époque romaine en ce lieu ne peut être contestée. Des murs importants ont été repérés à quarante centimètres de profondeur dans le parc de la propriété, mais il n'est pas rare non plus d'exhumer des débris céramiques ou des morceaux de tuiles, à l'occasion de travaux de défonçage.

Que dire aussi d'une très belle tête votive gauloise — et l'on sait que les témoins de cette civilisation sont peu courants — découverte au cours d'un labour. Que penser des trois fours, l'un pour cuire le verre, et les autres certainement les poteries, dont l'existence a été reconnue à Saint-Cosme. Les siècles s'écoulent, le lieu se transforme. A la fin du XVIᵉ siècle ou au début du suivant, une vaste demeure est édifiée sur des caves déjà en place. Ses murs ont été taillés dans le safre dur jusqu'à une certaine hauteur, et les fortes solives, soutenant les planchers à l'étage, ont été encastrées dans ce matériau.

La grange est alors du type «fermé», c'est-à-dire close de murs de protection contre les loups malintentionnés. ... Tout le rez-de-chaussée des bâtiments a été creusé et aménagé dans le safre dur, les coups de pics sont encore visibles sur les murailles.

Or, dans cette mollasse, les viticulteurs avaient taillé leurs cuves de vieillissement. Douze d'entre elles ont été dénombrées, dont trois seulement pourraient être utilisées. Leur contenance variait, puisque pouvant recevoir vingt, vingt-cinq ou quarante-cinq hectolitres.

Parfaits dans une organisation que nous baptiserons de fonctionnelle, les antiques vignerons avaient groupé ces cuves par deux ou trois, et par étages, ceci certainement pour faciliter la vidange des unes dans les autres au moyen de petits canaux toujours creusés dans le safre.

Ce dernier était, et doit toujours être, un parfait élément de conservation pour le vin. En effet, à première vue, on peut supposer une porosité de ce matériau. Il n'en est rien, et des prélèvements effectués sur les murs des cuves ont permis de constater que le vin n'avait «imbibé» la paroi que de deux à trois millimètres.

Ces cuves ont été aménagées dans des pièces, depuis recouvertes par des voûtes en plein cintre ou d'arêtes, véritables cryptes ombreuses, silencieuses, où le vin des coteaux vient reposer, en attendant la venue du connaisseur qui l'emportera vers son destin.

A quand remonte cette installation faisant de Saint-Cosme l'un des plus vieux producteurs vinicoles de notre région? C'est ici que, curieusement, nous rejoignons le château de Mille et son mystère. Néanmoins, s'il est difficile d'apporter des précisions quant à la datation, on peut tout de même s'en rapprocher. Avec les éléments en notre possession: poteries datées, souterrains d'amenée d'eau, nous inclinons vers l'époque romaine, mais sans plus de certitude.

Pas plus que M. Bailly, nous ne proposerons de date pour une installation dont nous pourrions dire, qu'à l'exception des derniers siècles, elle est de tous les temps. En effet, lorsque nous sommes passés par le Jura, certains textes nous ont laissé croire qu'au XVIᵉ siècle encore, on vinifiait dans d'énormes cuves de pierre. De tels aménagements peuvent donc être aussi bien l'œuvre de bergers de l'âge du bronze que de vignerons contemporains de François Iᵉʳ. Comme il est bien rare dans ce domaine que la perfection soit atteinte du premier coup, il est probable qu'elle a été obtenue par retouches. On ajoutait une petite astuce tous les mille ans, pour l'anniversaire de Mathusalem.

Le succès actuel du vin de Gigondas nous masque le passé, fort important dans le cas. La monoculture du vin y est récente. La région fut longtemps vouée à la polyculture et surtout à l'élevage du mouton. Longtemps, le vigneron fut d'abord un berger. L'olivier même tenait plus de place que la vigne. Deux événements extérieurs vinrent bousculer cette économie traditionnelle: la chute des cours de la laine au XIXᵉ siècle, consécutive à l'entrée de l'Australie sur le marché, les grandes gelées des années 60, qui détruisirent la quasi-totalité des oliveraies. La vigne avait le champ libre, la hausse des cours a fait le reste. Il nous semble vraisemblable que le premier occupant néolithique, et ses successeurs gaulois et romains, furent d'abord des éleveurs. La topographie même le suggère, la chaîne des Alpes dessine une sorte de rivage marin orienté nord-sud dans lequel la plaine du Vaucluse creuse une crique, un port. Un port de terre pour les troupeaux.

Les premiers troupeaux à se réfugier dans cet abri furent peut-être ceux qui, au lieu d'emprunter les décevantes vallées, arrivèrent en suivant les sentiers des hautes terres, par la route d'Apt, en prenant le plus long et le plus escarpé, par Bonnieux. Ils y ont laissé leur marque, plus ancienne peut-être qu'à Saint-Cosme. Robert Bailly l'a retrouvée sur cet ancien chemin au château de Mille: *«... la vocation vinicole de Mille ... est ancienne, la preuve résidant avec cette citerne souterraine creusée dans le roc et pouvant contenir ving-cinq mille hectolitres, la cave de conservation et le fouloir primitif pris aussi dans la roche sous les murs même du château.»*

Mille est l'un de ces endroits où souffle le vin qui valent le détour, site et demeure y sont également admirables. Le paysage est ce qu'on attend, sauvage et escarpé, terrain de jeu idéal pour la chèvre et le mouton mais désespérant pour le vigneron. La première citerne dut être peu profonde et grande la bergerie. L'évolution a pourtant suivi son cours inéluctable. Un bassin à deux niveaux et des canaux d'écoulement creusés dans le roc laissent supposer qu'un fermier romain a succédé aux premiers pasteurs. Tout naturellement, il aurait eu l'évêque d'Apt pour successeur. Mille serait resté domaine épiscopal jusqu'à la Révolution. Biographie exemplaire donc, qui pourrait être racontée aux veillées. Quant au château, il donne un rare exemple de la puissance du temps. Lorsqu'il s'engage sur certains escaliers extérieurs, le visiteur s'enfonce jusqu'au genou. Pourtant les marches ne sont pas de beurre, mais de bon calcaire. Elles sont seulement usées.

Au domaine de la Chapelle, à Châteauneuf-de-Gadagne, village situé à une dizaine de kilomètres à l'est d'Avignon, dont les vins furent longtemps estimés égaux, voire supérieurs aux vins de Châteauneuf-du-Pape, ce que nous expliquerons, les «Cuves d'Isaïe» existaient encore en 1768, comme le mentionne un inventaire dressé après l'expulsion des Jésuites, possesseurs des lieux, en 1762. Dans une cave creusée dans le sol, on notait la présence de «vingt-neuf cornues, deux grandes cuves de pierre et un pressoir enchâssé dans la muraille pour passer le marc des raisins».

De ces passionnantes découvertes, nous oserons conclure qu'elles pourraient avoir lieu dans beaucoup d'autres endroits, car ces cuves ont dû exister partout et toutes n'ont pas été détruites.

CHÂTEAUNEUF-DU-PAPE

Déjà, nous l'avons constaté à Seyssel, à Condrieu, à Tournon, à Valence, l'un des plus puissants créateurs de vignobles est le gué, qui devient bac, pont, ville...

Cependant, une fois de plus, le gué le plus efficace pour la création de grands crus est situé sur le fleuve le plus difficile à franchir, le Rhône. Sans hésitation nous désignerons donc Rochemaure, qui permet la jonction en moins de dix kilomètres des terrasses de *Châteauneuf-du-Pape* à celles de *Tavel*.

Malgré les travaux d'excellents érudits, dont Robert Bailly déjà mentionné, bien des points restent obscurs dans le passé de Châteauneuf-du-Pape, particulièrement au Moyen Age. Nous avons rappelé qu'il fut longtemps éclipsé par un vignoble de plaine, Châteauneuf-de-Gadagne. La raison de cette ignorance pourrait être

simple, s'il y a peu à dire sur les vignes de Châteauneuf-du-Pape, c'est qu'elles n'existaient pas, ou peu. Il suffit de les avoir vues de près, pour en soupçonner la raison, la difficulté de mettre la terre en culture. On parle de terre de confiance, car on ne la voit pas. Presque partout elle est recouverte d'une épaisse couche de galets qui va de vingt ou trente centimètres à un mètre et plus, nombre de ces galets ayant le volume d'une tête d'enfant. Aujourd'hui encore, cultiver un tel terrain, y planter un cep de vigne paraît inconcevable. Sans doute, il est des cas où nos ancêtres paysans se sont montrés nos maîtres, comme en témoignent nombre de champs abandonnés. Il ne me semble pas que ce puisse être le cas, car il se posait un problème d'outil alors difficile à résoudre. Aujourd'hui, les propriétaires de Châteauneuf se ruinent en fers et aciers. A se frotter aux galets, les socs les mieux trempés acquièrent la souplesse d'une peau de gant. Qu'en était-il en l'an 1200 alors que le fer était rare, hors de prix et de médiocre qualité? Les instruments de culture descendaient du bâton à fuir, on les fabriquait en bois. Seuls les socs étaient parfois terminés par une pointe de fer.

Créer un vignoble dans ces conditions était donc une sorte de défi, une entreprise à coup sûr coûteuse et peut-être irréalisable avec les moyens du moment. D'autre part, les chances de rentabilité étaient minces. Ni Avignon, ni ses papes n'avaient de raisons sérieuses de mettre de hauts prix dans un vin. Tous les vignobles de bergers et de Romains que nous avons recensés dans le «port du Vaucluse» convoyaient leurs tonneaux aux moindres frais par l'Ouvèze et la Sorgue qui atteignaient le centre même d'Avignon. En particulier, les vins de Châteauneuf-de-Gadagne n'avaient qu'à se laisser glisser moelleusement sur la paresseuse Sorgue pour arriver à bon port. Si bref qu'il fut, le trajet sur le Rhône Châteauneuf-du-Pape - Avignon était autrement risqué, et devenait impraticable une bonne partie de l'année.

Y eut-il corrélation entre le développement de la métallurgie, due surtout aux chartreuses alpestres représentées dans la région par celle de Bonpas sur la Durance, à quelques kilomètres au sud-est d'Avignon et celle de Valbonne, au nord-ouest de Bagnols-sur-Cèze, et les progrès de la vigne? Toujours est-il qu'en 1345, on compte deux mille parcelles, totalisant trois millions trois cent cinquante mille ceps. Cette flambée n'a pas duré, car *« d'après les reconnaissances établies de 1693 à 1699, cette culture représente une surface relativement modeste et au début de ce même siècle, les vignes sont surtout de petites contenances. »*

Siècle des Papes, le XVIIIe...

Arrivons enfin au grand siècle, le XVIIIe. *« En 1728, écrit Robert Bailly, le château et le parc sont arrentés à un gentilhomme irlandais, Jean, baron de Powers, qui doit certainement travailler la vigne pontificale et en tirer quelques tonneaux. Comme il doit les expédier du port de Roquemaure, il demande aux consuls à ce que son vin soit réputé comme venant de Roquemaure. Les consuls refusent en arguant cette excuse : les vins de Château-neuf-du-Pape sont très inférieurs (à ceux de Roquemaure) à cause de leur goût de terroir. Leur éducation était à faire en tant qu'amateurs de vin ! »*

Ce sévère jugement sur le goût des consuls nous paraît excessif. Elevés dans le vin qui, de plus jouait un rôle très important dans les affaires publiques, ils devaient bien juger. De plus, ils traduisaient certainement l'opinion générale de l'époque, qui est toujours juste dans ce domaine. D'autre part, cette classification qui nous semble surprenante est dans la ligne de l'histoire : les meilleurs vins sont toujours ceux sur lesquels on peut faire les plus gros bénéfices parce qu'on veille sur leur qualité pour justifier leur prix élevé. Les terres de Roquemaure étant plus faciles à cultiver et les vignerons disposant de leur propre port, le premier grand cru devait y apparaître plutôt qu'à Châteauneuf privé de pareils avantages. Aussi, à part le noble irlandais, pouvons-nous affirmer que la plupart des petites parcelles étaient encore cultivées par nos vieux amis les bergers. Hypothèse confirmée par un texte qui concerne pourtant une période plus tardive, alors que le grand élan est déjà donné :

« On sait qu'en 1763 il y a environ six cent cinquante hectares minimum de vignes et l'on remarque aussi que les grandes surfaces d'un seul tenant sont plus nombreuses, néanmoins on pratique aussi la culture de l'olivier et l'élevage des moutons. Il faut arriver en 1785 pour voir la vigne prendre le pas sur les autres cultures. »

Ce retournement de situation est confirmé par de nombreux auteurs de l'époque, ainsi Achard en 1787 : «village fertile en vins excellents dont la réputation est connue hors de France». Il s'explique par nombre de raisons. Nous en retiendrons trois. Sous l'impulsion des physiocrates, l'agriculture moderne née à cette époque se comporte dans bien des cas comme l'ennemie de la vigne, considérée comme une culture parasitaire et de luxe qui aggrave son cas par les incertitudes de son rendement. Si le temps n'a pas été mauvais, la vente le sera. On préconise le blé, dont la vente régulière est assurée, ce qui satisfait à la fois les humanitaristes et les banquiers, la garance et le mûrier, réclamés par les industriels et qui permettront quelques solides fortunes, les arbres fruitiers se répandent. Ainsi sont accaparés les meilleurs terrains. La vigne doit aller se faire ensoleiller sur les galets. Elle a toujours aimé les terrains pauvres. Dans ce cas, elle prouvera que cet amour est sans limite.

Grand siècle commercial, le XVIIIe développe l'exportation vers l'étranger de vins pouvant supporter le voyage. Avant Chaptal, ils n'étaient pas si nombreux, car le niveau alcoolique élevé est un gage de stabilité. Or, dans ce domaine, aucun cru ne peut prétendre surclasser le Châteauneuf.

Autre élément favorable, sans doute décisif sur le plan de la qualité, la mise en bouteilles au Château. Pour le vin de Châteauneuf-du-Pape, cette innovation allait se révéler particulièrement bénéfique. Corsé, âpre dans sa jeunesse, ce vin a plus que tout autre besoin du vieillissement et il le supporte magnifiquement.

Le château de la Nerte vendait son vin en bouteilles dès 1785, près de quinze ans avant le Château-Lafite bordelais. Ce domaine, propriété des Tulle de Villefranche, famille piémontaise installée à Avignon depuis 1389 était d'ailleurs l'un des plus dynamiques et des plus ardents. Son histoire reflète assez bien celle du vignoble de Châteauneuf-du-Pape. La vigne y existait à coup sûr dès 1599, mais beaucoup de temps passa avant qu'elle ne fit parler d'elle d'une façon agréable à son propriétaire. En 1731 encore, son chargé d'affaires lui écrivait : *« Je compte aller à la Nerte dans deux ou trois jours pour charrier votre vin et empêcher qu'il ne se gâte. Si je ne* trouve à en vendre à Châteauneuf, je le finirai. Monsieur de Capellis en prendra un tonneau, le Milord trois tonneaux». Il s'agissait pourtant déjà d'un vin estimé par les connaisseurs, puisque la même année l'évêque de Carpentras et Mgr Bichi l'avaient trouvé excellent. Cependant l'obstination commence à payer. En 1747, la marquise de Villefranche «compte vendre du vin à Beaune et Lyon... je vois que notre vin prend faveur dans ce pays-ci, le prenant pour faveur accommoder ceux de ce pays-ci.» Il semble cependant qu'il ne s'agisse encore que de «vin-médecin». Dès l'année suivante une expédition à Brême par Marseille et Hambourg marque une orientation plus prometteuse. Trente ans plus tard, la réputation est enfin acquise, aux dépens même du vieux patriarche qui régnait depuis si longtemps aux portes d'Avignon. Dans son Histoire de Provence, Darluc écrit en 1782 : «Le vignoble du commandeur de Villefranche donne un très bon vin. On lui donne même la préférence sur celui de Châteauneuf-de-Gadagne». Quant au vin de Roquemaure, plus personne n'osait seulement y faire allusion. Comme dans les amours et les millions, ce qui compte dans les crus, c'est le commencement. L'ascension de la Nerte allait se poursuivre. En 1822, Julien le plaçait parmi les «vins de première classe» de Châteauneuf: «les meilleurs vins se récoltent dans le clos de la Nerte et de Saint-Patrice. Colorés, ils ont du velouté et de l'agrément: le moment de les boire dans leur parfaite maturité est lorsqu'ils ont trois à quatre ans.» Mistral ferma le ban avec de beaux mots, même s'ils ne sont pas d'un dégustateur. Pour lui, le vin de la Nerte était «royal, impérial et pontifical». Les biographies des grands domaines de Châteauneuf reconstituées par Robert Bailly retracent toutes la même courbe: appartenant presque toutes à d'anciennes familles, elles végètent jusqu'en 1750, date à partir de laquelle elles prennent un départ plus ou moins rapide mais qui les conduira au sommet: Château-Fortia, La Gardine, Maucoil, Mont-Redon, Nalys, Solitude, Vaudieu. Il en fut certainement de même pour beaucoup d'autres.

La mise en bouteilles qui permettait d'affiner le vieillissement jusqu'alors seulement conduit en tonneaux, lorsqu'il avait lieu, fut certainement une des armes qui permit cette percée. L'idée, comme celle de la mise en bouteilles, semble d'ailleurs être partie du côté des «vins de bergers», à Bédoin, dernier vignoble avant le Ventoux où Robert Bailly a retrouvé un certain Terrasse, sans doute métayer du marquis de Rochegude, propriétaire d'un important vignoble. En 1779 Terrasse envoyait à l'abbé de Coriolis, conseiller à la Cour des Comptes d'Aix-en-Provence, cinquante-cinq bouteilles de «Tinto» de 1773, soit du vin de six ans d'âge. Après une étude portant sur plusieurs expéditions, Robert Bailly conclut: « Terrasse semble ne vendre que des vins vieux.» Il en était de même à Châteauneuf, témoin cet «avis» lancé avant la Révolution par un négociant-propriétaire qui, en matière de «promotion», n'a de leçons à recevoir de personne:

«Le sieur Paul Martin, marchand, demeurant à Avignon rue Place Pie, Maison Amic, vend du vin vieux de sa campagne appelée la Solitude, située sur le terroir de Châteauneuf Galcernier et dont le tènement n'est séparé de celui de la Nerte que par un chemin; pour la facilité des personnes qui en désirent, il en a en bouteilles bien conditionnées, en dames-jeannes et en tonneaux. Le désir de continuer et d'augmenter même la réputation de son vin, déjà connu sous le nom de «Vin de Solitude» est un sûr garant pour les personnes qui en désirent, d'en avoir de la première qualité.»

On appréciera encore davantage l'astuce de ce vendeur si l'on sait, d'après le « Mémoire sur le vin» de mars 1783 attribué au marquis de Fortia que le «vin rouge de Châteauneuf-du-Pape dans le Comtat-Venaissin... était mieux connu sous le nom de vin de la Nerte».

LA CÔTE DE TAVEL:
TAVEL, LIRAC,
LAUDUN, CHUSCLAN ET AUTRES

La désignation «Côte de Tavel» n'existant pas, nous avons décidé de l'inventer, car elle nous paraît susceptible de nous apporter quelques lumières sur la naissance et l'évolution de quelques grands crus de la vallée du Rhône, encadrés par nombre d'excellents vins. L'étude du vignoble de la rive droite, qui fait face à celui de Châteauneuf-du-Pape, nous convaincra que ce versant n'est pas moins passionnant que l'autre et que chaque

vin contient bien le vin tout entier. Bien loin d'être un don gratuit et presque improvisé d'un don miraculeux, tout vin noble est l'expression d'un certain contexte géographique, historique, économique et humain, nous dirions aujourd'hui d'un «environnement» dont on peut entrevoir le sens seulement si on l'examine dans sa totalité.

Malgré la pression de forces qui tentent parfois de leur forcer la main, au nombre desquelles on doit compter l'Administration, les hommes restent fidèles aux impératifs d'un passé que bien souvent ils ignorent. Nous accepterons donc sans la discuter l'aire d'appellation «Côtes-du-Rhône» telle qu'elle a été délimitée dans le département du Gard. Du nord au sud, elle s'étend de Pont-Saint-Esprit au petit village de Combs, situé à quelques kilomètres au nord-ouest de Beaucaire; à l'est, elle est limitée par le Rhône le long duquel presque tous les villages ont droit à l'appellation; à l'ouest, nous noterons la présence d'une «poche» à la hauteur de Bagnols-sur-Cèze dont le périmètre serait dessiné par Saint-Gervais, Saint-Michel-d'Euzet, la Roque-sur-Cèze, Saint-Marcel-de-Careiret, Sabran, Cavillargues, Tresques, Connaux pour se raccorder ensuite avec la ligne droite de la route Bagnols-Remoulins le long de laquelle on trouve Gaujac, Pouzilhac, Valliguières, Castillon. L'aire est fermée vers le sud par la route Remoulins-Beaucaire qui englobe Montfrin et Combs.

En examinant la carte, nous découvrons une deuxième «poche» sur le rebord est de la précédente, sorte de golfe tourné vers le Rhône et dont le périmètre est délimité par Chusclan, Orsan, Laudun, Saint-Victor-Lacoste, Saint-Geniès-de-Comolas, Saint-Laurent-des-Arbres, Lirac, Tavel, Pujaut, Sauveterre, Roquemaure. La seule énumération de ces noms, dont chacun est une appellation qui fut célèbre, l'est ou le deviendra, suffit à nous indiquer que nous sommes entrés dans la zone brûlante, qui se situe donc très précisément à la retombée du Massif Central sur la vallée du Rhône, les terroirs les plus réputés, comme Tavel et Lirac, se situant juste à la limite de la garrigue, ce que nous appelons la Côte.

Au sud de Tavel, situé à l'extrême pointe, s'ouvre non plus une poche, mais la vaste plaine qui, entre mer et Cévennes, s'étend jusqu'aux Pyrénées après avoir franchi l'étranglement des Corbières. Nouvelles conditions, nouveaux vignobles...

Revenons à nos voies de communications. La frénésie du Rhône a dupé beaucoup de bons historiens et exalté nombre de rêveurs. Son rôle est très récent, en retard de quelques millions d'années sur la route. Or cette route, entre toutes celles que peut nous proposer le monde entier, nous la connaissons, parfaite! Elle part de la source thermale des Orgues à Montfrin et file droit au nord vers Bagnols-sur-Cèze, l'une des trente cités mentionnées par Strabon comme dépendant de la colonie romaine de Nîmes, et désignée encore en 1119 (période où il semble que l'on ne se baignait pas beaucoup, ce qui reste à vérifier) sous le nom de «Baniolas» ou «petits bains». Cette station thermale, à base d'eaux sulfureuses, située au pied de la colline de l'Ancize, devait être emportée en 1606 par un éboulement, mais le bien était fait.

Ce bien aurait pu n'être que le tronçon de route Montfrin-Bagnols, avec escale à Remoulins, sous le pont du Gard, à la fameuse station magdalénienne de la Salpétrière, introuvable même pour les préhistoriens, et qui sert de dépôt de limonade sous les arches du chef-d'œuvre romain: si le bout de cette route vouée aux mammouths et aux rennes n'avait pas trouvé au sud le plus grand port romain jamais établi sur notre territoire, Arles, et au nord la première grande réussite du service des Ponts et Chaussées du Moyen Age, inspirée directement par Saint-Pierre et dont le nom ne prêtait pas à équivoque, le Pont Saint-Esprit.

Bousculant la chronologie, mentionnons tout de suite les «bretelles» de raccordement entre la route préhistorique et le fleuve de toujours: Saint-Étienne-des-Sorts, Codolet, Montfaucon, l'Ardoise, Roquemaure, Avignon, Beaucaire... Il y avait de quoi ramer et l'on ne peut guère être surpris de découvrir que le grand chantre des mariniers du Rhône, Mistral, soit né à Maillanne, presque au bord du fleuve et qu'il ait créé son musée à Arles. Bien que né en pleine terre et n'ayant ja-ja-jamais navigué, il était en quelque sorte un Grec, un marin.

Avant lui, combien de terriens bien de leur terre, et d'abord des bergers. Pour eux, l'avenir était à l'ouest, non seulement parce que c'était la santé avec le bassin de

Vals et au-delà le ruissellement des eaux de santé du Massif Central, mais parce que c'était aussi le bonheur de leurs moutons pendant tout l'été. Aujourd'hui encore, lorsque nous prononçons, nous, îlotes, le mot «transhumance» nous pensons à ces basses régions du Rhône catapultées sur les Cévennes et les Alpes, alors qu'elles n'ont pas été les seules à encourager le tourisme ovin. Les «poches» entre Rhône et Cévennes, occupées aujourd'hui par la vigne, furent les enclos d'hiver à l'âge du bronze. Qu'arrive le printemps et c'était aussitôt le départ vers Barjac (l'un des centres d'appellation des vins du Vivarais) ou vers les Causses en semant comme le petit Poucet les appellations languedociennes: Costières du Gard, Saint-Drézéry, Montpeyroux, Saint-Saturnin, etc... Dans l'ensemble, les meilleurs vignobles furent créés peu à peu sur les meilleurs camps d'hiver des troupeaux.

Les légionnaires romains ayant mis leurs pas dans les traces des moutons et César dans celles du berger-chef, il n'y avait aucune raison de changer de bergeries. De fait, il n'y eut guère qu'à enregistrer un changement de propriétaires. En ce qui concernait les cures thermales et la transhumance, statu quo pendant lequel le vignoble en profita pour s'implanter ou s'étendre. De Nîmes à Alba, en passant par le Pont du Gard.

Ici, comme ailleurs, l'explosion fut monastique. Il fallait à Dieu du vin, n'en fut-il plus au ciel. A ses serviteurs, il fallait aussi des moutons et des routes. Il y eut, très tôt, un mouvement d'une extraordinaire vigueur des plus anciennes abbayes, même placées au-delà du Rhône, sur la périphérie: Marseille, Arles, Montmajour. Plus remarquable encore nous paraît l'encadrement monastique mis en place autour d'une région que ni sa superficie ni sa richesse ni même son emplacement ne paraissaient désigner particulièrement à l'attention. Ses avantages n'apparaissaient qu'au deuxième examen. Il faut croire qu'avant l'an mille, cette étape était franchie. Prieurés et abbayes bénédictins s'installèrent à Saint-Roman, au nord-ouest de Beaucaire, à Villeneuve-les-Avignon, à Goudargues, au nord-ouest de Bagnols, près d'une source d'eau chaude, à Pont-Saint-Esprit. Les Augustins prenaient pied à Bagnols même en 1188 où ils n'allaient pas tarder à rencontrer les Cisterciens de Valsauve (sur la commune de Verfeuil, route Bagnols-Alès) qui possédaient à la fois monastère de ville et monastère des champs. Les Chartreux s'installèrent à Villeneuve-les-Avignon et au milieu de la forêt de Valbonne, à l'ouest de Pont-Saint-Esprit. Ce furent deux grandes réussites que le temps n'a pu effacer entièrement et sans doute est-ce justice, car il nous semble certain que la Côte de Tavel doit beaucoup à ces maîtres du silence qui l'étaient aussi de la vinification. Alors que nous pourrions qualifier de «Cisterciens» nombre de nos grands vins, nous parlerons ici de vins «Chartreux».

Aussi surprenante que l'implantation des moines, la réussite des grandes familles. Deux d'entre elles ont joué un rôle dans l'histoire de France, voire du monde. A Uzès, les Crussol peuvent se vanter d'avoir tenu le premier duché de France, un duché qui comprenait nombre de vignobles. Plus illustres encore peut-être les Sabran seront à jamais honorés pour avoir créé leur vignoble sur le territoire qui porte leur nom. Le vignoble de la Vallonnière de Sabran existe toujours et il est un des lieux-dits ayant droit à l'appellation d'origine.

La hiérarchie actuelle du vignoble est connue, derrière le maréchal Tavel qui regarde à l'horizon la ligne dorée des vignobles du Ventoux, les officiers généraux Lirac, Laudun, Chusclan. Cet état-major se trouve maintenant placé pour voir l'ensemble de son armée remarquablement disposée autour de lui: avant-garde, flanc-garde, arrière-garde. Aucun risque de surprise, l'enclos des moutons préhistoriques est toujours aussi bien gardé. Il est rare que par sa seule répartition un vignoble arrive à donner une telle impression de puissance.

Pourtant, tout comme un autre, il a connu ses incertitudes, ses repentirs, ses révolutions de palais. En feuilletant Robert Bailly nous retrouverons les épisodes de cette lente mise en ordre. Au XVIe siècle, Orange achète son vin à Chusclan, Codolet, Saint-Laurent-des-Arbres. Rome se fournit à Chusclan en 1561. Les communes citées sont les plus proches du fleuve, détail important en un temps où chaque coup de rame et chaque tour de roue comptaient. Nous avons déjà vu que les mêmes raisons expliquaient la réputation du vin de

Roquemaure. La tendance ne se dément pas au cours des deux siècles suivants: Laudun envoie du vin blanc à Meaux en 1697 et du vin rouge à Montmartre en 1699. Au XVIIIᵉ siècle il attaque la clientèle anglaise. Au cours de la seule année 1719, Saint-Laurent-des-Arbres enverra ses vins à Paris et à Rome, dans les Flandres et en Allemagne. Les résultats de cette enquête sont confirmés par le rapport de l'inspecteur Grangent daté d'août 1752, qui se trouve avoir abordé le problème d'un autre point de vue, celui des futailles:

«Nos vins les plus recherchés et les plus chers sont ceux de la Côte du Rhône; les territoires d'Orsan et de Saint-Geniès (de Comolas) fournyssent à la Bourgogne de quoi doubler ses récoltes les plus renommées, ensuite sont ceux de Tavel, de Lirac, de Roquemaure, de Laudun, de Chusclan et de Codolet. Tous ces vins se vendent dans des futailles peu solides et presque toutes inégales.»

Les mots «Côte du Rhône» n'auront pas manqué de retenir l'attention. Ils évoquent une idée d'appellation. A juste titre, car nous disposons d'un texte rédigé en 1737 par les députés de la Chambre de Commerce de Montpellier qui, sous le titre «Instruction sur la fabrication des tonneaux de la communauté de Roquemaure», se trouve énoncer les principes de la réglementation de l'Appellation d'Origine tels que les imposera deux cents ans plus tard le baron Leroy de Boiseaumarié, installé juste en face, à Châteauneuf-du-Pape.

«Il est nécessaire qu'on fasse une différence de bons crus avec les autres, en y mettant une marque à feu comme on fait à Frontignan. Il est notoire que les bons crus sont de Roquemaure, Saint-Geniès, Lirac, Tavel, Chusclan, Montfaucon, Orsan, Codolet et Saint-Laurent. Leur qualité s'augmente par le transport et ils sont de très bonne garde; aussi se vendent-ils toujours au-dessus de ceux des autres lieux voisins dont les vins sont d'une qualité moindre et ne peuvent supporter le transport. Cependant l'appât du gain les fait vendre souvent pour des vins de bons crus, ce qui est très capable de faire perdre la réputation de ces derniers et de ruiner les marchés étrangers. Il faudrait que l'on mit une marque à feu sur le fond de chaque tonneau des paroisses de Roquemaure et autres crus précités, qui porterait ces trois lettres C.D.R et le millième. La personne préposée serait tenue de mettre cette marque dans les caves avant de les en sortir et avoir la possibilité de les jauger. Il faudrait défendre de faire porter dans l'étendue des dites paroisses situées sur le Rhône depuis Saint-Étienne-des-Sorts jusqu'à Villeneuve des tonneaux qui ne seraient pas marqués de la marque particulière contenant le nom du lieu d'où ils viennent autre que ceux ci-dessus nommés, de façon que toute personne eût la faculté de saisir, dans les susdites paroisses et sur leur port, les tonneaux qui ne seraient pas marqués comme ci-dessus, ou de la marque de la Côte du Rhône, s'ils en sont, ou de la marque de chacun des autres lieux dont les vins ne sont pas de la même qualité, à peine de confiscation du vin, des tonneaux, des chevaux et des charrettes qui les transporteraient, et d'une amende applicable, le tiers au dénonciateur, le tiers à l'Hôpital de Roquemaure, et l'autre tiers aux pauvres de la ville. L'arrêt porterait défense de contrefaire les marques sous peine de faux. Les contraventions au règlement seraient jugées par les juges consuls de Montpellier.»

Ce serait cependant méconnaître l'un des caractères du vin que de faire dépendre sa réussite d'éléments purement matériels: facilité de transport, péages, protection de l'origine, etc... Le facteur humain intervient à chaque instant. Il a joué son rôle autrefois dans l'établissement des anciennes hiérarchies. Deux exemples nous sont fournis par des communes qui aujourd'hui ne sont plus mentionnées au premier rang. Saint-Laurent-des-Arbres dès 919 appartenait à l'évêque d'Avignon, était déjà planté en vignes en 1202. A la même époque, le château appartenait aux Sabran. Comme on le voit, tout se passait entre grands qui disposaient à la fois de l'argent, de la technique et d'un bon réseau de relations. Il ne manquait plus qu'un client prestigieux pour asseoir la réputation du cru. On eut le plus célèbre du temps, le Pape. Il acheta quarante-six saumées en 1322 et renouvela ses achats en 1360. Au début du XVᵉ siècle, l'évêque d'Avignon devenu archevêque, avait son cru particulier dite «Vigne du Château». Saint-Geniès était elle aussi une propriété de l'évêque d'Avignon, la présence des vignes y est attestée dès 1387. Il n'y a donc pas lieu de s'étonner de sa place privilégiée au XVIIIe siècle. Alors, parmi les bulletins de commande les mieux remplis figuraient ceux des ecclésiastiques.

Un exemple encore plus significatif nous est fourni par Tavel. En 1765, le cardinal Rossi résidant à Rome a entendu parler par un de ses amis d'un certain vin «megliore anecra del vino di Borgogna» (meilleur encore que le vin de Bourgogne). Il écrit aussitôt au principal propriétaire de Tavel, l'archevêque d'Avignon. Ce dernier ne s'y était installé qu'au Xe siècle. Il y avait été précédé en 897 par son confrère Fructarius, évêque de Béziers, qui l'avait d'ailleurs cédé à Rainaud, vicomte de Béziers qui ne le garda pas longtemps. La présence des vignes est attestée dès avant l'an mille. De tels titres de noblesse sont rares.

En ce temps-là, parmi les propriétaires importants de Tavel, on trouvait le prieuré de Montesargues, dépendant lui-même du très ancien monastère bénédictin Saint-André de Villeneuve-les-Avignon, qui en 1361, vend une partie de sa récolte à la Révérende Chambre Apostolique. Le baron de Rochefort y ayant des droits et des vignes, on peut se demander s'il n'y eut pas, à l'occasion, assimilation des vins produits dans les deux communes. En tous cas, le pape Innocent VI se fournissait aussi de vin de Rochefort en 1361.

Après 1789 et la vente des biens nationaux, les nouveaux législateurs ont quelques incertitudes. En l'an II (1793-1794), ils dressent une nouvelle liste des communes de l'appellation «Côte-du-Rhône»: Codolet, Chusclan, Laudun, Lirac, Montfaucon, Orsan, Roquemaure, Saint-Geniès-de-Colomas, Saint-Laurent-des-Arbres, Tavel.

Il semble que ce soit à partir de cette période que le vin de Tavel commence à se détacher assez nettement de ses concurrents. En 1806, l'«Almanach des Gourmets» n'hésite pas à lui servir un compliment-massue en déclarant «qu'une bouteille de ce vin produit plus d'effet sur l'humeur des convives que quatre de ceux de Bourgogne ou de Bordeaux.» En 1838, le «Nouveau cours complet d'Agriculture du XIXe siècle», publié chez Roret à Paris, accompagne cette mention d'une véritable analyse gustative:

«*Les vignes de la Côte du Rhône qui comprend Roquemaure, Tavel, Chusclan, Saint-Geniès, Saint-Laurent, Lirac, Montfaucon, etc... sont plantées sur des coteaux très caillouteux et sablonneux, qui ont le Rhône à l'aspect du Levant. Le produit de ces vignes est plus considérable, à cause de la nature du terrain, mais la qualité du vin en dédommage: ils sont fins, spiritueux et très généreux, ils possèdent un bouquet agréable.*»

Cependant il faut attendre 1892 et le «Dictionnaire géographique et administratif de la France» de Joanne pour trouver à la fois une analyse moderne de la région et confirmation de la suprématie reconnue des vins de Tavel:

«*C'est entre Roquemaure et Bagnols qu'on trouve tous les vignobles dits plus spécialement de la Côte du Rhône: ce sont ceux de Roquemaure, de Tavel, Lirac, Chusclan, Orsan, Saint-Geniès-de-Comolas, Saint-Laurent-des-Arbres et Laudun, qui ont cela de particulier dans leur fabrication que les vins, pour la plupart d'entre eux, ne sont pas soumis au cuvage.*

»*Avant la destruction par le phylloxéra de tous ces vignobles, qui sont en majeure partie reconstitués avec des plants américains greffés, on les classait de la manière suivante:*

»*En première ligne on plaçait les vins, très secs et très légers de couleur, de Tavel; puis ensuite ceux de Lirac, d'un rose plus vif et plus ferme que les précédents; Chusclan et son vin de liqueur complétait les crus de première classe.*

»*Parmi ceux de la deuxième classe on comptait les vins tendres et de couleur foncée d'Orsan, et les crus de Saint-Geniès-de-Comolas, assez semblables à ceux de Chusclan. La troisième classe comprenait les vins de demi-couleur de Saint-Laurent-des-Arbres, les premières cuvées des vignobles de Roquemaure, et les vins blancs, légers, pétillants de Laudun.*»

Ce bref aperçu historique nous conduit donc à constater que le vin de Tavel, honorablement connu depuis un millénaire, n'a accédé à la grande notoriété qu'au cours du XIXe siècle. Dans une contrée viticole où les places sont si chères depuis si longtemps, il est intéressant de rechercher quelles raisons ont pu faire la décision du dernier quart d'heure, quel a été le fer de lance qui a permis d'emporter la décision. Décision qui, comme toujours en matière de vins, doit d'ailleurs être considérée comme provisoire, aux yeux de l'histoire.

Les communications, la clientèle, le terroir? En aucun de ces domaines le XIXe siècle n'a privilégié Tavel par rapport à ses voisins et rivaux. Il nous semble qu'il faut aller plus profond, une nouvelle satisfaction donnée au goût et qui pourra devenir une mode, l'apparition en tant que tel du «vin rosé». Nous nous retrouverions alors en présence du même phénomène qui a fait la fortune de la Bourgogne qui lancèrent le «vin vermeil» alors que l'on ne buvait que des vins gris ou blancs.

Goût nouveau, non, mais rajeuni! Le succès des vins jeunes, frais, à la robe lumineuse, friands en bouche et un peu exaltants à la tête ne s'est pas démenti au cours des âges, l'exemple du «claret» bordelais suffirait à le rappeler. Le XVIIIe siècle ayant découvert la mise en bouteilles, les amateurs du XIXe ne jurèrent plus que par les vins vieux, et surtout les plus célèbres, issus de Bordeaux et de Bourgogne. Au bord du Rhône, un mousquetaire sec et nerveux prit la tête de la rébellion et traîna bientôt derrière lui une armée de jeunes consommateurs. Au fond des caves poudreuses, on apprit le succès du vin rosé alors qu'il était trop tard. D'où venait-il? Comment l'avait-on fait?

Il y a, en effet, une énigme du vin rosé, dont on ignore presque tout, et jusqu'au nom. Alors que le vin pourrait bien compter dix millénaires et qu'il a tué sous lui des millions d'adjectifs de toutes langues, personne ne semble jamais l'avoir vu «rosé».

Nous l'avons dit, la première mention concerne un «Hermitage rosé» et date de 1841. Maigre indice, mais qui nous permettra pourtant de prendre une piste. Ce vin rosé de l'Hermitage qui aujourd'hui nous surprend, étant donné son lieu d'origine, n'était pas une curiosité, un essai, mais déjà un «vin de négociant» qui avait conquis son public puisque la maison Faure le diffusait jusqu'à Bayonne. Or Louis Faure, négociant à Saint-Péray, était un «homme du vin» dans le plein sens du mot. Propriétaire dans sa commune, il créa — ou retrouva, alors que tout le monde l'avait oublié —, le vin de Saint-Péray mousseux en 1829. Hardiesse, esprit d'observation, désir d'accroître ses affaires, il fit preuve

de toutes ces qualités et devint l'un des plus importants négociants de la vallée du Rhône. Qu'il se soit intéressé à Tavel, Robert Bailly nous en a apporté une preuve curieuse sous la forme d'une lettre écrite à Faure par des importateurs de Brême, le 18 octobre 1870, c'est-à-dire en pleine guerre. Que disaient-ils, ces clients? Que la guerre ayant relancé les affaires, ils souhaitaient connaître le prix des vins de Tavel.

Risquons-nous à la reconstitution du crime. Louis Faure ayant connu un certain succès en vendant des vins de l'Hermitage faibles de couleur, peut-être à la suite d'une vinification ratée, qu'il a eu l'astuce de qualifier de «rosés» pour éviter toute contestation, s'aperçoit que le marché se développe. Les 140 hectares du vignoble de l'Hermitage ne représentent qu'une bien petite surface et Faure a trop de respect du vin et trop le sens des affaires pour envisager une reconversion, même partielle, de ce célèbre cru. Il porte donc ses regards ailleurs, où les vignerons sont moins sollicités, la viticulture plus facile, les exploitations plus importantes. La «Côte du Rhône» lui offre les conditions idéales. Il ne lui reste donc plus qu'à convaincre les viticulteurs de produire le vin qu'il veut vendre, au besoin de leur signer des «contrats de culture» sous une forme ou une autre. D'ailleurs les risques sont minces et les investissements quasi nuls. Obtenir un vin rosé était alors une affaire de vinification et n'exigeait pas la plantation de nouveaux cépages. A l'appui de notre thèse, nous avons déjà produit un témoignage écrasant, celui de Joanne en 1892, déclarant que la plupart des vins de la Côte du Rhône, avant le phylloxéra, n'étaient pas soumis au cuvage. On produisait donc seulement des vins blancs et rosés. Or la période d'avant le phylloxéra correspond à la grande prospérité de la maison Faure. Il y aurait donc matière à rouvrir le dossier.

Après la reconstitution du vignoble, les choses ont suivi leur cours normal. Les fluctuations du marché, les exigences de plus en plus grandes des consommateurs, les prix de plus en plus élevés ont amené les vignerons à faire le tri, à adapter de plus en plus près cépages, vinification, terroir. C'est ainsi que le vieux centurion «Tavellis» devint le jeune maréchal Tavel et qu'il aura bientôt sous ses ordres la plus forte armée du vin.

en marchant à côté du vin

LA NOBLE ORIGINE
DES VINS DE PROVENCE

Chacun sait, mais comme il m'est bon de le redire, que les vieux Grecs aventureux, partis sur leurs barques légères à la recherche de terres, de pays solaires ressemblant au leur, avaient emporté comme viatiques mais aussi, moyen bien à eux de *s'accrocher* et de vivre, bien vivre, des sarments de vigne mêlés à des fagots de surgeons d'oliviers. La ravissante histoire, et histoire vraie que voilà! Comment le vieux Saint-Blaise, leur premier point d'impact, les îles autour, puis la Côte qui les mena, amis de tous, à construire Massalia, épousant, tous, la terre comme Euxène, Gyptis, comment tout ce Midi amène, n'aurait-il pas été heureux de leur offrir une large hospitalité et, sur leur conseil, de planter ensemble et la vigne, et l'olivier?

Dans cette autre Grèce, au même soleil retrouvé, les plants, tous deux sacrés, soignés selon les enseignements grecs, taillés, greffés, buttés, aimés firent merveille. De plus en plus merveille et, du pas tranquille et fécond du végétal, pan après pan ou mieux arpent après arpent, ils remontèrent tout le long de ce fleuve, ce Rhône-Roi qui les avait vu débarquer.

C'est d'abord l'est de Marseille et du Rhône qui vit l'expansion bénéfique: c'est-à-dire, sans chauvinisme, ce que nous nommons *Côtes de Provence,* mais les rives du fleuve lui-même se couvrirent de ce que nous nommons les Côtes du Rhône. C'est-à-dire encore, juste mon propos. Les vins de Provence, par l'ouest du fleuve et le long de la mer qui lui sont favorables, ont conquis, en somme, toute la Provence. Méditerranée, Var comme Languedoc, je laisse ce propos à d'autres et me cantonne à ce voyage, le verre en main, ce voyage qui me ravit: non pas, comme les Grecs anciens, remonter le Rhône, à l'envers du fleuve, mais, partant de la pointe extrême, avec Mistral et les bateliers de jadis, de Condrieu jusqu'à la mer, goûtant à tous les crus, voguer vers toujours plus de soleil, de ciel bleu, de joie.

Je n'oublie pas que d'autres que moi — objectifs, lorsque on me dit si partiale! — ont surnommé Champs-Elysées de France notre belle Vallée du Rhône! Elle est riche en tout: lieux et paysages, horizons et ruines, vergers et vignobles et son dieu-roi, c'est le fleuve-roi: c'est le Rhône qui répandit l'huile et le vin avec les civilisations.

Quelle corporation, quelle confrérie vénérable celle des vignerons du Rhône! Avec quelle sagesse et quelle poésie du vrai, Delteil a pu en dire dans son beau Chant du Vin: «*Elever, créer le vin, quelle auguste fonction: il y faut les connaissances, les loisirs, les vertus les plus diverses et les plus rares. Car le vin est un être vivant qui, dans sa prison de verre respire, mue, chante et peut-être pense. Il se dépouille ou s'échauffe, rêve ou grandit à grands coups. Il lui faut une ambiance, un cadre, une température adéquate, l'ombre la plus sacrée*». Oui, cette ombre sacrée des voûtes après avoir bu le soleil. Où l'aurait-il trouvé, celui-ci, plus pur et plus chaud qu'en Provence, singulièrement sur ces pentes au pied desquelles court le Rhône vivant?

Descendre le fleuve

Nous y voici, sur notre Caburle idéal, avec Maître Apian pour pilote — fantôme mistralien, maître du Rhône et puissant comme lui, qui s'écrie, haut et clair:

Pro vers la baisso, hou! reiaume! empèri!
Amount la pro! dau! fai tira la maio!

c'est-à-dire:

Prou en aval, ho! royaume! empire!
Amont la proue! sus! fais tirer la maille!

Cette *maille* de la vieille batellerie: le câble de halage grince quand le bateau s'émeut. *Royaume:* rive droite, *Empire:* rive gauche, toute l'aire du fleuve-roi et du grand vent-roi: le mistral. Notre domaine à nous dans ce voyage puisqu'il est très exactement celui des vins dits des Côtes du Rhône.

Comme les anciens mariniers du Caburle, c'est Condrieu qui nous baptise au départ, ce matin, avec, comme il se doit, un peu d'eau symbolique du fleuve autrefois pur, et qui était le vin de ses vignes: les premières du nom!

Car, assure Mistral, ces Condriots, *colosses membrus, tels des chênes, largement et pour se donner courage, au pot énorme humaient le piot rouge, tirant à beaux lopins la chair de la marmite.*

Royale, impériale possession: les rives du Rhône, toute une patrie sous le maître vent, de l'eau souveraine et du vin, ce vin qui rend à l'homme le soleil et le rire!

La Côte Rôtie

En vérité, depuis la sortie de Lyon, après Vienne, surtout, des vignes piquent les coteaux. Vers Saint-Lys elles font plus que jouer à cache-cache, elles règnent déjà, ondoient, combien prospères! C'est déjà, depuis avant même Condrieu, la Côte Rôtie.

Quelle engageante appellation pour ce vignoble mollement étagé aux derniers, aux plus bas contreforts du Massif central et des Alpes, au mieux protégés donc, d'*Empire* et de *Royaume* pour se gorger le plus possible de chaleur déjà lumineuse. Le vin rouge de cette Côte, vers Saint-Lys, fleure la violette. Celui de Condrieu, de préférence blanc, léger, joyeux et différemment parfumé, m'a été celui de la fête grâce à l'accueil des Condriots. Les variations si ténues viennent, je le sais, du terroir, de ses caprices dont hérite la vigne. A quelques centaines de mètres, tout peut changer, subtilement. La cordialité, le sens de l'hospitalité qui, de même façon imperceptible, changent l'homme peuvent bien nuancer une saveur avec le souvenir souriant qu'on en garde.

Le mien, sentimental, est presque solennel. A quelques félibres ardents, en 1946, nous descendions, en péniche, le Rhône depuis Lyon pour débarquer en Arles, célébrant ainsi le cinquantenaire du grand Poème du Rhône mistralien. Nous suivions, livre en main, les vers admirables aux lèvres, l'itinéraire du Caburle. C'est aussi celui de nos vins. Condrieu, la première halte, nous acclama et nous fit fête, son vin blanc levé haut dans nos verres, au nom du poème, de Mistral, du Rhône lui-même, dans ces premiers mois de la paix qui permettaient d'être à nouveau joyeux, de chanter

provençal et d'esquisser — mistraliens, rhodaniens! — la fraternelle farandole.

Du moins Sterne a dit avant moi, ce qui confirme mon propos, sur cette Côte Rôtie: «Si j'avais la foi qui soulève les montagnes, c'est celle-ci que je soulèverais!»

Regardant défiler les montagnes, les vignes, les villages bien accrochés parmi les feuillages ou les rocs, les vignes encore, et dans l'eau, l'image, les reflets de tout, quelle fascination! Guilhen, le Prince de Hollande, cherchait ici la fleur magique, Lys du Rhône, l'Anglore, la petite orpailleuse, y cherchait le Drac, l'impossible amour. Nous, aux méandres soleilleux de la route des vins du Rhône, ne cherchons rien de si particulier: nous trouverons tout. Dans l'Inespéré! car Bacchus a chargé chaque cru de bien des secrets. Restons disponibles pour les discerner et, mieux encore, les voir fleurir.

Passent les chemins de halage où les chevaux tiraient les barques attelées à la file et chargées de tonneaux. Passent béantes sur du vide, les auberges des vieux roulages qui relayaient les attelages las. Passe aussi, dans un mur au ras de l'eau, une Pietà, qui n'est visible que du fleuve. Elle a béni les équipages, les futailles diverses, la gaieté et la gravité du vin que charriaient les hommes, de ces hommes qui avaient dit: «*Il n'est pas indispensable de vivre, mais il est indispensable de naviguer*». Son pauvre sourire, seulement éclos pour eux tous, les vivants et les naufragés, dans quelle totale amitié il englobait et il englobe encore le Rhône, son peuple, ses côtes vineuses!

Passe Condrieu, dans le remuement joyeux de ses treilles, notre charmant Condrieu ionien qui enivra, vin, poésie, Pline-le-Jeune, ce Condrieu charmant si amical dont on a dit: «*Tout y est bon: le Rhône, les vignes, l'eau, le vin et les mariniers*». En y trinquant à l'amitié! et pensant à Pline-le-Jeune, je me répétai ces mots de sagesse d'un autre poète:

Enivre-toi, de vin, d'amour ou de poésie,
Mais enivre-toi!

N'est-ce pas s'enivrer que boire ces clairs paysages, cette beauté de la terre et du ciel qui s'infuse ici dans les cœurs comme dans les ceps et les fait chanter avant les cigales?

Je n'aurais garde d'oublier, proche voisin, au parfum de fruit différent, rouge ou blanc, le Château Grillet ni le Saint-Joseph qui nous mènent, insidieux, vers les coteaux de l'Hermitage.

L'Hermitage

Crozes-Hermitage, Tain-l'Hermitage, que ces noms chantent bien! Eux aussi, ces crus, rouges, rosés, blancs, pelure d'oignon, quelles gammes diverses selon les sols si locaux, l'ensoleillement, les cépages ou, plus précisément, leurs proportions entre eux, pour accorder les vins aux circonstances, aux divers mets, aux recettes si variées des cuisinières exigeantes car, dans le Midi, manger sobrement n'exclut pas *bien* manger, mais signifie raffiner avec cette sobriété pour réaliser l'harmonie, celle qui touche à une suite d'humbles chefs-d'œuvre personnels.

Comment n'aurais-je pas une pensée attendrie, gourmande et reconnaissante pour l'auberge de Tain-l'Hermitage et son vin quand j'évoque l'affreux orage qui nous avait frappés de foudre en pleine route, et à sa porte qui s'ouvrit devant nous, à l'appel amical des hôtes, à la flambée de sarments vifs où l'on ajouta un fagot, et à la joyeuse bouteille débouchée pour *exorciser* le diable et ses diablons conjurés contre nous? Bras ouverts, accueil empressé, chaleur autour, chaleur dedans, verres tintant au toast, rires qui leur faisaient écho... Les flammes dorées dansaient dans le vin pelure d'oignon qui se mordorait. Oui, je soulèverais bien volontiers ces coteaux de Tain, avec ou sans Sterne.

Vignes d'ici, vignes de là nous glissons toujours sur le fleuve. Le traverserons-nous pour honorer non seulement les coteaux Saint-Joseph et ceux dits de Sainte-Epine, mais aussi le cru délicat de Mauves, près de Tournon, naguère encore l'honneur des tables royales: un vin rare!

Celui de Cornas est tout aussi noble: Charles V le cite dans un document louangeur; Charlemagne en fit ses délices. Non loin, toujours sur ces terrasses, qu'elles soient de granit, de calcaire, de silice, de marne ou de galets roulés, ce qui nuance seulement le bouquet, leur donnant un franc caractère et une originalité, non loin et peu avant Valence, le Saint-Péray s'offre à nous, dans sa gloire. Quel paysage environne ces vignes! Valence qui paraît couchée en travers du courant avec son bel étagement de monuments, de maisons et d'églises, parmi des vergers croulant sous les fruits, dans une lumière dorée qui, déjà, parle de Provence!

Saint-Péray

En face, exactement derrière Crussol aux ruines tragiques, grimpent, s'étalent les plants de Saint-Péray. Un cru de grande classe dont Plutarque, déjà, fit le plus éloquent éloge, que Wagner a chanté, loué et dégusté — et je ne parle pas du pape Pie VII qui, revenant de sacrer Bonaparte, avec le Rhône, par deux fois l'a béni! Mais j'aime à rappeler que Baudelaire l'a, en vers joyeux, immortalisé.

Mme de Flandreysy m'avait naguère fixée à ce sujet dans une lettre précieuse: «...Au dessert d'un dîner parisien, disait-elle, offert chez Magny par mon père, aux rédacteurs de sa revue *Présent,* Baudelaire, contemplant en silence les myriades de bulles qui s'échappaient des flûtes débordant du grand Saint-Péray mousseux, déclama tout-à-coup de sa voix grave et un peu sourde: *«Un soir, l'âme du vin chantait dans les bouteilles...»* Molière et sa troupe, descendant le Rhône, s'ils ne l'ont pas versifié l'ont, toutefois, très fort apprécié!

Si Monsieur Mellier, de *Présent,* citoyen de Valence, amateur du grand Saint-Péray, choisit d'honorer ses hôtes célèbres avec celui qui mousse dans les flûtes, c'est que, pour *faire fête,* on l'a champagnisé. Les vignerons m'ont dit de lui: «Ce vin blanc, comme l'est le rouge — hors appellation, il existe en rouge aussi, et excellent — était, au naturel, tranquille, agréablement coloré, vif, étoffé. Champagnisé, il donne aux fins des bons repas une gaieté plus pétillante».

Valence dépassée, le vignoble cesse. Il ne reprendra, pour s'épanouir, qu'après l'étroit, l'austère défilé de Donzère et ondoiera jusqu'au sud d'Avignon: un autre domaine, de sols et de microclimats si variés qu'en l'espace de quelques mètres, en tenant compte de ces variations, les vignerons jouent avec les cépages pour obtenir un très large éventail de crus, de goûts, de qualités, je dirai d'usage des vins.

Sensible au sol et au ciel comme l'est la vigne, le vin va

gagner en parfums solaires divers et perdre ceux du granit, par exemple, qu'il a nourri des basaltes de Rochemaure, terme de son premier royaume. C'est ainsi que Stendhal en parle dans les *Mémoires d'un touriste*, frappé qu'il était par ce paysage de volcans éteints, de hérissements basaltiques appelés Chaussée des Géants: «...Mes yeux cherchaient les célèbres aiguilles de basalte. Tout à coup nous les avons aperçues fort distinctement. Elles sont isolées, assez rapprochées les unes des autres et rangées à peu près en ligne droite. Dans le fait, elles sont détachées de la montagne calcaire contre laquelle elles semblent collées. Cette montagne est couverte de vignobles et d'oliviers toujours verts; il y a même des prairies dans le bas et la vue qu'on a de ces lieux est, dit-on, fort agréable. Le magnifique Rhône sur le premier plan et les Alpes du Dauphiné dans le lointain. La plus élevée de ces aiguilles a trois cents pieds et passe pour inaccessible. La vue de ces beaux produits volcaniques anime tout le paysage. Nous avons vu de loin les deux cratères de Rochemaure et du Chenavary. Plût à Dieu que l'un de ces grands volcans du Vivarais se remît à jeter des flammes!»

Quel vin âpre et viril que celui-ci, nourri de lave! Mais l'olivier accompagne les pampres: c'est l'avant-goût de la Provence qui s'ouvrira pour leur foisonnement au soleil plus vif, sortant du défilé sévère de Donzère.

A Bourg-Saint-Andéol, la Fontaine de Tourne envoie, hommage au Rhône, son eau pure chargée d'oracles qui sort du roc brodé de lambruches sauvages. Gravé sur la pierre, Mithra y sacrifie le Taureau sacré dont le sang crée la vie terrestre, fait pousser le blé. Or, qu'est le vin des libations sinon le symbole de ce sang fécond?

A Pierrelatte, lorsque Gargantua but dans la coupe de ses mains l'eau du fleuve qu'il enjambait, puis que, dansant, alors gêné par un caillou insinué dans sa chaussure, il le lança, loin dans la plaine, ivre de joie dionysiaque, est-ce le Rhône seul qui l'avait enivré et fait danser ou le vin joyeux de ses rives?

Mais voici que se sont ouvertes les portes noires du barrage et qu'après avoir médité le long de ce désert industriel, privé de vignes, Donzère quitté, nous les retrouvons!

Villages des Côtes du Rhône

Quelle charmante appellation prend ici le vin: Côtes du Rhône-Villages. Cela indique bien les variations de ces crus selon les sols, les expositions les cépages et, par les noms divers, les lieux-dits, les villages, quelquefois hameaux. Rien de plus personnalisé. D'ailleurs cette appellation familiale en quelque sorte, se doit, nous doit d'être réglementée, surveillée strictement, de façon très particulière. Ainsi la production, le rendement sont limités pour éviter l'apport étranger, les coupages. La dégustation qui fait preuve s'impose pour chacun. Les experts les disent comme ils les exigent *«des vins aux bouquets riches, longs, corsés, élégants et souples»*. On les trouve localisés dans la Drôme: *à Rochegude, Rousset, St Maurice-sur-Eygues, St Pantaléon-les-Vignes, Vinsobres*. Dans le Vaucluse: *à Cairanne, Rasteau, Roaix, Sablet, Séguret, Vacqueyras, Valréas, Visan, Beaumes-de-Venise*. Sur l'autre rive, dans le Gard: *à Chusclan, Laudun, St Gervais*. Mais ceci n'est pas l'énumération documentaire. La richesse, le caractère de chacun ne se connaissent que sur place, chez l'habitant, l'ami, chez les vignerons, verre en main, et en écoutant, attentif, leurs commentaires de connaisseurs, d'artistes.

Mais cette information ne nous a pas fait quitter notre Rhône. Bientôt Avignon, Sonneuse de Joies comme on l'a nommée, s'annonce, tiarée, s'imposant au fleuve. Elle rit de ses trois cents cloches, s'évente de ses pins, de ses oliviers, de ses pampres.

Chaque 2 février, la plus modeste de ces cloches, celle des Pénitents gris, sonne pour célébrer Notre-Dame des Vignerons et le joyeux vin du terroir. L'église, son autel, le cloître sont ornés de pampres. A l'autel, parmi les Pénitents en costume de cendres, se dit après la messe, le sermon en beau provençal à la gloire du vin des noces de Canna, qui est la vie, la foi et le soleil. Dans le cloître, la procession promène la Vierge aux raisins, Notre-Dame des Vignerons, accompagnée de foule, de cierges, de cantiques. Celui qui lui est dédié est, bien entendu, du Marquis avignonnais, saintois, camarguais, provençal — bref, le Marquis tout court: Folco de Baroncelli-Javon.

Saint Marcellin, patron de l'eau et du vin

Ici, les eaux sont fières, grossies des affluents capricieux, les rives grandioses, avec Barbentane, Boulbon érigeant châteaux, églises et ruines, haussant vers le ciel des collines grises si justement harmonisées, si accordées de tons aux pins, aux oliviers, aux cyprès et au ciel. Des collines au Rhône s'étalent les vignobles nourris d'alluvions, abreuvés.

Ah! c'est un bon vin paysan, celui de Boulbon que bénit *Saint Marcellin, fait patron de l'eau et du vin!* Du reste, c'est le peuple tout entier qui, en grande liesse, les festoie ensemble: le saint, le Rhône et le bon vin! C'est le 1er juin qu'a lieu cette fête. Quand tombe la chaleur, la foule se rassemble dans l'église d'en bas, celle en usage dirons-nous, suit le service, écoute, quelque peu impatiente, les exhortations pieuses du prêtre, son panégyrique à Saint-Marcellin en belle langue provençale. Les hommes, dans leur poche, caressent amicalement le flacon de vin de l'année passée, pensant à celui.qui mûrit aux pampres.

Enfin la procession s'organise...en désordre heureux, le cantique du saint éclate et le cortège pèlerin monte en chantant vers l'église d'en haut, la magnifique ancienne cathédrale romane à nef unique, perchée sur la colline, baignée de ciel, de parfums agrestes et de solitude, bercée du long murmure des pinèdes. Pour seule compagnie, l'antique cimetière abandonné, ras de ses murs que brodent patine et lichens. C'est leur jour de fête — leur unique jour. Vivants et morts, à ces feux du couchant d'été, glorifient ensemble le vin. Bacchus est là, présent, à l'autel qui, ce soir, redevient païen et rutile, entouré des seuls hommes: les vignerons, ceux qui travaillent la vigne, la vendangent, foulent les raisins, *élèvent* (comme ils disent) ce nectar qui fera chanter!

Les femmes, comme aux temps antiques, celles du foyer, s'arrêtent au seuil. Elles ont bien chanté, tout le long de la route, maintenant, qu'elles aillent, hors de l'église, chez les Morts! La musique tonitruante qui fait, sous l'unique voûte, un vacarme de cuivres capable de les réveiller, doit les ressusciter en joie! Ils réentendent peut-être le cantique qu'ils ont tant chanté à Saint Marcellin:

Bourbonnais, chantons un cantique
En l'honneur de St Marcellin,
Beau martyr de l'Eglise antique
Et patron de l'eau et du vin!

O grand Saint, par pitié, regarde
Devers Boulbon et son terroir,
Nos vignobles, tiens-les gaillards,
Et tous temps, nous te festoierons!

Sans doute l'Eglise, prudente comme toujours, a transformé, pour l'utiliser, en saint homme le dieu païen. Mais béni soit Saint Marcellin, car c'est des marécages pestilentiels du grand fleuve, dûment asséchés par les moines de Montmajour et ceux de Frigolet, là tout proches, qu'en terre neuve, alluvionnaire, est née la vigne. Ces hommes de Dieu mouraient du drainage. Leur sang a fécondé ce sol, faisant, du vin futur, celui du sacrifice. L'air de la Montagnette, l'eau de la source, là-haut, dans cet abri qui devait devenir l'Abbaye paysanne, prolongeaient leur vie en l'assainissant, comme eux-mêmes assainissaient la terre. Le vignoble superbe aujourd'hui est donc né des hommes et, par eux, il se perpétue. Voilà qui justifie en un sens l'exclusion des femmes aux libations bachiques et aux toasts portés sur le maître autel. Oui, on y trinque, joyeux certes, mais aussi, graves. Et tout le temps du prône, quand se taisent un peu les cuivres, au signal de l'officiant, chacun des hommes boit sa goulée de vin au flacon qu'il brandit et qu'il mire aux cierges. Le prêtre bénit tout: les pèlerins, le vin, la joie, la foi qui monte de si loin! Le reste de cette bouteille devient médicament, relique, panacée. On en donne aux malades, on en répand devant l'incendie ou l'inondation, les mariniers en aspergent les flots furieux.

Mais à la nuit, Bacchus et Marcellin unis offrent eux-mêmes le festin. Depuis trois jours le bœuf en daube cuit au vin rouge du terroir, mijote à tout petits glou-glou. Chaque foyer a ses parents, ses amis invités, même ses amis de plus loin qu'on appelle *ses étrangers.* Le sompteux repas de Saint-Marcellin dûment arrosé me fait toujours penser à celui des hercules de Condrieu, à la Saint-Nicolas, leur patron, étant celui de leur fleuve.

Devant le porche de l'église, ils élisaient le roi de leur fête et arrosaient sa gloire en un festin où se succédaient vins rouges et blancs des coteaux pour accompagner, dit Mistral, «le poitrail de bœuf bien gras, les oies dodues, les coqs d'Inde, les jambons fumés, les caillettes, les tourtes onctueuses aux herbes finement hachées dorées au four, les savoureuses pognes, et les rigottes, joliment pliées dans des feuilles de vigne.» Au dessert, comme il pétillait le *fameux vin blanc du pays!* Comme, aux occasions solennelles, il doit encore pétiller, bien qu'on n'élise plus le Roi de la Marine puisque la nôtre est morte, remplacée par celle à vapeur qui n'a pas l'esprit à la fête, mais seulement au profit, vite, à l'argent, à — dit-on — la seule rentabilité d'où la gaieté ne saurait naître.

Mais ne quittons pas les vignobles du Rhône et de ses alluvions sans parler de ceux du pays d'Argence sur la rive droite, face aux plantations de Boulbon.

N'étant pas étendus, ne faisant pas tapageuse réclame, ne portant pas l'étiquette enviée des dits Grands Vins, ils vont paraître déplacés, faire figure de défunts ou de parents pauvres. C'est pourquoi ils me semblent plus à nous, familialement, et plus glorieux d'une autre façon, puisque Mistral fit plus que les citer, les honora dans son Poème du Rhône. Dans les fastes ripailleurs de l'ancienne Foire de Beaucaire — Beaucaire étant la capitale de la noble Terre d'Argence —, on boit, souvent à la régalade joyeuse, le vin dit de Cante-Perdrix et celui du Genestet, celui-ci vanté même dans la *Chanson de la croisade contre les Albigeois.*

Mais au regard de l'appellation contrôlée qui définit nos vins Côtes-du-Rhône, j'ai outrepassé la frontière: Avignon. Il faut remonter à ce cœur, car, d'ici, deux ailes de pampres s'éploient sur les deux rives. Puisque nous sommes sur la droite depuis Beaucaire, restons-y. Non loin de Saint-Gervais où nous avions fait une escale, Chusclan et Laudun nous requièrent.

Chusclan, dans son sol caillouteux, s'étend au-dessous de Pont-Saint-Esprit. Hélas, qu'est venu faire Marcoule dans ces lieux? Quelle dérision d'avoir appelé de ce nom au mauvais relent, pour ne pas dire davantage, une cuvée de ce vin renommé, jusqu'ici, pour avoir plu à Louis XIV au point qu'un clos est dit, depuis, le Clos du Roi,

puisque Versailles s'y approvisionnait, mais plu aussi à tous les connaisseurs pour son parfum mêlé de prune mûre et d'acacia, ces arbres nés spontanément du sol.

Laudun, voisin, de son plateau d'où César contrôlait la vallée du fleuve et ses vignes, a un autre bouquet, la terre y étant différente. C'est, reconnaît-on, le plus typique pour l'appellation Côtes-du-Rhône-Sud, blancs. Ses vins ont la réputation d'être fins, droits, très fruités alors qu'ils sont jeunes. Les rosés et les rouges y sont, eux aussi, excellents et, quoique moins corsés que ceux de rive gauche, déclarés de grande élégance et de bonne façon. Quels jolis compliments!

Sur des coteaux secs, siliceux, au bon soleil, voici Lirac. Son vignoble, son nom et son renom débordent sur Saint-Laurent-des-Arbres, Roquemaure et Saint-Geniès-de-Comolas. Rosé ou blanc, distingué, personnel à cause des cépages originaux que l'on y mêle, mais, malheureusement fort rare, il se boit jeune et frais au début du repas, avec crudités et hors-d'œuvre, mais aussi avec le poisson. Rouge, plus abondant, plus corsé, gardant ce parfum qui lui donne son caractère, il se bonifie en deux ou trois ans. Roquemaure, un port très actif sur le Rhône, toujours, mais plus encore au XVIᵉ siècle, exportait vers le Nord: Paris, l'Angleterre, la Hollande, les vins de toute la vallée, mais surtout le Lirac et le Tavel, célèbres.

Ah! le Tavel!

Quel bouquet, quel esprit dirai-je! *Amoureux à boire,* comme disent les Provençaux, comme il sait monter à la tête et, ajoutent-ils en hochant la leur, eux, prudents, *comme il sait vous encocarder!* Vin rosé où bouge de l'or ensoleillé, qu'il est tentant! Puissant, mais dissimulant sa puissance sous ce qu'on appelle sa *grâce poivrée,* il est l'apéritif rêvé qui met les convives en joie et, comme le Lirac, son si proche voisin à d'exquises nuances près, il s'accommode, avec quel à-propos! des entrées, des volailles, de toutes viandes blanches et, bien sûr, du poisson. Si, à rebrousse-flots, le fleuve fougueux l'a porté vers le nord, les océans l'ont fait voyager jusqu'aux Amériques. Mais la France eût suffi à sa réputation. Philippe le Bel proclamait: «Il n'est bon vin que de Tavel» tant lui, sévère, en aimait l'allégresse vive.

Louis XIV ajoutait le Tavel aux vendanges du Clos du Roi. Ronsard et Balzac l'ont chanté et, bien sûr, Brillat-Savarin en a confirmé valeur et renom. Jeune, le Tavel est exquis dans son exubérante originalité. Il se madérise assez vite en vieillissant, mais alors, quel apéritif! Comme au Lirac, deux ou trois ans d'âge veloutent ses vertus en lui gardant l'arôme et le soleil des garrigues gardoises.

Moins célèbre parce que modeste, le vignoble alentour, celui des villages allant jusqu'à Montfrin, fait un vin excellent, un vin de propriétaire qu'on garde pour sa provision, ses amis, qu'on boit entre soi, autour de la table de chaque jour, ou de celle, ouverte, des fêtes de la maison, du saint local ou du pays. Il accompagne aussi bien les pommes de terre, ou la daube, ou l'aïoli que les marrons, les oreillettes qu'on appelle aussi des merveilles, que les fougasses de Noël.

Châteauneuf-du-Pape et les félibres

Mais sur le pont d'Avignon où la chanson danse, traversons le Rhône, passons rive gauche et, à une quinzaine de kilomètres au nord, solidement agrippé à son roc voici Châteauneuf-du-Pape: un fier château, en effet, mais en ruine, à ses pieds, le troupeau ramassé du village parmi l'assaut des vignes les plus célèbres du midi, noyant de somptuosité le promontoire même et les collines alentour. L'Histoire a successivement laissé ici ses traces, ses fastes comme ses blessures car Papes, Rois, Pèlerins et Croisés, Templiers, Huguenots, envahisseurs, pillards ont bâti, orné, honoré, meurtri sans parvenir à le tuer, ruiné, enrichi de nouveau ce lieu élu de l'art de vivre.

On a judicieusement écrit: « *C'est l'Eglise qui a donné à Châteauneuf comme ailleurs un extraordinaire essor à notre viticulture. C'est elle qui, en cautionnant et sanctifiant la viticulture, va en quelque sorte l'officialiser, lui donnant ainsi une incontestable primauté sur tous les autres travaux des champs, elle qui saura lui trouver un moteur autrement plus puissant encore, dans la France de ce temps-là, que la soif ou l'appétit du lucre: celui de la foi* ». Ce temps-là était le XIIIe siècle: un point d'Histoire à préciser car, si le Blanc, si rare, si précieux de Châteauneuf et de sa région caillouteuse, peut encore —

être vin de messe —, comme l'Eglise le décréta, pour s'y tenir, avec raison, notre optique actuelle et celle aussi des bons vignerons, est moins, bien moins la foi que le goût des gourmets, celui de la fête et, pour les commerçants, celui du lucre. Qu'ils se gardent d'exagérer avec celui-ci, légitime, aussi longtemps qu'il ne compromet pas la qualité en faveur de la quantité! Et ils savent de quoi je parle sans que je prononce les mots fraude, coupage et science du Malin — tous *procédés* qui ont, ailleurs, provoqué des scandales, fait ombrage à la profession et tué la poule aux œufs d'or. Que Châteauneuf reste le fief, aussi pur de soupçons que le commandent tant de papes, régnant sur les ceps et les foudres de ses chais, et ceux du quadrilatère officiel qui est le sien, pétri des mêmes vieux galets de Durance: Bollène, Vaison-le-Romaine, Orange, Carpentras — le fief uni de nos tiares anciennes. Ce revêtement de cailloux garde la nuit et rend au sol la chaleur forte du soleil. C'est ce privilège qui rend chaud, viril, puissant, le vin du terroir. Les experts parlent d'un *impérial bouquet, poivre et réglisse*, des vins rouges, du *velouté souple et nerveux des blancs*, disent des rosés qu'ils sont *amples et particulièrement gouleyants*. Le grenache y domine; la syrah qui vient d'Orient et enivra Saadi de poésie et de mystique, lui apporte son *caractère fastueux* et favorise sa précieuse longévité. Blanc ou rosé, le Châteauneuf, ami des fruits de mer et du poisson se boit volontiers jeune. Le blanc, plus solennel, est aussi celui des grands fastes, des cérémonies officielles du Comtat, Avignon et Châteauneuf en tête. Les vins rouges vieillissent bien. Francs, chauds au palais, leur rubis corsé se veloute à la perfection, vers trois ans. Bien entendu, le degré d'alcool, variable selon l'année, le soleil, les intempéries, fait aussi varier la période du vieillissement idéal pour chacun d'eux.

Rouge, rosé et blanc, en tout cas, jeune ou vieux mais toujours *accordé*, et *juste!* le vin de Châtauneuf participe à la fête, non sans solennité, justement, aux grands jours des intronisations à l'Echansonnerie des Papes. La *Joyeuseté* grandiose! Elle accapare le vieux château papal, sa vaste salle, intacte dans les ruines si fières. Là-haut, sur le roc, où l'on accède, cortège de voitures et non plus de carrosses et de calèches armoriées ni même avec la mule ensonnaillée. Quelle nombreuse compagnie sous ces arceaux et voûtes vénérables! Quel feu de cheminée, si c'est l'hiver, dans ce vaste foyer! Quel déploiement de dignitaires de tous grades, tous uniformes bariolés de crevés de toutes couleurs, quelle armée de servants, d'écuyers, de sonneurs — que sais-je? Des discours, des harangues, des remerciements, des airs de trompette, des remue-ménages... et l'épreuve d'intronisation pour les postulants, un à un, par un jury qui ne plaisante pas — ou tout au moins en apparence. Il faut reconnaître, une coupe en main, au parfum, au bouquet distillés goutte à goutte, le clos, le nom, le millésime de *ce* Châteauneuf qu'on déguste. On est sérieux, on hume, on trempe les lèvres, on savoure longuement et l'on réfléchit, rappelant à soi tel, tel souvenir...

Mon épreuve fut très particulière. Je la dirai félibréenne. On me remit deux coupes pleines de Châteauneuf rouge d'âge différent. Je devais décider, dégustant longuement l'un, l'autre, lequel des deux Anselme Mathieu, le félibre défunt du lieu, avait offert à Frédéric Mistral en 1878.

Une histoire qui vous rend illustres, crus de Châteauneuf, et qu'il faut bien conter ici pour ceux, hélas pour eux! qui peuvent ne pas être de Provence mais qui en aiment les récits comme les vins et le soleil. Pardon, pourtant, de faire le tour loin...

En 1866, en Catalogne, nation-sœur, Victor Balaguer, le poète, épris de liberté, d'indépendance politique, fut banni par Madrid ainsi que plusieurs compagnons. D'un seul grand élan Mistral et les félibres depuis douze ans unis autour de lui dans le même idéal mystique, leur ouvrirent tout grands leurs foyers et leurs cœurs. Le Maillanais publia ce sonnet dédié au proscrit de Barcelone, et le déclama, parmi ses camarades, un verre de Châteauneuf haut levé:

...Mais comme tu t'es fait poète et patriote
Que ta voix retentit au-dessus des mêlées,
Que tu veux sauver l'homme et nettoyer l'étable,
Le monde, toujours dur aux paroles immortelles,
En te voyant, comme aux oiseaux, des ailes
T'a chassé de partout, pauvre! à coups de fusil!

Les proscrits arrivèrent, non comme des réfugiés, mais comme des fils et des frères rejoignent, aux jours noirs, les toits épars de la famille. Sans distinction d'idées politiques ou de religion, n'ayant en commun avec les félibres amis que l'amour de la liberté, de la poésie, de la langue; ils logèrent chez tous, surtout chez le chaleureux Jean Brunet, le franc-maçon, le libertaire, le pacifiste, le *juste et bon, vrai saint laïque,* mais aussi chez Joseph Roumanille, de Saint-Rémy, ardent catholique, comme à Maillane, chez Mistral, comme à Châteauneuf, comme ailleurs. Les réunions de tous, Catalans, Provençaux, étaient si gaies, on y chantait si bien, le vin de Mathieu à la clé, que j'ai encore, dans mon enfance, entendu mes grands-pères, mes grands-mères, mes oncles, tantes, appeler l'an 1866 l'An des Félibres. C'est assez dire que l'hospitalité et l'amitié du peuple provençal pour les exilés au nom de l'indépendance, de la liberté catalanes, de la langue, sœur de la nôtre étaient vives et générales.

Ce bannissement prit fin, cependant. Rentrés chez eux, laissant ici de fraternelles affections. Les Catalans, par souscription — dix-huit cent noms! — réunirent de quoi faire exécuter, payer et envoyer aux félibres amis en 1867 une belle coupe en argent massif et un barillet de leur vin.

L'an d'après, ils vinrent y boire, fraternels invités, au premier banquet de la Sainte-Estellede, où elle circula, pleine de Châteauneuf, recevant de chaque convive son serment de fidélité. Communion émouvante! C'est là, dans le petit château de Font-Ségugne, berceau du Félibrige, qui avait déjà entendu la profession de foi des fondateurs, toujours fidèles, qu'en 1868 les Provençaux, les Catalans burent tour à tour à la Coupe pour la toute première fois, et que Mistral chanta le chant, écrit exprès, qui est devenu notre hymne sacré.

En 1878 les Provençaux firent exécuter une réplique parfaite de la Coupe d'argent, si riche de sens symboliques et l'envoyèrent aux frères catalans avec un tonnelet de vin rouge de Châteauneuf. Ainsi, venue la Pentecôte, le beau jour de la Sainte-Estelle, des deux côtés des Pyrénées, unanimes de cœur et de fidélité, on lèverait la Coupe débordante du même vin, du même enthousiasme, sous les bannières à quatre pals, sang et or, des comtes Berenger qui régnèrent un siècle sur les deux provinces jumelles.

Les Provençaux le font toujours, non sans émotion. La première fois qu'on tient ce que j'ai entendu nommé *notre Graal* et qu'on lit sur son piedestal, les vers de Balaguer:

> Morta diuhen qu'es,
> Mès jo la crech viva.

(On la dit morte,/mais je la crois vivante.)

et de Mistral:

> Ah! se me sabien entendre!
> Ah! se me voulien segui!

(Ah! s'ils savaient m'entendre!/Ah! s'ils voulaient me suivre!)

On sent son cœur battre fort et sa main trembler.

Nous sommes nombreux à savoir, plus qu'à croire, vivante la langue de Provence qu'on nous dit morte, ô Balaguer, puisque nous la parlons et l'enseignons à nos enfants! et quant à entendre, comprendre et suivre Frédéric Mistral, comment en douter puisque, depuis ce 21 mai 1854 où Font-Ségugne, à Châteauneuf, vit éclore, aux couleurs de son vin de rubis, le Félibrige solennel, nous le servons, toujours fidèles, et, non moins solennellement, chaque 21 mai, réunis dans un lieu élu, nous buvons successivement à la Coupe, toujours débordante de Châteauneuf, refaisant sur elle le même serment?

Je voudrais aussi rappeler qu'en 1946, dès après la fin de la guerre, Pablo Casals, le Catalan, le proscrit volontaire au nom des libertés, vint jouer à Maillane sur le tombeau de Frédéric Mistral que timbre l'Etoile à sept rais. En souvenir de la Coupe, sans rompre l'émotion de l'offrande musicale, dans le silence qui suit les événements graves, quelques fidèles groupés autour de lui, on trinqua avec du beau Châteauneuf. Comme je le remerciai, lui exprimant ensemble mon admiration pour son geste et ma gratitude, il me dit, effleurant à nouveau son verre plein, du mien: *«Je suis venu jouer pour Mistral, que j'admire, la Provence et la Catalogne, en mon nom, mais aussi au nom de don Balaguer.»*

Je fais au vin de Châteauneuf l'hommage de ces quelques gouttes qui s'échappèrent, ce soir-là de nos toasts.

Tout ce récit m'amène à dire mon inquiétude avec mes deux coupes en main le soir de fête où l'on m'intronisait. Les deux millésimes, tous deux tenus secrets, étaient aussi, tous deux, sublimes. Cependant, un parfum de plus — celui de la vieillesse, de la méditation, de ce que j'appelle sagesse — me semblait plus subtil, s'évaporant de l'un. Je répondis: *«J'ignore lequel votre Anselme Mathieu offrit à Frédéric Mistral pour le partage avec les Catalans, moi, j'aurais choisi celui-ci».* C'était vrai et l'on applaudit en me passant au cou le ruban sang et or portant la lourde clé symbolique qui *ouvre*, m'assura-t-on, *les caves et les cœurs.* Non, je n'étais pas compétente. J'étais seulement habitée par tant de pensées, de ferveur mistralienne, de souvenirs. Un goût certain, aussi, pour ce nectar du célèbre vignoble.

Qu'il a bien fait, le grand pape Jean XXII, en bâtissant cette cité de roc, de galets, de soleil, de mistral que l'on baptisa d'abord Château-Neuf Calcernier, puis, par gratitude sans doute, Châteauneuf-du-Pape, où ce bon Saint-Père aimait tant, dit Daudet, monter avec sa mule tintinnabulante, depuis Avignon, après Vêpres dites.

Qu'il eut raison, Mistral reconnaissant et fin gourmet, de signaler dans son Grand Trésor: «Vin de Châteauneuf-du-Pape le meilleur de la Côte du Rhône, chanté par les poètes provençaux». Raison, encore, d'en faire boire à Lamartine puisque, associé au grand livre de Mireille, ce vin lui fit comprendre qu'*il y a une vertu dans le soleil.*

Ils sont justes, ces vers, qui, sous l'inspiration de Mathieu, accompagnèrent jusqu'au loin les bouteilles

du vin qui, alors, s'appela si opportunément le vin des félibres:

> Li forço, au vènt-terrau, vènon ravoio,
> L'aïoli douno au cor la bono imour;
> Li bello de vint an dounon l'amour;
> Lou vin de Castèu-Nòu douno la voio,
> Emai lou cant, emai l'amour, emai la joio!

(Les forces, au mistral, prennent vigueur nouvelle,/ L'aïoli met au cœur la bonne humeur; les belles de vingt ans donnent l'amour;/ Le vin de Châteauneuf donne le courage, aussi le chant, aussi l'amour, aussi la joie!)

Elle ne fait pas faute dans le vieux donjon historique, aux grands jours d'intronisation, quand blanc ou rubis, le vin coule à flots, que sur son pavois, porté haut par ses dignitaires, passe le sanglier embroché, encore tout flambant; lorsque vont à grand train les langues, les propos joyeux, les chansons, les rires, les discours cordiaux et non solennels, l'amitié! Là, j'ai compris le vieux dicton: In vino veritas!
Car la vraie vérité me semble celle de la joie en commun et de la cordialité. Par contre rien n'est plus faux, menteur, hypocrite, plus prompt à gâcher les cœurs que la fraude. Que les vignerons, en particulier, se le disent et, plus que d'autres, en soient persuadés, tant est sacrée l'origine du vin solaire!

Vacqueyras et Gigondas
On apparente avec raison, avec logique, aux vins rouges et blancs de Châteauneuf-du-Pape ceux, tout voisins, de Vacqueyras et de Gigondas. Les terrains sont de même nature, les plants aussi; le sol, recouvert de galets duranciels, rend aux ceps, la nuit, la chaleur du jour. On y joint aussi les vignobles proches de Séguret et de Sablet, moins importants en surface, sans doute, mais équivalents comme qualité.
Gigondas culmine sur ces terrasses de sable et de cailloux riches de vignes dont, déjà, Pline fit l'éloge et dont les évêques d'Orange, fins connaisseurs, multiplièrent l'étendue et le rendement. Ce vin généreux est dit

flamboyant, sauvage et majestueux à la fois, ayant du corps, de l'esprit, du bouquet. Il existe surtout en rouge, mais n'oublie ni le blanc ni le rosé qui s'harmonisent mieux en quelques circonstances.

Même terrain entre Orange et Ventoux, sable et galets, même belle exposition au soleil pour Vacqueyras. L'illustre troubadour, Raimbaud de Vacqueyras, a-t-il chanté le nectar de ces crus, comme leur terrain, léger, chaud, très résistant aux longues sécheresses, ayant corps, ampleur du bouquet, sachant bien vieillir: en s'améliorant.
Les stratifications de sable et de cailloux alternent sur ces côtes ensoleillées qui, depuis les Dentelles de Montmirail, dévalent vers la vallée de l'Ouvèze. Nature du sol, exposition sont donc pareils. Mais, honte de laisser faire, on démolit au bulldozer les célèbres, les singulières Dentelles, uniques au monde pour y planter des vignes, non pour le vin de plus, mais pour le droit de superficie…autre part. Je ne veux pas polémiquer ici.
Aux Gigondas, aux Vacqueyras, on peut joindre ceux de Cairanne produits aussi par le même terroir et possédant les mêmes qualités, ceux de Sablet, de Séguret et, son divin muscat mis à part, ceux des coteaux de Beaumes de Venise.

Jadis, ces vins partaient pour la Bourgogne, faute d'être qualifiés et dits d'appellation contrôlée, parce que, chacun, de trop faible tonnage. Oh! ils ne nuisaient pas au célèbre Bourgogne, non! Et, oui, ils faisaient les délices des gens du pays, des familles, des villages et des contrées, réchauffaient les cœurs et, s'il se peut, donnaient encore plus d'allégresse aux fêtes, aux réunions publiques, privées et surtout familiales. On buvait son vin — y en eut-il peu.
Mistral l'a montré dans Mireille, en nous réunissant au Mas des Micocoules lors du décoconnage, lorsque, fin

mai, s'achève la campagne des vers à soie. Et, bien entendu, au temps des vendanges:

> Nus e gaiard coume un luchaire
> Quand Bacus vèn e, di chauchaire
> Coundus la farandoulo i vendèmi de Crau,
> E, de la caucadièro emplido
> Quand la bevèndo benesido
> Souto li cambo enmoustousido
> Dins l'escumouso tino escapo à plen de trau,

> Alor, en terro de Prouvènço,
> I'a mai que mai rejouïssènço!
> Lou bon muscat de Baumo e de Ferigoulet
> Aqui se chourlo à la gargato,
> Alor se canto e l'on se trato;
> Alor se vèi e drole e chato
> Au son dóu tambourin fourma si vertoulet.

(Nu, vigoureux comme un lutteur/ Quand Bacchus vient et, des fouleurs, conduit la farandole aux vendanges de Crau,/ Et de la fouloire emplie/ Alors que la boisson bénie/ sous les jambes poissées de moût / Dans l'écumeuse cuve échappe à pleine bonde,/ Alors, en terre de Provence, / Plus que jamais, réjouissance! / Le bon muscat de Beaumes et le Ferigoulet / Alors se boivent à la régalade; / Alors on chante et l'on banquette, / Alors se voient garçons et filles / Au son du tambourin former leurs rondelets.)

Le rouge et le rosé de Beaumes font certes merveille, mais leur muscat, c'est vrai, est le nectar des fêtes.

Le Muscatel de Cassis et les pots de vin

Mistral pouvait dire de lui comme du vin blanc de Cassis, et surtout de celui, défunt, le muscatel, dont notre roi René d'Anjou fit, retour d'Italie, présent aux coteaux de Cassis et de La Ciotat, qui ne sont pas vins du Rhône, mais de Provence, et comparables — muscat contre muscat. C'est aussi un *vin des félibres* car, à Cassis, dans la ferme assez châtelaine du Clos Calendal, c'était lui qui servait aux toasts de Noël et accompagnait la fougasse à l'huile fine et les souhaits, lui dont on bénissait la bûche.

Le Maître de Maillane, alors, disait de lui:

> L'abiho
> N'a pas de mèu plus dous, e briho
> Coume un linde diamant, e sènt lou roumaniéu,
> Emai lou brusc, emai la nerto
> Quà nosti colo fan cuberto
> E danson dins lou vèire...

(...L'abeille / N'a pas de miel plus doux: il brille / Comme un diamant limpide et sent le romarin, / la bruyère et le myrte / Qui couvrent nos collines, / Et danse dans le verre...)

Qu'est-ce qui perdit le muscatel originaire d'Italie du Roi René, que remplace aujourd'hui, vif comme l'allégresse, le vin blanc de Cassis, et le muscat de Beaumes de Venise? C'est le succès! Car il était si exceptionnel, que le roi de France et, à leur exemple, les Grands du Royaume non seulement l'acceptaient en cadeau mais en sollicitaient sans vergogne l'envoi. De là l'usage et l'expression du *pot de vin,* mot et usage qui ont persisté et persistent depuis la mort du muscatel qui ne put résister à tant de saignées répétées. Mais comment résister au monarque, fier d'en orner sa table? au duc de Guise qui, du moins, fit remise à Cassis du contingent de rameurs dû pour le service des galères royales? Comment refuser au maître d'hôtel du duc d'Eperon écrivant aux Consuls de La Ciotat: «Le vin muscat que vous donnâtes à Monseigneur quand il était en Provence a été si grandement loué et exalté par toute la ville de Paris qu'est grand'merveille a le pouvoir raconter, et même de Leurs Majestés, car j'en portai vingt-cinq bouteilles au Roi, de celles marquées avec la croix. Le Roi en ayant goûté, il dit qu'il voudrait payer grand'chose que La Ciotat fût si près de Paris comme est de Marseille...» Et sans sourciller, il en demanda de nouveau, de Cante-Perdrix, cru alors célèbre à Beaucaire, et de Crau d'Arles, unissant les vins fins du Rhône, à ceux, proches parents, des coteaux de Provence.

Pour des vignobles assez réduits en superficie, on

comptait que cinq à six cents litres partaient ainsi, gratis, en pots de vin: le corail de Cassis, réputé le plus beau, accompagnant le muscatel destiné aux gens de justice, tant étaient nombreux les procès et incertaine la justice qu'il était prudent et ...habituel d'arroser. Ainsi, à la suite des Grands qui donnaient toujours le mauvais exemple, Cassis et La Ciotat arrachèrent les ceps de muscatel qu'avaient épuisés tant de têtes couronnées et de gens illustres, mais aussi une foule de viguiers, conseillers, sénéchaux, gouverneurs, juges et pas mal d'autres à leur suite, qui réclamaient à mots couverts ou à voix haute, ce nectar pour y voir plus clair et mieux juger. Ainsi mourut, tué par le succès, le muscatel qui coûtait tant à faire et rapportait si peu avec tant de clients, qu'il ruinait ce pays des dieux.

On trouverait bien autre chose! Car le pot de vin, lui, ne mourrait pas! Il prit et a conservé d'autres formes. Mais le besoin pressant, après le sacrifice, fit qu'on le remplaça en Provence, par le vin blanc de Cassis, toujours! et de La Ciotat, en y adjoignant toutefois la malvoisie d'Aubagne et de Roquevaire. J'empiète ici sur les crus de Provence mais Rhône et Méditerranée, dépendants l'un de l'autre, produisant des vins si parents, unis qu'ils ont été dans la louange et dans l'épreuve, peuvent bien faire un pas ensemble dans ces pages comme en mon cœur! Revenons pourtant à notre propos.

Voisine de Beaumes, entre l'Aygues et l'Ouvèze, toute la commune de Rasteau est occupée par son vignoble de grand renom qui s'étend aussi avec deux parcelles limitrophes sur celle de Sablet et trois sur celle de Cairanne. Belle et riche ceinture du village perché qui s'étage dans son harmonie paysanne de terrasse marneuse en terrasse de cailloutis! Ses vins, rouges, rosés et blancs, plutôt dorés quand ils sont élus grands vins de dessert, sucrés alors, ou d'apéritif, sont corsés mais restent généreux, onctueux, comme on dit ici, *amoureux à boire.* Ils gagnent à vieillir, de trois à huit ans pour les doux, et jusqu'à dix pour les beaux rouges. Le temps développe au quintuple leurs savoureuses qualités. Au contraire, le muscat blanc et or de Beaumes de Venise doit se boire jeune, très frais, pour être au maximum de sa subtilité.

Bien sûr, les villages autour des principaux dont on parle, sont, avec quelques variantes dues, très subtilement, à celles du terrain et de l'exposition, proches parents en qualité du cru, car, généralement, ils emploient les mêmes cépages à peu, très peu de chose près. Le silence relatif autour d'eux, qu'ils soient *Camaret, Travaillan, Suzette, Sainte Cécile-les-Vignes, Vaison-la-Romaine, Vinsobres,* même *Vedène* un peu plus éloigné, ou *Villedieu,* vient de leur surface réduite. Ils sont dits, toutefois, *Vins des Côtes du Rhône,* ont droit à l'appellation contrôlée qui se répartit sur cent quarante communes.

Le grand vignoble dit Plan de Dieu

Il se place ici, célèbre pour sa qualité, singulier parce que, d'un seul tenant, ce territoire s'établit sur plusieurs communes sans, pour autant, faire partie d'aucune dont elle ait pu prendre le nom et qui puisse s'en faire gloire. La note officielle dit textuellement: «*Le Plan de Dieu, pourquoi l'avoir inclus parmi les communes sans autre indication? Tout simplement parce que, dans notre esprit, cette section du territoire vauclusien est assez particulière et qu'en étudier les différentes communes s'y rattachant aurait été un anachronisme. Le Plan de Dieu est un site géographique mais aussi, en dépit du morcellement des terres, un seul et unique vignoble.*» «*Administrativement il est limité au nord par la route Camaret-Rasteau, à l'est par celle Cairanne-Carpentras, au sud par celle Camaret-La Bégude-Gigondas, à l'ouest par le canal de Carpentras. Il y a des lustres, les limites étaient beaucoup plus vastes*». Les variations cadastrales, administratives, donc impersonnelles en sont responsables — disons-les lettre morte pour les vignerons qui voient, avec sagesse, l'unité du pays, du terrain, de la production, de sa qualité homogène, ce qui compte seul pour l'homme comme pour le vin.

Vieille terre historique où, foulant sans vergogne tout cadastre et toute frontière, passèrent les éléphants d'Hannibal, où campèrent, plus pacifiques puisqu'acceptées par la population, les légions romaines du grand stratège Marius, ce lieu étant alors Castra Marii, sur l'antique voie Orange-Vaison, terre de cailloux dangereuse, nul ne s'y hasardait peut-être sans recommander non seulement son âme mais son corps à Dieu. En tout cas, dès longtemps, le Plan de Dieu fut placé sous la garde des puissants apôtres Saint-Pierre, Saint-Paul, Saint-Jean, Saint-André.

En 1127 s'y élevaient la chapelle Saint-Pierre, propriété de Montmajour, l'abbaye Saint-André des Ramières, qui devint château puis domaine vinicole, les anciennes églises Saint-Pierre de Violès, Saint-Martin d'Ouvèze ou Saint-Martin de Cabassole, disparues, et Saint-Pons, sur la commune du vieux Travaillan, et désaffectée.

Un texte de 1326 nomme déjà ce lieu Plano Dei. Le nom très pieux lui est bien resté, mais la vigne l'a occupé, comme Marius, et s'y tient! Elle a conquis très tôt un terrain fait pour elle, y prenant une place de plus en plus envahissante. Les fermes seigneuriales sur les communes de Sérignan, Travaillan et autres, appartenant à Diane de Poitiers ou à la duchesse douairière de Duras, peu importe, étaient louées à des fermiers à condition expresse d'en obtenir le meilleur rendement en quantité comme en qualité. Qu'elles fussent dites domaines de Saint-Jean, de Saint-Pierre ou de Saint-Paul, les pactes passés entre les parties se ressemblaient et étaient stricts. En voici de 1664, de 1738, ce dernier portant ces précisions:

«... Plus a été de pache que les dits rentiers seront tenus de planter ou faire planter à leurs frais et dépens une vigne bien et dûment de la quantité de deux saumées, dans les lieux et endroits qui leur seront indiqués... et la cultiveront en bons pères de familles...»

Depuis se maintient l'excellente tradition. Le Plan de Dieu produit toujours des vins rouges et rosés, vendus non seulement en France mais à l'étranger: Belgique et Angleterre en particulier, où l'on apprécie leurs qualités rares. Ils sont corsés mais souples et les rosés ont un bouquet qualifié d'incomparable. Ils sont classés parmi les plus grands vins Côtes du Rhône vauclusiens.

L'Enclave et Valréas

Après la protection de Dieu et des saints apôtres, venons en à celle des Papes. En remontant un peu au nord, voici ce qu'on nomme l'Enclave dont Valréas est la capitale vineuse. Cette Enclave est dromoise. Les papes la choisirent au XIVe siècle pour la richesse déjà célèbre du vignoble, la qualité raffinée de son vin. Cette réputation remonte aux Romains, autant dire à l'introduction de la vigne par les Grecs, dans cette autre Grèce que leur parut, dès l'abord, la Provence. C'est sous-entendre qu'en tous temps, depuis ces si lointains, ce pays fut dévoué à la vigne à laquelle convenaient si bien sa terre argilo-calcaire et son ciel. Ce ne serait là que banalité si l'Enclave ne se voulait, aussi, depuis les papes, une vraie enclave très particulière, comprenant seulement les quatre communes papales: *Valréas, Grillon, Richerenches, Visan*. Le sceau de ce vignoble d'appellation *Côtes-du-Rhône-Villages* porte les noms de ces quatre seules localités. Nul autre vigneron n'apporte sa vendange au Cellier de l'Enclave, Union coopérative qui regroupe exclusivement ses 1.200, à soi, pour, environ, 200.000 hectolitres d'un vin assuré d'être irréprochable. L'appellation suppose, en effet, une discipline très stricte, des cépages, des surfaces, des délimitations, de la production, niveau, qualité et degré. On y prend acte, avant de l'accorder au postulant, de l'ancienneté et de la réputation du vignoble demandeur. En cas de succès, un label s'ensuit. Il est toujours amplement mérité, car l'examen par la commission est sévère. L'Enclave n'a pas et n'avait pas à avoir d'inquiétude: ses vignerons ont toujours poursuivi un tel effort de sélection des récoltes, d'amélioration des techniques; les qualités de raisins ont été si harmonieusement conjuguées pour donner à leur vin ce bouquet et cette souplesse!

Je le connaissais de réputation, mais je l'ai su d'expérience au retour automnal de notre transhumance. Valréas était l'une des dernières étapes: notre première du Midi, car depuis celle, précédente, dans la pluie, le froid, la fièvre de la grippe, depuis la nuit hospitalière que nous avait offerte Saint-Secret, nous allions vers la terre nôtre. A la sortie du bourg, dans la pointe de l'aube, nous avions comme vu se lever le mistral, puis, vu au vrai, le premier olivier. Les clarines des bêtes enfin reposées sonnaient clair. Notre marche, à nous pâtres, en était allégée.

C'est au blanc franc du jour, puis dans son bleu lavé,

puis dans la gloire d'un clair soleil levant qu'à travers chênes truffiers, treilles, oliviers, mûriers et cyprès nous vîmes bientôt Valréas. Des camions énormes de raisins roulaient précisément vers la cave coopérative. L'un — béni soit-il! — obligé de s'arrêter pour laisser couler notre fleuve en sens contraire, emplit notre seau suspendu à l'arrière du charreton, d'un splendide muscat doré, ayant seulement vu nos regards de femmes et d'ânes. Ma compagne, femme du baïle, en fit tant manger à l'ânesse, dans la joie, elle aussi, de faire une *bonne manière,* qu'elle eut peur de l'avoir saoûlée, l'ayant vue rire, affirma-t-elle. Sous leurs tuiles romaines, roses, celles de chez nous, s'éveillaient les fermes, joyeuses dans la foison de leurs richesses — arbres, vendanges, fleurs, le tout rajeuni par la pluie, égayé de soleil nouveau, les gens criant leur joie au travail, les coqs même cocoriquant devers nos bêtes.

Valréas! Midi: notre étape! La rivière, sa place sous des arbres en or! nous, femmes, une fois le troupeau bien rangé au bord de l'eau, y dressant notre campement; un homme veillant sur les bêtes et donnant ses ordres aux chiens; l'autre, allant au village avec l'ânesse pour en ramener quelques vivres frais après nos treize jours de pain dur comme pierre, de tommes telles du silex, d'eau quand on l'avait pu ...et plus ou moins bourbeuse.

Ah! quels trésors il rapporta! pain frais, fruits frais, vin frais (et quelle couleur il avait!) tout ce qu'on peut avoir de frais dans ce pays d'automne opulent au soleil!

Oui, quels melons, raisins, poires, pêches et figues ramenait l'homme heureux dans le bât de l'ânesse! Tout ce dont nous avions rêvé au long de notre longue route, surtout les derniers jours hostiles, et quel vin des Côtes-du-Rhône à boire ras de l'eau, au bord de l'oseraie!

Nous avions plus de temps à nous, l'étape suivante étant courte. Nous pouvions donc manger et boire lentement, savourant tout, à notre faim, à notre soif, recommençant avec un autre fruit, une autre grappe et une autre rasade, prenant toutefois garde, après ces mois d'ascétisme en montagne, de ne pas faire la part trop large au bonheur, de ne pas rire, comme tout à l'heure l'ânesse, aux anges.

— Quel vin, pourtant, que celui de l'Enclave! soupira d'aise le baïle en s'étendant. Une bonne sieste à présent, prenons le quart à tour de rôle mais dormons notre saoûl sur cette herbe matelassée.

S'allongeant près de lui:

— Béni soit Valréas, dit sa femme, qui donne aux vagabonds tant de joies à la fois!

L'autre berger fit le premier la ronde mais but, auparavant, le dernier coup qu'on dit de l'étrier.

— Bénie surtout, fit-il reconnaissant, levant au ciel son verre plein et mirant le soleil dedans, bénie surtout la Coopérative!

C'est seulement vers le soir qu'on partit, bien restaurés, bien reposés, pour passer, tout d'abord, à Richerenches. Au moment de lever son bâton de commandement et de crier: Aque Menoun! le baïle dit encore:

— Ce pays affable accompagne les hôtes amis qu'il a bien traités. Nous ne sortons pas encore de l'Enclave!

— Non seulement nous n'en sortons pas puisque Richerenches, c'est encore l'Enclave, fit remarquer sa femme, vérifiant le riche chargement de l'âne chargé de reliques, mais nous emportons ses trésors pour égayer les étapes qui restent, où selon nos horaires nous arrivons souvent trop tard ou repartons trop tôt pour nous ravitailler. Outre les vivres, les fruits de reste et la bouteille, grâce au café moulu que Jean a aussi rapporté, j'ai pu emplir le grand thermos, après en avoir bu nous-mêmes, tout à l'heure, repas fini, avant de nous remettre en route.

Au moment où, tournant la tête, nous allions perdre Valréas de vue, je lui lançai un joyeux au-revoir reconnaissant que tous redirent, en lui faisant un signe amical de la main. Puis, chacun de nous prit son poste: qui en avant du troupeau, qui en queue, qui au milieu, faisant un va-et-vient actif. Là-bas, autre pétale du sceau-à-quatre, tel un trèfle vineux qu'est l'Enclave, se festonnait dans le bleu-nuit Richerenches aux murs crénelés.

Les vignobles choisis ne cessaient pas, eux, de nous faire escorte.

Les chênes truffiers, puis les oliviers se mêlaient, se mêleraient de plus en plus aux vignes. Le Midi!

ils m'ont appris à boire

Et si nous buvions un bon Bourgogne, un Châteauneuf-du-Pape, par exemple?» Cette phrase effarante, je l'ai entendue, et celui qui la prononçait était un Français, un monsieur décoré qui ignorait la géographie... Je ne lui en ai pas voulu: j'ai simplement rectifié l'erreur et son visage, avant boire, a pris la teinte rouge de la confusion. Il est vrai que son amour du vin des papes excusait tout. Des vins de ce cru célèbre, je n'en connais que de délicieux, j'en connais aussi d'inoubliables. Si la qualité reste constante, d'incessantes surprises sont possibles, et, sur un fond solide et franc de haute tenue, les saveurs les plus exquises et les plus rares peuvent s'épanouir à l'infini, à ce point que les épithètes, si recherchées qu'elles soient, ne suffisent point à les définir: il faut trouver des équivalences verbales, des mariages de mots que la poésie seule peut offrir. C'est pourquoi un dégustateur, voire un simple amateur, doit se doubler d'un poète.

Je n'oublierai jamais certaines fêtes de la dégustation avec des vignerons de Châteauneuf, comme le Docteur Dufays, les Bérard, les Avril et leurs amis, dans la cave de l'un ou de l'autre. Qu'on imagine une immense salle souterraine, un long couloir et, sur les côtés, des niches comme des chapelles où reposent tête bêche des amoncellements de bouteilles dont les culs brillants faisaient penser à l'art cinétique. Là vieillissait et se bonifiait dans l'obscurité et le silence, à la bonne température constante, le vin des coteaux de galets immémoriaux. Superbe assemblée et belles trognes burinées où brillaient des yeux vifs et prompts à la joyeuseté. Lorsque mes amis débouchaient une nouvelle bouteille, je voyais bien qu'ils n'étaient blasés de rien et attendaient toujours la surprise d'un goût nouveau. Au centre de la salle, les grands verres propres étaient posés sur un tonneau et l'on en changeait pour chaque vin. Nous goûtions ces délices les yeux mi-clos. Pour éviter l'ivresse, les vignerons recrachaient parfois dans le sable le nectar qui avait circulé dans leur bouche, mais le plus souvent ils buvaient pour éprouver, après les sensations des lèvres, de la langue et du palais, celles de la gorge. Et l'on comparait, on définissait, on mesurait la durée de réjouissance des papilles gustatives. Notre hôte, de son bel accent du terroir comtadin, distillait des expressions choisies et imagées pour définir les sensations les plus variées. Ainsi, il disait, après avoir bu religieusement et longuement médité: *«sueur de cheval»* ou *«aisselle de rousse»* ou bien *«fer rouillé»* ou *«poivre»* ou *«cannelle»*, à moins que ce ne fussent des équivalences de fruits: *fraise, framboise* ou *abricot*, et sur un mot, on discutait ferme. Aux lueurs de ce vin des papes, ces vignerons, aussi cultivés que leurs vignes, rejoignaient l'humanisme latin, disaient des vers bachiques, chantaient des refrains de fine gaillardise ou racontaient des histoires, et je leur répondais de mon mieux, avec envers eux un sentiment de vive admiration, celle qui naît du contact avec une ancestrale vérité.

Vivant une partie de l'année à un saut de puce de ce lieu noble, et non loin de Gigondas, ou d'endroits moins connus et sujets à étonnements qui se nomment Rasteau ou Cairanne, Séguret ou Sablet, et aussi Beaumes-de-Venise qui produit auprès d'un grand Côtes-du-Rhône, le plus savoureux des muscats (Mistral le célébra), je me suis constitué une cave moyenne mais bien équilibrée dans un large périmètre avignonnais, ce qui ne m'empêche pas, n'étant pas chauvin, de pousser vers les Côtes-du-Ventoux ou de Luberon (pour les repas du fort de l'été, ils ont plus de légèreté), car d'une cave à l'autre, en choisissant bien, j'ai sans cesse la révélation de délices quotidiennes, plus simples, tant il faut savoir, comme en musique, varier les tonalités: on peut apprécier la musique de chambre tout comme l'opéra ou le concert symphonique, et je n'ai rien contre la bonne chanson populaire.

Et je suis sans cesse en voyage avec de bons amis. Bernard Pivot, le défenseur fervent du Beaujolais de Quincié, et que je tenais pour xénophobe en matière de vins, a été émerveillé par certains Châteauneufs blanc ou rouge, et quand il a rencontré nos vignerons, il m'a confié que ses émissions de télévision verraient leur succès se multiplier s'il pouvait recevoir souvent de tels conteurs. Mes amis René Taverbier et la romancière Solange Fasquelle (dont j'ai baptisé le break *« une cinq cents bouteilles »*) le savent bien, et je me sens parfois l'ambassadeur de ces *« Côtes »*, mes amis de l'académie Goncourt m'en rendent justice qui ont fait pénétrer des bouteilles amies à la table de Drouant auprès du blanc de blanc et de bordeaux traditionnels.

En route donc pour l'autre côté du Rhône, dans le Gard, où des noms comme Lirac et Tavel, Chusclan et Laudun nous appellent, pour la Drôme de la Clairette de Die ou pour Vinsobres, village au nom prédestiné. Et je dois ajouter que l'amateur de vin que je suis a un certain respect pour l'eau, car, on le sait, sans elle il n'y aurait pas de vin. Le Rhône cher à Mistral, comme à Alexandre Arnoux ou Bernard Clavel, semble dispenser tout au long de son cours mille et mille richesses. Oui, je quitte le Comtat Venaissin et la Provence très volontiers pour remonter (chapeau bas!) vers ces lieux qui mettent non pas l'eau mais le vin à la bouche: Cornas, Saint Joseph et Saint Peray, Côte Rôtie et Condrieu, Château Grillet, Hermitage et Crozes-Hermitage. Je conseille ce voyage parmi les vignes non seulement à l'amateur de vin, mais aussi à celui de beaux paysages. Lorsque je bois les nectars que donnent généreusement ces territoires, n'ai-je pas l'impression, comme un panthéiste, de me mêler aux forces de la nature, de faire l'amour avec la terre!

Dans l'intimité de ma campagne, mon plus grand plaisir est d'offrir à une table que je crois de bonne qualité, un accompagnement de vin qui en soit digne, et rien ne me plaît tant que, lorsque j'ai mis en bouteilles un simple vin qui ne m'a pas coûté les yeux de la tête, mais qui a su bien vieillir, mes amis marquent un temps d'arrêt après la première gorgée et font un léger signe d'assentissement.

Et puis il m'arrive de jouer aux devinettes, me donnant le plaisir quelque peu sadique de *« coller »* quelque *« connaisseur »* de source livresque. En présentant une bouteille muette d'un Cairanne, il m'est arrivé de l'entendre baptiser Côte Rôtie, ce qui n'est pas mal en soi, mais aussi du nom de tel ou tel grand Bourgogne. J'ai entendu parfois de telles erreurs et côtoyé de tels errements que, par considération pour mon hôte, je n'ai pas oser trop appuyer sur ma rectification.

Autre chose: naguère je buvais mal, je le confesse. J'étais plus gourmand que gourmet. Depuis j'ai appris à ne pas abuser de certains crus, à ne pas vider un verre d'un trait, mais à savoir attendre, à déguster chaque gorgée lentement, et mon plaisir, dès lors, s'est multiplié. Lorsque, au restaurant, le sommelier me fait goûter le vin, il doit s'attendre à ce que ma réponse ne soit pas immédiate. Je laisse le vin prendre son air et son espace. Après, je peux parler. Qui m'a appris cela et mille choses encore qui font qu'un bon vin peut être meilleur encore? Mes amis les vignerons.

Quel bonheur lorsque l'on invite l'écrivain que je suis à tirer au sort les triplettes de la pétanque des vignerons du Ventoux! Quelle joie quand on me fait signe du côté de Bédarrides pour parler de littérature ou de poésie, sœur du vin! Buvons le vin des joyeux vignerons: il fait danser la flamme dans nos âtres.

les vins de Provence dans l'Antiquité

Quand les habitants de l'actuelle Provence devinrent-ils vignerons? Rapportée par Trogue Pompée, la légende veut que Gyptis, fille du roi des Ségobriges ait accueilli le Phocéen Protis en lui tendant «une coupe de vin mélangé d'eau». La fondation de Marseille, dont ce geste est le symbole, remonte à l'aube du VIᵉ siècle. Une tradition tardive suffit-elle à conclure à l'existence préalable de relations entre les habitants des rivages salyens et les Grecs? Il est d'autres preuves plus sûres. Terrestres et sous-marines, les fouilles témoignent de l'existence, dès le VIIᵉ siècle, d'importations en provenance des Cyclades. De toute manière, la vigne sauvage, *ampelos*, existait depuis longtemps sur ce littoral.

Près de Béziers, le mobilier d'une tombe à peu près contemporaine de la fondation de Massalia a livré des grains de raisin. Sauvage? Cultivé? La question demeure. Ce qui est sûr, c'est que les Grecs nous ont appris la taille des ceps. Les termes techniques en témoigneraient... si les conclusions hâtives n'étaient imprudentes! Certes, la *poda*, prononcée *poudo* en provençal, ou *podadoira*, qui désigne la serpe pour tailler la vigne, comme le verbe *podar*, tailler, ainsi que *empeut*, greffe, et *empeutar*, greffer viennent bien du grec *Emphuteuein*, mais à travers le latin *Imputare*. De même, c'est par le latin *Eugenia*, la souche noble, que le grec *Eugeneia* a donné son nom à l'*Ugni* — unhi —, le raisin de Cassis. Quant au Poumestre, son nom grec, *Boumastos*, décrit la forme de sa grappe en «pis de vache», mais il vient de Byzance, par le bas-latin *Bumastus*. Ces nobles étymologies ne suffisent donc pas plus à constituer une preuve, que le raisin de Béziers, greffé ou non. Les *oppida* voisins, comme Ensérune, avaient, c'est vrai, dès cette époque, des relations commerciales, pré-coloniales, avec les Etrusques, les Phéniciens et surtout les Rhodiens. Or, à Rhodes, aujourd'hui encore, il subsiste des plants d'une vigne primitive dont la constitution chromosomique n'est pas celle de *vinea vinifera*.

A l'inverse, les fouilles d'Entremont témoignent d'une civilisation avancée, très influencée par le voisinage massaliète. Les pressoirs à huile y sont nombreux mais rien qui ressemble à un matériel vinaire. Or, fondée au IIIᵉ siècle, peut-être au IVᵉ siècle, la capitale des Ligures salyens n'a été détruite par Caius Sextius qu'en 123 avant notre ère, un an avant la fondation d'Aix.

Ce serait une erreur, néanmoins, que de dater de la conquête romaine l'expansion de la viticulture du Midi gaulois. Bien au contraire, l'opinion actuelle est qu'avant même les Grecs, il y eut une vigne indigène. On explique ainsi que, dans les descriptions des auteurs latins, les cépages locaux soient présentés comme très différents à la fois des plants grecs et des italiques. L'apport hellénique, précisément l'apport des Phocéens, Grecs d'Anatolie, ce sont la taille, les procédés culturaux et de vinification.

On pourrait penser qu'en s'installant à Massalia, ces navigateurs-commerçants n'auraient d'autre objectif que l'échange, contre les produits bruts locaux — notamment le sel du rivage et l'étain, venu, par de longs cheminements, de Bretagne — de produits grecs élaborés: poteries, objets en bronze, huile d'olive et vin. De ce dernier, les anciens auteurs soulignent l'importance. Diodore de Sicile parle de la *philoinia*, l'amour du vin, des Gaulois. Il en donne cet exemple situé à une époque plus tardive (100 av. J.-C.) et concernant, c'est vrai, les Italiens, mais il s'applique aussi bien aux marchands grecs d'une période plus reculée: «... beaucoup de marchands italiques, poussés par leur habituelle cupidité, profitent de l'amour des Gaulois pour le vin... en échange d'un seul tonneau, ils reçoivent un jeune esclave, troquant la boisson contre l'échanson...» Protectionnistes, les Romains, plus tard, interdiront longtemps la culture de la vigne dans les Gaules. Les Grecs, au contraire, vont, pour employer le jargon actuel, préférer l'exportation d'une technologie à celle d'un produit.

Jusqu'au milieu du VIᵉ siècle, c'est-à-dire dans ses cinquante premières années, Massalia est le port de transit des céramiques, italiote et grecque d'une part, anatolienne de l'autre. Puis l'importation des produits ordinaires s'amenuise alors que s'accroît celle de la luxueuse céramique attique. C'est que se sont allumés à Marseille les fours d'une production locale: imitation de la Grèce de l'est, céramique grise d'usage courant, et aussi l'amphore massaliète à l'argile pailletée de mica. De celle-ci, tessons ou exemplaires intacts jalonnent une route passant par la vallée du Rhône pour aboutir dans les hautes vallées de la Seine, du Doubs et même du Danube. Au Ve siècle, quand ce marché semble moins actif, l'amphore massaliète emprunte la voie maritime vers Gênes, d'une part, et, de l'autre, les côtes ibériques: Ampurias, Ullastret, Majorque, épave d'Albenga. Objets purement utilitaires, ces amphores servent au transport du vin du pays. On estime que les lieux où leurs tessons s'accumulent sont, en fait, des centres de transvasement. Pour une diffusion par des sentiers incertains vers des bourgades reculées, la fragile et lourde céramique est ici remplacée par des outres légères. Dans l'Odyssée, à l'épisode du Cyclope, Homère, déjà, donne un exemple de ce procédé.

Hypothèse? non. Au Ier siècle encore, Strabon affirme: *«Les Marseillais possèdent un territoire planté d'oliviers et riche en vignobles...»* Délimiter ce territoire et les étapes de sa croissance, c'est déterminer l'aire originelle d'implantation du vignoble provençal. Sans tenir compte des «colonies» qui nous mèneraient à la péninsule ibérique, en Languedoc, sur le Rhône ou l'est provençal, bornons-nous au territoire propre de Marseille.

Cette *chora* se limite au VIe–Ve siècle à une frange d'une dizaine de kilomètres autour de l'enceinte primitive, entre Vieux-Port et Joliette. C'est une plaine cernée d'oppida dont le plus important est à Saint-Marcel. Au IVe siècle, les Massaliètes se déploient vers l'ouest. Par la côte de l'Estaque, vers l'Etang de Berre, leur domaine atteint une ligne passant à l'ouest d'Istres et de l'oppidum de Saint-Blaise pour rejoindre la mer au-delà de Port-de-Bouc.

Il pousse simultanément vers le nord et l'est, en direction de la chaîne de Vitrolles et de celle de l'Etoile. La progression est marquée par les oppida du Massif d'Allauch et de la Teste-nègre, aux Pennes-Mirabeau.

Enfin, au IIIe siècle, la poussée se porte sur la partie orientale du delta du Rhône, jusqu'à la Durance, si bien qu'au siècle suivant Artémidore d'Ephèse parle d'Avignon et de Cavaillon comme de villes massaliètes. Telle est la première aire d'implantation de la viticulture en sol provençal. Après l'annexion, l'impérialisme romain, bon gré mal gré, en tiendra compte. Ajouterons-nous que cette aire de production, bien que presque égale à l'actuel département des Bouches-du-Rhône, ne suffit pas à la demande?

Massalia, parallèlement, accroît sa position de grand centre d'échange de l'étain, du sel et des conserves — on a retrouvé, depuis 1969, dans les fouilles du port antique, des amphores contenant des coquillages, et d'autres, des raisins de table —, et de port de transit des vins grecs et italiques vers les Gaules. Dans la seule baie de Marseille, on a repéré quinze épaves des IIe et Ier siècles, provenant de Grande-Grèce et d'Italie, de l'Adriatique et de Bétique.

Le bateau du Grand-Congloué est un cas typique de «tramping»: dans sa cargaison voisinent amphores vinaires de Thasos, de Cos, de Cnide, de Rhodes...

Les épaves de La Garoupe près d'Antibes, de la Baie de Briande (à proximité de Cavalaire), de Bandol, du Cap de l'Estérel et du Grand-Ribaud près d'Hyères, témoignent des importations gréco-italies (IIIe siècle) et italiques (IIe siècle). Sur les bouchons d'amphores du Cap Croisette (fin du IIe siècle), la marque de P. Maecius L. L. pourrait être celle d'un affranchi de Délos, et, sur les amphores d'Anthéor, deux inscriptions en caractères osques rappellent le nom de grands exportateurs de vins campaniens de Pompéi, les Lassii.

Ce n'est que bien plus tard, avec la consolidation de la conquête romaine, qu'un mouvement inverse apportera le vin noir de la *Provincia* dans les coupes des citoyens de la Ville éternelle... mais ceci est une autre histoire!

l'irrésistible ascension des vins de Provence

La vigna de Bacchus, l'avem facha en crestians... chantait le poète-vigneron Marcel Mitan. Né à la pointe de l'ancien glacier du Rhône, sur les cailloux roulés de la moraine frontale, sans doute songeait-il aux sols glorieux, à la Messe pontificale, parée de pourpre et d'or, dont l'Introït se dit à Vinsobres, l'épître entre Chusclan et Lirac, l'évangile à Gigondas, cependant qu'à Vacqueyras, Rambaud le Troubadour sonne le Sanctus et que la Consécration s'épanouit à Châteauneuf-du-Pape...

Pourtant, des brumes du delta camarguais aux lointains alpins qui se brouillent vers Nice — pays des Baux ou d'Aix, côtes du Ventoux, du Lubéron, de Pierrevert ou de Provence, et même le minuscule vignoble du Bellet, surplombant de ses balcons le sable gris du Var — tout ce que, de la Croix de la Sainte-Victoire, embrasse un seul regard, tire visage, saveur, odeur, d'une double et commune origine: Dionysos et le Christ, la villa romaine et le couvent.

De saint Bacchus à César...
Un peu à l'écart de la Durance, non loin du défilé qui marque ici la frontière entre Bouches-du-Rhône et Var, Jouques est un gros bourg où l'on repère les vestiges de l'aqueduc romain d'Aix. Il enjambait un ruisseau auquel les cartes attribuent l'appellation francisée de «Saint-Bacche». Remontez-le. Voici bientôt une chapelle, enserrée, soutenue par les murailles rousses d'un mas trapu dont l'humilité garde des allures de monastère. C'est Sant-Bacchi. Saint-Bacchus!

Le martyrologue enregistre bien un saint de ce nom, martyr sous Nerva ou Dioclétien! Il y a, comme cela, sur la Riviera italienne, San Remo et... San Romolo... Seule sainte Vénus n'est pas passée d'un calendrier à l'autre! mais il y a sainte Aphrodite! Ici, parmi les ceps alignés qui rougeoient à l'automne, on sait à qui, du dieu ou du saint, on a affaire.

Entre Rhône et Montagnette à quelque distance de Boulbon au nord de Tarascon, le culte rendu à saint Marcellin, — dont Marie Mauron nous parle ailleurs dans ce livre — a bien quelque chose d'antique: la chapelle, comme les temples, s'érige sur une hauteur et, dans sa décoration, entrent des pierres de réemploi remontant aux origines du christianisme; que Boulbon se trouve sous l'emprise des premières colonies grecques en territoire glanique; et on a vu que cette cérémonie est strictement interdite aux femmes! Pas question qu'elles entrent dans la chapelle! Elles regardent la procession. Retournement de la situation, sous l'influence peut-être, des rites initiatiques de Mithra: les Bacchanales antiques étaient au contraire exclusivement féminines.

L'antiquité de la viticulture provençale attestée, sommes-nous plus avancés? La vigne et l'olivier sont montés jusqu'aux Iles britanniques dans le paquetage des Légionnaires.

Du roi René au seigneur de Bandol
Mais ici, sans doute la vigne a-t-elle précédé Rome, voire ces Phocéens qui plantèrent de ceps les côteaux de Massalia. Ici, elle est restée! encore qu'on ne sache guère ce qu'il en advint, entre les Invasions et les Croisades. A la différence des Francs, les Wisigoths, gens de bonne compagnie, apprécièrent la saveur du vin, de chaque côté des Pyrénées. La christianisation du vin — Dieu nous garde de parler ici de son baptême! — ne se manifeste pourtant que plus tard, autour des monastères. Il faut du vin pour la sainte messe. Bientôt relayés par les Bénédictins, les Cassianites de saint Victor essaiment à partir de Marseille. Montfort ravagera leur œuvre. Par bonheur, autour des Cisterciens et de l'Ordre de Chalais se rassemble ce qui peut être sauvé. Notez dès à présent comme les grandes lignes de ce vignoble s'organisent autour de l'Histoire. La colonie grecque, puis la villa romaine, ce sont Citharista (Ceyreste), Antipolis (Antibes), Nikê (Nice), Forum Julii (Fréjus), Lucus (le bois sacré, Le Luc), autrement dit les terroirs côtiers: Cassis, Bandol, les vins du Var méridional, le Bellet. Les moines, ce sont Montmajour (saint Benoît),

Pierredon (Chalais, dans les Alpilles), et les trois sœurs cisterciennes, Sénanque, Silvacane, le Thoronet, c'est-à-dire, en pratique, les côteaux des Baux, ceux du Lubéron, et, au sens large, les côteaux d'Aix.

Mettons à part les terres pontificales et l'énorme prospérité vineuse apportée par les Papes d'Avignon. Leurs contemporains, les Templiers, avant de faire, sur les bûchers de Philippe-le-Bel, une flamme claire, complètent la carte. Baillages, maisons fortes, granges surtout, jalonnent une route parallèle aux anciennes voies romaines: Pierrefeu, le Haut-Var.

Le roi René reste le plus populaire des Comtes de Provence. A cela, plusieurs motifs. D'abord, il fut le dernier, on le regretta donc. Ensuite, partagé entre Anjou, Naples et Deux-Siciles, il fut assez rare pour qu'on ne s'en lassât point. Enfin, c'était quand même un bon homme. Sachant que la Provence irait au roi de Paris, il s'arrangea pour conférer à ses États un caractère qui ne s'effaçât pas de sitôt. Ainsi faisant de Marseille un porc franc, il favorise le commerce des vins, donc leur production. Mettant un comble à ses bienfaits, il introduit ici le raisin muscat ainsi que le procédé d'élaboration du «vin clairet», du «rosé».

Les choses se gâteront vite. En vertu de l'adage: *Point trop n'en faut.* Trop de bonnes fées se sont penchées sur ce berceau: Histoire, climat, composition des sols, leur baguette a été trop généreuse. A la veille de la Révolution, Achard peut écrire dans sa *Géographie de la Provence:* «Les Provençaux paraissent s'attacher plus à la quantité qu'à la qualité.» Il précise: «*Ils soignent leurs oliviers et ils ont raison. Mais le fumier et les engrais divers dont ils ceignent les pieds de ces arbres précieux portent leurs effets jusque sur les ceps de vigne dont ils sont entourés et privent leurs vins d'un trait de finesse et de durée qu'ils auraient sans cela.*» Durant une bonne partie du XIXe siècle, la vigne n'est encore en général qu'une culture de complément dans une polyculture basée sur le blé et l'olivier. Il y a pourtant des exceptions. Dès 1715, les Physiocrates ont un prédécesseur à Bandol. Ce Boyer de Foresta est seigneur de ce maigre fief: un îlot rocheux fait face à une plage déserte où sèchent des filets entre quelques cabanes de pêcheurs. En retrait, un relief tourmenté: entre Gros-Cerveau et

Madrague, deux profondes vallées, coupées de vallons parallèles au rivage, grimpent vers les bourgs perchés de La Cadière et du Castellet. Ici, depuis les Phocéens, on fait de bons vins. Le sol s'y prête. Philippe Huguier l'analyse dans ses «Vins de Provence»: il s'agit «de terrains silico-calcaires du néocrétacé. Quelques terrains sur du triasique et éboulis calcaires. Pour la plupart, une désagrégation des roches mères, issus de grès calcarifères et de marnes sableuses. Des sols squelettiques à dominante silicieuse».

Soit du caillou blanc, coupant, parfois noyé dans un safre rougeâtre. Bonne terre...pour les épineux. Mais, ceux-ci arrachés, comme il y a peu d'eau, bonne terre aussi pour la vigne.

L'ennui, c'est que, depuis la prospérité romaine, ce territoire s'est enclavé. Toulon n'est qu'à quatre lieues, Marseille à treize, mais par des chemins de chèvres. La seule voie ouverte au trafic, c'est la mer. Pas de port? Foresta en crée un.

Par devant notaire, le 14 août 1715, rapporte l'Histoire de Bandol d'Octave Teissier, Boyer-Foresta signe un acte de fondation. Il installe sur ces terres boulanger, maître-maçon, tailleur. Aussi et surtout, un distillateur d'une part, et, de l'autre, un entrepreneur de transports par mer, le patron d'une de ces tartanes à double voie latine qui font alors tout le cabotage de la Méditerranée. L'acte précise que «dès qu'il y aura dans les lieux et territoires de Bandol un nombre suffisant d'habitants pour former un corps de communauté, ils pourront choisir des conseillers et s'assembler pour délibérer des affaires communes». Cela moyennant une dîme sur les récoltes et le droit exclusif, pour le seigneur, d'ouvrir taverne. Boyer-Foresta se réserve aussi, mais seulement «pendant le mois de juillet» la vente du vin en gros et en détail.

En 1724, Bandol a cent habitants. Trente ans après, les conseillers font aménager le port de manière qu'il puisse accueillir les vaisseaux de haute mer. De Bandol, de Sanary, de La Cadière, du Castellet, mais aussi de Saint-Cyr-sur-Mer, d'Ollioules, d'Evenos, du Beausset, le vin de Bandol a gagné son identité.

Riche en couleur, le rouge, d'abord dur, développe avec le temps sa finesse. Il voyage bien. Vers le milieu du

XIXe siècle, on l'expédiera aussi bien dans le nord de l'Europe qu'au Brésil, en Inde, voire en...Californie. On aime alors aussi le clairet, rosé vigoureux. Le blanc, plus délicat en son élégance, ne va guère plus loin que la table des gourmets marseillais. Tout serait pour le mieux dans le meilleur des petits ports possible quand arrive 1870... La guerre? La Commune? Non! Le phylloxéra. Si j'écrivais de l'Histoire, je raconterais ici les péripéties de l'invasion par ce puceron d'Amérique, la mort des vieilles souches, le courage des vignerons qui arrachent, brûlent, replantent, greffent... leur attente...

Cassis et son prince vigneron

Je préfère conter des histoires...
Par exemple celle de Mèstre Bodin.
De Cassis. Emile Bodin naît à Marseille, en 1881. Son père, architecte, achève alors d'y construire la rue de la République, percée quinze ans auparavant sous le nom de rue Napoléon III. Mais les deux grands-mères de l'enfançon vivent à Cassis d'où leurs familles sont originaires. Pays de vieille tradition vigneronne: Grecs et Romains, dans ce creux protégé, aux coteaux escarpés, pour retenir la terre, ont construit les premières murettes de pierres sèches. En 1520, les Albizzi, des florentins, renouvellent les cépages. Dès lors, secs, capiteux, parfumés, les vins blancs éclipsent à Cassis un rouge souple mais un peu léger pour le goût de l'époque.

Avec le phylloxéra vient la ruine. Les Cassidens s'attellent au travail. Tant qu'à la naissance du petit Emile, on peut à nouveau trinquer avec le premier vin de la vigne familiale reconstituée, en se récitant sans doute les vers encore neufs du «Calendau» de Mistral: *«Cantarai, se Diéu vòu...* Je chanterai, si Dieu veut, un enfant de Cassis (...) qui, avec sa grâce et sa volonté, du pur amour conquit les joies, l'empire, la splendeur, Ame de mon pays...»* Bref, Emile naît en 1881. Bambin malingre, il a deux ans lorsqu'éclate le choléra. A Marseille, les gens tombent comme des mouches. On s'affole. 1720, la Grande Peste, ça n'est pas si lointain! Les Bodin se réfugient à Cassis. Le petit n'en reviendra plus. Entre les mères-grand, qui ne parlent que le provençal, il apprend la langue des poètes... et l'art du vin.

Prince-vigneron, il contribuera fort à définir les cépages qui donnent à l'actuel vin de Cassis son visage et son âme: l'Ugni blanc, vigoureux mais sensible au vent, qui donne nerf et couleur; le Sauvignon, qui apporte tenue et saveur veloutée; la Clairette, génératrice de finesse et de bouquet; le Doucillon, au nom significatif; le Marsanne, par quoi on cousine avec les vins de l'Hermitage; le vieux Bourboulenc, enfin, rustique et riche d'alcool...

Son mas, le mas de Calendal, avait retrouvé les beautés des bastides du XVIIIe siècle. J'y ai connu Mèstre Bodin, vieillard à la silhouette souple, au profil d'empereur romain, parcourant les serres où il faisait pousser, parmi les pins de l'Himalaya et les orchidées d'Amazonie, des roses de son invention, aussi blondes et parfumées que son vin. De celui-ci, il aimait alors à répéter ce que Mistral en avait écrit:
« ... Briho coume un linde diamant e sent lou roumaniéu, emai lou brusc, emai la nèrto, qu'a nosti colo fan cuberto e... danso dins lou veire!» il brille comme un limpide diamant et sent le romarin ainsi que la bruyère et le myrte qui, à nos collines, font un manteau et ... il danse dans le verre!

Pour Emile Bodin, en effet, la défense du Vin a été inséparable de celle de sa langue et de ses traditions. Le combat de la vigne, on le voit bien, de l'autre côté du Rhône, en 1907, est alors politique. Devant la colonisation industrielle, la faillite progressive des cultures d'autrefois, blé, garance, olivier, la vitalité occitane un temps va s'incarner dans le vignoble. Vers 1830, les Bouches-du-Rhône produisent 500.000 hectolitres de vin, ce qui correspond à 20 ou 25.000 hectares de vignes. Malgré l'oïdium, on passe en 1852 à 45.000 hectares, et, à la veille du double désastre de 1870, à 60.000. Ensuite, chute verticale, mais, dix ans plus tard à peine, 27.000 hectares ont déjà été rénovés en plants américains.

La force de Mèstre Bodin, c'est qu'il use, sans se renier, des armes de son temps: vigneron mais aussi marchand au sens contemporain, il invente pour son compte l'étude de marché, la recherche du créneau auquel il ajustera sans le défigurer son produit, créant ce que nous appelons aujourd'hui la promotion.

Déjà le nom de Cassis imposait une confusion propre

à faire rêver. Rimbaud en avait célébré la mystérieuse rivière. Avec une souveraine astuce, Emile Bodin, toute sa vie, imposera l'amalgame de ce chant en demi-teinte et de celui, plus sonore, de Calendal. Il nous donnera à voir la fée Esterelle guettant le fleuve sous-marin, du sommet de la rousse falaise du Cap Canaille. Il lancera avec humour la devise énorme, «Qu'a vist Paris e noun Cassis n'a ren vist» — qui a vu Paris et non Cassis n'a rien vu —. Et il vendra son vin. Faisant vendre en même temps celui des seize autres propriétaires qui se partagent les 154 hectares de ce petit terroir qui ne produit, bon an mal an, guère plus de 4.800 hectos... Et, sur la même lancée, celui du cru voisin de Bandol, lequel, d'en être si différent, le complète admirablement, avec ses trente-trois propriétaires, se répartissant 320 hectares pour produire quelque 14.000 hectolitres.

Néanmoins, le soir de Noël, fidèle à l'immémoriale coutume, ce n'est pas le vin de sa vigne que buvait Mèstre Bodin, mais celui de Palette.

Palette, vin des Carmes

Palette! drôle de nom ... et drôle d'histoire! N'est-ce pas une étrange rencontre que de s'appeler ainsi quand on se situe à une lieue d'Aix, sur l'itinéraire même de Cézanne? Savant analyste des vins de Provence, Philippe Huguier nous apprend que la composition du vignoble en rouge de Palette ne diffère guère aujourd'hui, pour les cépages principaux, de ce qu'on plante à Bandol ou à Cassis. Grenache, Mourvèdre, Cinsaut. Le blanc, en revanche, doit comporter plus de moitié de Clairette et n'accepte qu'en proportion mineure le vieil Ugni des Albizzi. C'est donc, par priorité, au sol calcaire et à sa situation que Palette, en blanc comme en rouge, doit sa puissance aromatique.

Or, il y a peu, la renommée de ce tout petit vignoble: deux producteurs, au Château Simone et au Château Crémade, pour une douzaine d'hectares, récoltant 400 hectos dont un tiers en blancs, provenait encore d'une particularité hélas disparue: la tradition voulait qu'au Réveillon de Noël, le vin cuit de Palette accompagnât immuablement la dégustation des Treize Desserts...

Vin cuit! vous exclamerez-vous en fronçant la narine à l'évocation de cuisines aujourd'hui décriées. C'est vrai qu'on réservait, pour le porter à ébullition, la moitié du moût en fermentation. Vrai aussi, que bu à l'excès, ce liquide, dont la couleur rappelait, transparence en plus, celle de l'ambre naturel, avait la réputation douteuse mais justifiée d'entraîner de douloureux lendemains, tempes serrées et langue de palissandre...

La sobriété de nos ancêtres n'avait jamais eu lieu de résoudre ces tristes conséquences. Accessoire sacré d'une communion familiale, le vin de Palette ne se buvait pas, il se goûtait...

Il y a bien un quart de siècle, mécréant respectueux, j'ai tâté, hors de son cadre de consommation rituel, l'une des dernières bouteille de vin cuit de Palette. La consistance en était un peu celle d'un Muscat de Baumes-de-Venise. Une légère caramélisation évoquait certains miels, avec, en sus, d'indéfinissables parfums d'herbes de garrigue. Etait-ce, à proprement parler, un vin? Plutôt l'ancêtre, pudique et réservé comme une chanoinesse, de quelque liqueur monastique. Rien d'étonnant, au fait! A cheval sur Aix, Le Tholonet et Meyreuil, proches de Valabre où le roi René ébourgeonnait son muscat, les vignes de Palette furent, il y a bien cinq cents ans, plantées par les Grands Carmes d'Aix.

A la saison de la chasse, si la chance, un cadeau, un voyage en Provence, vous met en possession d'une bouteille de l'actuel Palette rouge qui ait au moins trois ans d'âge, elle accompagnera admirablement la caille ou la bécasse.

A Nice, le vin de Bellet

C'est à Gattières, cher Darbois, qu'un soir du Festival du Livre de Nice, trois amies aussi charmantes que bonnes vivantes m'ont fait, en contrepoint d'une arachnéenne mousseline de poisson, découvrir la fraîcheur primesautière d'un autre vin rare: le Bellet. Débarrassées du préjugé qui fait d'elles un objet de consommation, les femmes s'avèrent non point tant consommateur que juge éclairé, mettant à profit l'expérience de siècles de servitude. Mais revenons au Bellet, s'agit-il d'un vin de Provence? Il y a un siècle, guère plus, nous aurions dû répondre par la négative. Le terroir de Bellet, en blanc comme en rouge ou rosé, grand comme un mouchoir de poche, commence à la limite même de Nice, aux quartiers de Saint-Isidore et de Saint-Antoine; entre la faille du Var et la colline de Serre-long, il s'étend, au nord, jusqu'à Colomars. Il voyagerait... s'il n'était aussi rare. On le consomme, en fait, presque entièrement sur place. A Nice, déjà, au niveau de la Promenade des Anglais, vous aurez peine à en découvrir. Dommage! Est-ce réminiscence historique? Je lui trouve pour ma part, outre bien de l'esprit, une parenté certaine avec le fameux «Est, est, est» de Montefiascone.

Comprenez mon hésitation. J'ai abordé la Provence par la Côte, comme les Phocéens jadis. Ne vous y ai-je pas gardés trop longtemps? N'allons-nous pas être contraints de parcourir à trop longues enjambées le reste, qui est immense? Et quel guide suivre? La légende? L'Histoire?... Grecs et Romains transportaient d'abord leur vin dans des outres colmatées de résine, qui donnaient le bouquet très spécial du vin grec, *retsina,* puis dans des amphores de terre cuite. Salyens, Ligures ou autres Gaulois, il semble que nos ancêtres soient responsables d'une invention qui, depuis, a fait son chemin: celle du tonneau en bois. Le maillet du tonnelier est à la fois l'arme et l'emblème d'un frère gaulois d'Hercule, Succellus.

Coteaux de Pierrevert

Rouge et rosé vif, le vin de Pierrevert, nous dit Philippe Huguier, est «léger, à boire jeune pour apprécier sa fraîcheur et son fruité».

Ce vin est déjà montagnard. Dans les Alpes-de-Haute-Provence, au pays de Giono, une centaine d'hectares à peine se répartit entre trente-huit communes. Les noms de Forcalquier, de Valensole, de Manosque, de Ganagobie, de Lurs, des Mées, vous disent-ils quelque chose?... Pays de lavande et de ciel pur, c'était jadis l'un des greniers de Rome. *Reia Apollinaris,* Riez, une de ses capitales, conserve, dans ses prés, les vestiges de temples somptueux. Et, voisinant avec celui d'Apollon, le souvenir de l'Hercule gaulois.

La route du dieu-tonnelier suit le cours de la Durance, entre deux éminences adverses, portant même nom à peine déguisé. Mont-Ventoux, Sainte-Victoire, c'est la même chose. Le premier ne doit pas plus à une hypothétique «Tour des Vents» que la seconde au

triomphal massacre que Marius, à ses pieds, fit des Teutons. L'un et l'autre sommet sont dédiés à Vintur, notre porte-mailloche. Du même assembleur de futailles, les sanctuaires, liés à des sources, abondent alentour des Alpilles, entre Les Baux, Saint-Rémy de Provence, Eygalières et Fontvieille. Comme la légende celtique est inséparable du mythe grec, on situe même à Mouriès, au château de Servannes, le point où Héraclès, tenant le chien Cerbère en laisse, revint du royaume des Ombres, les marais aujourd'hui assainis, vers celui des Vivants, les coteaux plein sud, propres à la vigne. Ventoux, Sainte-Victoire, Alpilles, voilà donc les cimes du triangle sacré qui détermine nos prochaines étapes.

Côtes du Ventoux

Des Côtes-du-Ventoux, j'aurai quelque peine à délimiter les contours. Ce n'est d'ailleurs que par un décret de 1973 que leur aire et leur physionomie ont été définitivement fixées, en même temps que ces vins accédaient à la dignité de l'appellation d'origine contrôlée. La dénomination elle-même, sous la forme de VDQS ne remonte qu'à 1951. Auparavant, on restait dans le vague de «vins de café», de «vins d'une nuit», d'ailleurs joyeusement personnalisés.

Bizarrement, c'est peut-être à la mort des petits chemins de fer qu'on doit la promotion des Côtes-du-Ventoux. En laissant la voie à l'autocar, ces tortillards poétiques abandonnaient des gares, des maisons de garde-barrière, vite reconverties en résidence secondaire. Et aussi des tunnels... dont d'astucieux vignerons et éleveurs de Châteauneuf et des Côtes-du-Rhône eurent tôt fait de comprendre qu'isothermes et bien aérés, ils pouvaient, aux moindres frais, devenir d'admirables caves. Déjà, sur la frange, quelques appellations somptueuses, Gigondas, Vacqueyras, Sablet, Séguret, Roaix, Rasteau, Baumes et ses vins doux, Visan, Cairanne, Valréas, avaient rejoint la cohorte pontificale des Côtes-du-Rhône. Le terroir, encore que plus rude, se prêtait aux mêmes encépagements que là. Grenache, Syrah, Mourvèdre, Picpoul, Cinsaut, qui (joints, il est vrai, au Carignan, au Pinot fin et au Gamay-noir) composent les Côtes-du-Ventoux rouges, se retrouvent dans l'éventail des cépages obligatoires du Châteauneuf.

On comprend la légitime tentation et l'effort qui s'en est suivi. Par le fait, il s'en est fallu de peu pour que les Côtes-du-Ventoux n'aillent se fondre dans le fleuve des Côtes-du-Rhône. Seule l'importance de ce flux, qui a preque triplé en volume et plus que quadruplé en valeur marchande, entre 1968 et 1975, a valu aux Côtes-du-Ventoux de conserver leur dénomination autonome.

Seize caves coopératives, groupant d'Apt à Vaison-la-Romaine quatre mille vignerons, une vingtaine de *domaines...* un affluent annuel constant de cent mille hectolitres: 173.000 en 1973, la plus forte année, soit un gros quart d'une production de Côtes-du-Rhône déjà pléthorique... Trop, c'est trop! Les Côtes-du-Ventoux ont gardé leur personnalité, ou, plutôt, devrais-je écrire, *leurs* personnalités.

Quarante-neuf communes se partagent l'appellation. La composition géologique en serait-elle semblable, alors qu'ici dominent les cailloux ronds alluvionnaires, là les éboulis récents et ailleurs les sols rouges, et que l'exposition, l'altitude, le climat varient également.

Beaumont, Malaucène, Le Crestet, au nord-ouest, sont exposés aux froids venus du Tricastin.

Pernes, Saint-Didier, Lagnes, Saumane, la Fontaine-de-Vaucluse, sont à la limite de la grasse plaine des primeurs et du plateau calcaire. Gordes, Roussillon, Murs, Saint-Pantaléon, se dorent à l'adret.

Le pays d'Apt: Saint-Saturnin, Gargas, Goult, Saint-Martin de Castillon, Bonnieux, Saignon, passent des chauds étés aux vents neigeux de la Montagne de Lure.

Légers, fruités, pas très colorés pour les rouges, élégants pour les rosés, frais mais assez verts en ce qui concerne les blancs, ainsi Philippe Huguier les définit-il de manière générale. Que de nuances en fait... D'ailleurs, où finissent les Côtes-du-Ventoux? Où commencent les Côtes-du-Lubéron? Bonnieux, Saignon, cultivent l'un et l'autre... quelques mètres de part et d'autre d'un chemin départemental, font le départ entre l'AOC de l'un, le VDQS de l'autre...

Côtes du Lubéron

Il y a cinquante ans, mon grand-père, entre Lyon et Le Puy, n'ayant jamais entendu parler de Côtes-du-Lubéron, connaissait le *vin bourru*. A l'automne, au moment des fêtes votives, les *vogues* de la vallée de l'Ondaine, on faisait grande consommation de ce liquide opaque et douceâtre, exhalant encore toute l'odeur du fruit, qu'on accompagnait de noix fraîches. A Lyon, son arrivée était signalée au comptoir des bouchons par la présence de petits tonneaux surmontés d'un épi de blé. Ce moût à la fermentation inachevée provenait des caves de La Tour d'Aigues, de Grambois ou de Cucuron. Ou de quelqu'une des vingt-neuf autres communes entre Calavon, Durance, Cluse de Mirabeau et Canal de Carpentras, sur quoi quelque 1.500 hectares sont habilités à produire une récolte qui avoisine aujourd'hui, bon an mal an, les 50.000 hectos.

Terre fertile, mais où, un temps, le vin ne fut qu'un sous-produit. On préférait, dans les années cinquante, de plus brillantes opérations sur le raisin de table. C'est en cas de mévente que l'excédent allait à la cuve...Avec le Traité de Rome en 1956, c'est la fin du Gros Vert et du Cardinal; la fin des marchés prospères comme celui de Saint-Martin de la Brasque. On arrache, on replante. Le label naît dans les années 60. Créée en 1964, l'Union des Caves coopératives se lance en 1970. Henri Bosco, l'auteur du «Mas Théotime», de sa maison rose de Lourmarin, surveillait attentivement cette mutation. Il buvait peu, donc avec discernement. Il vécut tout juste assez pour voir se préciser la physionomie de vins qui, notamment, vous réconcilient avec le rosé.

Coteaux d'Aix, Coteaux des Baux
Traversons la Durance.

Angevin, visage poupin, caractère de chien mais bon comme le pain, j'ai un faible pour Pierre Lombrage. De tous les Provençaux adoptifs, ce compatriote du roi René est à ma connaissance l'un des mieux réussis. Chez lui, l'espace de trente ans, j'ai vu la terre retrouver sa vocation viticole. Sur une idée. Les carrières des Baux avaient attiré son père. Il cultivait... les champignons de Paris! Mais, au domaine d'Estoublon, tout appelait la vigne: les coteaux bien exposés au flanc du Mont-Paon, entre les Baux et Saint-Gabriel, face à Fontvieille; aussi la demeure, élégante bastide du XVIIIe siècle, flanquée, à la manière aixoise, de bâtiments d'exploitation dont la destination vinaire était évidente. En 1956, le gel, tuant les vieux oliviers, donne le signal de la reconversion. Je ne dirai pas que c'est l'unique exemple du développement du vignoble baussenq. Simplement un bon exemple. Car, de l'autre côté du Val d'Enfer et de la roche des Baux, il y avait déjà les alignements immenses et réguliers du Mas de la Dame. Avec les savantes acclimatations de Robert Faye. Avant, en même temps, après, le Mas-neuf, Romanil, les Pilons, La Galine, sur Saint-Rémy; la Vallongue sur Eygalières; Lauzière et le Gourgonnier, sur Mouriès; le Mas Sainte-Berthe aux Baux, d'autres sans doute que j'oublie, œuvraient dans le même sens. Avec, presque toujours cette conscience plus ou moins nette, imposée par la configuration des choses, d'obéir à une tradition.

Si on cherche quel dénominateur commun a permis de classer sous une appellation unique «Les Coteaux d'Aix-en-Provence et des Baux-de-Provence», la présence et l'aspect de la demeure, château ou bastide, n'y sont-ils pas propriétaires?

La voie triomphale des bastides aixoises coupe transversalement, d'Entremont à Rognes, le massif de la Trévaresse. Ici, entre la Renaissance et le Siècle des Lumières, est né un style de vie, de l'appropriation d'anciens fiefs par une nouvelle noblesse. A Beaulieu, près de Rognes, le domaine, implanté dans le vaste cratère d'un ancien volcan, remonte au XIIe siècle. A Calissanne à proximité de Lançon, si l'extension considérable de l'exploitation part des années 1880, les bâtiments datent du milieu du XVIIe siècle. Ailleurs, au contraire, comme au Seuil près de Puyricard, c'est au temps de Louis XIV que de grands travaux transforment la vieille ferme en résidence, sans en dénaturer la vocation primitive. Partout, aussi bien à Bourgogne (Puyricard), à Fonscolombe (Le Puy-Sainte-Réparade), à La Gaude (Aix-Les-Pinchinats), à Beaupré (Saint-

Cannat) qu'à La Mignarde (Aix-Les-Pinchinats), nul souvenir mondain, qu'il s'agisse des Saporta ou de Pauline Borghèse, n'empêche la proximité du château et de la ferme, la présence des vignes, comme une mer géométrique, autour de l'îlot du parc. Moins chargés d'Histoire, moins riches de souvenirs d'architecture et d'art, il y a, comme cela encore, sans compter les vignerons de moindre envergure dont la récolte est traitée par les coopératives de Berre, Châteauneuf-les-Martigues, Cornillon-Confoux, Eguilles, La Fare, Lambesc, Lançon, Le Puy-Sainte-Réparade, Les Granettes, Meyrargues, Pélissanne, Rians-et-Artigues, Rognes, Saint-Cannat, Saint-Julien-les-Martigues, Velaux et Ventabren, trente-huit domaines au Pays d'Aix.

Parmi tous, le cas de Georges Brunet, à Rians, mérite qu'on s'y arrête. Stéphanois, formé à la subtile école des grands viticulteurs bordelais, familier de l'informatique comme des philosophies orientales, collectionneur d'art contemporain, il accroche Hartung et Pignon dans ses chais, Georges Brunet, révolutionnaire paisible, bouscule la tradition pour lui faire de beaux enfants. Dominant le défilé de Port-sec, il achète, voilà quelques années, une bastide entourée de terres à l'abandon. Il la débaptise: le Saint-Estève éponyme prend place, dans un oratoire, parmi les futailles; le domaine devient *Vignelaure,* symbole de la mutation que va subir ici le vin lui-même. Brunet, pour innover, s'appuie sur les bons auteurs. Dès les années 1850, le Docteur Guillot et André Pellicot conseillaient d'allier à la Syrah le Cabernet Sauvignon, cépage noble du Médoc... Ce qu'il fait. Les puristes se voilent la face. Le vin leur donne tort. A l'élégance un peu leste qu'il tient du terroir et du climat, il joint désormais la noblesse chaleureuse venue du sud-ouest.

Le 75 est digne, dès à présent, d'être gardé pour un lent mûrissement. Quant au 77, goûté au tonneau, un jour d'hiver où la neige coiffait les reliefs de Vautubière, il s'annonçait promis à un bel avenir.

Une réussite qui nous autorise à terminer allègrement, sur un proverbe: *A botar d'aiga dins ton vin, es totjorn pro matin, vesin!*

Pour mettre de l'eau dans ton vin, c'est toujours assez tôt, voisin!

un siècle de pionniers provençaux

DE LA CRISE PHYLLOXÉRIQUE
AUX APPELLATIONS CONTRÔLÉES

Tâche délicate s'il en est que celle de raccourcir cent années de recherche viticole et de plantations, de labours et de vendanges en quelques pages!

Tâche délicate, certes, mais n'est-elle pas à la mesure de celle du vigneron qui, chaque hiver, dans le froid et le vent, taille avec adresse sa vigne pour qu'elle lui donne un vin de cru? Aussi, tout en gardant le labeur de ces patients vignerons en mémoire, tenterons-nous d'extraire de cette passionnante période les découvertes les plus marquantes, les figures les plus entreprenantes. Grâce à elles, la Provence a su, enfin, renouer le succès.

Si nous parlons de «renouveau», c'est intentionnellement. En effet, les bons vins provençaux que Jules César qualifiait de «précieux» et Pline de «succulents», qu'Olivier de Serres estimait «friands» et Mme de Sévigné «exquis», vont perdre soudain, vers le milieu du XIXe siècle, une partie de leur réputation. Que s'est-il passé? De même, quelques années plus tard, par quelles circonstances remarquables les efforts de quelques pionniers et l'organisation de la production viticole, permettent-ils aux vins de cette belle région de retrouver, peu à peu, une place de choix sur les tables du monde entier?

Voilà justement notre propos, éclairé tout au long de cette épopée par la gaieté d'un phénomène étonnant, le «Rosé». D'apprenti qu'il était au début de ce siècle, n'est-il pas devenu, aujourd'hui, un des fins «artisans de la joie de vivre»?

Situation viticole en Provence orientale
à l'époque de la crise phylloxérique

Afin de mieux comprendre l'évolution qualitative amorcée à la fin du siècle dernier — elle sera magnifiquement couronnée par l'obtention de cinq Appellations Contrôlées — un rapide retour en arrière est nécessaire.

Quelle est la situation du vignoble provençal avant l'invasion du phylloxéra au milieu du siècle dernier?

Si l'on excepte quelques blancs et toute la gamme des vins de couleur claire, «clairets», «gris» ou «paillets», consommés surtout localement, en famille, la Provence est alors essentiellement une région réputée pour sa production de vins rouges francs, corsés, à base du fameux «Mourvèdre», ce raisin très complet dont la puissance et le tanin doivent parfois être tempérés par l'Ugni-blanc, cet autre cépage favori des Provençaux.

Ces vins rouges, qualifiés de «salutaires» par le Docteur Guyot, partent toujours par les divers ports entre Antibes et Marseille, vers le Nord de la France et de l'Europe, vers l'Italie et quelques pays d'outre-Atlantique, Amérique, Antilles, Brésil. Ils sont également recherchés pour leur solide constitution, car ils se marient fort bien avec des vins rouges plus légers de régions voisines.

Comme ils se vendent bien, la production en est encouragée: entre 1800 et 1850, le nombre d'hectares plantés passe de 40.000 à 80.000. Il ne s'agit pas encore, bien sûr, d'une monoculture. De nombreuses plantations de céréales, légumes, oliviers, arbres fruitiers, sont intercalées, en «oulières», entre les rangées de vigne, dénommées «outèn».

La configuration des plantations dans ce «pays de collines rocailleuses» est la suivante: en haut les oliveraies; plus bas, sur les terrasses aux murs de pierre sèche, l'olivier et la vigne. En dessous, la vigne, les légumes et les arbres fruitiers (amandiers, figuiers, cerisiers, pêchers, abricotiers); le tout entre les mains de petits propriétaires très nombreux; enfin, au bord des vallons, dans de plus grandes exploitations, les terres de labour supportent céréales, plantes fourragères et, lorsqu'il y a de l'eau, cultures maraîchères.

La vigne, évidemment, ne se trouve pas favorisée par ces cultures mixtes et les rendements sont bien faibles, 10 à 17 hectolitres à l'hectare! De son côté, la vinification, encore bien empirique, n'est pas à l'abri de surprises. Le «juge» est bien souvent le courtier local qui apprécie les cuvées «à la tasse», avant de les acheminer vers des lieux de conservation et de consommation.

Depuis quelques années, une partie du marché est entre les mains de négociants de Marseille dont les «chays» préparent les vins pour les expédier aux quatre coins de France et du monde. Le vigneron n'est pas réellement maître du prix et ses efforts pour produire de très bons vins ne sont pas souvent récompensés, surtout lorsque Marseille se met à préférer l'acquisition de vins plus légers, au rendement bien supérieur et donc moins chers, en provenance du Languedoc. La Provence perd ainsi une partie de ses marchés; les cours s'écroulent d'autant plus que le vigneron provençal doit produire davantage sur une même surface pour subvenir aux besoins de sa famille. Comme le rappelle Yves Masurel: *«La surproduction est latente, que la crise de l'oïdium après 1851, et surtout celle du phylloxéra après 1870, ne feront que retarder.»*

L'invasion du vignoble par le phylloxéra, cet insecte redoutable qui, en dix années, atteint la Provence d'ouest en est, aura deux grandes conséquences: la reconversion de la structure du vignoble et l'adoption d'un encépagement plus productif.

La reconversion du vignoble, de plus en plus nécessaire pour qu'il soit rentable, aboutit à une culture plus méthodique: la greffe des plants français sur porte-greffe américain, dont les racines résistent à l'insecte, a rendu le cep plus sensible aux maladies. La vigne demande maintenant davantage de soins et conduit à l'abandon progressif des cultures mixtes.

La configuration des collines provençales se modifie: abandon des cultures proches des sommets, au profit de la forêt qui envahit les plus hautes terrasses, les «restanques»; adoption de la culture «à plein» de la vigne dans les terrasses moyennes, dans les éboulis des pentes et reconversion des grandes exploitations qui, peu à peu, se mettent à la vigne, notamment sur les cailloutis de Puget-Ville, Cuers, Solliès, Pierrefeu...

Dans le même temps, les parcelles ingrates ou trop rocheuses sont délaissées; les rendements sont améliorés par la plantation de cépages à production régulière, le Carignan et l'Ugni-Blanc, qui, sans sacrifier à la qualité d'ensemble, assurent des récoltes plus importantes, quoique juste suffisantes pour les vignerons.

Le tournant est pris! Des impératifs économiques l'ont provoqué. A nouveau, la production augmente, mais les marchés ne s'ouvrent pas aussi vite malgré les nouveaux canaux de distribution qui s'offrent avec le développement des communications terrestres, notamment le train qui atteint la Côte entre 1860 et 1865.

Après 1900, afin de résoudre les nouveaux problèmes qui naissent de la rapide progression de la production, les viticulteurs vont devoir s'organiser, se structurer, s'épauler. Mais, auparavant, certains d'entre eux ont montré la voie vers un renouveau des traditions de qualité qui avaient fait, jusqu'à la moitié du XIXᵉ siècle, la renommée des vins de Provence.

Sursaut de quelques pionniers; la naissance du Rosé

Deux grands facteurs qualitatifs jouent en faveur de la Provence.

Un climat merveilleux pour la culture de la vigne, plus particulièrement dans la zone côtière bien à l'abri des gels. Des sols rocheux, essentiellement calcaires et cristallins que les cultivateurs ont, au cours des âges, patiemment modelés en terrasses successives, condition impérative au maintien des sols au moment des orages d'automne.

Les deux autres facteurs habituellement retenus dans les grandes régions viticoles françaises, les variétés de vignes et l'homme, se confondent ici en un seul, en une série de rencontres d'où sortiront de grands crus.

Nous voudrions rappeler que, de tous temps, la Provence a fourni des experts en variétés de cépages: citons seulement Muraire, Pellicot, viticulteur à Toulon, Reich, à Saint-Tropez. L'encépagement provençal a toujours été d'une grande richesse et a peut-être prédisposé à de telles heureuses vocations! De même, à la fin du siècle dernier, si nous considérons la lignée des «pionniers» du renouveau de cette région, nous nous apercevons que chacun d'entre eux s'est fait le champion d'un ou deux cépages qui ont produit des crus de haute qualité. Marcel Ott dès 1896 (Cabernet-Sauvignon et Sémillon), Jean Rougier (Clairette et Mourvèdre), M. Roethlisberger (Sauvignon), M. Mari (Folle Noire), et, plus près de nous, A. Roux (Tibouren), L. Peyraud (Mourvèdre) et nous en passons beaucoup d'autres.

Ces pionniers qui vont aider à remettre la Provence sur la bonne voie sont tous — qu'ils soient natifs de Provence ou Provençaux de cœur — des passionnés de la vigne. Il faut l'être pour oser aller à l'encontre de la tendance de l'époque. Quelques exemples, pris parmi les «conquérants» de cette Provence parfois rude et austère, le démontreront bien.

Le siècle se termine. Marcel Ott, venu de son Alsace natale, forge sa réputation à Cavalaire. La clientèle particulière apprécie vite ses vins: il a eu l'idée de planter plusieurs variétés de raisins qui ont été délaissées depuis quelques années (Cabernet-Sauvignon, Sémillon, Tibouren) au profit de cépages au rendement plus conséquent.

Ces premiers essais concluants l'encouragent vivement à poursuivre dans cette voie au Château de Selle qu'il acquiert en 1912. Mais un obstacle freine ses ambitions: la roche est à fleur de terre, les labours profonds sont impossibles. Que fait-il alors? Il décide de faire ce qu'aucun peut-être avant lui n'avait osé faire: il s'attaque à la roche, la brise, la réduit en un cailloutis qui bientôt lui permettra d'obtenir des vins de caractère et généreux; il fait venir, ou conçoit, d'étranges machines à vapeur qui brisent la roche extraite si péniblement du sol. Au début, personne ne pense qu'il réussira, jusqu'au jour où il présente ses vins issus de cette lutte avec le roc... Excellent meneur d'hommes et de vignes, il communique sa passion à ses fils, dont l'un, Etienne, a, quelques années plus tard, l'idée de briser la pierre à son tour pour conquérir de nouveaux terrains en adaptant un concasseur sur la carcasse d'un vieux tank!

Cependant, Marcel Ott n'a pas que la vigne en tête: persuadé que la roche provençale n'a pas encore vraiment donné tous les crus qu'elle doit savoir donner, il décide d'adapter à la Provence des méthodes culturales et de vinification qui ont fait leurs preuves dans d'autres fameuses régions viticoles de France.

Il taille sa vigne en Cordon de Royat — un de ses amis dira joliment: «il tisse sa terre de vignes» —, il palisse le cep pour que les grappes ne soient pas maculées de terre au moment des pluies de septembre; il enlève au printemps du raisin si la vigne en porte trop; dans les tonneaux de chêne, le vin de cru se fait de lui-même,

protégé par un degré naturel d'alcool dû à l'ensoleillement très régulier de la région. En un mot, il choie ses vins qu'il veut dignes des belles tables de la naissante Côte-d'Azur et des capitales lointaines. Sa persévérance et ses initiatives seront bientôt récompensées et dans les expositions régionales et nationales, il remporte de beaux succès.

La production de bons «rosés» le passionne: il les veut généreux et souples. Les progrès ne se font que par tâtonnements, comme chez les autres «chercheurs de rosés» voisins, qui œuvrent dans ce sens, notamment au Château Sainte-Roseline, au Château Saint-Martin, Château Minuty, au Domaine de la Croix et celui de l'Ile de Porquerolles.

A l'évocation de ces patientes recherches, les mots de Saint-Exupéry reviennent en mémoire: «*Celui-là seul comprendra ce qu'est un Domaine, qui lui aura sacrifié une part de soi, qui aura lutté pour le sauver et peiné pour l'embellir. Alors lui viendra l'amour du Domaine. Un domaine n'est pas la somme des intérêts: là est l'erreur. Il est la somme des dons.*»

Dans la Provence, chacun souhaite découvrir un rosé à la mesure de son caractère et de son domaine. Très tôt apparaissent plusieurs types de rosés, certains souples, tendres, d'autres plus nerveux, plus corsés, d'autres encore puissants et fruités. Ici les secrets, pour une fois, ne sont pas transmis mais bien inventés pas à pas: les idées se traduisent bientôt en essais de pressée, en cuvaisons plus ou moins longues, en dégustations répétées. Dès qu'un meilleur cru est découvert, la «clé» en est inscrite pour être perfectionnée les années suivantes. Pendant cette période de recherche passionnante, le Rosé de Provence acquiert ses premières lettres de noblesse.

Arrêtons-nous un instant devant ce nouveau «personnage». Quelles sont les raisons de cette vocation pour les Rosés de cru? Tout d'abord une raison climatique, les pionniers découvrant que l'ensoleillement remarquable des collines provençales «permet à la peau des raisins rouges de mûrir parfaitement»: elle transmettra ainsi ses éléments gustatifs, aromatiques et minéraux au «jus de goutte» lors de la pressée effectuée peu après la cueillette. Seul le tanin, recherché par contre pour donner ardeur aux vins rouges, restera dans la peau: le rosé dès son origine aura une belle souplesse. Lors de la pressée, la peau du raisin communique une partie de sa couleur à la pulpe claire: sur les tables, le rosé charmera par ses reflets flamboyants.

L'autre raison est gastronomique: alors que la Provence intérieure, avec ses pâtés, gibiers, fromages de chèvre et de brebis, demande des rouges puissants, la cuisine maritime — comme, un peu plus tard, l'évolution générale de la gastronomie — exige des crus moins riches et donne, ici, la faveur aux blancs et aux rosés. Or la Provence ne produit que peu de blancs. Ceux qu'elle affectionne proviennent surtout de la zone cristalline proche de la mer, mais, là, l'extension des plantations est difficile, notamment à Cassis, Hyères, Gassin, Ramatuelle, etc. Il faut bien souvent niveler le sol pour gagner quelques hectares de colline comme le fait Marcel Ott dès 1920 dans les micaschistes du Clos Mireille: là, il va demander au Sémillon de donner toute sa splendeur à un Blanc de Blanc bientôt célèbre avec les poissons grillés des grands restaurants de la Côte.

Aussi, le Rosé a-t-il une belle place à prendre et il ne va pas se faire prier! Les efforts des vignerons pour le créer toujours meilleur, s'avèrent judicieux. Ceux-ci se rendent compte alors d'un fait étonnant mais capital: «la renommée de la Provence viticole se fera finalement grâce à ses Rosés, plus qu'avec ses rouges et ses blancs pourtant excellents. Si l'ensemble de la Provence veut retrouver place parmi les belles régions viticoles de renom international, il est indispensable qu'elle parvienne à produire un ensemble de beaux rosés.» Nous verrons un peu plus loin comment elle y est finalement parvenue, sans se dérober un instant à sa tâche.

Entre-temps dans les régions viticoles de Cassis, de Bandol, de Palette et de Bellet, d'autres pionniers fourbissaient leurs armes et non des moindres, sur les pentes de leurs célèbres terroirs.

Emile Bodin! Voilà une figure déjà légendaire du patrimoine viticole provençal. Dans le terroir si particulier de Cassis, il a l'idée et la volonté de redonner aux vins de Cassis leur lustre d'antan. Un des premiers, tout au début du siècle, il présente ses crus en bouteilles; il replante avec ferveur son Mas Calendal, chanté par Mistral avec le muscat et le Pascal qui bâtirent la belle réputation des blancs de Cassis. Ici la Provence maritime est en chaque pierre, chaque crique, chaque pente largement ouverte au soleil et au large. Ici, «de joie, la montagne pleure et ses «larmes» sont dorées.»

Jean Rougier! Nous laisserez-vous parler de vous? Discrètement, sans faire cas du monde qui se transforme très vite, vous décidez de respecter l'ensemble des grandes traditions viticoles provençales. A Meyreuil, dans votre vignoble modèle de Palette, aux rocailles multiples, vous créez des Blancs parfaits. L'exposition nord vous y autorise, mais judicieusement vous choisissez les plants d'une très riche Clairette qui vous conduisent vers un cru inoubliable. Pour vos rouges, vous conservez intact l'étonnant Mourvèdre qui, quelques décades plus tard, refleurira en Provence. Dans vos caves de roc, les tonneaux protègent plusieurs années: ici les grands millésimes tiendront très longtemps, certains d'une splendeur équivalant à celle des plus célèbres Blancs de France. Quelle merveille de patience!

A Bandol, M. Roethlisberger expérimente avec passion ses blancs de Sauvignon, ses rouges de Mourvèdre. Les «restanques» sont là, autour de lui, par centaines, par milliers, abandonnées à la pinède, aux raisins de qualité courante. Avec quelques braves, dont ceux des Domaines Tempier et Frégate et du Château Pradeaux, il repart à l'attaque des restanques et du roc, donnant une nouvelle impulsion à une région privilégiée qui n'aurait jamais dû, en fait, cesser de produire ces rouges puissants, épicés et nerveux qui font tant de bien au corps et savent exalter l'esprit.

A Bellet, perché sur les hauteurs qui dominent Nice et la vallée du Var, Mari redonne une impulsion définitive à cette région si douée pour produire de remarquables rouges et de très fins blancs. Ici, la pierre est partout, mais la pente très forte, le vent fréquent; il faut beaucoup de courage aux vignerons. Mari replante la célèbre Folle Noire, le rarissime Pignerol, le Rolle et le Braquet, cépages si particuliers du terroir niçois. C'est essentiellement la Folle Noire qui, 75 ans plus tard, permettra à la famille Bagnis de créer un fameux rouge: après quelques années de fût au Château de Crémat, il sera à lui seul une évocation de plusieurs grands crus français — oserions-nous dire un «voyage aux pays viticoles...»

Vignerons de la belle Provence, je devrais m'arrêter devant chacun de vos vignobles, vous qui êtes tous, en quelque sorte, des pionniers puisque, chaque année, vous partez à la conquête des saisons, du froid vif de l'hiver, de la chaleur estivale, des orages brutaux de l'automne. En fait, pionniers de la vigne, vous êtes tous concernés ici car, ensemble et d'un commun accord, vous allez réaliser quelque chose de durable: vous allez savoir structurer cette production encore récente, lui donner vigueur, impact et profondeur.

Organisation de la production: vers les Appellations Contrôlées!

Les efforts qualitatifs de certains producteurs, leurs découvertes et leurs succès ne cachaient pas la nécessité d'implanter durablement le renom des vins produits par toute la région.

Déjà, au début du siècle, les vignerons isolés avaient senti le besoin de se grouper en coopératives de vinification. La formule s'avère heureuse et, bientôt, presque chaque village a sa coopérative, parfois plusieurs. Les acheteurs en gros se trouvent en face d'unités plus importantes et les ventes s'en trouvent facilitées. Mais la surproduction est un fait grave: la Première Guerre mondiale n'arrange pas les choses, ni, un peu plus tard, la crise de 1929–30. L'Etat, en 1931, prend en charge l'organisation de la limitation de la production.

Parallèlement, les vignerons producteurs d'excellents crus s'unissent et, en 1933, fondent l'«Association syndicale des propriétaires-vignerons du Var» dont le premier président est M. Majoux. Peu après, à l'échelle nationale, l'I.N.A.O. est mis sur pied; les Appellations d'Origine Contrôlées sont créées. Le vignoble de Cassis en bénéficiera très tôt: il devient une Appellation Contrôlée en même temps que les Sauternes et Châteauneuf-du-Pape (1936) grâce aux efforts des tenaces Bodin, Imbert, etc.

En 1941, voient le jour les Appellations Contrôlées «Bandol», sur l'initiative des Roethlisberger, Peyraud, de Pissy, Estienne, de la Comtesse de Portalis, et «Bellet», grâce notamment aux mérites du Château de Crémat et du Château de Bellet, qui poursuivront leurs recherches continuelles de crus si originaux. Cela, quelques années avant les crus de Palette, qui obtiennent la consécration tant méritée en 1948 grâce aux efforts de la famille Rougier.

Pour les Côtes-de-Provence, sous l'impulsion du Baron de Laval, du Comte de Rohan-Chabot, de Mme Fournier, de MM. A. Ott, Farnet, A. Roux... l'Association des propriétaires-vignerons est transformée en 1941 en «Syndicat de défense des vins Côtes-de-Provence».

La qualité des vins des Domaines produisant des Côtes-de-Provence est bientôt reconnue — plus spécialement ceux qui, un peu plus tard, deviendront «crus classés» — par un nombre de plus en plus grand d'amateurs. Cependant, depuis le début de son existence, l'action syndicale s'est fixé comme but l'obtention d'une Appellation d'Origine officielle et en 1945 ses efforts sont enfin récompensés: une commission de délimitation de l'aire d'Appellation Côtes-de-Provence est nommée, dont les travaux seront couronnés en 1951. Les Côtes-de-Provence deviennent «vins délimités de qualité supérieure». En font partie les coopératives dans la mesure où elles se conforment aux dispositions de l'Appellation.

Parmi les Domaines, les «crus classés», au nombre de 23 en 1955, s'efforcent de porter le flambeau des Côtes-de-Provence à travers la France et le monde.

Et pourtant, si la chance sourit aux producteurs des Domaines, le grand succès de l'ensemble de la région semble tarder. Il faut toute la patience des équipes syndicales et du Comité Interprofessionnel pour lancer le mouvement qui s'amorce lentement. Paris se décide enfin, demande des rosés aux coopératives provençales. C'est la sortie du tunnel.

Cependant, l'Appellation Contrôlée est encore loin à ce moment. Un dernier sursaut d'énergie pour passer le cap est nécessaire et, une nouvelle fois, l'action syndicale va jouer pleinement sous l'égide du Président Fernand Brun. Une «commission technique» est instituée, dont l'animateur René Ott crée un vignoble expérimental et organise à l'intention des vignerons et des responsables

de coopératives plusieurs conférences sur les sujets-clefs touchant à la culture, à l'encépagement et à la vinification. L'effet est tout de suite favorable, une émulation est créée, notamment entre les coopératives; de nouveaux matériels sont adoptés; les marchés à conquérir incitent les coopératives à procéder à une sélection des apports de vendange, cépage par cépage, et à encourager la plantation de raisins donnant des vins à la fois fins et d'une belle fraîcheur. Chaque village participe à cet effort de qualité.

En 1977, la récompense d'un siècle d'efforts est finalement obtenue: l'Appellation Contrôlée est accordée à l'ensemble des Côtes-de-Provence qui répondent aux nouvelles normes d'encépagement.

C'est maintenant aux producteurs de saisir la réelle chance qui leur est offerte de montrer au monde entier que le «rosé» n'est plus un parent pauvre...

Le phénomène «rosé», le phénomène «Provence»

Réflexion faite, le simple tort du rosé est qu'il arrive bien tard sur la scène viticole mondiale! Lorsqu'il est à peine adolescent, les goûts sont déjà formés aux grands rouges et aux grands blancs. Osons dire aussi que le vigneron provençal lui-même, au début, ne croit pas qu'il réussira à faire aussi bien, qu'il réussira à faire chanter le rosé comme chante un rouge de sa voix profonde ou un blanc de ses notes subtiles. Et pourtant! L'adolescence peu à peu s'efface discrètement. Nous avons goûté de très beaux rosés, notamment à base de Cinsaut et de Mourvèdre. Ils parviennent à forger alliance harmonieuse entre la saveur de la roche et le goût du raisin. Bel exemple d'une création originale, ce qui est rare; les découvertes sont loin d'être terminées...

Nous dirions même volontiers que ce sont ces découvertes qui vont prolonger l'épopée du rosé au sein d'une Provence qui n'a pas encore exhibé tous ses dons: découvertes des crus eux-mêmes dans les caves profondes, découvertes d'alliances gastronomiques nouvelles, si chères à nos cuisiniers, à nos sommeliers, si plaisantes à nos palais.

Et lorsque de nouvelles saveurs, un rien exotiques, un rien passionnées, s'offriront à notre plaisir, jugeons les telles quelles, pour elles-mêmes. Personne n'oserait s'arroger le droit de juger à notre place une saveur...

CRUS ET RICHESSES DE LA PROVENCE ORIENTALE

Comment aborder cette Provence viticole, cette belle région aux oliveraies argentées, aux chemins de vignes, aux villages aussi hardis que les terrasses de pierre? Ne serait-ce faire affront à cette Provence profonde que de tenter une approche chiffres en mains? Ceux-ci évoluent avec les années, s'améliorent avec les hommes et les récoltes; pendant ce temps les collines restent en place, la roche reste roche ainsi que le soleil.

Ecoutons plutôt, regardons ce pays: il a beaucoup à dire. Chaque vallon, chaque cep, chaque cru nous sera plus proche. Usons même de subterfuge: abordons ensemble cette région, et de plusieurs manières, sans toutefois lui dire qui nous sommes, sans avancer trop brutalement nos opinions momentanées.

Cheminons tout d'abord sur les pas d'un montagnard qui laisserait quelques temps son Alpe pour découvrir la mer pour la première fois de sa vie, mer dont il entend parler depuis toujours dans son école et dans ses veines. Du cañon du Verdon, attirés vers la côte par une force irrésistible, nous tomberons de vigne en vigne, sur Fréjus la Romaine.

Imaginons ensuite que nous sommes en mer et que, longeant les côtes provençales, nous souhaitons visiter les vignobles que nous apercevons souvent entre deux caps, autour de baies grandioses. Il nous suffira de faire halte dans quelques ports accueillants: de beaux terroirs nous attendent. Enfin, si nous ne sommes, pour l'instant, ni montagnard ni marin, nous aurons grand plaisir à nous rendre, par de petites routes sinueuses, de la montagne Sainte-Victoire à la Sainte-Baume en passant par la célèbre Abbaye du Thoronet. Nous y verrons, à flanc de colline, de beaux vignobles et surtout battre le cœur de la Provence orientale.

Quelle que soit notre approche, nous aurons la chance de découvrir que cette région aux multiples facettes est le lien vivant et noble entre montagne et mer; ses crus auront deux influences, indissociables, et si leurs arômes vous paraissent tantôt de brise marine, tantôt de garrigue, jamais ils ne laisseront indifférents...

De la montagne à la mer

Suivons donc dans son périple notre montagnard avide de mer et d'aventure.

Ayant quitté son village, traversé la Durance d'un bond, il se retrouve pour une courte halte à Moustiers Sainte-Marie, le temps d'admirer l'œuvre des faïenciers, de gravir le chemin taillé dans le roc qui mène au calme sanctuaire.

Bientôt, sur sa gauche, c'est la fière entaille du Verdon dans le roc qui l'attire un moment, dernier refuge avant l'attirance de la mer ressentie comme une brise. La descente se poursuit. Soudain devant ses pas, après une dernière crête, semble basculer la forêt. Dans le creux, dans cette vasque, la Méditerranée appelle... Entre les pins, les clairières sont vignobles, le roc et l'arbre mis de côté. La terre rouge feu ou ocre, mise à nu, accueille les familles qui bâtissent les terrasses et hissent leurs villages contre les barres rocheuses, au sommet de pitons, en citadelles imprenables.

L'air sent les invasions grecques, romaines et mauresques. Voici justement le village dont l'écho du nom se perd plus bas: Tourtour..., à lui seul village-question, village-réponse. Ici la terre n'a pas complètement gagné son combat contre la roche et le climat est parfois rude. Il faut atteindre Villecroze pour apercevoir les premiers domaines viticoles où «il fait bon vivre». La voie romaine qui reliait Fréjus à Aix est non loin de là, visible par endroits.

A partir de là, la descente s'effectue «en escalier». Pour se réjouir pleinement du bon vin réchauffant les cœurs qui attend à l'abri des bastides, il faut avoir franchi les terrasses qui descendent les collines et les remontent. Un saut, dix rangs de vigne, un saut, vingt rangs de vigne... A chaque saut, la main prend contact avec le calcaire: en bas, sur le premier chemin de terre, après la rencontre avec la pierre partout présente, avec le thym, le romarin et le grand air, on se sent déjà un peu plus provençal, mieux à même de goûter les crus enfouis sous la roche et dans le chêne.

Au cours de son périple, notre montagnard traversera de jolis villages: Entrecasteaux, Saint-Antonin, Lorgues, Flayosc et Figanières, non loin de Draguignan. Chaque fois, il pourra faire halte dans une «coopérative» qui rassemble, année après année, les produits de mille parcelles, de mille restanques. Le vin gouleyant ou corsé sera le fruit de toute une petite région viticole, l'œuvre du village, sa ressource essentielle. Seul le cep de vigne garde son individualité: pas un ne ressemble à son voisin, comme aucun tailleur de vigne ne ressemble à un autre. Chaque hiver, le tailleur dompte une vigne unique, mais au bout du compte, c'est la vigne qui finit par dompter l'homme, le rend habile et tenace, en fait un vigneron.

Entre deux villages, au détour d'un chemin, s'infiltrant entre les cyprès ou de fières allées de platanes, quelques domaines se sont glissés, téméraires. Sous les profondes caves voûtées ou dans de très anciennes magnaneries aux murs épais de pierre grise, les crus attendent qu'on les apprécie, qu'on les juge. Citons le Château-Mentone, le Château de Berne, les Domaines de Riforan, du Clos, de la Martinette, de Castel Roubine, Saint-Ange, le Clos d'Ières, le Clos du Relars, le Château de Selle.

L'alliance entre la roche calcaire et de remarquables cépages d'appoint tels que Syrah, Cabernet-Sauvignon, donnera ici des crus rouges très fruités. Certains sentent la mûre sauvage, Château-Mentone par exemple, d'autres à base de Cabernet, la grenade... Rien n'est plus agréable qu'un de ces crus avec un gigot de mouton ou un fromage de brebis: ici naissent les vins du Roquefort! Les rosés seront riches mais souples, au bouquet floral rappelant le thym, le genièvre, la résine, la fleur de câprier — «comme si la terre pouvait soudain fleurir». Les blancs, pour leur part, sentent l'iris et la roche; ils sont puissants, mais ici, laissent souvent la place d'honneur aux rouges et aux rosés.

Reprenant sa course, le montagnard parvient au-dessus de Taradeau. Là, sur un pan de colline, quatre civilisations se retrouvent: la Ligure et son «castellas», la Romaine et ses restanques enfouies dans la forêt, la Sarrasine et sa tour, la Chrétienne et sa chapelle. A partir de là, les villages sont installés à flanc de coteau, près des sources qui surgissent à la limite des sols calcaires et des terres plus anciennes dites du «permien». Le long des pentes, la roche s'est effritée et a créé de merveilleux «éboulis des pentes» qui communiquent aux crus finesse et caractère. C'est alors un collier de villages qui, pour la plupart, possèdent une coopérative, à la fois traditionnelle et dynamique. Citons Taradeau, Les Arcs, Trans, La Motte, Bagnols, Le Muy, Puget, enfin Roquebrune, déjà sur la route de la mer et Fréjus. C'est ici également le collier des Domaines, à cheval entre le calcaire gris et le rouge permien, puis à cheval entre le permien et les massifs des Maures et de l'Estérel. Citons, non loin des Arcs, le Château Saint-Martin, le Domaine des Clarettes, le Château Saint-Pierre, le Château Sainte-Roseline; près de la Motte, les Domaines du Jas d'Esclans, les Grands Esclans, Saint-Roman d'Esclans, du Clastron, des Demoiselles, de Valbourges, le Château d'Esclans, puis en poursuivant vers le sud-est, le Château du Rouët, les Domaines de la Péguière, du Thouar, de Curebéasse, de Vaucouleurs, Marchandise et de la Garonne.

La mer se fait proche et pour mieux l'appréhender, notre héros pourra remonter, s'il le désire, quelques centaines de mètres, au Domaine des Planes où, soudain, il apercevra la mer dans toute sa splendeur, faisant écrin à l'Estérel. Fréjus est là et ses nombreux vestiges de l'habileté romaine; Fréjus et son cloître...

Parlons un instant des crus découverts dans cette zone viticole aux ressources variées. Ici règnent les Cinsauts, Grenaches, Syrah ainsi que, parfois, le Mourvèdre. Chaque vigneron, chaque Domaine aura certes choisi, dans l'étonnante richesse provençale, les cépages qui conviennent le mieux à son terroir. Là est l'art du viticulteur provençal. Les rouges puissants et aromatiques seront les rouges du gibier, des pâtés, du fromage de chèvre... Les rosés auront un bel équilibre qui les fera décrire parfois comme corsés, parfois comme d'une grande fraîcheur. Des rosés de terroir, bien à leur place au cours d'un repas de fête ou champêtre: ils suffiront à créer une ambiance heureuse et pourront accompagner les convives depuis les hors-d'œuvre jusqu'aux viandes légères. Les Blancs, très fins, rappellent que l'influence maritime proche et les sols anciens de cette zone ne sont pas étrangers à leur caractère. Les meilleurs se rencon-treront peut-être sur les terres granitiques ou schisteuses des contreforts des Maures et de l'Estérel.

De la mer aux collines

Les vignobles de la côte doivent beaucoup à la Méditerranée: leur microclimat, leur caractère, leur clientèle. Certains d'entre eux semblent s'offrir directement à la mer, aux amoureux de la mer. Aussi demanderons-nous à ces marins de s'arrêter un instant et de répondre à l'invite. Lorsqu'ils apercevront une baie et des vignobles accueillants, qu'ils laissent leur bateau au port et partent à la découverte!

Parcourons avec eux les chemins de pierre ou taillés à travers le maquis, entre la bruyère et les chênes-lièges, entre les pinèdes et les cyprès balayés par le mistral. A partir du petit port de Cassis et de son vignoble, évoqué par ailleurs, quatre baies vont nous permettre de jeter un regard à cette côte viticole: baie de Sanary-Bandol, baie d'Hyères, Golfe de Saint-Tropez, baie des Anges.

La première dévoile ses trésors viticoles après quelques kilomètres d'une petite route qui s'infiltre entre collines vers le Castellet. Ici se cache l'appellation Bandol, l'appellation «aux dix mille terrasses», patiemment reconquises les unes après les autres par des familles de vignerons dont les efforts sont récompensés par une renommée grandissante. Souvent les restanques ne retiennent qu'une demi-douzaine de rangées de vignes. Le cru est bon, car le sol est excellent, le climat idéal et la vigne à son aise. Le mourvèdre, le cinsaut et le grenache sont à la fête dans ces marnes calcaires très particulières.

A Bandol, le vin est une fête. Vignobles soignés, caves bien agencées, la région est en expansion. Jugeons-en par le nombre des producteurs: Domaines des Salettes, de la Bastide Blanche, de la Loubière, de la Serre, de Terrebrune, du Val d'Arenc, de l'Olivette, de la Laidière, de la Noblesse, de la Tour du Bon, de Lafran-Veyrolles, de Pibarnon, de Frégate, Tempier, de Cagueloup, Maubernard, du Galentin, Hermitage; Châteaux des Vannières, Sainte-Anne, la Noblesse, des Baumelles, Roche Belle, Pradeaux, Milhière, Romassan; Moulins des Costes, de la Roque, de la Salle, Grand Moulin; Clos de la Bourrasque, du Grand Pin; Mas de la Rouvière, Mazet de Cassan; vignobles du Pey-Neuf, Perrone, Clavel, Maillet; les Maîtres-Vignerons du Beausset.

Comme à l'époque romaine et au Moyen Age, les crus de Bandol partent à nouveau vers les cinq continents. Ce n'est que justice! Ne sont-ils pas la subtile transition entre l'équilibre des régions viticoles tempérées et les tentations d'un exotisme plus oriental. Est-ce dû au climat que la mer tempère, au sol issu de coquillages, au raisin-roi, de saveur légèrement épicée: le mourvèdre? Les crus sont là comme la meilleure réponse:

Les rouges, tout d'abord, pleins de fougue au départ, s'harmonisent après quelques saisons et tempèrent leur ardeur. Leur bouquet peut prendre plusieurs aspects, selon les années et les Domaines: mûre, cassis, poivre, réglisse, cannelle. La saveur dominante est subtilement poivrée, agrémentée d'une pointe de tanin qui, avec l'âge, devient velours. Ce sont les vins de savoureux gibiers, de viandes au poivre vert ou en sauce; les vins de fromages goûteux et relevés.

Les rosés, de couleur braise, évoquent à la fois les fastes de l'Orient et le calme de la mer: un double et rare sentiment d'apaisement et d'évasion. Le premier nous rassure et nous comble, le second nous entraîne hors de nous-mêmes. L'alliance gastronomique est parfaite avec les soupes de poisson et la bouillabaisse, les entrées, enfin avec tous les plats légèrement relevés. Il y a alors «réponse» entre vin et mets. Mieux, de tels rosés ont la capacité de prendre le goût des mets dont la saveur se prolonge ainsi. Est-ce le fait de tout grand vin, ou peut-être, une particularité propre aux seuls rosés de cru?

Quant aux Blancs de Bandol, qu'ils soient secs ou tendres, goûtez-les avec les fruits de mer et les poissons grillés ou au four. Ils font merveille.

A l'est, nous trouvons Hyères et ses îles, et autour, quelques célèbres villages, quelques célèbres crus. A l'ouest d'abord, au Pradet, le Clos-Cibonne et le Domaine de la Navicelle. Au Clos-Cibonne, les derniers braves tentent de perpétuer le nom des «vins de la Malgue», si fameux il y a encore 150 ans. Le viticulteur nous racontera leur histoire et celle du Tibouren. A lui seul, ce raisin d'origine incertaine donnera des rosés puissants au bouquet très particulier et subtil de musc et de résine: la Provence antique est toute proche...

A Hyères et vers l'est, outre les coopératives villageoises de La Londe et de Bormes, se trouvent de grands Domaines, certains à flanc de coteaux, d'autres à fleur de mer, directement sous son influence. Citons pour Hyères, les Domaines des Fouques, de la Jeannette, de Mauvanne, de Sainte-Eulalie et de la Tuilerie. Pour La Londe-les-Maures, les Domaines du Gros Pin, du Bastidon, de Maravenne, de La Pompe, Source Sainte-Marguerite, La Cheylanne, Saint-Honoré, des Bormettes, du Caroubier, du Galoupet, de la Pabourette, de la Coulerette, de la Jouasse, le Mas des Borrels, le Château Rouge et le Clos Mireille. Pour Bormes-les-Mimosas, les Domaines de l'Anguillon, de Brégançon, de la Malherbe, de l'Angueiroun, des Campaux, Sainte-Marie, le Clos Mistinguett et le Château de Léoube.

Dans cette zone maritime, les blancs, Blanc de Blancs si seuls les raisins blancs sont utilisés, sont en général très secs, au bouquet légèrement marin, d'une belle finesse transmise par la roche schisteuse. Ils sont l'idéal pour les poissons grillés, comme en un «mariage» entre vin et mer!

Les rosés sont assez corsés, au bouquet de bruyère; ils conviennent très bien à la cuisine méditerranéenne et aux hors-d'œuvre.

Pour les rouges, leur caractère provient des raisins d'appoint utilisés: nous pourrons goûter des crus où Cabernet-Sauvignon, Syrah et Mourvèdre communiquent toute leur saveur. Ce sont des vins extrêmement agréables et que l'on peut boire en toute saison.

Nous ne quittons pas Hyères sans une brève halte à Porquerolles où le vignoble du Domaine est entouré d'un des plus beaux paysages du monde.

Vers l'est les collines semblent venir boire à la mer. Bientôt, non loin de Cavalaire et de Ramatuelle, de nouveaux vignobles nous font signe. Saint-Tropez n'est pas seulement le village au nom célèbre, aux étés en fête, il est la porte vers d'authentiques vignobles qui ont franchi maintes frontières et porté haut le renom des crus provençaux. Le climat et le sol s'y prêtent à merveille. Proche en tous lieux, la Méditerranée éloigne les gels et tempère la chaleur de l'été. Partout les crus sont aimables et fins.

Parcourons un à un les villages perchés ou à flanc de colline; le dédale de leurs ruelles est comme un labyrinthe: les envahisseurs issus de la mer devaient s'y perdre. Ramatuelle, Gassin, Grimaud, Cogolin, Plan de la Tour. Découvrons leur coopérative dynamique, aux vins frais et sentant le maquis, leurs Domaines aux noms chantants: Valdérian, des Tournels, de la Bastide Blanche, Saint-Antoine, de la Tourre, de Saint-Maur, des Garcinières, des Palmeraies et de la Croix, les Maîtres-Vignerons de Saint-Tropez regroupant plusieurs domaines de la Presqu'île; enfin le Château Minuty dans un site magnifique.

Recherchons, vignoble après vignoble, les cuvées qui mûrissent dans les tonneaux de chêne: blancs harmonieux, grands rosés, à base de cinsaut, de grenache et de tibouren, merveilleux rouges, issus, notamment au Domaine de la Croix, du Cabernet-Sauvignon et du Mourvèdre.

Rejoignons par un des nombreux ports blottis au fond de la Baie des Anges, le vignoble le plus méritant, peut-être, de cette Côte: «Bellet», qui doit résister contre vents et marées à Nice, en constante expansion.

En cinq ans, le vignoble a doublé! L'attrait d'un climat et d'un sol favorables encourage les vignerons à effectuer dans les terrasses de la pente, de nouvelles plantations. L'encépagement local donne des crus très particuliers. Les blancs sont secs mais d'une belle rondeur, au bouquet de tilleul et de fleur de vigne.

Certains rosés, à base du cépage Braguet, notamment ceux du Château de Bellet, sentent le genêt, le miel, les arbres en fleurs et sont un des nectars inoubliables de la région.

Bellet est célèbre pour ses rouges élégants, au bouquet de cerise. Ils demandent à être accompagnés de gibier léger, de viandes blanches. Rien de plus étonnant avec une pintade, par exemple! Ce sont les crus des fromages à pâte douce, de chèvre et reblochon.

Si les vins sont d'exception, les producteurs ne sont pas très nombreux. Citons le Château de Crémat, le Château de Bellet, la Tour Sarrazine, le vignoble Gomez, Lou Clot de la Toure et le Domaine de Font-Bellet. Ils vous diront tous, avec sagesse et joie de vivre:

119

« A cu noun plas lou vin, qué Dieù li lève l'aïga ».
A qui le vin ne plaît, que Dieu lui ôte l'eau...

Ne sont-ils pas les dignes successeurs des producteurs de Bellet, dont parlait, il y a près de trois siècles, le Maréchal de Catinat dans une lettre en date du 26 août 1696 adressée au gouverneur de Nice:
« Vous me demandez des nouvelles du vin de Bellet que vous m'avez fait passer. Sans aucune complaisance, vous pouvez vous assurer qu'il a été trouvé admirable et qu'il a pris le dessus de tous les vins de France que nous avions ici, quoique bons et bien choisis. »

De la Sainte-Victoire à la Sainte Baume

Grimpons sur les pentes de la montagne Sainte-Victoire. Cézanne y est encore, — et ses couleurs de tendre lumière. Laissons-nous retomber plus bas, comme l'a fait la roche depuis toujours. Les villages, qui tous ont une coopérative dynamique, parfois même deux, se cachent entre la pierre grise et la terre rouge feu: Puyloubier, Pourrières, Rousset, Trets, Pourcieux. Le vin rouge qui coulera de la vigne sera bouqueté et ardent, comme une huile, le rosé sera puissant et corsé.

Rendons visite aux Domaines de la Gavotte, du Jas de Luc, de la Grande Bauquière, de Pinchinat, de Richaume, de la Bégude, de Grand Boisé, Lacombe, au Château de Pourcieux, au Mas de Cadenet, avant de jeter un coup d'œil sur la Basilique de Saint-Maximin, dont la façade non terminée semble blessée...

Sur la route de Barjols, voici Correns et son vin blanc fameux, Montfort et Cotignac encore romaine. La terre ocre-rosé guigne entre les oliveraies. Coopératives et Domaines, Réal Martin, Miraval, les Aspras, le Château Robernier, Castellamare et Nestuby, feront des haltes appréciées et leurs blancs notamment, un merveilleux souvenir de ces lieux antiques.

Carcès est bientôt là, aux rudes maisons taillées comme un diamant. Les efforts de quelques familles et des coopératives ont permis en quelques années de porter haut l'image des vins de ces villages. Citons les Domaines Gavoty, les Pomples, de la Plaine et Sainte-Croix.

Voici soudain, l'Abbaye du Thoronet blottie entre les collines. Tout y est calme et grandeur. La route débou-che ensuite dans une zone viticole par excellence, équilibre entre les croupes calcaires et la fougue des embruns. Cet équilibre se retrouve dans la vigne. Tout d'abord ce sont les villages de Vidauban, le Cannet-des-Maures, le Luc, Flassans. Tous ont leur coopérative et combien de magnifiques domaines: le Clos Saint-Luc, les Domaines Peissonnel, des Férauds, d'Astros, des Blaïs, les Espérifets, Sainte-Geneviève, de l'Hoste, du Roux, la Bastide Neuve, la Reillanne, la Faïsse-Noire, de Colbert, des Bertrands, Saint-Andrieu, la Grande Lauzade, la Pardiguière, le Paradis, de la Caronne, de la Lauzade, de la Marcaronne, de la Bernarde, de Peyrassol et de la Seigneurie, le Vieux Château d'Astros.

L'ensoleillement remarquable est tempéré par les grandes zones forestières entourant les parcelles. Selon les cas, celles-ci sont situées sur terrain permien à éboulis calcaire, sur les pentes nord, ou à éboulis siliceux des Maures, au sud; les vins blancs y sont puissants et riches ou au contraire aériens. Mais partout ici, les rouges sont charpentés, et riches, et les rosés, élégants et puissants, au bouquet floral. Les cépages aromatiques adoptés ici par tous, prédisent un bel avenir à ces vignobles.

En poursuivant vers le sud-ouest, par Gonfaron, Pignans, Carnoules, Collobrières, aux caves coopératives actives, nous ferons connaissance avec les Domaines de Paris, de l'Aille, de l'Esparon, Gasqué, les Serres, de Rimauresq et du Peyrol, avant de rencontrer les grands vignobles du « triangle » Puget-Ville, Pierrefeu et Cuers. Ici, le terroir est constitué essentiellement de cailloutis, souvent dénommé « gravette », très favorable à la culture de la vigne. Citons, outre les coopératives qui, année après année, modernisent leur équipement et leurs méthodes au profit de la production des vins des Côtes-de-Provence, le Château du Puget, les Domaines du Mas, de l'Aumérade, de la Gordonne, le vignoble Kennel, Domaine de Saint-Pierre-les-Baux, le Château Montaud, le groupement des Cadets de Provence, les Domaines de Gairoard et de la Moutète.

Cette zone est très bien adaptée à la production de rosés fruités et nous en avons goûtés d'excellents à base de tibouren et de cinsaut. Les rouges sont pleins et corsés et les blancs très bouquetés.

L'approche vers Toulon se fait par les villages de

Solliès-Pont, La Farlède et sa coopérative, La Crau, La Valette, par les Domaines de la Tousque, de Landué, de la Navarre, de la Grassette, le vignoble Gasperini, le Château de la Castille et le Château Redon. Des méthodes culturales de pointe et les cépages aromatiques plantés depuis quelques années apportent ici caractère et fruit aux crus.

Après la traversée des gorges d'Ollioules, nous débouchons sur la plaine du Beausset et de Saint-Cyr, où les coopératives sont dynamiques. Une halte s'impose aux Châteaux Sainte-Anne et des Vannières, aux Domaines du Moulin de la Salle et du Cagueloup. Faisons encore quelques crochets par La Ciotat et le Domaine de la Tour, Roquefort la Bédoule, la coopérative et le Château de Roquefort, Cuges et le vignoble Leï Barrasson. Les vins sont peut-être plus légers, mais très fins, bouquetés, «répondent» bien à la cuisine épicée méditerranéenne.

Lorsque nous abordons la Sainte-Baume, le soir n'est pas loin, et la vision grandiose. Toute la Provence est là, un peu mystérieuse, encore sauvage d'une beauté austère. Sur la pente ouest de la montagne, la roche affleure, ardente, aux couchers du soleil.

UNE PAGE EST TOURNÉE

Après avoir fait, verre en main, mieux connaissance avec cette Provence orientale, oserions-nous dire qu'une page est tournée, et que nous n'en sommes plus au «petit rosé»?

Certes celui-ci, de petite auberge en petite auberge, existera toujours. Et puis lorsque, dans la fraîcheur de l'ombre un bon repas se présente, il jouera toujours pleinement son rôle aimable: éveiller les esprits et apaiser les cœurs. Mais il faut désormais compter avec les crus. Un demi-siècle d'efforts pour arracher à la nature le secret du bouquet des rosés n'a pas été vain. C'est chose faite. Les raisins qui, dans les rosés, exhalent leurs arômes, sont connus; le vigneron sait maintenant comment les maîtriser.

D'agrestes, les «rosés de crus» sont devenus agréables. Dans le même temps la Provence orientale a découvert les vins rouges de caractère et adapte les meilleurs raisins aux meilleurs sols. En bordure de côte, on les recherche pour leur finesse et leur plénitude; mais à l'intérieur, ils seront plus riches certes, plus tanniques parfois, et plus enveloppants.

«La Provence orientale est en marche.» Elle va de l'avant en suivant plusieurs voies: un nombre très varié d'authentiques crus? Des vins généreux et francs que nous aimerions ici qualifier d'ouverts. Notre périple et nos «découvertes» nous permettent d'affirmer qu'elle ne se trompe pas.

Le grand tournant fut, à la suite de l'exemple des pionniers provençaux, la décision prise par des viticulteurs de planter des cépages de rendement plus faible, mieux adaptés au climat du sol.

Mais il y a d'autres raisons, par exemple, l'action bénéfique et stimulante de la dégustation anonyme de chaque cuvée par les Syndicats de producteurs. Il ne s'agit pas de classer les cuvées, mais de retenir pour l'Appellation les cuvées généreuses et exemptes de défauts. Eles auront le temps, par la suite, de se bonifier encore en fûts ou en bouteilles.

Citons aussi les Confréries vineuses qui propagent au cours de nobles cérémonies le renom de la Provence vers les cinq continents: l'Ordre Illustre des Chevaliers de Méduse, dont de nombreux chapitres se tiennent dans le cadre magnifique du Château Sainte-Roseline; la Confrérie des Echansons à Vidauban; la Confrérie Bachique et Gastronomique des Comtés de Nice et de Provence; la Confrérie des Chevaliers de Provence, à Nice. Leur action complète celle de la «Route des vins des Côtes de Provence» qui guide le visiteur désireux de mieux connaître les crus de la région.

A ces initiatives répond l'intérêt croissant de l'hôtellerie internationale et de la clientèle particulière qui vient sur place découvrir de nouvelles «trouvailles»; celles qui parfois font dire à l'amateur éclairé: «J'aimerais que d'un tel verre sorte musique...».

appellations et caractères du Rhône à la Méditerranée

LES CÔTES DU RHÔNE SEPTENTRIONALES

Dans la plupart des régions à relief escarpé, la vigne a souvent occupé les terres les plus maigres des hauteurs, là où elle peut donner des fruits de qualité.

Dès Vienne, sous les dernières effilochures des brumes lyonnaises, la vigne monte jusqu'au sommet des côtes, donnant là un exemple de résistance admirable. De part et d'autre du Rhône, et le dominant de haut, les coteaux jettent un défi aux lois économiques de l'heure grâce au sens de l'effort et à l'esprit de continuité d'hommes qui, chaque matin, montent vers le soleil pour piocher leur lopin.

Notre découverte va nous conduire sur la rive est du Rhône, à l'Hermitage et Crozes-Hermitage et sur la rive ouest à Côte Rôtie, Condrieu, Château Grillet, Saint-Joseph, Cornas et Saint-Péray. Une région dont l'unité viticole est certaine: le sol est partout d'origine granitique. Ses éboulis décomposés, maigres et perméables supportent comme en Bourgogne notamment un seul cépage rouge, la Syrah. Les vins blancs sont eux issus de la Roussanne, de la Marsanne, ou du Viognier.

La Rive Est

L'Hermitage. Sur une colline et quelques contreforts à pente raide, s'agrippe le vignoble de l'Hermitage. Aucune parcelle n'a été disputée à la production des vins; seule, tout en haut du coteau, la Chapelle de Sterinberg domine la vallée au fond de laquelle coulent les eaux torrentueuses et glauques du fleuve.

Les vins rouges, quelle que soit leur nuance créée par les variations infimes du sol ou les méthodes d'élaboration, ont un type précis. Leur robe, rouge sombre dans la prime jeunesse, évolue à peine avec le temps. Le bouquet, toujours intense, laisse échapper des parfums de violette, de cassis, de framboise. La forme, un peu rugueuse au début, est ample, bien équilibrée. Avec l'âge, le bouquet devient plus riche, mais reste frais; la forme s'assouplit. L'optimum de qualité, un peu lent à venir, reste étalé longtemps.

Les vins blancs ont eu à souffrir quelque peu de la quasi disparition du cépage roussanne, trop sensible aux parasites; cette variété a laissé la place à la Marsanne dont le bouquet et la silhouette sont un peu plus rustiques. Mais qu'on ne se méprenne pas! ces vins blancs aux parfums de fleur et de café vert ont bien de l'allure.

Le Crozes-Hermitage. Comme une mère qui protège ses petits contre ses flancs, le coteau de l'Hermitage réunit quelques villages à intérêt comparable. Ils n'avaient droit, à la naissance des appellations, qu'à l'appellation Côtes-du-Rhône. Mais terroir et cépage ressemblaient tellement à ceux de l'Hermitage que pour des raisons techniques et économiques, le législateur a reconnu l'appellation Crozes-Hermitage permettant le développement d'une richesse viticole incontestable.

Les vins produits à Crozes-Hermitage sont d'un type très proche de ceux de l'Hermitage. Les blancs, peut-être moins parfumés et moins riches, sont plus frais, plus simples et souvent plus désaltérants. Quant aux vins rouges, moins colorés, moins résistants à l'épreuve du temps et moins racés, aussi, ils ont toujours l'élégance et la fraîcheur qui caractérisent le cépage Syrah. En somme, ce sont des parfaits vins de carafe pour amateur distingué.

La Rive Ouest

La Côte Rôtie. Situé à 15 km au sud de Givors, ce vignoble est avec celui de l'Hermitage un des plus anciens. La terre a, comme en face, une telle valeur que la largeur des chemins et des sentiers a été réduite au minimum. Les hommes s'accrochent sur de petites terrasses soutenues par des murs, les Murgeys, qui ne portent souvent que quelques pieds de vigne de Syrah pour le rouge ou de Viognier pour le blanc.

Malgré les difficultés de travail, le vignoble s'est maintenu du fait d'une réputation ancienne et univer-

VALLÉE du RHÔNE

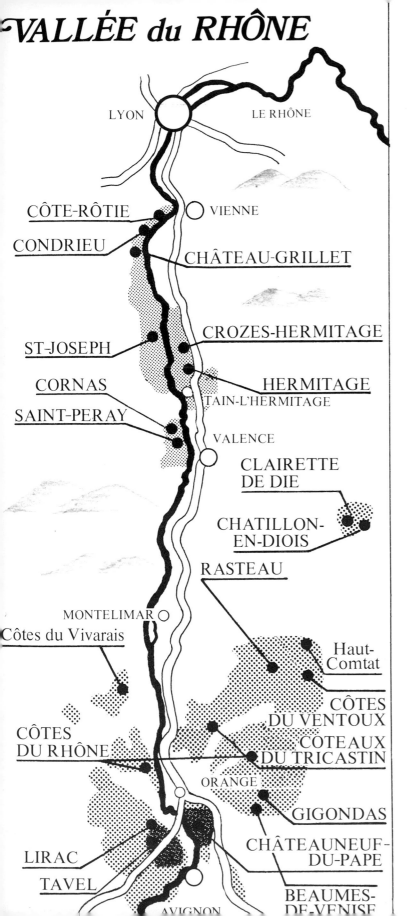

LYON

LE RHÔNE

CÔTE-RÔTIE

VIENNE

CONDRIEU

CHÂTEAU-GRILLET

CROZES-HERMITAGE

ST-JOSEPH

HERMITAGE

CORNAS

TAIN-L'HERMITAGE

SAINT-PERAY

VALENCE

CLAIRETTE
DE DIE

CHATILLON-
EN-DIOIS

RASTEAU

MONTELIMAR

Côtes du Vivarais

Haut-
Comtat

CÔTES
DU RHÔNE

CÔTES
DU VENTOUX

COTEAUX
DU TRICASTIN

ORANGE

GIGONDAS

CHÂTEAUNEUF-
DU-PAPE

LIRAC

TAVEL

BEAUMES-
DE-VENISE

AVIGNON

selle toujours intacte. Mais combien de temps encore y aura-t-il des hommes assez courageux pour accepter les difficiles conditions de cette culture, et se contenter souvent d'un revenu inférieur à celui de producteurs de vins moyens? La joie de la création sera-t-elle suffisante pour que soit maintenue une telle richesse esthétique? On le souhaite, car ce vin a des qualités étonnantes: la robe est d'un beau rouge grenat et dès sa naissance, un bouquet riche et intense dominé par des parfums de violette poivrée et de fruits rouges. Une longue cuvaison confère au vin une certaine mâche. Mais l'analyse plus attentive révèle une grâce évidente. Quelle distinction et quelle harmonie quand les ans ont donné leur patine! La Côte Rôtie est un très grand vin.

Château-Grillet et Condrieu. Immédiatement au sud des collines de la Côte Rôtie, étendu sur plusieurs communes se cache un tout petit vignoble de dix hectares, dans lequel le cépage Viognier donne uniquement des vins blancs: ceux de Château-Grillet et de Condrieu.

Mais ici, il n'y a pas eu de phénomène de maintenance; la régression de la surface caractérise hélas ce vignoble depuis des lustres. On n'ose pas dire qu'il se meurt, mais il y a de moins en moins d'hommes tenaces pour cultiver ces terres difficiles. Ici, pas de déclic, pas de large enthousiasme pour une reviviscence des coteaux abandonnés. Quel dommage! Parce que le vin de Château-Grillet est un vin brillant, souple jusqu'à l'onctuosité. De son bouquet d'une rare intensité se dégagent des parfums de miel et de musc. Tout est d'une admirable langueur. Il faut le rencontrer; mais il devient difficile d'être parmi les rares privilégiés qui bénéficient d'une appellation de trois hectares.

Le vin de Condrieu, son frère puîné, a les mêmes caractères mais d'une légèrement moins grande intensité.

Le Saint-Joseph. Comme Crozes-Hermitage, le Saint-Joseph est une appellation relativement récente, quelque vingt ans. Elle est reconnue à six communes qui ont démontré une originalité certaine.

Là aussi, les pentes granitiques sont rudes. Des hauteurs, la découverte en contrebas des cultures ordonnées de pêchers et d'abricotiers parées de rose et de blanc lorsque la vigne se réchauffe aux premiers rayons du soleil de printemps, fait mieux comprendre les mérites du vigneron.

Saint-Joseph est d'abord un cru de vins rouges faits à partir de la Syrah. Mais comme à l'Hermitage, il s'y produit des vins blancs de Marsanne. En théorie, les vins devraient être identiques; mais la nature fait ce qu'elle veut avec la vigne, elle se plaît dans la malice et le mystère; les vins rouges de Saint-Joseph ont souvent les mêmes parfums dominants, mais dans un ton plus délicat; et surtout, la forme est moins ample, moins ferme. C'est un vin presque tendre qui a quelque chose de féminin. Il mûrit relativement vite; toutes ses bontés sont réalité, présentes dès la troisième année.

Le Cornas. Ici, pas autre chose que du vin rouge, qui provient de la seule commune de Cornas, limitrophe de l'appellation Saint-Joseph. Sur le coteau, aux mêmes pentes, où la Syrah règne seule, la nature continue à nous jouer des tours et le vigneron produit des vins nettement différents des coteaux voisins.

Le type se rapproche de ceux de Saint-Joseph et de l'Hermitage, mais le vin de Cornas est plus sévère, rude et même dur à sa naissance, long à mûrir. Il garde toujours une allure virile. Le Saint-Joseph est une tête romantique à toison bouclée blonde, le Cornas rappelle un visage grave à chevelure et barbe brunes.

Le Saint-Péray. Le paradoxe continue avec un vignoble situé en face de Valence, sur la route de Saint-Agrève, et qui produit seulement du vin blanc.

Naturellement mousseux autrefois, élaboré ensuite selon la méthode champenoise, il est offert aussi en «vin tranquille» où il se révèle assez proche du Crozes-Hermitage. Les mousseux, quant à eux, ont l'agrément d'allier la finesse de la mousse avec un certain corps.

La Clairette de Die. Ce serait une erreur, dans l'énumération des bons vins de France, de ne pas citer le vin mousseux de la Clairette de Die: ce vin pétillant est produit à partir de la Clairette et du Muscat à petits grains, venus on ne sait comment des rivages de la Méditerranée et maintenus dans ce terroir par un nouveau caprice de la nature.

La proportion de chacun de ces cépages est strictement définie, car un excès de Clairette conduirait vers un produit fade, un excès de Muscat apparenterait le vin aux «Mousseux muscatés» dont on sait combien ils sont lourds, pâteux, indigestes et communs.

Dans cette région de Die, aux hivers longs et froids, la Clairette apporte l'acidité et la fraîcheur indispensables aux vins mousseux, tandis que le Muscat fait une décoration d'une rare finesse. Certains le comparent à l'Asti Spumante. Disons simplement que c'est autre chose!

Châtillon-en-Diois et Côtes du Vivarais. Nous terminerons la revue des «Côtes-du-Rhône du Nord» en citant deux petites régions, encore au stade des balbutiements.

Châtillon-en-Diois, petite et nouvelle appellation contrôlée, connue depuis longtemps pour ses vins blancs, frais et légers. Et les Côtes-du-Vivarais, dont la production confidentielle mériterait une plus grande rigueur dans l'élaboration. Il s'y trouve quelques vins rosés et rouges remarquables et dont l'avenir est certain, tout à côté de l'Aven d'Orgnac.

LES CÔTES DU RHÔNE MÉRIDIONALES
Les Côtes-du-Rhône

On dit couramment que le Midi commence au 45e parallèle, un peu au nord de Valence. Ce repère climatique ne satisfait guère, car rien ne permet d'en découvrir la réalité. Plus juste et plus visible nous paraît être la limite des phytosociologistes; à 50 km au sud de Valence, les masses nuageuses éclatent, le ciel monte plus haut, une lumière plus pure, plus vive baigne un pays à l'allure aride. Le chêne blanc, le charme, le frêne et les taillis moussus des forêts continentales laissent la place au chêne vert, à l'olivier, au thym, à la lavande, au romarin. La splendeur méditerranéenne commence.

Les vins des Côtes-du-Rhône naissent là sur les collines et les terrasses qui se succèdent jusqu'au bord de la Durance. Dans cette vaste région où la vigne couvre quelque trente mille hectares, rien n'est simple. Le sol, le cépage, le climat et les vins qu'ils produisent sont l'image même de la complexité.

Le sol d'abord. A l'origine des temps, la terre était recouverte par la mer. Son retrait fut suivi par d'énormes

éruptions volcaniques. Survint ensuite la période glaciaire ; des torrents, nés dans les Alpes, arrachent aux flancs de ceux-ci des matériaux quartzeux, repris plus loin par le Rhône et roulés tout au long de la vallée en voie de formation. Ces matériaux, arrondis par l'usure, s'immobilisaient lorsque les eaux du fleuve perdaient de leur puissance ; formant des terrasses dans lesquelles certains cailloux pèsent plusieurs kilos.

Ailleurs, les rivières secondaires, toutes affluents du Rhône, entraînaient des débris rocheux de plus petite dimension, ronds eux aussi, pour former de vastes terrasses d'un autre type. Enfin, les sommets calcaires donnaient naissance par décomposition à des sols de couleur rouge. Tout cela fut naturellement plus ou moins remanié au cours des différentes phases géologiques de l'évolution terrestre.

Ainsi, les Côtes-du-Rhône se trouvent composées de terrasses à gros cailloux roulés à Châteauneuf-du-Pape, Tavel, Lirac, de terrasses graveleuses dans le Vaucluse et la Drôme, d'argiles rouges cailloutteuses ou non, de sables et de mollasses un peu partout. Les vins auront donc des caractères assez différents selon qu'ils proviennent d'une terre ou d'une autre.

Les plants cultivés représentent aussi un fait complexe. Champagne, Bourgogne, Beaujolais, Côtes-du-Rhône septentrionales tirent leurs qualités et leur originalité d'un ou deux cépages au plus par type de vin. Il en est tout autrement dans les Côtes-du-Rhône méridionales.

La vigne nous vient d'Orient. La plupart de ses variétés sont apparues sur les bords de la Méditerranée aux conditions climatiques idéales. Un grand nombre d'entre elles furent cultivées sur les coteaux de ce qui sont aujourd'hui l'Italie, la France, l'Espagne. Marqués par ce qu'on appellera la civilisation du vin, les hommes de la vallée du Rhône, pays de passage, furent attirés par ce qui se faisait loin de chez eux. Pèlerins pour Rome et Saint-Jacques de Compostelle, soldats mercenaires, simples voyageurs, ils puisèrent dans le matériel végétal rencontré ici et là et expérimentèrent leurs trouvailles de retour au pays natal. Beaucoup de variétés de vigne actuellement cultivées dans les Côtes-du-Rhône sont donc nées en Italie ou en Espagne. L'encépagement de cette appellation est une considérable population qui ne comprend pas moins de 18 variétés.

Pourtant, une question se pose : pourquoi ne pas cultiver comme ailleurs un ou deux plants seulement ? La réponse est dans la nature climatique du pays. Il n'existe pratiquement pas de printemps ici ; les équinoxes marqués par des pluies souvent torrentielles, sont séparés par une longue période estivale de chaleur intense et de grande sécheresse. Les sols cailloutteux et perméables renvoient à la plante beaucoup de soleil et peu d'eau ; les fruits de la vigne présentent souvent certains déséquilibres. Le vinificateur est plongé dans un complexe marqué par des excès quasi permanents : trop d'alcool ou de tanin dans certaines variétés, pas assez d'acidité ou de bouquet dans d'autres.

L'homme, grâce à son esprit d'observation et de recherche, comprit bien vite le parti qu'il pouvait tirer de la diversité des plantes apportées par ses ancêtres. Pour obtenir un grand vin, il lui fallait combiner des assemblages dans lesquels la qualité d'un plant cacherait le défaut de l'autre. L'association de 2, 3 ou 4 variétés est par conséquent une obligation de la viticulture méditerranéenne : Grenache, Cinsaut, Syrah, Mourvèdre, Clairette, Bourboulenc sont des associés, rétifs ou heureux suivant l'adresse du vigneron. La détermination de tels assemblages est complexe et lourde de conséquences. Chaque variété a des préférences de sol, et il est indispensable de bien connaître ce que chacune refuse. La constitution d'un vignoble de qualité exige de la connaissance, de la prudence et un grand respect des expériences passées.

En vérité, dans un pays merveilleusement propice à la vie de la vigne, la création d'un vin est beaucoup plus délicate que dans les vignobles septentrionaux. On peut même aller plus loin et dire qu'il n'existe pas à proprement parler d'unité dans un type déterminé de vin. Les produits de la vigne ont un air de famille, une allure caractérisée par leur chaleur, leur faible acidité, leur tanin, leur bouquet dominé souvent par des parfums d'épices et de fruits rouges. Mais du sud au nord et de l'est à l'ouest, que de nuances et de différences parfois profondes et déroutantes, au prime abord, exaltantes et enrichissantes ensuite.

La production de ce vaste ensemble oscille autour de un million et demi d'hectolitres, divisés en quatre produits: vins blancs, vins rosés, vins rouges de carafe, vins rouges de garde.

De vins blancs, il y en a peu; le climat se prête mal à l'obtention des caractères traditionnels qui les personnalisent. La chaleur et la sécheresse favorisent la maturité des raisins jusqu'à un niveau tel que la légèreté, la finesse, la fraîcheur sont quasi inexistantes. Il est difficile d'échapper à ces vins alcooliques, un peu lourds, mous et à odeur de madère, méprisés par les amateurs. Mais qu'on ne s'y trompe pas, nous ne sommes pas au bout de nos découvertes. Grâce à une nouvelle technique basée sur une cueillette plus précoce et l'utilisation du froid, on trouve ici et là des réussites remarquables.

Beaucoup plus importante est la production de vins rosés. Bien qu'ils exigent eux aussi de la finesse et de la fraîcheur, l'éventuel déséquilibre des composants n'est pas aussi ressenti que dans les blancs. La régularité du climat d'une année à l'autre est à l'origine de leur qualité constante qui les fait rechercher par le public pour qui «le vin rosé va avec tout!» Secs, souvent capiteux, ils sont marqués par une dominante aromatique de fruits sccs et d'épices. Leur production est toutefois restée relativement limitée. La tendance à considérer le vin rosé comme universel marque le pas; et le terroir d'ici leur confère peu d'originalité, en regard des rosés de Tavel et des Côtes-de-Provence.

Viennent ensuite les vins rouges, véritable image des coteaux rhodaniens; image double puisqu'on rencontre des vins légers dits «de carafe» et des vins de garde.

L'expression «vin de carafe» est récente, en remplacement de la dénomination «vin de café» encore couramment utilisée pourtant au cours des transactions commerciales. Il s'agit des vins qui étaient consommés au comptoir, dans les cafés des villes industrielles: Saint-Etienne, Lyon ou Paris. Les appeler ainsi, c'était les abaisser au rang d'une boisson sans âme. Aussi, cette nouvelle expression traduit mieux ce que le travail des hommes a permis d'obtenir. Ces vins doivent leurs caractères à une macération du raisin pendant un temps court; un peu plus d'une nuit. Ces vins d'une nuit — ah! le joli nom — ces vins d'amour ont une robe rouge clair

brillante, un bouquet de fruits rouges: groseille-framboise-myrtille, la forme souple, ronde et élégante. Produits principalement sur les terrasses du Vaucluse et de la Drôme, ils offrent toutes leurs qualités dans les mois qui suivent leur naissance. C'est pourquoi on les appelle aussi «vins de primeur» comme en Beaujolais.

Enfin, fermant la marche, arrive l'escouade des vins rouges dits «de garde» à qui une longue cuvaison des raisins a donné des éléments de conservation, tel le tanin. Plus riches que les vins de carafe, ils sont aussi au début plus rugueux. Mais leur maturation est relativement rapide: les qualités odorantes et l'harmonie de l'ensemble apparaissent au bout d'un à deux ans, et restent étalés quelques années. Quelques cas exceptionnels mis à part, la plupart d'entre eux commencent à faiblir après quatre ou cinq ans.

Les Côtes du Rhône-Villages

Il était fatal que sur un territoire aussi vaste, des différences sensibles dans l'originalité et la qualité aient marqué les différents terroirs. Depuis quelque dix ans, vingt-et-une communes présentent leurs vins sous leur nom en conservant par ailleurs la possibilité de s'appeler aussi «Côtes-du-Rhône-Villages». Bien entendu, cette consécration est subordonnée à l'application des règles de production plus sévères que dans les Côtes du Rhône. Qu'on nous permette de nommer les plus connues.

Chusclan. Pendant longtemps, le vin rosé a été le maître à Chusclan. Sables et sols cailouteux lui donnent un bouquet de fruits à noyau très mûrs, une forme souple et onctueuse. Mais depuis quelques années, pour des raisons commerciales, justifiées par les caractères du terroir, on produit ici des vins rouges auxquels le Grenache, le Cinsaut et la Syrah apportent originalité et équilibre.

Laudun. Voilà une exception à la loi naturelle des Côtes du Rhône. Le climat a ici moins d'excès qu'ailleurs et, de ce fait, les vins blancs de Laudun ont été de tous temps connus et estimés. Produits de cépages typiquement méridionaux, ils ont des ressemblances certaines avec leurs frères septentrionaux; la robe jaune nuancée de vert, le bouquet élégant et frais, la silhouette élancée et souple. Toutefois, comme à Chusclan, les

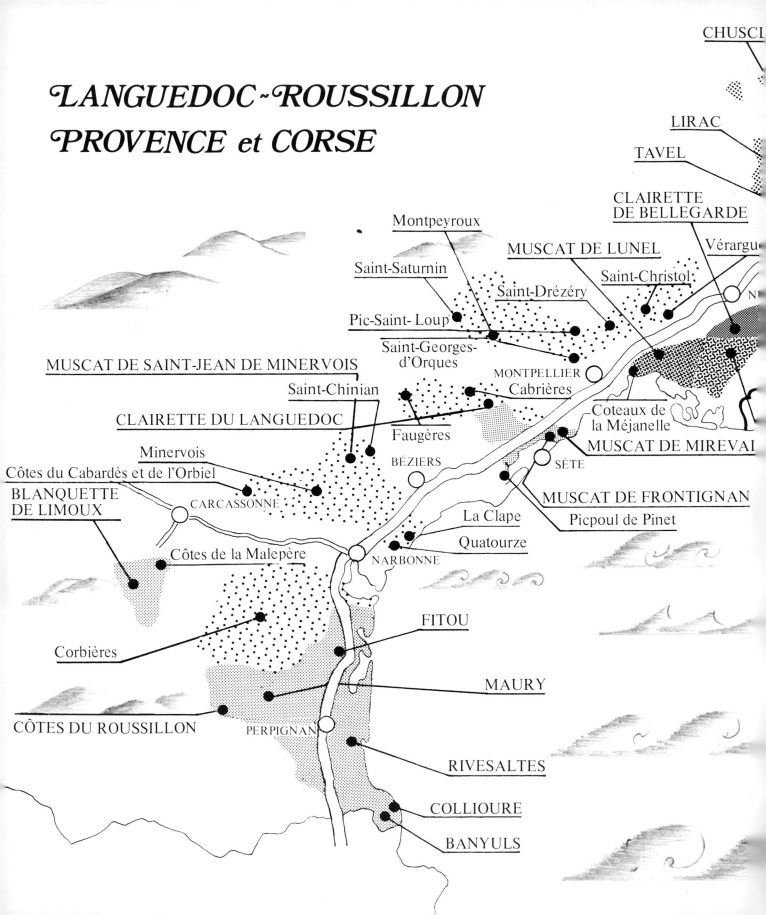

LANGUEDOC~ROUSSILLON PROVENCE et CORSE

CHUSCI

LIRAC

TAVEL

CLAIRETTE DE BELLEGARDE

Montpeyroux

MUSCAT DE LUNEL

Vérargu

Saint-Saturnin

Saint-Drézéry

Saint-Christol

N

Pic-Saint- Loup

Saint-Georges-d'Orques

MONTPELLIER

Cabrières

Coteaux de la Méjanelle

MUSCAT DE SAINT-JEAN DE MINERVOIS

Saint-Chinian

MUSCAT DE MIREVAI

CLAIRETTE DU LANGUEDOC

Faugères

BÉZIERS

SÈTE

Minervois

MUSCAT DE FRONTIGNAN

Côtes du Cabardès et de l'Orbiel

CARCASSONNE

Picpoul de Pinet

BLANQUETTE DE LIMOUX

La Clape

Côtes de la Malepère

Quatourze

NARBONNE

Corbières

FITOU

MAURY

CÔTES DU ROUSSILLON

PERPIGNAN

RIVESALTES

COLLIOURE

BANYULS

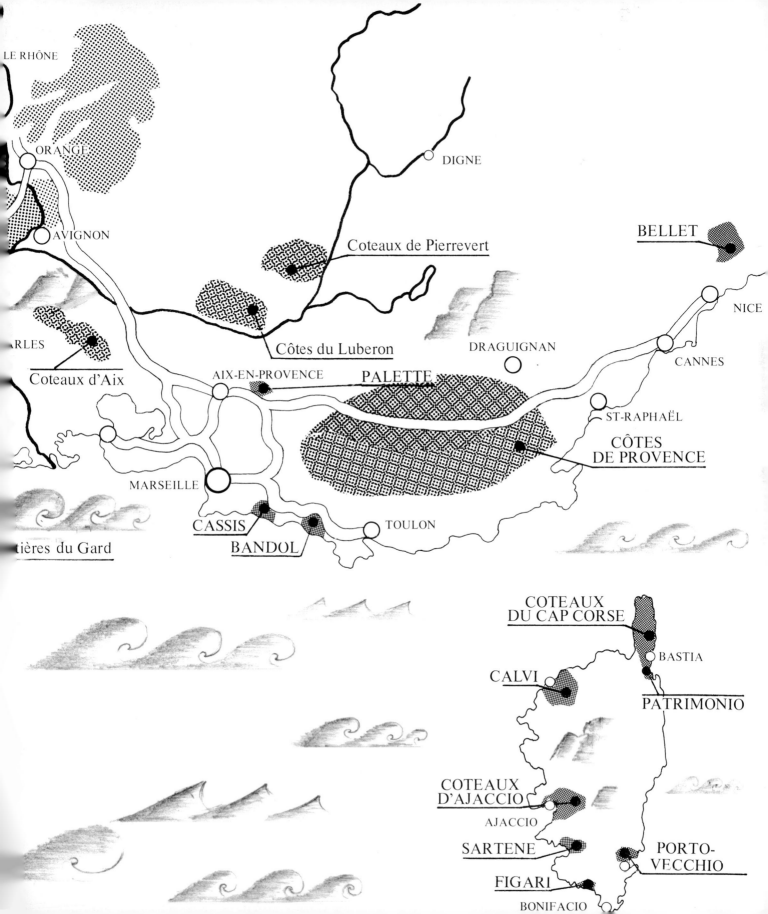

LE RHÔNE

ORANGE

DIGNE

AVIGNON

BELLET

Coteaux de Pierrevert

NICE

Côtes du Luberon

DRAGUIGNAN

RLES

CANNES

Coteaux d'Aix

AIX-EN-PROVENCE

PALETTE

ST-RAPHAËL

CÔTES
DE PROVENCE

MARSEILLE

TOULON

CASSIS

BANDOL

tières du Gard

COTEAUX
DU CAP CORSE

BASTIA

CALVI

PATRIMONIO

COTEAUX
D'AJACCIO

AJACCIO

SARTENE

PORTO-
VECCHIO

FIGARI

BONIFACIO

hommes ont trouvé des satisfactions, dans des productions moins traditionnelles. Des vins rosés et des vins rouges au remarquable équilibre sont venus enrichir la palette de ce terroir.

Vacqueyras. Dans les sols squelettiques ou d'argile rouge graveleuse, l'homme a créé depuis longtemps principalement des vins rouges. La proximité de Gigondas pourrait donner à croire que les produits de ces deux communes se ressemblent, mais il n'en est rien. Les vins d'ici sont proches des Côtes-du-Rhône: amples, charnus, bien équilibrés, relativement souples. Il n'est pas besoin de les encaver longtemps pour les trouver à point.

Cairanne. Le vignoble est des plus importants: la vigne coule des sommets caillouteux jusqu'aux terrasses rouges du Plan de Dieu, s'agrippe au passage dans quelques mollasses sableuses. Dans ces terrains si contrastés, le vigneron a cherché en permanence d'heureuses formules d'assemblage et y a réussi. On y trouve un peu de vin blanc et un peu de rosé; il faut faire plaisir à l'acheteur de passage — mais ce sont là aussi les vins rouges qui ont acquis droit de cité, parce qu'ils expriment les possibilités du terroir avec une force parfois violente. La robe est rouge sombre, le bouquet riche, intense, fruité, la forme est puissante et solide. Avec l'âge auquel ils résistent remarquablement, apparaît une belle harmonie dans un mode majeur.

Les Appellations communales

Châteauneuf-du-Pape. Sur les terrasses comme sur les coteaux escarpés, la règle n'a pas prévu moins de treize cépages pour donner aux vins les qualités typiques du cru. Mais tous n'ont pas toujours existé. A certaines époques, on préféra l'un à l'autre pour des raisons de rendement. La simplification de l'encépagement conférait fréquemment au vin une certaine banalité. La substance s'en allait tout doucement. Ce fléchissement n'a heureusement pas duré. Le développement de l'embouteillage à la propriété a permis au vigneron de prendre conscience du danger qui le menaçait. Et l'on revint aux pratiques anciennes; chaque fois qu'il plante une vigne, le paysan retrace la limite de chaque cépage, donnant un rôle essentiel aux plus originaux. La vigne à

Châteauneuf-du-Pape est le reflet de l'effort constant, de l'opiniâtreté et de la simple honnêteté des hommes de la vigne.

Châteauneuf-du-Pape est aussi connu pour sa méthode d'élaboration des vins. Autrefois le raisin était mis en cuve comme il arrivait de la vigne, c'est-à-dire, sans mutilation; c'était l'époque où le fruit de la nature était respecté. Vint l'ère de la machine; la mécanique entra dans les caves sous forme de fouloir, d'égrappoir, de pressoir au rude fonctionnement automatique. La macération des raisins écrasés malaxés provoqua une plus grande diffusion des tanins, les vins eurent plus de «mâche», mais aussi moins de bouquet et, comme disent les techniciens, il ne fut plus possible d'assurer la fermentation intracellulaire des raisins dont dépendent essentiellement le bouquet, la nature et l'intensité des parfums qui le composent. Le progrès conduisait vers moins d'originalité et de qualité.

Mais depuis quelque vingt ans, il s'est trouvé des vignerons pour comprendre le danger d'une telle méthode de travail. Ils disciplinèrent la mécanique, remirent en cuve une partie des raisins non foulés, et l'on vit réapparaître des vins identiques à ceux qui firent la réputation du cru de Châteauneuf-du-Pape.

Ce rétablissement fut si convaincant que d'autres appellations rhodaniennes l'imitèrent. La nouvelle technique, dite de macération carbonique, eut des résultats spectaculaires et rapides là où les vins sont naturellement des vins de carafe, ou de primeur. Le fruit s'est augmenté, la forme est devenue plus gracieuse. Peu à peu, la méthode a été étendue à certains vins de garde, à telle enseigne qu'aujourd'hui, les vins des vignobles rhodaniens ont acquis une personnalité et une originalité certaines.

Revenons à Châteauneuf-du-Pape. Pas de vin rosé. Peu de vins blancs, mais quelques grandes réussites, résultats d'une technique délicate et précise, qui ne supporte, du fait du climat, aucune liberté. Le bouquet est dominé par des parfums typiques: narcisse, racine d'iris, amande fraîche. La silhouette n'est pas lourde, charnelle seulement. Cette production très originale se situe au plus haut niveau.

A propos des vins rouges, que de choses à dire. Suivant les cépages dominants ou les terrains, le bouquet et la forme gagnent ou perdent en intensité et nature de parfums comme en puissance ou en élégance. C'est de leur assemblage que naît cet extraordinaire bouquet, de fruits rouges, d'amande, de noyau, de prune, d'abricot, de résine, de cachou et bien d'autres encore. Grâce à lui se dessinent ces formes amples, puissantes, toujours un peu rudes à la naissance, parfaitement assouplies après des années de sommeil dans l'ombre des caves. Ne versons pas dans l'emphase, mais reconnaissons que ces vins ont quelque chose de majestueux.

Gigondas. Au-dessus et en dessous des ruines du vieux bourg fortifié, dans des terres caillouteuses ou d'argile rouge, la vigne subit les fortes étreintes du soleil. Autrefois domaine de la vie pastorale, Gigondas était devenu une des patries de l'olivier dont les carrés argentés frissonnaient au vent. Les gelées de 1956 ont atteint jusqu'au cœur de ces vieillards, plusieurs fois centenaires. Leur disparition a donné l'air au terroir et la vigne est devenue le revenu essentiel de Gigondas dont elle a envahi tout le terroir. Le Pays a certainement perdu un peu de son cachet, mais il a gagné avec la vigne en valeur du produit.

Ici, pas de vin blanc; les vignerons dans leur sagesse ont abandonné un type de vin auquel le soleil donne trop d'alcool et pas assez de fraîcheur. Quelques vins rosés de bonne qualité sortent parfois de microclimats exceptionnels.

Reflets exacts du terroir, les vins rouges représentent l'essentiel de la production. Ce n'est ni de la prétention, ni de la malice que d'accorder aux vins de Gigondas une certaine ressemblance avec ceux de Châteauneuf-du-Pape: la robe a la même teinte, le bouquet est souvent marqué par des odeurs d'épices, la forme est large, solide, pleine: avec l'âge, apparaît une certaine rondeur, mais le vin conserve toujours un peu de fermeté. Vin original, différent de ses proches voisins, Gigondas méritait bien de devenir une appellation communale.

Tavel. Ce vignoble ne produit que des vins rosés. A voir les terrasses à cailloux roulés, les dépressions sableuses et les pentes d'argile rouge, identiques pour la plupart à celles de Châteauneuf-du-Pape, on s'attendrait à trouver ici aussi des vins rouges. Il n'en est rien. L'usage a voulu de tous temps, et maintenant le législateur, que le vin rosé reste la seule production du cru. Des essais malheureux de vins rouges se trouvent peut-être à l'origine de la spécificité actuelle.

Les caractères du vin sont sans équivoque. Neuf cépages apportent soit la finesse et l'élégance que donnent les sables maigres et les argiles décalcifiées, soit le corps et la chaleur des terrasses caillouteuses. Contrairement à beaucoup de vins rosés renommés, les Tavel ne sont pas lourds. Très secs, on disait autrefois qu'ils claquaient comme un coup de fouet. Bien réussi, le vin de Tavel est très probablement le meilleur rosé qui soit.

Lirac. Dans ce vignoble qui jouxte la commune de Tavel, aux sols à peu près identiques, les terrasses rouges graveleuses auraient tendance à dominer. La production a pris une orientation toute différente avec des vins blancs, rosés et rouges.

Comme ailleurs, les vins blancs sont peu représentés, contrairement aux vins rosés longtemps dominants; sans doute voulait-on profiter de la notoriété du voisin pour grapiller quelque succès d'estime. En réalité, pour des raisons que nous décelons mal, les rosés de Lirac et Tavel ont chacun une personnalité bien définie. Moins secs, un peu plus charnus, ceux de Lirac font là une transition entre Tavel et Chusclan et malgré leur qualité, ils n'ont pas toujours, entre ces deux types, obtenu la notoriété de leurs voisins.

Un jour, les vignerons de Lirac osèrent produire quelques vins rouges. Ce fut une révélation. Voué par un regrettable mimétisme aux vins rosés, ce terroir se révélait capable de donner des vins rouges originaux, sans lourdeur, point brûlants, équilibrés, représentants typiques de ces vignobles du Gard dont on ne connaît pas assez la richesse.

Les Vins Spéciaux

Vins blancs, vins rosés, vins rouges de carafe ou de garde, vins mousseux, l'éventail scintillant de la vallée du Rhône serait incomplet sans les vins d'apéritif et de dessert, spécialités de la région méditerranéenne. Rasteau et Beaumes-de-Venise rivalisent sans complexe avec les Grands du Roussillon et du Languedoc: Rivesaltes, Côtes d'Agly, Frontignan...

Rasteau. Les coteaux qui entourent le vieux village ne sont que vignes. Partout, ici, on sent que la vie rurale ne pouvait être autre chose. Depuis longtemps, les vins rosés et vins rouges de Rasteau ont une réputation et une originalité qui leur valut l'appellation «Côtes-du-Rhône-Rasteau» ou «Côtes-du-Rhône-Villages». Puissants, très odorants, chaleureux, ils sont plutôt faits pour la délectation à petits coups de langue que pour la grande soif.

Sur ce même terroir, le vin doux naturel s'est révélé extraordinaire. Le cépage Grenache intervient seul pour donner des vins doux naturels blancs — ce qui signifie dorés! — et d'autres rouges parce que le raisin a cuvé. Les premiers sont plus agréables à l'œil, les seconds offrent plus de variations aromatiques, plus de ressources sapides. Tous, en tout cas, doivent vieillir de longues années pour acquérir toutes leurs qualités.

Beaumes-de-Venise. Dans cette bourgade va se terminer notre voyage dans les vignobles des Côtes-du-Rhône, célébré par Mistral dont une chanson exalte le Muscat de Beaumes-de-Venise.

On comprend qu'on ait pu faire de bons vins sur ces petites terrasses où la vigne bien abritée reçoit tant de chaleur. Là comme ailleurs, il y eut quelques à-coups dans la vie de ce bon Muscat. La difficulté de la culture et un certain découragement à une époque incitèrent à la production de raisins de table et de fruits à noyaux. En définitive, le courage et le bon sens ont vaincu. Les nouveaux venus s'étant révélés décevants, le Muscat a repris sa place. Beaumes-de-Venise est redevenu un des meilleurs vins doux naturels de Muscat.

Mais qu'on fasse bien attention. L'odeur de Muscat n'est pas éternelle, elle évolue vite et c'est une erreur de le conserver longtemps. La robe pailletée d'or et le bouquet où domine souvent le miel ne résistent pas au temps plus de deux ou trois ans.

LES VIGNOBLES DE LA SUITE RHODANIENNE

Les Coteaux du Tricastin

Malgré ses antécédents et une présence ancienne dans la région, ce vignoble fut un peu oublié, jusqu'à ce que

récemment des hommes décidés résolurent de faire connaître ses mérites. D'abord classé «vin délimité de qualité supérieure», il est devenu il y a quelques années «Appellation contrôlée».

C'est justice. Car rarement un vignoble ne s'est engagé dans la voie de l'amélioration comme les Coteaux du Tricastin. Sur des terrasses d'alluvions anciennes, semblables à celles des Côtes-du-Rhône, les vignerons ont planté depuis vingt ans les meilleurs cépages régionaux, et le résultat ne s'est pas fait attendre.

Le climat, comme partout ici, ne permet que rarement la production de bons vins blancs. Mais vins rosés et vins rouges se révèlent élégants. Ils ont du «montant». Leur structure est équilibrée, leur suite fraîche. Ces vins méritent d'intéresser les véritables amateurs.

Les Côtes du Ventoux

Dans une région dont les raisins de table, les cultures fruitières et maraîchères sont bien connues, la vigne de haute qualité n'a joué pendant longtemps qu'un rôle complémentaire. En l'absence de décision, cette situation n'évolua pas. C'est maintenant chose faite. Des hommes tenaces ont lancé le mouvement et l'appellation est devenue une valeur sûre.

Situées à proximité du Mont Ventoux, ce géant, exposées aux courants froids qui coulent sur ses pentes, les Côtes-du-Ventoux se distinguent nettement des Côtes-du-Rhône. Sol et climat donnent aux vins une toute autre allure. Moins capiteux, moins onctueux, moins puissants, plus discrets, ils sont caractérisés par leur fraîcheur et leur élégance, un bouquet de fruits et un remarquable équilibre dans un mode mineur. Vins de carafe et de pichet, légèrement rustiques, ils sont dans les deux premières années de leur existence les vins du rire.

Les Côtes du Lubéron

Encore un tout autre pays, au sens où l'entendait Gaston Roupnel. Melons de Cavaillon, oliviers de Mérindol, asperges de Lauris, tous ces noms de manuels de géographie scolaire sont progressivement oubliés. Ces productions ne sont plus que des singularités régionales. La vigne a le plus souvent pris leur place.

Plus encore que dans les Côtes-du-Ventoux, le printemps et l'automne connaissent des températures souvent basses, expliquées par le relief montagneux. Ancien domaine du raisin de table, tout particulièrement des variétés tardives, le Lubéron est de plus en plus celui de la vigne à vin. Peu de vins rouges, la bonne maturité des cépages classiques étant assez irrégulière, mais nombre de vins blancs et rosés.

La nature qui s'est refusée à donner les vins blancs à la vallée du Rhône l'a fait avec tendresse à cette région. Une couleur pâle, des senteurs fraîches et légères, désaltérantes, tels sont les vins des Côtes-du-Lubéron.

Les Coteaux d'Aix-en-Provence

De Rians aux Coteaux-des-Baux et jusqu'à Martigues, la vigne s'étend, enserrant au passage le massif de Sainte-Victoire, Aix-en-Provence, l'admirable site des Baux, l'étang de Berre et Salon-de-Provence.

Le vin de qualité était autrefois connu sous des noms de marque ou des expressions géographiques: Coteaux du Roi René, des Baux, de la Trevaresse ou de Sainte-Victoire. L'appellation Coteaux d'Aix-en-Provence est née de leur conjonction; seuls les Coteaux-des-Baux ont conservé leur particularité d'expression.

Dans ce vaste ensemble où s'enchevêtrent des sols de natures assez différentes, la vigne s'est trouvée concurrencée par d'autres productions agricoles: oliviers, arbres fruitiers, vins médecins. L'homme n'a pas manqué de rechercher le meilleur. Dans des îlots souvent éloignés les uns des autres, cépages et méthodes de travail ont grandement évolué et il est réconfortant de découvrir des réussites exceptionnelles, en particulier dans les Coteaux-des-Baux, au nord de la Trevaresse, dans certains vignobles du bord est de l'étang de Berre. Elles s'appliquent aux trois types de vins: blancs, rouges ou rosés.

L'ETOILE A QUATRE BRANCHES

La zone orientale de la région méditerranéenne compte quatre appellations dispersées entre Aix-en-Provence et Nice. Petits terroirs inscrits sur la liste des glorieux promoteurs du régime des appellations contrôlées, ils forment comme une étoile brillant de mille feux dans la galaxie des grands vins français. Ce sont Palette et Cassis, Bandol et Bellet.

Palette. A Château-Grillet, il n'y a eu pendant longtemps qu'un seul domaine: le Château-Simone. Blotti au cœur d'une immense pinède dans la banlieue d'Aix-en-Provence, face à la route de Cézanne, ce domaine est l'image même de la grande tradition. Les vignes sont pratiquement toutes situées sur des terrains graveleux exposés au nord. La chaleur reçue ne dépasse pas la limite au-delà de laquelle apparaîtrait l'excès, les raisins mûrissent bien, un point c'est tout.

Honnêteté, compétence et courage ont permis de tirer du sol des vins blancs, à dominante aromatique végétale, de légers vins rosés aux senteurs de fruits secs et des vins rouges bien équilibrés. Grâce à un encépagement complexe, tous ont une exceptionnelle richesse aromatique. Leur conservation dans d'étonnantes caves creusées dans le roc leur assure une exceptionnelle durée. Dans ce tout petit cru, la grande classe est vraiment atteinte.

Cassis. Le vignoble n'y a plus l'importance d'il y a quelques lustres. La proximité de Marseille en fait une terre rêvée pour les résidences secondaires, et l'on peut se demander ce qu'il en restera d'ici vingt ans. C'était pourtant un vignoble renommé auquel des gens du félibrige et de la Grande Albion avaient donné d'abord de l'originalité puis de la valeur.

Leurs successeurs se cramponnent avec beaucoup de courage sur les pentes dures à cultiver loin des touristes oisifs. Ici, du vin rosé, mais surtout un vin blanc au caractère bien affirmé qui fut toujours le faire-valoir bienveillant des produits de la mer.

Bandol. A l'inverse de Cassis, l'appellation a subitement grandi depuis quelques années. Mais elle resta longtemps limitée à quelque 5.000 hl. Il y avait là, autrefois, quelques familles qui se «fréquentaient», formant en fait une seule famille dite de Bandol, dont le but constant fut de s'accrocher à ce qu'il y avait de mieux.

Grâce à elles, les conditions de production furent sans cesse améliorées. C'est surtout l'encépagement qui a fait l'objet de tous les soins. Comme ailleurs, il est complexe. Il faut toutefois insister sur la qualité des plants; c'est sans doute là que l'on rencontre la plus belle clairette

pour vins blancs, le plus beau cinsaut pour vins rosés. Et puis, le Mourvèdre, cépage espagnol rouge, fort cultivé dans le Var, a une telle valeur que les vins devront en contenir bientôt 50 %.

Les vins blancs et les vins rosés sont de bonne qualité, principalement dans leur jeune âge. Mais avec le Mourvèdre, les vins rouges ont pris et vont prendre encore une originalité et une qualité qui en font et qui en feront très bientôt un des vins rouges les plus remarquables du rivage méditerranéen.

Bellet. Le néophyte ne peut s'empêcher de sourire quand on lui dit qu'il existe des vignes et de bons vins dans la commune de Nice. C'est pourtant la vérité.

Le territoire de Nice est vaste. Il comprend dans sa partie occidentale une zone très accidentée, à la limite de la vallée du Var, où terrasses et pentes raides ont toujours été le domaine de la vigne et de la fleur; deux exploitations qui se sont fait longtemps concurrence, avec un recul certain de la vigne.

Les choses semblent cependant être stabilisées pour l'instant, ceci grâce à l'action intelligente d'un commerçant en vins, qui se passionna il y a 30 ans pour les vins de son pays.

Le vignoble de Bellet, fort petit, vit à une altitude de quelque 350 mètres. Ajoutons à cela l'influence marine, et l'on comprendra que nous sommes loin des chaleurs continentales de la vallée du Rhône.

Sa particularité est ici aussi dans les cépages cultivés. La frontière italienne est proche, et la nature qui se moque de cette limite a laissé entrer jusqu'ici des cépages de la péninsule. A côté des variétés classiques comme Grenache, Cinsaut, Syrah, apparaissent en quantités notables des plants inconnus ailleurs: Braquet, Folle Noire, Rolle, Pignerol, qui assurent aux vins de Bellet une originalité certaine.

On y trouve des vins blancs au bouquet floral riche, des vins rosés où l'épice se mélange avec bonheur aux odeurs d'amande grillée et de noisette, des vins rouges au bouquet de fruits où dominent la prune et l'abricot. Tous sont remarquablement équilibrés. Un petit vignoble d'une grande originalité, tel apparaît Bellet près de Nice.

LES GRANDS VIGNOBLES DE LA MER

Les Côtes-de-Provence

Le voyage dans les vignobles continentaux du sud-est se termine par une appellation dont le nom évoque tout un programme: les vacances! C'est à elles en partie que les vins doivent leur notoriété; quoi de plus providentiel, en effet, que cette foule de gens détendus bien à même d'apprécier les charmes du terroir.

Les responsables de l'appellation l'ont bien compris qui depuis de longues années, œuvrent pour que la qualité des vins soit sans cesse améliorée. Et ils ont parfaitement réussi puisqu'ils viennent de recevoir la consécration tant rêvée: être dans la famille des appellations contrôlées.

Personne ne nie la spécificité de l'ensemble des vins rosés, malgré la dimension de l'aire productrice. Elle commence pour le principal par le massif granitique des Maures, continue par la grande dépression permienne de Saint-Raphaël à Toulon, puis par le plateau calcaire qui la suit de la nationale 7 aux limites nord du département. Il faut y ajouter la région de la haute vallée de l'Arc, près du massif de Sainte-Victoire, et les terrasses calcaires du bassin de Beausset. Ainsi, de Draguignan à Toulon et de Saint-Raphaël à la banlieue d'Aix-en-Provence, la vigne a envahi tous les coteaux.

C'est un vieux vignoble dont de nombreux auteurs ont fait l'éloge au siècle dernier. Il y avait bien sûr et il y a encore des plaines où la vigne donne des vins de table corrects. Mais les coteaux et terrasses produisent, particulièrement depuis 40 ans, des Côtes-de-Provence.

Leurs exploitants sont restés fidèles aux vieilles traditions. Si, comme dans toute la région méditerranéenne, le Grenache, le Carignan et le Cinsaut sont les variétés principales, d'autres cépages de haute qualité sont venus apporter leur note d'originalité: là un peu de Syrah, là une touche de Cabernet, ailleurs du Mourvèdre, l'homme a sans cesse cherché à ce que ses vins ne soient pas confondus avec d'autres.

Sur quelque 18.000 hectares, trois types de vins sont offerts à l'amateur. Quelques vins blancs d'abord, limités comme ailleurs par les excès climatiques, dont la qualité est plus souvent un reflet d'une technologie précise que d'une prédisposition naturelle, encore qu'il faille faire une exception pour Correns. Puis des vins rosés, surtout des vins rosés, devrions-nous dire. Car dans cette région dont le climat subit des influences maritimes et des fraîcheurs du nord, les vins rosés n'ont pas du tout la puissance de ceux de la vallée du Rhône. Ce sont vraiment des vins désaltérants, boisson rêvée de l'été et des vacances.

Mais les vignerons savent bien que le vin rosé, aussi bien fait soit-il, n'est pas toute l'expression d'un terroir. C'est la raison pour laquelle ils ont augmenté sérieusement leur production de vins rouges. Tout particulièrement dans les sols granitiques du massif des Maures et de la dépression permienne. On y rencontre des réussites remarquables.

Les Vins de Corse

La Corse est une portion du monde méditerranéen dont l'unité physique et humaine est incontestable, la première ayant conditionné la seconde. Certes, il existe des nuances que les particularismes locaux illustrent; mais il ne viendrait à personne l'idée de différencier un Bastiais d'un Ajaccien, sans préciser que l'un et l'autre sont d'abord Corses. Il en est de même pour les vins.

Après l'élevage, la vigne constitue la seconde activité agricole. Elle s'est développée du nord au sud, créant un trait d'union entre gens différents au moment où les communications étaient difficiles. Ainsi s'est créée peu à peu une certaine unité.

Dans sa situation isolée, la Corse n'a pas toujours été guidée dans sa production. D'où certaines tentatives, comme celle de vins de table sur la Côte orientale, qui ne paraissent pas avoir connu la prospérité. Les Corses ont alors pris conscience que leurs coteaux en valaient d'autres, qu'ils pouvaient rivaliser sans complexe avec des vignobles plus connus. Ils ont obtenu le statut d'appellation contrôlée, consécration et moteur de l'évolution.

Le sol est nettement défini: la plupart des terrains sont des granits à porphyres et amphiboles, des granulites et des schistes; tous représentent des pentes dures à cultiver, aussi bien dans le Cap qu'à Ajaccio et à Sartène. Il

existe donc une appellation Vin de Corse, mais certains lieux, à la renommée plus ancienne, ont acquis le droit d'ajouter leur nom au mot «Corse»: Patrimonio, Ajaccio, Sartène, Calvi, Cap Corse, Figari, Porto-Vecchio.

Les variétés cultivées sont marquées par l'insularité. Si le Grenache, le Carignan, le Cinsaut, la Syrah ont passé la mer pour venir occuper en partie les terres de coteaux, c'est surtout à un encépagement typique de l'île que le vigneron fait appel: Niellucio, Sciacarello, Vermentino, Barbarossa, Codivarta, sont les cépages indispensables à la production des vins de Corse.

Les productions relèvent des trois couleurs, blanc, rosé, rouge. Peu de vins blancs, mais de très belles réussites à parfum dominant de miel, notamment dans les régions du Cap, de Patrimonio et de Porto-Vecchio. Ces vins sont originaux, de faible acidité, et quelques fois un peu corsés.

Les vins rosés, autres boissons de vacances, se rapprochent parfois du type des vins des Côtes-de-Provence. Mais, pour des raisons climatiques, il arrive qu'ils aient comme les vins blancs un corps et une puissance qui déroutent. Ce sont toujours de très beaux vins.

Les vins rouges sont bien différents de ce que l'on a vu depuis Lyon. Ils doivent leur originalité aux seules variétés cultivées: le Niellucio à Patrimonio, le Sciacarello dans la région d'Ajaccio, en particulier font que les vins rouges de Corse ne ressemblent à aucun autre. C'est cela la vraie marque de l'origine. Très odorants, caractérisés par des odeurs de fruits rouges et de fruits à noyau auxquels se mêlent des senteurs quelque peu sauvages, ils ont à la fois quelque chose de rustique et de distingué.

Si l'amateur se sent un peu dérouté par certains vins, qu'il entre très avant dans les caves corses. Il y découvrira des saveurs nouvelles qui, appréciées dans l'ambiance, lui feront mieux comprendre les richesses du vin et de l'âme corses.

la naissance d'un cru

Après une première réussite dans un cru classé du Médoc, tenter un exploit comparable à partir d'un vignoble provençal encore inconnu, telle a été l'ambition de Georges Brunet. Tentative audacieuse, sans doute unique dans l'histoire du vin. Son auteur a bien voulu nous communiquer cette lettre qui la résume.

LETTRE D'UN VIGNERON
A SES FILS

Mon cher Fabrice, mon cher Emmanuel,
En ce début de l'année, vous êtes tous deux loin de Vignelaure que vous aimez. En voici quelques nouvelles.

Je viens de rentrer de la grande pièce face au château, trois vignerons taillent. Le «mistral bâtard» porteur de froid souffle, aussi, ils sont emmitouflés dans leurs passe-montagnes. Ils jettent les bois de taille dans le rang sans engrais vert, un rang sur deux, ils y seront girobroyés dans quelques jours. Une fois les ceps taillés, détruite la dentelle des sarments, on voit mieux les pieds de quinze ans déjà, solidement ancrés dans le sol. Déjà... le temps a été englouti dans le travail de chaque jour. Sur les trente hectares de la pièce où travaillent les trois tailleurs, j'avais la première année semé en engrais verts pour préparer le sol. La deux-chevaux Citroën disparaissait dans les herbes hautes.

Pendant l'hiver, peu avant le printemps, j'ai planté les Cabernet Sauvignon, les Syrah et les Grenache. Les deux derniers sont de vieux cépages de Provence, le premier, le Cabernet Sauvignon posait un problème, car il était inhabituel en Provence. Pourtant, je sentais qu'il devait réussir sur les croupes de Vignelaure. Je le connaissais bien depuis mon aventure médocaine; de vous deux, seul Fabrice doit se rappeler le Château de La Lagune, mais tous deux pouvez retourner dans ce vignoble aujourd'hui de renom mondial. J'ai redonné tout son lustre à la belle demeure. Là aussi, j'ai planté un vignoble, comme il y a quinze ans ici. Vous imaginez quels liens se créent entre le ciel et la terre : la vigne, les pieds dans la terre, va produire le raisin que le soleil mûrira et l'eau du sol donnera à travers eux le vin aromatique, sang rouge et plein des forces du ciel et de la terre.

Je vous écris de la bibliothèque où les sarments et les bûches brûlent dans la belle cheminée de bois. Cette vieille demeure, fondée par quelque officier de Rome pour protéger le passage étroit de la route en dessous, et former un maillon sur la route de Rome à l'Espagne; quand j'ai connu cette maison pour la première fois, c'était un jour d'été où les platanes filtraient le soleil, l'eau chantait dans les bassins et les cigales dans les romarins et les santolines. J'ai aimé l'harmonie des roses et des ocres, celle aussi des pierres grises des ailes de la maison ouvrant leurs bras vers le sud et celle encore des toits descendant parfois doucement presque au sol. Des bassins, l'eau coulait en chantant dans un abreuvoir. L'eau «qui s'accumule dans la pulpe de tout raisin avec sucre et produits secrets, pour que surgisse un jour la verve du vin» (Dr Eylaud).

Quinze ans après les premières plantations, je viens d'en commencer une autre, le vignoble va ainsi passer de quarante-cinq à cinquante-cinq hectares. La nouvelle vigne sera sur une forte pente plein sud, face à la montagne Sainte-Victoire chère à Cézanne, dans une terre vierge, à la place des pins et des chênes truffiers. Si vous saviez combien sent bon l'humus des sous-bois où vont pousser à nouveau le Cabernet Sauvignon et la Syrah, ces deux cépages expérimentés en Provence par le Docteur Guyot dès 1855 et dont il écrivait «les vins du Cabernet Sauvignon ont là une saveur veloutée, les vins de Syrah y ont la plénitude et la richesse de goût et de bouquets des vins de l'Ermitage».

Aujourd'hui, en fin de matinée, l'unification des vins

de 1977 a été terminée. Avant d'unifier les trois cépages, nous avons goûté chacun d'eux séparément, un éminent œnologue était là. Comme nous, il a beaucoup aimé le Cabernet Sauvignon, long, structuré, aromatique et coloré. C'est un plaisir de boire notre vin jeune et frais! On décèle déjà dans les trois cépages réunis les qualités d'une grande année, plus charpentée, plus complète que la précédente. Le 1977 va maintenant entrer pour dix-huit mois dans des tonneaux. Dans deux ans, il sera remonté dans les cuves d'acier inoxydable du cuvier et mis en bouteilles dans la classique bouteille bordelaise.

Le domaine s'appelait Château Saint-Estève à l'origine. Il y a une quantité de domaines de ce nom en Provence! Je demandai à Henri Bosco, grand ami de notre maison, de m'aider à en trouver un autre. Il me proposa Vignelaure, «vigne de la source sacrée» en dialecte provençal. Cette source coule dans les bassins au sud de la Cour d'Honneur, venue de la montagne à travers l'ancienne canalisation romaine. Avant de l'inscrire à l'entrée du domaine, le curé du pays a, en présence d'Henri Bosco, consacré la plus ancienne cave à Saint-Estève. Nous gardons son amitié et sa statue...

Si Giono avait encore été présent à Manosque, je lui aurais demandé de me faire l'amitié de venir. Car, si je suis ici, si ce vignoble est né, c'est à cause de lui. A votre âge, je dévorais ses livres: «Regain», «Les vraies richesses», «Que ma Joie demeure». Je voulais vivre dans le même pays que ses personnages. Aussi me suis-je établi à deux pas du Lubéron, entouré par le cercle magique des montagnes qu'il a chantées. Lui aussi a aimé le vin, «le beau vin noir» que boivent Bobbi et ses amis dans «Que ma Joie demeure». Tout le charme du pays, tout le talent de Giono, n'auraient pas permis de faire un grand vin. Il y fallait les croupes et les pentes caillouteuses de nos terres pauvres, si bénéfiques à la vigne. Un autre élément a joué dans la réussite de nos vins, la «biologie»: essentiellement, elle consiste à donner vie à la terre afin qu'elle la transmette à la plante. Cette vie est donnée à la terre par les engrais verts, vesces, avoines, radis, et par les composts d'algues qui rendent le sol intérieurement vivant, le vitalisent et le rendent presque végétal... Tous les traitements faits avec les produits de synthèse ont été écartés. Ainsi, notre vin participe à l'harmonieuse évolution de la nature, en respectant ses lois; on retrouve dans un produit périssable un message impérissable, raison d'être de l'homme.

La recherche du vrai conduit tout naturellement à la recherche du beau: beauté des centaines de rosiers au bout des rangs de vignes, beauté des vignes bleutées par la bouillie bordelaise, beauté des œuvres d'art exposées ici, partout où l'on travaille, dans les caves, le cuvier d'acier inoxydable ou la salle d'embouteillage. Il n'y a pas de musée dans la maison, elle est devenue musée vivant, élevant chacun par le message de la beauté. Les artistes l'ont bien compris ainsi.

Les toiles, statues ou photos d'Arman, Hartung, Pignon, César, Buffet, Jaquet, Cartier Bresson, Lucien Clergue, et tant d'autres ont été échangées, œuvre d'art pour œuvre d'art... Après un premier échange, Pignon a fait cadeau à Vignelaure d'un immense nu rouge pour dire sa satisfaction de voir ses œuvres dans un lieu de travail et de passage. L'an dernier, le domaine a reçu près de vingt mille visiteurs. Par les œuvres d'art, il m'a semblé, là encore, faire entrer dans mon vin périssable, le message de l'impérissable.

Je vous attends avec impatience. Pour Pâques, les amandiers auront allumé leurs pétales, les abeilles, sorties pour la première fois des ruches, leur feront une chappe d'or.

Je vous attends avec impatience.

HENRI BOSCO SALUE UN NOUVEAU CRU

Quand on approche de Rians, ce beau pays du Var, où la forêt domine, peu à peu s'humanise... Des vieux villages bien bâtis annoncent l'établissement séculaire de l'homme. Dans les vallons ensoleillés et sur les mamelons que dore la lumière, les pinèdes et les chênaies ont reculé devant de vastes étendues largement cultivées. Là se sont implantés de grands domaines. Les bois ont fait place aux vergers et aux vignobles. C'est le pays d'élection de la vigne. Or, la vigne, plus visiblement que le blé, annonce que depuis des siècles, l'homme a travaillé le corps de la terre.

Ce travail si aléatoire, qui ne donne ses fruits que par la ténacité quotidienne des hommes, leur savoir et aussi la faveur tellement incertaine des saisons, n'atteint à une heureuse réussite que s'il est soutenu par la foi et l'espoir.

Combat annuel sans cesse à reprendre où tout est à prévoir et où l'imprévu menace sans cesse. Et puis la vigne aussi vieillit comme les hommes et de cette double vieillesse il résulte souvent que le plant dépérisse, perde ses vertus, quelquefois hélas! disparaisse.

Cependant le sol qu'il a honoré longtemps d'un bon vin n'en conserve pas moins, même en friche, les puissances de germination inhérentes au site et sa naturelle prédestination. Il réclame la vie, il attend à nouveau la présence de l'homme.

Or, nous sommes ici, sur un site privilégié où cet appel a été entendu. Car sur ce sol de qualité, de nouveau, aujourd'hui, règne un vignoble, un renaissant vignoble tout frais arrivé à la vie et déjà ardent à la vivre. La jeune sève monte à la grappe vigoureusement.

Renaissance bien consolante, car il eût été désolant qu'une telle terre à bon vin ne produisît plus jamais de bon vin...

Et il y a mieux! En effet, ce bon vin n'est pas l'ancien cru de ce sol, mais un vin tout nouveau dans ce pays, une tentative de vin, une création véritable, l'union à deux ceps provençaux, qui ont fait leurs preuves, d'un bordelais des plus classiques, le plus grand de tous!...

Il s'agit donc d'un mariage entre trois personnages notoires et non pas d'un mélange comme on en fait tant. Non!... Il s'agit bien d'une union raisonnable, et d'abord à partir du sol provençal, sur des terrains nerveux faits

pour la vigne, des croupes caillouteuses autour desquelles du matin au soir tourne le soleil. Tout ce que l'astre peut émettre pendant une journée entière de chaleur nourricière y est bu et emmagasiné par le sol.

D'où un raisin heureux qui ira bientôt se fortifier de tanin dans les bois des tonneaux et des foudres. Car le vin aime le chêne.

C'est là que se consommera cette union prévue où le Cabernet Sauvignon, le grand classique des plus grands crus bordelais, la Syrah colorée et si provençale, et le Grenache, vieux cépage des grands crus du Midi, fondront en une merveilleuse unité.

Heureux espoir! un vin généreux, un vin d'avenir!... ce qu'enfante la terre qui ressemble le plus à notre sang, par la couleur, la chaleur, par les vertus vitales.

Car le vin vivifie! cela va de soi puisqu'il est vivant. On le traite souvent sans le savoir, on le manie stupidement comme un simple liquide, tandis qu'il a un corps. Le langage du vigneron pittoresquement ne le dit-il pas: «ce vin a du corps»...

— «Du corps», mais quoi?...

— *Eh bin,* une substance, un tissu vivant qui, après les premières fermentations, vit encore, et qui poursuit sa vie organique, cette vie qui en modifie et en bonifie les structures tout le long de l'année dans le secret des tonneaux et des foudres.

C'est pourquoi, il nourrit, mais à sa façon. Certes, comme l'huile ou l'amande, le blé nourrit aussi, mais paisiblement. Tandis que le vin est par excellence l'aliment qui exalte. Ses origines, sa génèse, ses vertus communicatives en font un être singulier, un ami qui anime.

Il a une mère, la terre, qui le fortifie de ses sables, de ses silex, de ses calcaires et souterrainement des eaux bien filtrées. Il a un corps végétal, la vigne noueuse, qui serre vigoureusement la sève dans ses fibres. Et n'a-t-il pas aussi une pensée, celle qui se distille dans les grappes, où se concentrent les esprits du vin, l'alcool qu'exalte la flamme solaire?

Ainsi les hommes et la vigne sont inséparables. Et qui dit les hommes, dit une demeure. Là où est né, là où prospère un vignoble de race, là s'élève toujours une maison. Il serait étonnant qu'en face de cette chapelle où est revenu le vieux saint Estève, ne se dressât pas un mas provençal, un de ces mas monumentaux bâtis à la romaine dont la position éminente, la robustesse et l'architecture bien équilibrée rappellent que le grand vignoble dont il a le gouvernement a conservé ses lettres de noblesse. Car il présente son indispensable construction humaine, la grande maison de travail, de plaisir, d'hospitalité, vers laquelle montent en longues allées les platanes, près de laquelle jaillissent les sources, où des murs massifs arrêtent l'hiver et où pendant l'été les feuillages des arbres conservent à l'air sa fraîcheur.

Lieux tour à tour de labeur, de repos, où viennent habiter les amis de la vigne, les gardiens de la grappe, les fidèles du vin.

Et ces paroles, ce n'est pas en l'air que je les écris!...

Car telle qu'elle est aujourd'hui, restaurée, accueillante, cette demeure abrite non seulement ces amis, ces gardiens, ces fidèles dont je viens de parler, mais aussi, parbleu, le vin qu'ils ont fait...

N'en doutez pas, au vin aussi il faut un abri comme aux hommes. Au vin, il faut des chais, il faut des caves, si l'on veut que de bon il devienne meilleur. Ici le chai répond à ses désirs, aux règles séculaires. Il s'enfonce convenablement dans le sol. Quant aux caves voûtées elles sont tout à fait propices aux mystérieuses métamorphoses par lesquelles barriques et foudres de chêne échangent lentement avec la chair même du vin, leurs essences sylvestres qui les bonifient.

Admirables travaux de la matière d'où naîtra un vin chaud comme le sang odorant, comme l'arbre!...

Ah! qui chantera dignement une fois encore les vertus du vin, de sa fleur, de ses puissances et roboratives!...

Sa présence s'affirme sur la terre là où sont nées les grandes civilisations, où l'homme l'a utilisé tant pour les plaisirs de sa table que pour ses rites religieux.

Le vin règne sur les banquets, mais il est le Sang des autels.

le goût et l'odorat chez Giono

Giono est semblable à un Côtes-de-Provence: frais, fruité, chaleureux, ensoleillé, bavard et envoûtant. Pourquoi s'en étonner? Ce sont tous deux des crus du même terroir, des fils du même climat, du même ciel, du même pays. Ils ont l'un et l'autre un accent qui leur est commun et permet de les reconnaître, celui du Midi, joyeux et hâbleur. Soumis à l'agréage des critiques, Giono s'affirme aussi comme un incontestable écrivain d'appellation contrôlée.

Mais Giono a bien d'autres mérites pour figurer dans ces pages consacrées à la vigne et au vin: il est aussi parfaitement outillé que les meilleurs dégustateurs pour apprécier ce produit étonnant et subtil qu'est le vin. L'ensemble de son œuvre prouve abondamment, en effet, à quel point ses sens gustatifs sont développés, à quel haut niveau se situent la fidélité et la précision de sa mémoire gustative.

Le premier Giono surtout, celui qu'on peut appeler Giono le bucolique, l'auteur de «Colline» et de «Regain», sait, mieux encore que le second Giono, le chroniqueur du «Hussard sur le toit» par exemple, entraîner ses lecteurs au grand air, les exposer au vent, à la pluie, au soleil, à tous les caprices de la nature. Il sait redonner à chacun de nous ce goût de la terre déposé, comme une lie héréditaire, au fond de nos cœurs. Il nous plonge dans un monde rempli à ras bord, un monde où l'on n'a pas assez d'yeux, d'oreilles ni de mains pour tout regarder, entendre et palper, pas assez d'une bouche pour tout savourer, pas assez d'un nez enfin pour humer toutes les odeurs qui nous entrent par les deux trous des narines. Ce monde pléthorique, nous ne savions ni le voir ni le sentir: Giono nous contraint de nous y mouvoir et devient notre initiateur.

Dans «Que ma joie demeure», il fait d'ailleurs jouer ce rôle à l'un de ses personnages, ce Bobi qui, un beau matin, vient semer la joie parmi les ternes paysans du plateau de Grémone. A Jourdan le laboureur, qui fumait sa pipe sans y penser, il révèle le goût du tabac et l'odeur de la fumée. Bobi a le «gros goût», comme dit Jourdan,

le goût alerte, pénétrant, aiguisé de ceux qui savent jouer de leurs sens. Bobi serait capable d'accorder ces deux dégustateurs qui accusaient un vin, l'un de sentir le fer, l'autre le cuir, en leur affirmant qu'il doit y avoir, au fond du tonneau, un jeu de clés dans son étui de peau. Mis au défi par Honorine de découvrir les composants de sa liqueur, Bobi nous donne une magistrale leçon de dégustation: «Bobi goûta lentement.

— *Il y a du fenouil, dit-il.*

— *Ça c'est facile, dit Honorine.*

Bobi but une gorgée.

— *Du serpolet, un peu de genièvre, et attendez...*

Bobi se lécha les lèvres.

— *Vous avez, dit-il, ouvert une gale d'yeuse. Au milieu est une petite boue noire. Vous avez pris ça du bout du couteau et, peut-être deux, pas plus de trois.*

— *Deux et demi, dit Honorine dans un souffle. Ça alors!*

— *...Remarquez, dit Bobi, que ça n'est pas difficile. Il suffit d'avoir goûté une fois à la gale d'yeuse pour la reconnaître toute sa vie. Mais votre grande découverte, Mme Honorine, c'est de l'avoir mariée avec le serpolet, le fenouil et le genièvre...»*

A travers son œuvre Giono nous invite à une vaste dégustation cosmique, nous promettant une perpétuelle ivresse car, affirme-t-il, *«il n'y a pas un millimètre du monde qui ne soit savoureux».* Mais le monde pour lui, ce n'est pas l'Amérique ou l'Asie, c'est la Haute-Provence. Giono nous offre l'image exemplaire d'un écrivain n'ayant presque jamais quitté sa province. Son nom est inséparable de Manosque comme celui de Mistral l'est de Maillane. S'il hérita de sa mère une certaine sensibilité, il doit tout le reste à son père, le savetier, dont il a fait le portrait dans *«Jean le bleu».* Le savetier n'a pas seulement comblé son fils de ce qui l'aidait lui-même à vivre, la beauté, la bonté, l'amour, il a pris soin surtout de ne pas entraver ses penchants originaux. *«Je sais que je suis un sensuel,* avoue Giono. *Aux expériences de chaque jour je comprends tout ce que mon père a fait pour moi...Il a vu, lui, le premier, avec ses yeux gris, cette sensualité qui me faisait toucher un mur et imaginer le grain de pore d'une peau. Cette sensualité qui m'empêchait d'apprendre la musique, donnant un plus haut prix à l'ivresse d'entendre qu'à la joie de se sentir habile...Il n'a rien cassé, rien déchiré en moi, rien étouffé, rien effacé...»* Sensuel, Giono l'était des pieds à la tête. Les témoignages abondent sous sa plume plus encore que sous celle de Colette. Tout avait pour lui *« son poids de sang, de sucs, de goût, d'odeur, de son ».* De goût et d'odeur surtout.

Si nous avons nous-mêmes le nez fin, nos narines, en lisant Giono, sont bientôt en état d'alerte. Au début de *« Colline »* il nous montre un sanglier humant la senteur des fermes; quelques pages plus loin, il nous décrit le paysan Jaume qui, en quête d'eau, creuse un trou dans la terre, y colle son visage et hume. Pour le sanglier, comme pour Jaume, l'odorat est un instrument nécessaire. Dès qu'ils mettent le nez dehors, les hommes de Giono inspectent non seulement le ciel ou l'horizon, mais ils hument les odeurs suspendues autour d'eux. Souvent même, ils goûtent l'air avant de le respirer comme une cuisinière goûte sa sauce avant de la servir, ils le savourent à la manière d'un casse-croûte : *« L'air se mangeait,* écrit Giono dans *« Triomphe de la vie »,* avec la joie que donnent les bons aliments. *Il y avait des goûts qui pénétraient en moi-même et me parfumaient si profondément que je sentais immédiatement leur odeur passer dans mon sang ».* Tout a son odeur ou ses gerbes d'odeurs que Giono s'efforce de traduire à l'aide d'une foule d'images, de comparaisons et même d'énumérations qui sont caractéristiques de son lyrisme proliférant. Voici, par exemple, le printemps dans *« Que ma joie demeure »* : *« Les odeurs coulaient toutes fraîches. Ça sentait le sucre, la prairie, la résine, la montagne, l'eau, la sève, le sirop de bouleau, la confiture de myrtille, la gelée de framboise où l'on a laissé des feuilles, l'infusion de tilleul, la menuiserie neuve, la poix de cordonnier, le drap neuf. Il y avait des odeurs qui marchaient et elles étaient si fortes que les feuilles se pliaient sous leur passage ».* On sort de ce pullulement d'odeurs avec le nez rassasié et presque endolori. Parfois, dans les villages, une odeur unique, insinuante, canalisée par les rues et les murs, se lève soudain et domine bientôt toutes les autres. C'est ainsi qu'à l'époque des vendanges, raconte Giono dans *« Jean le bleu »* : *« Le village sentait le tonneau mouillé et le bois écrasé. Il ne sentait pas le vin, il sentait la lie, la boue des cuves ».* Il n'est que d'avoir vécu dans un pays de vignobles pour apprécier la finesse et l'exactitude de cette notation.

A la manière dont Giono présente les plats et les mets dans son œuvre, on s'aperçoit vite qu'il est plus un gourmet sensible aux fumets des aliments et aux bouquets des vins qu'un gourmand avide de combler sa faim ou sa soif. Lorsque ses personnages s'attablent, il nous les décrit, non pas en train de mâcher ou de digérer leurs nourritures, mais supputant leurs saveurs et s'en léchant les babines. C'est ainsi que le héros de *« Naissance de l'Odyssée »* contemple, à travers le fumet d'une blanquette *« tout un morceau champêtre de la colline, avec ses fleuves, ses troupeaux et son ciel joyeux ».* Giono parle rarement du vin, mais ses facultés d'attention et d'observation, son aptitude pour l'analyse olfactive, son pouvoir d'évocation, tout le prédisposait à devenir, s'il l'avait voulu, un fin dégustateur. Lorsqu'il avoue, dans son *« Voyage en Italie »,* qu'il *« aime moins boire le café que de sentir qu'on est en train de le faire »,* il nous rappelle ces grands connaisseurs qui éprouvent plus de jouissance à humer les vieux vins qu'à les boire.

Cependant deux textes: *« L'Odeur du vin »* que nous venons de lire dans ce volume, et l'une des nouvelles posthume éditée en 1978 sous le titre *« Faust au village »* suffisent pour élever Giono à la dignité de vigneron d'honneur des Coteaux de Pierrevert. Ces deux textes parlent, en effet, du vin, de la vigne et du vigneron, mais dans un langage propre à Giono, cette espèce de monologue qui sort de son imagination comme le moût du pressoir. On croit d'abord qu'il affable, mais peu à peu on s'aperçoit qu'il dit vrai. De même, on écoute le dégustateur: ce qu'il raconte sur le vin semble inventé tellement c'est époustouflant de détails, de précisions, d'images, de qualificatifs et d'étincelles. Mais que soi-même on prenne la peine d'apprendre à regarder, humer, goûter le vin avec attention et l'on sera étonné d'y retrouver tout ce qu'en a dit le dégustateur. L'imagination n'est qu'un agrandissement de la vérité.

Giono commence en décrivant une hallucination de son odorat. Dans l'obscurité d'une serre-bibliothèque où il pénètre, une odeur vineuse l'envahit. *« L'ombre me servit, écrivit-il, je ne pouvais penser que par mon odorat...La seule idée qui me vienne à l'esprit est celle des cuveaux de vin. C'est tellement précis que j'imagine voir la belle surface goudronnée de pourpre d'un vin paisible...»* L'odeur devient si entêtante que Giono fait de la lumière et découvre trois jacinthes qu'il ne savait pas là. On sait combien la dégustation avec les yeux bandés peut agiter de fantômes et ouvrir de cinémas ! Puis Giono se plante devant un vigneron et s'extasie de ses joues sanguines qui lui font comme un *« masque de pontife »*. *« Le vin dont il est le serviteur et le prêtre, écrit-il, lui a dessiné sur le visage... le tatouage du grand prêtre d'un dieu naturel »*. Ce dieu dont il dit, avant de le décrire lyriquement, que, se trouvant devant lui, il en reste bouche bée : *« Rien qu'à le regarder, il m'enivre »*. Enfin, il jette un coup d'œil au pays, un pays de vignobles qu'il ne nous situe pas, mais que nous devinons proche de Manosque. En France, les vignes ne sont jamais loin de chez soi. Dans ce pays, affirme-t-il, la vigne occupe tellement le terrain qu'il est souvent difficile d'en réserver *« le rectangle nécessaire à la construction des caves »*.

Le second récit s'intitule : *« Le petit vin de Prébois »*. On sait d'entrée de jeu qu'il ne s'agira pas d'un grand vin d'appellation contrôlée, mais d'un de ces humbles vins de pays produit par des vignes inconnues auxquelles les habitants des quatre villages d'alentour tiennent comme à la prunelle de leurs yeux. *« Nous sommes trop haut, dit l'un d'eux, pour avoir des vignes. Et cependant nous en avons »*. Giono en profite pour nous faire percevoir les relations étroites que les habitants entretiennent avec leurs vins — le blanc et le rouge — et avec leurs vignes audacieuses. Certes, ils n'en tirent aucun profit, aucune gloire mondiale, aucun orgueil national, mais seulement une certaine fierté personnelle, un souci de bien faire qui va du remords d'avoir raté son vin à la satisfaction de l'avoir réussi. Tout dépend des vendanges qu'il faut savoir commencer ni trop tôt ni trop tard, juste avec le dernier soleil. Giono nous donne à ce propos quelques-unes des pages merveilleuses dont il a le secret. On assiste aux angoisses du paysan-vigneron qui fait appel à toute son expérience, à sa connaissance ancestrale du temps pour décider du moment opportun à la cueillette des raisins. Le problème est le même dans les pays de vignobles réputés, mais peut-être avec une angoisse moins poignante. Ici, dans ces quatre villages de montagne, on discute fort avant les vendanges : *« Est-ce qu'il va faire beau encore longtemps ? Est-ce qu'on ne risque pas de tomber d'un coup dans la neige ?...Le bon vin est en balance. Certes, la sagesse serait de profiter aujourd'hui même du bon soleil...Raisin rentré, qu'il vente, qu'il neige, il serait rentré...Oui, si tout était là, d'accord. Mais vous avez beau rentrer le raisin, s'il est mauvais, il le reste. Or, qu'est-ce qui le rend bon ? C'est ce soleil béni d'automne...C'est maintenant que se préparent le goût et la couleur. »*

La couleur ? Il y a le vin rouge d'abord. *« Le nôtre, dit le vigneron de Prébois, est de couleur assez claire. Tout en restant d'un rouge coquelicot, on y voit au travers. Sa limpidité vient du froid...Quand vous vous en versez, il bondit dans votre verre... »*. Puis, il y a le vin blanc. *« C'est un vrai vin de fête...Il ne faut pas le mettre dans une bouteille de verre vert, il faut le mettre dans une bouteille de verre blanc. Alors il est exactement de la couleur des pampres...Il ne faut pas que le vin blanc soit comme de l'eau ou de l'alcool, il faut qu'il ait une teinte. Et, de Dieu ! si celui-là en a une. C'est un mélange du vert le plus bleu et de l'or le plus doux »*.

Voilà Giono tel qu'il est : collé aux êtres et sachant que ce vin *« âpre et vert »*, difficile à boire pour des étrangers au pays, mérite non seulement qu'on en parle mais qu'on en remplisse soi-même ses yeux, ses narines, son palais. Tout au long de son œuvre, Giono nous apprend ainsi à mieux respirer, à mieux sentir, à mieux user de cette extraordinaire machine à vivre qu'est un corps d'homme. A propos d'une exécrable friture qu'on lui servit en Italie : *« On a massacré cent mille petits goûts, cent mille occasions de se réjouir et même de s'émerveiller, cent mille images prêtes à naître sous ma langue »*. La dégustation du vin est cette école de sagesse et de bien vivre qu'il faut rouvrir pour que l'on sache à nouveau protéger ce que Giono appelle *« les vraies richesses »*.

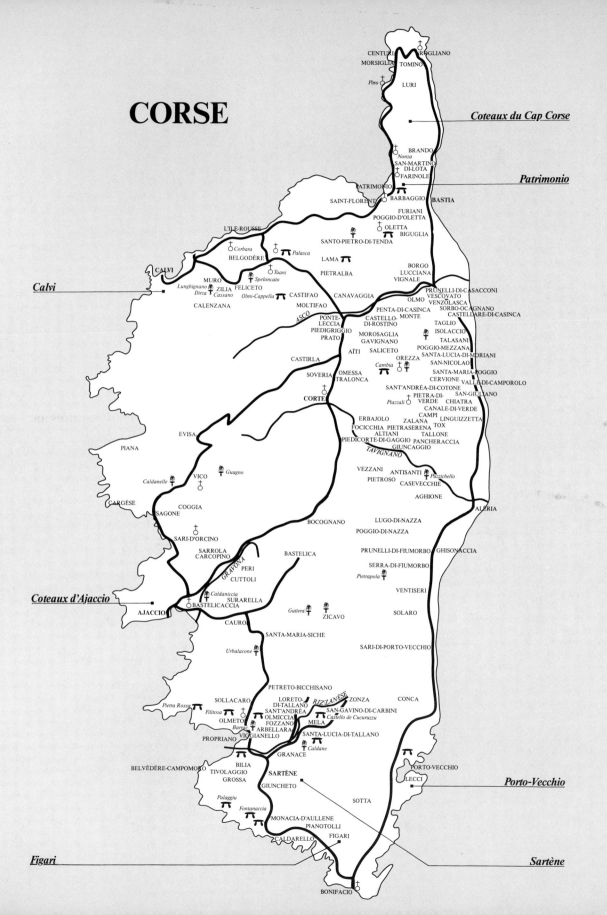

CORSE

Coteaux du Cap Corse

Patrimonio

Calvi

Coteaux d'Ajaccio

Figari

Porto-Vecchio

Sartène

CENTURI • ROGLIANO
MORSIGLIA • TOMINO
Pino • LURI

BRANDO
Nonza
SAN-MARTINO-DI-LOTA
FARINOLE
PATRIMONIO
BARBAGGIO • BASTIA
SAINT-FLORENT
FURIANI
POGGIO-D'OLETTA
L'ILE-ROUSSE
OLETTA
BIGUGLIA
SANTO-PIETRO-DI-TENDA
Corbara • *Palasca*
BELGODÈRE
LAMA
PIETRALBA
BORGO
LUCCIANA
VIGNALE
Tuani
Spel[oncato]
MURO
Lunghignano • FELICETO
Dirza • ZILIA
Cassano • CASTIFAO
Olmi-Cappella • CANAVAGGIA
CALENZANA
MOLTIFAO
PRUNELLI-DI-CASACCONI
VESCOVATO
VENZOLASCA
SORBO-OCAGNANO
OLMO
PENTA-DI-CASINCA
MONTE
CASTELLARE-DI-CASINCA
ASCO
PONTE-LECCIA
CASTELLO-DI-ROSTINO
TAGLIO
PIEDIGRIGGIO
ISOLACCIO
PRATO
MOROSAGLIA
GAVIGNANO
TALASANI
POGGIO-MEZZANA
SALICETO
SANTA-LUCIA-DI-MORIANI
AÏTI
OREZZA
SAN-NICOLAO
CASTIRLA
Cambia
SANTA-MARIA-POGGIO
OMESSA
CERVIONE
VALLE-DI-CAMPOROLO
SOVERIA
TRALONCA
SANT'ANDRÉA-DI-COTONE
SAN-GIULIANO
CORTE
Piazzali
PIETRA-DI-VERDE
CHIATRA
CANALE-DI-VERDE
CAMPI
LINGUIZZETTA
ERBAJOLO
ZALANA
TOX
FOCICCHIA
PIETRASERENA
ALTIANI
TALLONE
PIEDICORTE-DI-GAGGIO
PANCHERACCIA
GIUNCAGGIO
TAVIGNANO
EVISA
PIANA
VEZZANI
ANTISANTI
Pizzichello
Guagno
PIETROSO
CASEVECCHIE
Caldanelle
VICO
AGHIONE
CARGÈSE
COGGIA
ALERIA
SAGONE
LUGO-DI-NAZZA
POGGIO-DI-NAZZA
SARI-D'ORCINO
BOCOGNANO
SARROLA
CARCOPINO
PRUNELLI-DI-FIUMORBO
GHISONACCIA
GRAVONA
PERI
SERRA-DI-FIUMORBO
CUTTOLI
Pietrapola
BASTELICA
Caldaniccia
SURARELLA
VENTISERI
BASTELICACCIA
Guitera
ZICAVO
SOLARO
AJACCIO
CAURO
SANTA-MARIA-SICHE
SARI-DI-PORTO-VECCHIO
Urbalacone
PETRETO-BICCHISANO
SOLLACARO
LORETO-DI-TALLANO
RIZZANESE
ZONZA
CONCA
Pietra Rossa
Filitosa
SANT'ANDRÉA
SAN-GAVINO-DI-CARBINI
OLMICCIA
Castello de Cucuruzzu
OLMETO
FOZZANO
MELA
Barac...
ARBELLARA
PROPRIANO
VIGGIANELLO
SANTA-LUCIA-DI-TALLANO
GRANACE
Caldane
BELVÉDÈRE-CAMPOMORO
BILIA
TIVOLAGGIO
GROSSA
PORTO-VECCHIO
SARTÈNE
LECCI
Palaggiu
GIUNCHETO
SOTTA
Fontanaccia
MONACIA-D'AULLENE
PIANOTOLLI
CALDARELLO
FIGARI
BONIFACIO

les vins de Corse

Imaginez un vignoble préhistorique, né à l'ombre des statues-menhirs de Filitosa, les pieds dans les sources thermales d'Orezza ou de Tallano, et qui ne se serait pas laissé bousculer par les pauvres petits événements qui ont pu suivre. Un vignoble taillé par les chèvres, palissé sur l'olivier sauvage, qui aurait pris le maquis le jour même de sa naissance et le tiendrait toujours.

Imaginez un vin farouche et solitaire, un vin bien de son île comme on est bien de chez soi, qui, à la différence de tous ses confrères de Crète, de Chypre, de Samos, de Sicile, de Madère et des Canaries, aurait profité de sa situation insulaire pour jouer à Robinson au lieu de faire la Marie du Port dans tous les bouges à matelots du monde.

Pour vous plaire tout à fait, il faudrait que ce vin n'ait connu ni la technologie monastique ni les raffinements du XVIIIe siècle, ni les manipulations du XIXe, ni la réglementation du XXe. Il faudrait qu'il ait ignoré avec la même superbe les contraintes et le profit, la gloire et les impôts.

Coulé dans le bronze, un tel vin serait arrivé jusqu'à nous pur et fier, tel qu'en lui-même l'éternité l'a conduit jusqu'à nous. Ce rêve que la plus belle ivresse n'aurait pu vous procurer, la sobriété vous l'apporte. Vous l'avez à portée de la main, vous pouvez le découvrir, le boire. C'est le vin corse.

A elle seule, l'étude du vin corse présente autant d'intérêt que celle de tous les autres vins français. En effet, malgré des nuances locales, l'histoire des vins continentaux tend à se répéter selon un schéma quasi indéformable. A l'opposé, l'évolution du vin de l'île, qui est en réalité une absence d'évolution, se présente comme un cas unique de produit livré à son seul producteur que peu de conseils et peu de comparaisons sont venus troubler. Vin antique donc, «dans son jus», comme disent précisément les antiquaires.

Alors qu'en France les statistiques sont d'une féroce précision, les chiffres que l'on peut recueillir dans l'île sont beaucoup plus incertains. La base solide et simple de toute estimation est la déclaration de récoltes, lettre morte pour la Corse qu'un décret de 1811, repris par le Code du vin, dispensait du paiement des droits indirects. Certes, un «redressement» est en cours, qui peut se justifier par la nécessité d'intégrer le régime des appellations aux règlements de la communauté européenne, mais ce n'est pas en un jour que l'on met un menhir au pas. Ce qu'on pourrait appeler la sécurité administrative n'a pas le même sens en Corse qu'ailleurs, aussi nous efforcerons-nous de donner une image du vignoble de toujours plutôt que d'insister sur les étiquettes que nous risquons de lire demain. Les suivantes ne pouvant d'ailleurs que refléter le premier.

On peut évaluer la superficie actuelle du vignoble à quelque dix mille hectares, dont les trois quarts au moins, destinés à la consommation familiale, sont situés à proximité immédiate des habitations. Le climat étant toujours favorable, même aux plus fortes altitudes, il s'ensuit que l'on trouve de la vigne sur toute l'étendue de l'île, sur les hautes vallées et les rares plateaux aussi bien qu'à proximité de la mer.

Quelques situations particulières ont cependant brisé cette uniformité. Avant de les étudier, nous en donnerons le résultat actuel, la situation géographique des vignobles les plus réputés, ceux qu'un jour ou l'autre on retrouvera dans le classement officiel en appellations d'origine contrôlée. Nous ferons le tour de l'île du nord au sud dans le sens des aiguilles d'une montre et nous pénétrerons ensuite à l'intérieur.

Les coteaux du Cap Corse couvrent quelque deux cents hectares sur des sols formés surtout de schistes lustrés associés à des calcaires. Très sinueuses, les petites vallées sont orientées vers l'est, situation donc comparable à celle de la Bourgogne, de l'Alsace et nombre d'autres bonnes régions. Les vignes sont cultivées en terrasses entre 100 et 200 mètres d'altitude. Les meilleurs cantons sont ceux de Brando, de Luri, Rogliano et San-Martino-di-Lota. Granitique par exception, le terroir de Rogliano fournit de bons vins rouges, surtout à base de Niellucio, le meilleur cépage corse pour les vins rouges et rosés. Centuri, Morsiglia, Tomino et surtout

Luri produisent les meilleurs vins blancs, à partir de Vermentino ou Malvoisie de Corse et d'Ugni blanc ou Rossola. Ce sont les deux cépages recommandés pour produire des vins blancs sur toute l'île. Les vins blancs sont à l'origine d'un vin doux appelé «Vin du Cap Doux».

A la hauteur de Bastia et de Saint-Florent, sur les communes de Barbaggio, Farinole, Oletta, Patrimonio, Poggio-d'Oletta, Saint-Florent et Santo-Pietro-di-Tenda, s'étendent sur des sols souvent alluvionnaires et sableux les cent cinquante hectares qui produisent le vin de table de loin le plus connu de toute la Corse, le Patrimonio.

Le vignoble de la Casinca, dont Vescovato est la capitale, s'étend sur quelque cinq cents hectares, schistes lustrés des coteaux, alluvions anciennes de la plaine. Principales communes: Castellare-di-Casinca, Monte, Penta-di-Casinca, Folelli, Prunelli-di-Casacconi, Olmo, Sorbo-Ocagnano, Venzolasca, Vescovato, Biguglia, Borgo, Furiani, Lucciana et Vignale. Les vins y sont assez différents selon les terroirs, la production étant plutôt orientée vers les bons vins de table.

Situé entre la montagne et la mer, sur des collines schisteuses, le vignoble de Cervione produit des vins corsés, fruités, colorés, assez typiques. Principales communes: Cervione, Poggio-Mezzana, Sant'Andréa-di-Cotone, San-Guiliano, San-Nicolao, Santa-Lucia-di-Moriani, Santa-Maria-Poggio, Taglio-Isolaccio, Talasani et Valle-di-Camporolo.

La vallée du Tavignano, qui ne comptait plus guère que quelques vignes proches d'Aléria est l'une de celles qui se sont le plus développées au cours de ces dernières années. Le vignoble comprend deux zones: la première continue le vignoble de Cervione, de Chiatra à Aghione et couvre les collines entre la montagne et la plaine, c'est encore une côte exposée à l'est; la seconde remonte la vallée du Tavignano, s'en détachant parfois assez largement pour occuper la montagne, comme vers Zalana, Erbajolo au nord, Vezzani, Pietroso au sud. Autant par son étendue que par la variété de ses terroirs et des ses climats, ce vignoble nous paraît avoir de l'avenir. Normalement, il devrait se diversifier, éclater. Communes productrices: Aléria, Aghione, Altiani, Campi,

Canale-di-Verde, Casevecchie, Chiatra, Erbajolo, Focicchia, Giuncaggio, Linguizzetta, Pancheraccia, Piedicorte-di-Gaggio, Pietra-di-Verde, Pietraserena, Pietroso, Tallone, Tox, Vezzani, Zalana. Au sud du Tavignano, la colline d'Antisanti semble déjà se détacher du groupe.

La côte se poursuit vers le sud par les communes de Lugo-di-Nazza, Poggio-di-Nazza, fortement ancrées dans les collines, alors que le terroir de Ghisonaccia est plutôt formé de plaines alluvionnaires caillouteuses.

L'ancien vignoble du Fiumorbo reste bien constitué autour de Prunelli-di-Fiumorbo, Serra-di-Fiumorbo, Solaro et Ventiseri.

Implanté autour d'un golfe fréquenté par de nombreux estivants, le vignoble de Porto-Vecchio a, lui aussi, retrouvé une nouvelle jeunesse. Par escales, il atteint Bonifacio et pénètre largement à l'intérieur des terres. Principales communes: Bonifacio, Conca, Lecci, Porto-Vecchio, San-Gavino-di-Carbini, Sari-di-Porto-Vecchio, Sotta, Zonza.

Un petit tour de cap, d'ailleurs pas toujours facile, nous permet de prendre pied sur le terroir calcaire de Figari qui s'étend sur deux autres communes: Pianotolli-Caldarello et Monacia-d'Aullène.

La région de Sartène a été l'une de celles où un réel effort de mise en valeur a été tenté à la fin du XIXe siècle. Elle se divise en deux terroirs assez différents. Encerclant la baie de Propriano de Sollacaro à Viggianello et Propriano, se faufilant le long du Rizzanèse et remontant les collines jusqu'à Giuncheto, Sartène, Granace, Arbellara, s'étend un vignoble que nous pourrions qualifier de marin, établi sur des sols assez riches et profonds et donnant de bons vins de table titrant de 10 à 12°. Si l'on continue à remonter le Rizzanèse, on atteint vers 400 mètres d'altitude les terrains granitiques de Santa-Lucia-di-Tallano qui produisit longtemps le cru le plus réputé de toute la Corse. Menacée d'abandon depuis un certain nombre d'années, la production semble cependant reprendre sur ce terroir privilégié. Communes productrices: Arbellara, Belvédère-Campomoro, Bilia, Fozzano, Granace, Grossa, Giuncheto, Loreto-di-Tallano, Mela, Olmeto, Olmiccia-di-Tallano, Santa-Lucia-di-Tallano, Sartène, Sollacaro, Tivolaggio,

Viggianello, Propriano, Sant'Andréa-di-Tallano.

Tout autour de la ville, se déployant de terrasse en terrasse sur un rayon qui dépasse souvent vingt-cinq kilomètres, s'étendent les coteaux d'Ajaccio. Les terrains y sont assez variés, alluvionnaires dans les vallées, avec cependant une nette prédominance de coteaux granitiques. Cette région peut être divisée en trois zones principales: région de Bastelicaccia, Suarella et Cauro jusqu'à Santa-Maria-Siché; basse vallée du Gravona, Cuttoli, Peri, Sarrola; région de Sari-d'Orcino, Vico, Evisa, avec pointes sur la mer en direction de Sagone, Cargèse, Piana. Les aires de production sont réparties sur les cantons suivants: Ajaccio, Bastelica, Bocognano, Evisa, Petreto-Bicchisano (à l'exception de la commune de Sollacaro), Piana, Santa-Maria-Siché, Sari-d'Orcino, Sarrola-Carcopino, Vico et Zicavo.

Jusqu'à nos jours, la superficie du vignoble de la région de Calvi a été relativement modeste. En 1950, elle ne dépassait pas quatre cents hectares. Cette situation évolue rapidement. Les meilleurs terroirs sont situés sur les cantons de Belgodère, Calenzana, Calvi, l'Ile-Rousse, Lama et Muro.

Le vignoble de l'intérieur est beaucoup plus réduit, tout au moins si l'on accepte le classement actuel, dont on ne saurait dire avec certitude s'il est officiel ou officieux mais dont l'origine administrative ne saurait faire de doute. Pour le moment, les communes signalées comme les meilleures se situent toutes au nord de Corte, les unes à l'est de l'axe Corte-Ponte-Leccia, comme Tralonca, Omessa et Aïti, renforcées par le groupe de l'est situé en bordure du massif montagneux qui porte les sources d'Orezza, Saliceto, Gavignano, Morosaglia, Castello-di-Rostino; les autres à l'ouest, Soveria, Castirla, Prato, Piedigriggio, Moltifao et Castifao au large de l'Asco. Dans l'angle formé par la route qui gagne Bastia et celle qui rejoint l'Ile-Rousse sont situés Canavaggia et Pietralba.

STATUES-MENHIRS ET MÉGALITHES

Au XIXe siècle, le gastronome Charles Monselet exerçait la critique dramatique pour se tenir éveillé entre le dîner et le souper. Il s'installait au Café du Théâtre devant une consommation bien méditée, recevant après chaque acte la visite de l'un de ses amis qui venait lui raconter la pièce. Aux railleurs, il se contentait de répliquer qu'il se refusait à assister à la représentation de peur d'être influencé.

Pareille impartialité est assurée à qui se propose de parler du vin corse. Ile oubliée des Français jusqu'en 1768 et peut-être même après, ensevelie sous l'ignorance, ravagée par la malaria, la guerre, la vendetta et la misère, comment la Corse aurait-elle jamais songé à nous parler en empruntant la voie des peuples triomphants, le vin? Vides les archives et quasi nuls les souvenirs et les témoignages. Mis lui-même hors de combat en même temps que le fisc, le «Journal officiel» n'a osé réapparaître sur le ring que dans la deuxième partie du XXe siècle. A qui se fier! On comprend que dans de telles conditions aucune étude d'ensemble n'ait été tentée. Il y faudrait l'intrépidité de Monselet.

Si discutable soit-elle, sa méthode reste dans ce cas la seule dont on puisse attendre quelque résultat. Nous devons reconstituer la biographie d'un inconnu, faire le portrait d'un modèle que nous n'avons pas rencontré, commenter le jeu d'un acteur que personne n'a vu jouer. Exercice plus périlleux encore que celui de la police dressant un portrait-robot. Au moins ne s'y risque-t-elle que s'il se présente quelques témoins.

Quand on n'a pas de témoins, il n'est pas mauvais d'avoir une idée. Or, après tant de tête-à-tête prolongés avec lui, nous avons découvert que connaître un vin, c'est comprendre un pays. Pourquoi pas la réciproque? Ce pays célèbre pour ses charcuteries nous invite à croire à la fable de Chicago, dont les abattoirs happent le porc vivant et le rendent en boudins et saucisses. S'il y a manque de sel, on appuie sur la marche arrière et un heureux petit cochon sort du chapeau, avec son petit œil rond, sa large oreille de dandy basque et ses châtaignes, ses glands, son maquis trop parfumé... Ce verre de vin noir que l'on nous offre dans une obscure bergerie du Niolo et qu'à la première gorgée nous avons trouvé un peu âcre, ne nous pressons pas de le boire, profitons plutôt de la pénombre pour le verser dans la seule machine qui ait jamais bien fonctionné en Corse, celle qui remonte le temps.

Aussitôt le désert se peuple, le silence parle. Pas de bibliothèques! disiez-vous. Que faites-vous de plus de deux cents sites mégalithiques avec leurs dolmens et leurs statues-menhirs bien rangés sur les collines? Pas de témoins dans un pays où la chèvre et le mouton se sont gardés petits pour rester plus fidèles aux premiers âges de la domestication? Pas de souvenirs de vie sociale? Ecoutez le chant des sources thermales, filtrez le gémissement sourd des puits de mines. Feuilletez les feuilles des forêts, comptez les pierres du chemin, émincez les vagues de la mer, dessinez les calanques et les fleuves. Allez plus loin encore, après l'avoir dépouillé par la connaissance de son propre pays, prenez-vous-en au Corse lui-même. Sachez tout de lui, de la berceuse qu'on lui chantait dans son enfance au vocero qui le conduira à la tombe. Patience, le vin est au bout...

Aujourd'hui encore civilisation pastorale, la Corse est l'un des plus anciens pâturages d'Europe. Les premiers bergers furent des Ibères, de la race de ceux qui élevèrent les fantastiques dolmens andalous et plantèrent le vignoble de Jérez. Il semble que personne ne soit jamais parvenu à déplacer seulement de l'épaisseur d'un cheveu ni ces hommes de bronze — plus encore que de bronze — ni leurs campements. Ils existent toujours... au milieu des vignes, de préférence les meilleures. Le plus célèbre groupe mégalithique, celui des statues-menhirs de Filitosa, auquel il faut rattacher les menhirs du Rizzanèse, est situé dans le plus prospère des vignobles, celui de Sartène. Sans quitter la région, nous trouvons le Castello de Cucuruzzu dans le périmètre des vins de Tallano, les plus réputés de l'île. Mégalithes et vins encore à Porto-Vecchio, à Patrimonio, à Oletta, à Palasca, dans le secteur des vins de Calvi.

Nous venons de citer les enclos d'hiver, situés à basse altitude, mais l'autre bout de la route de transhumance a, lui aussi, été à l'origine d'une certaine fertilité, bien que les conditions de la viticulture soient beaucoup moins favorables. Les «mégalithes d'été» sont répartis de part et d'autre de l'arête centrale. A l'est d'Omessa, ce sont les pierres de Cambia autour desquelles forment un cirque les vignobles de Tralonca, Omessa, Aïti, Gavignano, Saliceti et qu'on devrait sans doute raccorder aussi à la région des vins de Cervione. Cet implacable

voisinage se retrouve jusque dans la difficile région du Niolo, par excellence celle des pâturages d'été. Un important groupement de dolmens et de menhirs a été repéré sur les communes d'Olmi-Cappella, de Lama, de Palasca, de Santo-Pierto-di-Tenda. Dans le même périmètre sont compris les vignobles d'altitude de Castifao, Moltifao, Canavaggia, Pietralba, Lama. Sur la route de transhumance qui conduit au golfe de Saint-Florent nous trouvons Oletta, mégalithes et vignobles dans le même enclos.

Des exemples si nombreux et si saisissants nous paraissent devoir déjà écarter l'idée de coïncidences. Pourtant, nous avons mieux. La Corse est l'un des pays qui a conservé jusqu'à nos jours les procédés de fabrication et de transport du vin tels qu'ils étaient pratiqués au temps des Hébreux et tels que les mentionne dans la Bible le prophète Isaïe qui vivait environ huit cents ans avant notre ère. Les cuves étaient alors creusées dans le rocher, en plein champ. Ouvrons et lisons «La vie quotidienne en Corse au XVIIIe siècle» par Paul Arrighi (Paris 1970): *«On laissait autrefois les vins exposés au grand air presque toute l'année dans des cuves de maçonnerie établies près des vignes. On allait en tirer la quantité dont on avait besoin journellement et que l'on remplaçait par de l'eau.»*

Quant au transport, nous extrairons quelques lignes des «Souvenirs d'un officier royaliste» de 1824-1829 qui réussiront à nous reporter au temps d'avant la Bible. Il nous donne d'abord des détails sur la fabrication des outres: *«Ce sont des sacs de peaux de bouc, tout entières, comme lorsque l'animal vient d'être dépouillé, et qui sont seulement tondues et cousues à toutes les extrémités, de manière à ce que le vin ne puisse s'en échapper; on y laisse même la peau des pieds pour servir de poignée, ce qui produit un effet assez plaisant lorsque le mouvement du cheval fait mouvoir toutes ces extrémités gonflées par le liquide. On adapte à l'un de ces pieds un petit tuyau qui sert à introduire le vin à l'intérieur et à l'en faire sortir.»* Procédé ingénieux donc, complété par un mode d'emploi bien dans l'esprit des patriarches orientaux d'autrefois: *«Les femmes se chargent très habituellement ces outres sur la tête, ce qui produit un tableau souvent très original.»* On peut trouver moins heureuse l'habitude d'utiliser la même outre pour le vin et pour l'huile.

Ces méthodes ont été perfectionnées au cours des âges. En particulier, nous avons signalé à Gigondas l'existence de cuves creusées dans le roc, mais faisant partie d'une cave. Deux indices nous laissent croire qu'on en pourrait retrouver l'équivalent en Corse. A une heure de marche d'Ajaccio, en direction des Sanguinaires et du col de Cacao, près de la Bergerie de Lamucio, le rocher de la Tête de Mort porte des anfractuosités dans lesquelles les bergers déposent leurs provisions et font sécher leurs fromages. L'usage des cuves, naturelles ou aménagées, ne leur était donc pas inconnu. Quant aux caves elles-mêmes, on en citait au moins un exemple, à Feliceto, village viticole situé à l'intérieur des terres, à l'est de Calvi.

PAS DE SOURCE THERMALE SANS VIN

Restée à peu près telle qu'aux premiers jours de la domestication du mouton, la liaison berger-sources-thermales-vin apparaît en Corse dans toute son évidence. Si l'actualité thermale est aujourd'hui relativement réduite, il n'en a pas toujours été ainsi. En 1784, le Plan terrier, dressé par les services du génie français, dénombrait trente-neuf sources d'eaux minérales: vingt-six froides et treize chaudes. A l'exception de la région nord Saint-Florent-Cap Corse et de l'extrême sud, Bonifacio, Figari et Porto-Vecchio, d'Aléria, qui durent à la plus généreuse des sources, la mer salée, leurs premières plantations, tous les vignobles corses sont liés à des stations thermales: les vins de Sartène et de la baie de Propriano prennent leur inspiration aux bains de Barraci; ceux de la baie d'Ajaccio dans les bains de Caldaniccia; Calvi et l'Ile-Rousse sont justiciables des eaux de Speloncato, au sud de Belgodère. On retrouve le même couplé gagnant à l'intérieur des terres: source d'Urbalacone–vin de Santa-Maria-Siché, sources de Dirza, Cassano, Lunghighano (à Montemaggiore et à Zilia)–vins de Muro, de Calenzana, de Feliceto; bains de Guitera–vins de Zicavo, de Bastelica; source de Caldane–vins de Tallano; source de Pietrapola–vins du Fiumorbo; sources d'Orezza, de-Pardina–vins de Vescovato, de Cervione sur le rebord oriental et, à l'intérieur, de Saliceto, Gavignano, Castifao, Morosaglia, Castello-di-Rostino; bains de Puzzichello (sur la commune de Casevecchie)–vins de la vallée du Tavignano (Aghione, etc, et surtout Antisanti, la commune voisine); sources de Guagno-les-Bains et de Caldanelle–vins de Vico, d'Evisa, de Coggia. Encore sommes-nous loin d'être parvenus à retrouver les quarante sources mentionnées au XVIIIe siècle, qui furent peut-être une centaine au temps des premiers vignerons. Le premier résultat de cette enquête est catégorique: si le contraire peut n'être pas toujours vrai, il n'existe pas de source thermale sans vignoble.

Plus encore qu'une île, la Corse est un carrefour posé sur la mer. Ils y sont tous venus: Grecs, Etrusques, Carthaginois, Romains... Radio-cocotier antique ne nous a pas laissé ignorer le débarquement des Grecs de Phocée, les mêmes qui fondèrent Marseille, qui seraient arrivés à Aléria (Alalia) en 564 avant notre ère. Pas plus que les autres, tous pourtant fameux vignerons, ils n'eurent pas la chance de jouer le moindre rôle. Pour eux, le vin, c'était déjà cuit, peut-être même au sens littéral du mot, car jusqu'à nos jours on a conservé l'habitude de préparer le bruccio en jetant des galets chauffés au rouge dans le seau de lait. On dut pratiquer autrefois de la même manière pour le vin.

Autre vérité choquante apparue au cours de nos longues conversations avec le vin, pas paysan pour un sou, il ne manque jamais une occasion de s'encailler avec les ouvriers de toutes disciplines et indisciplines. Ses premiers grands jours, il les a connus dans le cuivre d'Asie Mineure et de Chypre, dans l'étain de Toscane, dans le sel du Jura, l'or du Minervois. Heureuse convergence, la source thermale n'étant souvent elle-même que l'efflorescence liquide et révélatrice du minerai. Tous les anciens terrils des mines corses sont recouverts de vignes qui ont survécu aux maîtres de forges et à leur prolétaires. Cette persistance explique en partie la densité du vignoble de part et d'autre de l'arête Bocognano-Ponte-Leccia et sa haute qualité: cuivre à Castifao, à Castifao-Morosaglia, plomb à Pietralba; plomb et argent à Calenzana, canton appartenant à la région des vins de Calvi ; à quelques kilomètres plus loin, Zilia, située dans le même nid qui abrite déjà les sources thermales de Dirza, Cassano, Lunghighano et les caves préhistoriques de Feliceto est renommé depuis toujours par ses riches filons de plomb argentifère. Les fonderies de fer vont dans le sens du courant créé par les eaux thermales, les plus importantes sont à Orezza et dans la région Vescovato-Cervione, à Alesani, Cacasconi, Moriani. Les adresses des maîtres des forges sont les mêmes à Vescovato et à Chiatra.

Bergers, moutons, cuivre, plomb, argent, mineurs ayant de beaucoup précédé le débarquement des navigateurs grecs, la logique voudrait que ce vignoble implanté en vase clos soit l'expression exacte de la vie locale. Tel est bien le cas, car, témoin incorruptible, le vin ne ment pas. Jusqu'à ces dernières années, le vin corse est resté un produit de l'intérieur, comme toute la vie de l'île, à une seule exception près, celle des vins du Cap Corse, dont la réputation ne devait d'ailleurs s'établir qu'au XVIIIe siècle, soit trois millénaires après la création des grands crus qui furent essentiellement l'œuvre des sources thermales d'Orezza, de Puzzichello et surtout de Caldane. Nous ne manquerons pas le rendez-vous avec cette dernière.

Au nombre des grands créateurs du vignoble, dans toutes les régions de France, figurent les évêques. Presque partout, ils semblent avoir fait cette percée vineuse dont on attribue le mérite aux Romains, d'ailleurs non sans raison, ces apôtres chrétiens ayant hérité des prérogatives et souvent des domaines des fonctionnaires romains dont ils étaient aussi, presque toujours, les fils. Déjà nous avons dit que les Romains, même s'ils s'étaient installés sur le rivage, n'avaient guère «mordu» sur la Corse. Il est même probable qu'ils n'ont pas essayé tant les guerriers de l'île inspiraient la terreur. Une phrase d'Aristote extraite de sa «Politique» a permis d'affirmer que l'existence des statues-stèles de Filitosa élevées à partir de l'an 1400 était connue de toute la Méditerranée antique: «Les Ibères, peuple belliqueux, élevaient autour de leurs tombeaux autant d'obélisques que le défunt avait tué d'ennemis de son vivant.» Ainsi retrouvons-nous l'alliance guerre-grand vin que j'ai signalée dans mon livre «La Mort du Vin». Dans la foulée, les érudits n'ont pas craint de rapprocher la Corse du royaume des Lestrygons qui laissa à Ulysse un si mauvais souvenir. Il est rapporté dans le chant X de l'Odyssée. Terrifiés, les matelots grecs reçoivent sans pouvoir riposter une avalanche de projectiles dont le moindre pouvait couler leur vaisseau. «*Ils ne ressemblaient pas à des êtres humains mais aux Géants*, dit Homère. *Des falaises, ils lançaient des rocs qui eussent fait la charge d'un héros.*» La leçon n'avait pas été perdue et bien des siècles plus tard, traitant la question dans sa «Géographie», Strabon décrit les Corses comme «*un peuple farouche... indiscipliné... vivant de rapines, plus sauvage que les bêtes fauves*» et dont il n'y avait pas d'espoir de tirer jamais un esclave! Strabon avait raison à un point qu'il ne soupçonnait pas lui-même, témoin cette berceuse qui jusqu'à nos jours a endormi nombre d'enfants mâles:

« Quand vous serez grand,
Vous porterez les armes
Et vous n'aurez peur
Ni des voltigeurs ni des gendarmes.
Tous vos ancêtres étaient des hommes fameux ;
Ils étaient alertes, dispos,
Ne craignant pas le sang,
Ils étaient courageux...
De ces hommes de grande bravoure,
La fleur de notre race,
Peut-être es-tu, mon chéri,
Celui qui doit les venger. »

Une telle strophe vaut une Grande Armée comme Napoléon n'en conduisit jamais, car constamment renouvelée au cours des siècles. On comprend que les Romains ne l'aient pas affrontée, terreur qui retarda le perfectionnement de la viticulture préhistorique.

Là où César n'avait même pas voulu prendre le risque, le Christ passa sans même paraître soupçonner qu'il y eût un danger. La réussite fut à la mesure de ses espérances, le peuple corse est resté l'un des plus chrétiens du monde et l'on comprend que jusqu'en 1789 il n'ait pas occupé moins de six évêques. Sous le pontificat de Grégoire le Grand (590-604), les diocèses étaient les suivants: Accia, Ajaccio, Aléria, Mariana, Nebbio et Sagone. Au XVIᵉ siècle, le siège d'Accia fut absorbé par celui d'Aléria. Précisons que ces évêques appartenaient à l'espèce nomade si répandue autrefois, l'évêque de Nebbio résidait de préférence à Saint-Florent, celui d'Aléria à Cervione, celui de Sagone à Vico puis à Calvi. Neuf palais épiscopaux avec les vignes correspondantes. Si l'on se rappelle que Saint-Florent se prononce vin de Patrimonio et Mariana vin de Vescovato, on croira sans peine que les évêques ont fait de leur mieux pour rester fidèles à la leçon donnée par les Noces de Cana. Fidèle à l'une de ses missions, la crosse épiscopale a servi de tuteur au pampre.

Pour un marin, une île est l'endroit rêvé pour se livrer à sa passion de créateur de vin. Il serait bien étonnant qu'il ne se soit pas attaqué à la Corse. Tout d'abord, la côte offrait de bons mouillages, comme Ajaccio, Sagone, Saint-Florent, Porto-Vecchio. Avec un peu d'adresse, Calvi était très praticable. Au cours du XVIIIᵉ siècle furent aménagés à peu de frais les ports de l'Ile-Rousse, Bastia et Macinaggio au Cap. Les échanges avec le continent pouvaient être très rapides. Par bon vent, Livourne était à une heure de voile du Cap, Gênes à douze.

De ces avantages, les Corses profitèrent dans une certaine mesure, en particulier au cours du XVIIIᵉ siècle, quand ils se trouvèrent enfin dans des conditions relativement favorables pour secouer la tyrannie de Gênes. En 1767, une expédition de quatorze gondoles partit de Macinaggio et enleva aux Gênois médusés l'île de Capraja qui contrôlait les communications entre Gênes et la Corse.

Les « bandits » dont parlait Strabon ne pouvaient que se sentir à l'aise dans la guerre de course. De fait, certains s'illustrèrent pendant la guerre de l'Indépendance américaine. Le plus célèbre d'entre eux, Cipriani, ayant épuisé ses munitions au cours d'un combat à Porto-Rico fit recharger ses canons avec des pièces d'or. Moitié-corsaires et moitié-commerçants, certains s'enrichirent et parvinrent à constituer une flotte qui, en 1787, comprenait 283 bâtiments, dont la plus grande partie basée au Cap. Ce sont précisément les vins de cette région maritime qui seront plus particulièrement loués par Boswell dans son « Etat de la Corse » publié à Londres en 1769. « Dans le Cap, dit-il, on fait deux sortes de vins blancs, dont l'un a beaucoup de rapports avec le Malaga. On en exporte beaucoup en Allemagne où on le vend pour du vrai Malaga. On en achète aussi à Livourne pour l'Angleterre où il passe pour du vin d'Espagne; l'autre espèce de vin blanc du Cap Corse ressemble assez au Frontignan. A Furiani, on peut prendre le vin blanc pour du Syracuse; il n'est pas aussi doux, mais tout compté, il lui est préférable». Ayant mené une enquête sérieuse, en véritable amateur anglais, Boswell ajoute que dans quelques villages on produit «un vin blanc d'une douceur exquise, très ressemblant au tokay. Enfin, à Vescovato et à Campoloro, on en recueille qui a le goût de Bourgogne». A la même époque, d'autres auteurs mentionnés par M. Arrighi dans sa «Vie quotidienne» évoquent Falerne, Chypre, Xérès, Malaga. A des vins de mer, il faudrait joindre les «vins de la Perracia» récoltés autour d'Ajaccio dans la basse vallée du Gravona, issus de vendanges tardives, donc peut-être de bergers venant hiverner. Dans l'ensemble, tous ces vins très alcoolisés se rapprochent beaucoup des vins homériques, ceux que l'échanson d'Ulysse allongeait de cinq fois leur volume d'eau avant de les présenter aux convives.

Si flatteuses soient-elles, ces appréciations ne doivent pas cependant nous cacher la forêt. Elles ne concernent qu'une étroite région, la mieux placée pour commercer avec le continent, et n'apparaissent qu'à une tardive période. D'ailleurs, même à cette époque, de nombreux témoins font des réserves. Ils reprochent aux Corses de mettre de l'eau dans leur vin une fois foulé pour l'empêcher de s'aigrir, ce qui le rend impropre à tout vieillissement. Cependant vingt ans plus tôt, la situation était bien pire. Le Français Boissieux, désigné pour participer à la première intervention française, s'étant renseigné aux meilleures sources, décida de ne pas s'embarquer sans biscuit. Le 4 janvier 1738, il écrit d'Antibes au consul de France à Livourne pour le prier de lui envoyer *« ce qu'on peut trouver (là-bas) de bon en vins étrangers, comme de Chypre, de Syracuse ou de Canarie».* Il ajoutait sans illusion: *« Je vous offrirais avec empressement mes soins pour la Corse, si je croyais qu'il pût en sortir quelque chose de bon».* Ce pessimisme

devait se perpétuer chez les amateurs longtemps après le rattachement de la Corse à la France.

UN VIN CONDAMNÉ A LA RÉCLUSION

Si l'on considère les possibilités viticoles de la Corse, la variété de ses sols, de ses altitudes et de ses climats, et en même temps leur unité, nous sommes amenés à nous poser la question: pourquoi, alors que par le monde tant d'îles ont été génératrices de grands crus, fait-elle exception à la règle? Quelle fatalité renouvelée pendant des millénaires a-t-elle empêché le vin corse de courir? Il aurait pu prendre le départ au temps où le roi Minos régnait sur la Crète et il a attendu l'âge atomique pour risquer ses premières sorties.

La réponse est toujours la même. Elle a été donnée par un poète. *«La joie de l'âme est dans l'action»*, dit Shelley. Autre poète, Baudelaire confirme en rêvant d'un monde où l'action serait la sœur du rêve. Or, si le vin n'est pas notre poésie quotidienne, il n'est rien. Quel rôle jouait-il en Corse? Celui d'un aliment nécessaire à une population qui souffrait d'une carence en sucre, ne disposant que de fruits sauvages et de ruches trop peu nombreuses et mal exploitées. Les premiers voyageurs français s'étonnèrent du régime d'une population si sobre, un verre de vin pur au petit déjeuner. Ils ne virent que singularité là où il y avait appel à l'énergie. Autre rôle du vin, comme médicament. La malaria alors régnait dans les basses régions et les ruisseaux y étaient pollués, d'où le dicton: *«Boire le vin dans la plaine et l'eau à la montagne»*. Tous les préceptes et toutes les observations vont dans le même sens, méfiance et utilité. *«L'eau d'abord, le vin ensuite!»* dit-on dans la meilleure région viticole, le Cap Corse. L'abbé Germanes, voyageur du XVIIIᵉ siècle, fait cette remarque: *«Les Corses boivent du vin avec une modération qui n'est peut-être connue d'aucun autre peuple. C'est une chose extraordinaire en Corse que d'y voir un homme dans l'ivresse.»*

Aliment énergétique, médicament préventif, réserve et modération, ce n'est pas ainsi que le vin aime être aimé. Il lui faut de la passion, des mots, du mouvement. Enfant de la balle, de la route et des ports, il ne peut nous faire voir du pays qu'après en avoir beaucoup vu lui-même. Comme tous les fruits de haute saveur, le grand vin est issu de transplantations et de greffes. Les poumons de ce terrien exigent l'air du large. Or, depuis sa naissance, le vin corse a mené la vie du masque de fer, celle d'un condamné à la réclusion perpétuelle à qui l'on n'aurait jamais donné de nom.

Ce bouclage parfait n'exigeait aucun geôlier. La nature s'en était chargée, qui ne connaît pas les défaillances. Tout d'abord, elle avait retiré l'échelle, les chemins. Jusqu'au XVIIIᵉ siècle, le chapitre sur les voies de communications était bref. Il n'en existait aucune, ni rivière, ni route. A peine mentionne-t-on quelques sentiers dont on pouvait se demander s'ils avaient été créés par le mouflon ou si c'était le contraire. Un officier qui traversa Castirla, dans le Niolo, village viticole, poursuivit ensuite en direction de Corte par le chemin de transhumance. *«On nous dit que nous ne pouvions le faire que par une Echelle, raconta-t-il ensuite. Tranquillisez-vous, gens qui ferez le même voyage; elle est en pierre et se nomme l'Echelle de Santa-Regina. Jamais sentier n'a mieux mérité cette épithète... Ce sont, par endroits, des escaliers réels formés de quartiers de roches, seulement un peu redressés, pour servir de marches et autant que leur poids a permis de le faire... Nous marchions de rochers en rochers, tantôt dans les airs sur leurs escarpements, tantôt à leur pied au niveau de la rivière.»* Dans la région du Cap, la situation n'était pas meilleure et malgré tout son flegme, l'Anglais Boswell devait garder un souvenir épouvanté du parcours Centuri-Pino: *«Jamais je n'ai vu un chemin comme celui-là. C'était absolument gravir le long d'un rocher suspendu sur la mer par un chemin qui, en bien des endroits, n'avait pas un pied de large.»* Encore ces deux voyageurs ont-ils eu la chance de n'avoir pas été bloqués dans leurs voyages par des torrents furieux qui interdisaient tout déplacement en certaines saisons. Faisant le recensement à leur arrivée, les Français dénombrèrent dix-neuf pont génois alors qu'un modeste projet d'équipement en exigeait cent trente-cinq. On comprend que dans de telles conditions les camions-citernes, ou même les tonneaux, se soient réduits au volume d'une outre posée sur la tête d'une femme!

Créer des routes n'eût d'ailleurs conduit qu'à reculer pour ne pas sauter. Ils ne pouvaient conduire qu'à la mer, d'où venaient tant de maux sous la forme de pillages, razzias, occupations militaires. Il y avait eu les Romains, les Sarrazins, les Génois... Allait-on dérouler un beau tapis rouge pour les suivants? Ainsi, qu'il s'agisse de communications intérieures ou extérieures, la seule action qui apparaissait possible était le refus d'agir.

Des chemins qui ne menaient à rien, une mer qui importait des ennemis mais ne permettait aucune exportation, situation difficile certes et que nous constatons sans toutefois l'avoir encore expliquée. N'avait-elle pas été au départ la même pour toutes les îles qui avaient fait une grande carrière, en particulier pour ces contemporaines en civilisation du bronze, la Crète et Chypre? L'histoire montre que la difficulté est à l'origine de plus de succès que de défaites. Plus de péril, plus d'audace. Plus de pauvreté, plus de dynamisme. Qu'a-t-il manqué à la Corse ou qu'a-t-elle eu en trop?

A cette redoutable question, nous nous risquerons à donner une réponse qui, expliquant la stagnation du vin en Corse, serait valable pour l'histoire tout entière de l'île, car il n'est pas de miroir plus fidèle que la qualité du vin. Depuis l'origine des temps et presque jusqu'à nos jours, la Corse a été entre les mains de la plus redoutable des sorcières, dont le nom même est une menace, la Malaria. Malédiction qu'elle a partagée avec la Sardaigne, dont les vins ont fait la même carrière.

Pour devenir bon, le vin doit se vendre. Si nous cherchons à le comprendre, nous devons donc toujours retrouver les origines de son commerce dont la forme la plus visible et la plus fructueuse, parce que permettant des prix élevés, est l'exportation. Sur ce point aussi la jeune préhistoire nous apporte des révélations qui, non seulement bousculent toutes les idées admises, mais fournissent des données directement exploitables dans le cas présent. Jusqu'à présent, on attribuait la création des circuits commerciaux à la hardiesse et à l'ambition de quelques aventuriers qui seraient aller chercher ailleurs la fortune introuvable dans leur propre pays. L'époque moderne offre en effet quelques biographies correspondant à cet archétype. Rien de pareil n'a pu se produire à la fin de la préhistoire et au cours de l'histoire antique, pendant la période décisive. L'homme alors appartenait à sa famille, à sa tribu, à son clan, à sa patrie. Jamais il ne lui serait venu à l'idée de se priver de leur protection pour aller chercher une toison d'or dont, au surplus, il n'aurait su que faire, ni même comment la transférer, car toute la mise en place était terminée bien avant la tardive invention de la monnaie, vers le VIe siècle avant notre ère.

N'empêche que malgré ce désir éperdu de stabilité, nombre d'hommes chaque année prenaient la route ou la mer. Certes, pas de leur plein gré, mais contraints par une force extérieure: fuite devant le danger, par exemple après un meurtre, bannissement pour causes personnelles ou politiques, expulsion ou crainte à la suite d'une invasion. Mais l'index le plus obstiné à montrer la sortie était toujours celui de la faim. La surpopulation a été très tôt le grand fléau de la civilisation qui, pour la combattre, n'a pas reculé devant le choix des moyens. Le père avait droit de vie et de mort sur ses enfants et dans nombre de cas, s'il n'en usait pas le jour de leur naissance, c'est qu'il avait l'espoir de les vendre comme esclaves quelques années plus tard. Les cœurs les plus tendres, qui ne voulaient pas voir ça, faisaient porter le berceau et son contenu sur quelque colline réputée pour l'appétit de ses animaux sauvages. Nombre de ces exclus mouraient, d'autres survivaient en tirant les loups par la queue, quelques-uns s'enrichissaient. A quoi rêve un exilé devenu enfin millionnaire? Même s'ils était affreux, aux bons petits plats de son enfance. S'il est un homme, au vin de la vigne de son père. On raconte que jusqu'à la fin de sa vie, Onassis a toujours veillé à ce que ses résidences et son yacht soient ravitaillés en résiné grec. A d'autres, le vin de Champagne et les grands crus! Notre milliardaire moderne n'a rien renié ni rien inventé. Son collègue de Phocée venu faire fortune contre son gré dans le sel de l'étang de Berre a donné la même consigne au navire qui retournait dans l'Asie natale: «Vous me ramènerez trois amphores bien bouchées!» Il a même dû ajouter le nom du clos. Ces amphores, les Gaulois ne les ont pas eues, ni pour l'or, ni pour l'argent. Peut-être la lie, allongée d'eau... Le véritable commerce, sorte de profanation, n'a dû commencer qu'à la génération suivante. Quant à l'idée qu'on ne pourrait jamais obtenir un vin comparable sur un sol étranger, qui conduisait à la création d'un vignoble, elle ne put germer que beaucoup plus tard dans l'esprit d'un négociant sans foi ni loi, ni terroir, à moins qu'elle ne soit venue à quelque Gaulois. De toute façon, il restait au vin de Marseille à se faire une réputation à partir des mêmes circonstances, alors que celle du vin de Phocée était bien assurée par tous les comptoirs installés sur les bords de la Méditerranée.

Rien de pareil ne pouvait être tenté à partir de la Corse qui, contre la surpopulation, détenait la solution miracle, l'arme absolue. Tels qu'ils sont rapportés par les témoins abasourdis du XVIIIe siècle, les effets de la malaria sont foudroyants. Paul Arrighi reproduit un résumé de la situation des travailleurs pourtant installés sur la partie la plus riche de l'île, le Cap Corse : «... *les pauvres sont nourris durant les travaux des vignes, du printemps aux vendanges, par ceux qui les emploient. En hiver, ils sont réduits à manger des soupes d'herbes : aulx sauvages, feuilles de choux fourragers, pissenlit, fenouil, forment, avec les fèves, la base de leur nourriture. Les plus courageux abandonnent pendant l'été leur maison et vont, au risque de perdre la vie, couper les blés dans les plaines infestées d'Aléria ; ils reviennent avec quelques boisseaux de grains, mais la fièvre les accompagne, et souvent leur mort s'ensuit.»* Si la région d'Aléria est restée jusqu'à nos jours la vedette, c'est surtout en raison de son étendue, mais tous les rivages étaient autant de points forts pour la maladie : Ajaccio, la capitale, était réputée pour son insalubrité due aux émanations provenant des estuaires de la Gravona et du Prunelli, du marais des Salines et de la plaine de Campodiloro. Porto-Vecchio est encore plus dangereux, tous les habitants y périraient s'ils ne passaient pas tout l'été dans les montagnes. Encore n'y sont-ils pas à l'abri, car enivrée par ses succès, la malaria semble s'être juré de mettre l'île entière au cimetière. Ainsi s'est-elle embusquée à un endroit stratégique, au corps de garde de Ponte-Novo, seule halte possible entre Bastia et Corte, «*un endroit pestiféré. Sur vingt personnes qui sont forcées d'y passer une nuit, dix au moins y prennent la fièvre.*»

Ainsi les enfants corses n'avaient-ils pas besoin d'être abandonnés dans les bois ni exilés en de lointains pays. A elle seule, la malaria remplaçait les loups et les bateaux. On peut même se demander si elle n'a pas contribué à développer la passion locale pour les familles nombreuses. Des enfants, même si l'on en produisait beaucoup, on courait toujours le risque d'en manquer. On y célébrait même la naissance d'une fille, ce qui ne s'est pas vu souvent.

Cernés dans leur île par la malaria-blocus, les Corses risquaient d'autant moins de se jeter à la mer que pendant très longtemps la mer aussi apparut aux hommes comme une sorcière détraquée à laquelle on ne confiait ses billes qu'à la dernière extrémité. L'amour de la mer est un sentiment qui a été inventé par les oisifs repus et blasés du XXe siècle. Ulysse et ses marins ne rêvent que d'arriver au port et de ne plus jamais le quitter. Poser son sac à terre est encore aujourd'hui l'objectif secret ou avoué de presque tous les matelots. On ne s'embarquait donc pas pour courir l'aventure, mais pour fuir un ennemi plus dangereux encore que les sirènes ou la tempête, la famine.

Or, de ce côté-là, la Corse était parée. Zone de basse pression démographique, elle n'avait que peu de monde à nourrir et elle le faisait facilement, même si elle le faisait mal. Surclassant le Paradis Terrestre, ce jardin possédait deux arbres du Bien et du Mal, le châtaignier et l'olivier. «*Tant que nous aurons des châtaigniers, nous aurons du pain*», déclarait Paoli, le libérateur de l'île, responsable de son intendance. Encore restait-il très au-dessous de la vérité, la châtaigne fournissant en plus le hors-d'œuvre, le légume, le dessert, les provisions de route. Nous ne nous étonnerons pas de découvrir que la meilleure variété, produisant un «*fruit d'un goût admirable*», selon un de nos voyageurs du XVIIIe siècle, porte le nom d'Orezza, rappelant qu'elle est née dans une source thermale.

Seconde richesse spontanée, l'olivier, qui couvrait presque totalement la Balagne, le Nebbio, la Casinca, les environs de Bastia, c'est-à-dire des régions propices à la vigne. A la différence de cette dernière qui concurrençait les vignobles de Ligurie, l'olivier fut toujours encouragé par l'occupant génois. En 1659, le gouverneur ordonna à tous les habitants âgés de plus de vingt ans, possédant un terrain en friche, de planter au moins six arbres fruitiers ou de greffer autant d'oliviers sauvages. Dans le même temps, l'évêque de Nebbio accordait des dispenses de mariage pour raisons de parenté aux jeunes couples qui plantaient au moins douze oliviers sur les terrains de la paroisse. Une telle politique donna des résultats. En 1709, la Balagne produisit à elle seule 117.000 barils d'huile. En 1784, le recensement du Plan terrier fit apparaître 241.163 pieds d'oliviers, couvrant environ 4.000 hectares, chiffres que les historiens considèrent comme au-dessous de la réalité. Ainsi, au XVIIIe siècle, grand siècle du vin, on aurait difficilement trouvé un emplacement pour une vigne, les deux cultures étant concurrentes.

Sauf dans les très mauvaises années, chaque Corse se trouvait donc assuré de ne manquer ni de châtaignes ni d'olives, sans avoir eu à fournir un effort excessif pour les obtenir. Cette générosité divine choqua quelques observateurs, tel Pommereul qui s'en fait l'écho dans son «Histoire de l'Ile de Corse» publiée à Berne en 1779. Pour lui, le châtaignier «constitue l'aliment de la paresse des habitants; chez eux son fruit supplée à tout: on le sèche, on le broie, et l'on en fait du pain; leurs chevaux même en sont nourris — nous ajouterons: leurs porcs — et la terre est toute négligée». Les conséquences d'un tel état de choses étaient apparues si néfastes aux économistes français chargés de mettre l'île en valeur qu'ils avaient envisagé une mesure que même à notre époque de planification nous n'oserions pas concevoir: détruire une partie de la châtaigneraie pour faire place à l'agriculture. *«On ne l'a pas fait pendant la guerre, dit Pommereul, et maintenant il faut respecter la propriété des habitants».* Née le 15 septembre 1770, l'idée fut transformée le 22 juin 1771 par un arrêté qui interdisait toute nouvelle plantation... lequel fut rapporté en 1773... et bientôt remplacé par une prime à la plantation!

Pour l'olivier, qui présente pourtant l'avantage de fournir de l'argent frais, car l'occupation génoise a stimulé les exportations, les observateurs relèvent la même incurie. Après gaulage, les olives *«recueillies en différents temps et entassées après la récolte, ne sont mises sous le moulin que lorsque la plus grande partie*

tombe déjà en putréfaction». Finalement l'huile n'est plus bonne qu'à faire du savon alors qu'elle manque sur les tables. En 1771, Germanes, un des planificateurs français, préconise l'envoi de conseillers techniques, *«de bons ouvriers provençaux pour apprendre aux Corses l'art de greffer, d'émonder et de cultiver utilement cet arbre précieux; pour leur apprendre aussi quel est le meilleur degré de trituration, et comment il faut en extraire les huiles avec autant de propreté que de profit.»* Tout comme l'arrachage des châtaigniers, l'amélioration des oliviers fut remise aux calendes grecques. D'ailleurs, avant de parler de profit, il aurait fallu améliorer les routes, créer les circuits commerciaux.

Recherchant les origines de l'insuffisance du vin corse, nous avons rencontré une réaction en chaîne provoquée par la malaria: peu d'habitants dans un pays où la vie est pauvre mais facile, d'où absence de dynamisme pour créer des débouchés, paresse aggravée par le manque de main-d'œuvre qui conduit au refus de tout perfectionnement technique! Exigeant travail, vigilance, ténacité, audace même, comment la vigne aurait-elle pu accepter de sauter dans cette galère? Au mieux, elle laissait tomber ses raisins dans les cuves creusées au milieu des champs! Un état de guerre presque permanent, une pléthore de moines et de curés, une irrépressible passion pour les vendettas démultipliées, une émigration qui privait l'île de ses sujets les plus entreprenants, ne permettaient pas la formation de ce supplément de main-d'œuvre sans lequel la vigne produit non pas du vin, mais une sorte de jus dont la vocation spontanée est le vinaigre. La viticulture ne peut nourrir les hommes qu'en les dévorant. Après avoir fait le vin, il aurait fallu le transporter — comment? —, le vendre — à qui? On peut critiquer la paresse corse, on ne peut nier son caractère rationnel.

Apre parfois jusqu'à l'avarice, la vigne sait aussi être généreuse. Au plus mauvais moment, elle sait faire briller l'or comme une carotte devant le nez du vigneron nonchalant. C'est la faute à pas de chance! Quand tout doit aller mal, même les vertus se révèlent néfastes. Pauvre, le Corse méprise l'argent, ses proverbes ne cessent de le répéter: *«Richesse de naissance n'est pas vertu», «De l'argent, même le bourreau en possède.»*

« *Hauteur dans les villes, fierté dans les campagnes... peuple incapable de soutenir le mépris, pas même de supporter l'indifférence* » disent les officiers français qui l'ont vu de près. Les civils auxquels l'oisiveté pose d'insolubles problèmes sont amenés à constater le mauvais usage qu'ils font de ce sens de la grandeur « *tranquillité apathique (et presque orientale) qu'ils regardent comme le suprême bonheur* ». « *Leur paresse tire en plus grande partie son principe d'un ridicule orgueil qui leur persuade... que l'homme s'abaisse en travaillant.* »

Les vertus du Corse sont à ce point enracinées dans la plus lointaine préhistoire — temps majeur de l'hospitalité — qu'elles se sont maintenues intactes. En 1913, P. Rocca écrira encore dans «Les Corses devant l'anthropologie» : « *Profondément désintéressé, ainsi qu'en témoigne son hospitalité, la passion mercantile lui fait complètement défaut et son ambition, loin d'être inspirée par le lucre, a pour mobile le plus noble : le désir de paraître. Méditatif, mélancolique, taciturne, inquiet sans se laisser abattre, ferme dans le malheur, constant dans l'amitié, tenace dans la haine, il contraste d'une façon radicale avec le Français continental en général.* »

A lire de pareils éloges, aussi chaleureux que dénués de complaisance, on ne peut retenir une exclamation : «Un tel peuple méritait un grand vin, en dépit de tous les obstacles. Ils étaient faits l'un pour l'autre. En cherchant bien, nous le trouverons. Il doit exister!» Il existe!...

Qu'ils soient nés dans l'île ou venus du continent, les dégustateurs ont été unanimes à le reconnaître : « *Le vignoble de Santa-Lucia-di-Tallano*, écrit P. Galet dans «Cépages et vignobles de France», *placé en terrains granitiques à pente douce et exposé au midi à une altitude de quatre cents mètres, possédait une grande renommée autrefois. Les cépages dominants étaient le Vermentino, le Montannaccio et le Cargajolo nero. Cuvant longtemps — près d'un mois — ces vins étaient très colorés et ne pouvaient être bus qu'entre huit et dix ans, puis devenaient ensuite rancio*».

Dans «Vignes et vins de France» (Paris 1960) René Poulain et Louis Jacquelin renchérissent : « *Tallano* (commune de Santa-Lucia-di-Tallano, au nord-est de Sartène) *avait la réputation de produire le meilleur cru de l'île avec le Montanaccio, le Cargajolo et le Vermentino. Vin très foncé dans les premières années de sa conservation, il se dépouille lentement et prend une teinte vermeille. A quinze ans, il est au maximum de sa qualité, puis il passe au jaune paille et au rancio. Sa finesse et son bouquet peuvent être remarquables. Malheureusement, ce cru disparaît de plus en plus.* »

Cette dernière phrase est cruellement vraie. Incomparable pisteur, le docteur Ramain qui chassait avant 1950 n'en a pourtant pas retrouvé la trace, alors qu'il mentionne les vins blancs du Clos de la Rose à Patrimonio, le Clos des Roches-Rouges à Piana ; les vins de l'Ortolo, ceux d'Occana, près de Bastelica, de Santa-Maria-Figaniella, de Coggia, de Cannelle, de Cortichiatto, d'Ursallaccone, de Siche, pour ne citer que des crus plus ou moins sortis de la course.

UN GRAND VIN CORSE!

Notre première réaction est de ne pas y croire. Bloqué depuis cinq mille ans par la malaria et sa bande, comment aurait-il pu respirer cet air libre et vainqueur qui, toujours et partout, lui était aussi nécessaire pour se révéler que la terre et le soleil? Situé dans la région du Cap Corse, cette tête de pont larguée par le continent qui ne tarda pas à en faire sa succursale, un tel exploit fût resté dans la limite du plausible! A la périphérie d'un port, Bastia, Calvi, Ajaccio, passe encore! Cela s'est vu autrefois jusque dans les sables du port de Bayonne, pourtant peu gâté par la nature. Mais à l'intérieur des terres, dans une étroite vallée vouée seulement à servir de passage aux chèvres et aux mouflons, loin de toute agglomération, dépourvue de rivière navigable et accessible seulement aux convois de mulets, quel défi! Pour ma part, j'ai eu envie de baisser les bras, d'adorer ce que j'avais brûlé. J'allais me mettre à croire que le vin est bien réellement un don de Dieu et de Bacchus, que sa qualité dépend du terroir, du zèle des vignerons et d'une impalpable magie qui a inspiré des balivernes bien tangibles. Ce vin prosaïque, maladroit, intéressé, allais-je tout d'un coup le reconnaître comme audacieux, autonome, capable de se forger lui-même un grand destin au milieu des montagnes? Pour moi, comme pour un autre, un verre de grand vin, c'est le chapeau du prestidigitateur, mais au lieu de merveilles éblouissantes, lapins et colombes, je n'en ai jamais vu sortir que des stations préhistoriques, des routes, des gués, de la guerre, de l'argent... Bacchus cirant les sandales de Mercure. Ma réaction apparente en entendant vanter le grand cru de Santa-Lucia-di-Tallano n'a pas dépassé le haussement d'épaules: «Du vent! Un vin pareil, ça n'existe pas!» Mais, déjà, comme les enfants qui trichent en jouant à colin-maillard, j'allais droit sur l'énigme.

Si, au premier regard, la région de Tallano apparaît comme un «pays perdu», un examen sommaire des voies de communications le fait apparaître au contraire non seulement comme accessible, mais comme inévitable. Il s'agit en effet de la plaque tournante qui distribue la circulation dans toute la Corse du Sud, en direction des trois rivages Propriano, Bonifacio, Porto-Vecchio. Elle n'est pas moins ouverte vers l'intérieur grâce à la route de Corte et à l'embranchement d'Aullène qui permet de rejoindre Ajaccio. Cette situation est comparable à celle des grands carrefours aériens, comme Naïrobi, dont personne ne prononçait jamais le nom il y a cinquante ans mais où maintenant tous les grands voyageurs ne cessent de se rencontrer.

A Tallano, les rencontres se firent à l'âge du mammouth plutôt qu'à celui du supersonique. Non seulement on était obligé de passer par cette étroite vallée, mais on avait plaisir à y rester. A 450 mètres d'altitude, dans un paysage frais et boisé, sans doute relativement à l'abri des ravages de la malaria à cause du soubassement de granit, de la rapidité des torrents et de la rareté des zones marécageuses, le territoire de Tallano fut dès les origines un lieu idéal pour les résidences secondaires, si nécessaires en Corse, car elles étaient aussi résidences de salut. Les populations mégalithiques qui, de Campomoro à Propriano, Filitosa et Pietra Rossa se pressaient en hiver autour du golfe de Valinco, y refluaient dès les premières chaleurs. Le célèbre Castello de Cucuruzzu est un témoin de cette époque.

A la sécurité offerte par le bon air se joignait l'efficacité des sources thermales. Il nous semble certain que cette route fut d'abord celle des cliniques. Elle conduisait des bains de Baracci, situés au bord du golfe aux eaux de Guitera, près de Zicavo. Mais l'étape intermédiaire était peut-être la plus importante, à la source de Caldane, chaude et sulfureuse, efficace contre les rhumatismes et les maladies de peau, affections dont souffraient particulièrement les hommes préhistoriques dont les notions d'hygiène n'étaient pas encore très sûres. Or cette source se trouve précisément sur la commune de Santa-Lucia-di-Tallano qui a donné son nom au vin.

Il ne manquait à cet endroit de rêve que d'occuper une forte position stratégique. C'était le cas, comme le constatèrent les constructeurs de la forteresse de Cucuruzzu, clé de cette haute région. Placée de façon à contrôler aussi bien le passage des animaux transhumant que des hommes, elle joua le même rôle que certaines grottes des Eyzies d'où l'on pouvait compter les rennes qui remontaient la vallée de la Vézère lors de leur parcours La Rochelle-Brive. Sans doute même pourrait-on la rapprocher de Jéricho, première en date des villes du monde, dont les murailles devaient surtout protéger un entrepôt de sel. Or Cucuruzzu se trouvait placé pour contrôler toutes les salines de la Corse du Sud, de loin les plus nombreuses.

Peuplée par les bergers ibériques cinq mille ans avant notre ère, cette région connut, entre ses troupeaux, son sel et ses sources thermales, près de quatre millénaires de paix idyllique dont témoignent de nombreux mégalithes «tranquilles», dolmens et alignements divers. Ce bonheur de paradis terrestre fut mis en poudre vers 1200 avant notre ère par le débarquement d'un «Peuple de la mer», les Torréens sardhanes qui refluaient dans cette partie de la Méditerranée après avoir affronté nombre d'anciens peuples du Proche-Orient, en particulier les Egyptiens. Tout en s'acharnant à détruire les témoignages de la civilisation précédente, ils élevèrent les terrifiantes statues-menhirs sur lesquelles ils gravèrent leurs armes pour les rendre plus impressionnantes encore. Ces hommes qui forgeaient le bronze et peut-être déjà le fer étaient essentiellement des guerriers, or il y a toujours eu un pacte entre la guerre et le vin. D'autre part, ayant battu toute la Méditerranée orientale de la semelle et de l'épée, ils avaient eu l'occasion d'apprendre les secrets de la culture de la vigne. Il se pourrait donc que cette période douloureuse et troublée soit aussi celle de l'implantation du vignoble corse, hypothèse que tend à confirmer l'implantation actuelle. Non seulement Tallano, mais Sollacaro, Olmeto, villages viticoles, prospèrent encore à l'ombre des monuments torréens. Plus au sud, les sites presque encore inexplorés de Palaggiu, Fontanaccia, sont situés à une distance d'une vingtaine de kilomètres du vignoble de Figari et à moins de dix de ceux de Pianatolli et de Monacia-d'Aullène.

Bien que l'étude de la préhistoire corse ait été entreprise tardivement, nous commençons à la connaître beaucoup mieux que certaines périodes historiques beaucoup plus récentes. Ce phénomène est bien connu pour toute la France. En ce qui concerne la Corse du Sud, notre ignorance s'étend jusqu'au XVIᵉ siècle, avec cependant quelques lueurs. Elles nous permettent d'entrevoir que les bottes des corsaires torréens ne sont jamais restées vides et qu'ils ont été tôt remplacés par des hobereaux locaux tels les Rocca que nous trouverons sans surprise à Olmeto où ils élevèrent un château au XIVᵉ siècle ainsi qu'à Santa-Lucia-di-Tallano où ils élevèrent le couvent de Saint-François dont l'église abrite encore le tombeau de Serena Cataneo, épouse de Rennucio della Rocca.

Ces Rocca faillirent libérer la Corse et l'unifier à leur profit. Le premier à réussir cet exploit fut Sinucella de la Rocca, plus connu sous le nom de Giudice de Cirnaca, qui, au XIIIᵉ siècle, jouant habilement de la force et de la diplomatie, parvint à exercer l'autorité sur toute l'île en tenant un savant équilibre entre les Pisans et les Génois. La ruine de Pise devait lui être funeste et il mourut dans les prisons génoises en 1306. Le combat fut repris en force par l'un de ses descendants, Arrigo, seigneur d'Olmeto, qui s'allia à l'Aragon et parvint à expulser les Génois, ne leur laissant que Calvi et Bonifacio. S'étant fait proclamer comte de Corse, il administra sagement l'île jusqu'à sa mort survenue en 1401, peut-être à la suite d'un assassinat. Au cours du XVᵉ siècle, le neveu d'Arrigo, Vincentello d'Istria, tenta de faire reconnaître ses droits, sans toutefois parvenir au même résultat.

Au passage, nous avons signalé que les Rocca, en même temps qu'ils élevaient un château défensif à Olmeto, bâtissaient un couvent à Tallano. Actes dictés par la politique éternelle, correspondant à celle des rois de France qui fortifiaient Paris d'une main et embellissaient de l'autre l'abbaye de Saint-Denis destinée à leur servir de sépulture. Sans nul doute, ce fut quand les Rocca espérèrent devenir une dynastie bien assise qu'ils élevèrent le couvent Saint-François destiné à devenir leur caveau de famille. Une tombe, une vigne... Les deux images figurent inévitablement dans les armes royales. Nous nous risquerons donc à dire que le vignoble de Tallano, créé par les chefs de guerre de l'âge du bronze a été poussé à son plus haut niveau de qualité par les princes corses du Moyen Age. Loin d'être une exception, ce cru rejoint la règle générale.

Sans doute aussi la respecte-t-il sur un autre point, la collaboration monastique. La situation des moines en Corse a été assez différente de celle que nous connaissons en France. Par suite de son éloignement et de la difficulté des communications, les créations des monastères semblent avoir été assez tardives, postérieures dans la plupart des cas à la période ardente des grands ordres français, cisterciens, chartreux. En revanche, la facilité des communications à partir de Livourne permit un débarquement intensif de moines italiens, franciscains en particulier. S'il y avait eu temps perdu, il fut rattrapé puisque les recensements du XVIIIᵉ siècle font état de 1.200 moines pour une population estimée à 150.000 habitants, soit un moine pour cent cinquante personnes. A la même époque, on indique le chiffre de 77 couvents.

Plus encore qu'au nombre, nous prendrons intérêt à la répartition. Pour plus de la moitié, les monastères sont groupés dans la région de Bastia, où les cultures sont les plus riches, les communications les plus faciles. A elle seule, la ville en abrite plus de dix. Les autres... ils sont où nous les attendons, dans les vignes. Ils sont à Rogliano, Pino, Nonza, Farinole, Oletta, Castifao, Palasca, Tuani, Corbara, Vico, Sari d'Orcino, Bastelicaccia, Olmeto, Bonifacio, Piazzali, à l'ouest de Cervione, Orezza... Nous ne possédons guère de renseignements sur la période d'installation des ordres religieux, qui est toujours la plus féconde, celle où ils brûlent leur génie. Au XVIIIᵉ siècle, on les accusera d'être paresseux et de vivre de mendicité, mais alors on en dira autant de

ceux qui vivent en France. Au XIVe siècle, les Franciscains de Tallano ne devaient pas mériter les mêmes reproches.

Ainsi les seigneurs féodaux avaient le désir d'avoir du bon vin pour leur prestige, leur hospitalité et leur plaisir. Ils disposaient de la main-d'œuvre et des techniciens capables de le produire. C'était une question de prix, car même un grand doit payer. D'où venait l'argent?

LA CONTRIBUTION DU BERGER

Il est possible qu'aux époques mégalithiques, torréennes et romaines, l'exploitation des sources thermales ait été d'un bon rapport. Cette facilité semble avoir disparu avec l'installation du christianisme. Le commerce du sel dut au contraire se développer et rapporter des bénéfices de plus en plus élevés.

Dans une région qui contrôlait tant de voies de circulation maritimes et terrestres, les péages aussi devaient être une source de revenus. Rien cependant ne pouvait concurrencer la mine d'or des sociétés en voie de mutation économique, l'exploitation du pauvre. A plusieurs reprises, nous avons nommé le berger parmi les créateurs du vin. Plus que jamais, ce fut le cas en Corse, mais il ne nous paraît pas qu'il s'agisse d'une collaboration consciente ni heureuse.

A la différence de l'agriculture qui n'enrichit guère ses maîtres, quand elle ne les ruine pas, l'élevage peut atteindre des niveaux de haute rentabilité. Si les statistiques sont rares, elles sont impressionnantes. En 1789, le seul port de Marseille reçoit 320.598 peaux de chèvres, 80.625 peaux de bœufs, et 10.000 peaux de moutons. Un autre fort contingent de peaux de moutons était traité sur place ou dirigé sur Livourne. Un tel résultat est atteint avec le minimum d'investissement pour le maximum de rendement. *« En général,* dit Paul Arrighi, *le berger partage par moitié avec le propriétaire lait, fromage, laine, agneaux et chevreaux. Le rapport moyen par bête est évalué en 1740 à environ 4 lires du pays, soit 3 lires 8 sols de France, c'est-à-dire à peu près le prix d'achat, ce qui représente pour le propriétaire un revenu de 50%. »*

Et le berger? Nous pouvons nous faire une idée de ce que fut sa vie en lisant les souvenirs d'un homme encore vivant au moment où il les publiait dans «Le Petit Bastiais» du 28 janvier 1942: *« L'auteur de ces lignes a connu de vieux bergers qui, au temps de leur jeunesse, passaient des hivers entiers dans la plaine, privés de tout abri, dormant à la belle étoile sur des lits de broussailles reposant sur des cailloux, ceux-ci permettant l'écoulement des eaux de pluie ».* Germanes, l'un des enquêteurs du XVIIIe siècle, montre que la situation n'était pas meilleure au temps des bergeries de Marie-Antoinette: *« Les pâtres serviteurs n'abandonnent jamais les troupeaux qui demeurent tous en plein champ et ne sont point établis. Ils les conduisent, la nuit, dans un enclos lorsqu'ils en trouvent. Là, ils allument un feu s'il fait froid. Les Niolenchi ne se couchent point, à moins qu'ils ne soient deux; mais ils s'assoient seulement, et s'accroupissent revêtus d'un manteau hérissé de longs poils, pour être en état, dans cette posture, de se réveiller au moindre bruit, et de garantir leurs brebis et leurs chèvres des renards ».*

Tel fut donc pendant longtemps le prix d'un grand cru. C'est peut-être aussi la raison pour laquelle il risque de disparaître. Ni les propriétaires ni les bergers ne sont ceux d'autrefois.

Non moins inséparable du vin que la guerre et l'argent, la liberté. Une étude minutieuse montrerait comment, dans toute la Corse, les vins préhistoriques se sont peu à peu levés de leurs cuves creusées en plein champ à partir de 1729, année qui marque le début de la grande «révolte de l'Indépendance». Les interventions françaises, l'aventurier Théodore de Neuhoff, Pascal Paoli pulvérise la tyrannie génoise tandis que le vin se décrasse de sa mauvaise réputation. Dès avant 1770, les exportations atteignent 100.000 écus, le trafic se faisant surtout par le port de Saint-Tropez.

Premier vin corse, celui de Tallano se devait d'aller plus loin que les autres dans la liberté religieuse, alors la plus difficile à conquérir de toutes. Deux seigneurs d'Attala de Tallano, les frères Polo et Arrigo, furent les chefs de la seule secte jamais apparue en Corse, celle des «Giovannali» qui s'installa en 1365 dans un gros bourg situé à l'est derrière les collines, à Carbini. Comme les Cathares, ces hérétiques ont tous été exterminés jusqu'au dernier, tous les documents détruits. Seules subsistent les accusations de leurs adversaires, au premier rang desquels le pape Urbain V : *« Leur loi exigeait que toutes choses fussent communes, femmes, enfants, propriétés quelconques. Après des cérémonies pleines de superstitions absurdes, ils cachaient les lumières et commettaient les excès les plus monstrueux. »* Leur succès fut si rapide et si grand qu'outre son excommunication, le pape dut envoyer contre eux un commissaire et des troupes. Les rebelles avaient eu le temps et les moyens d'élever une forteresse.

Après tant de guerriers divers, un poète !... Il est bien tel que nous pouvons le rêver, à l'endroit et à l'époque souhaitables. Pas plus qu'Homère il n'a de nom et comme lui il est aveugle. Sa trace a été retrouvée dans les monts de Coscione, à l'est de la route Tallano-Zicavo, soit entre deux sources thermales, par Germanes qui écrit vers 1775 : *« On cite la chanson d'un berger des montagnes de Cochonée, aveugle de naissance, comme un morceau de génie qui, disent les Corses lettrés, ferait honneur à des imaginations cultivées. »* Il s'agirait d'une célèbre berceuse, *« Nelli monti di Cuscioni... »* adressée à une petite fille :

« Lorsque vous vîntes au monde
Je vous ai vue portée au baptême;
La marraine fut la lune
Et le soleil le parrain;
Les étoiles qui étaient au ciel
Avaient mis leur collier d'or...
Quand vous serez une jeune fille,
Par les plaines vous passerez;
Les herbes se changeront en fleurs,
D'huile seront les fontaines.
Et toute l'eau de la mer
Deviendra un baume précieux. »

L'existence d'un grand cru devant son existence à la seule île-patrie pose sur le caractère corse des questions à peine moins aiguës que celles soulevées à propos des barbares scythes par la découverte des magnifiques bijoux d'or enfouis dans leurs tombeaux. Cette prise inattendue fait rendre gorge aux idées reçues. Première légende réduite en poudre, la sobriété volontaire du Corse. Un bon observateur comme Boswell s'y est laissé prendre : *« La Corse est peut-être le seul pays sur la surface du globe où le luxe n'ait jamais pénétré. »* A quoi un Français, l'abbé Gaudin, lui répondait du tac au tac dès 1776 : *« Tous les Corses aiment le luxe, la parure et le jeu. »* Le vin de Tallano arbitre et accorde à l'abbé un brevet de clairvoyance. Que ce goût du luxe se soit porté sur le vin est la conséquence directe de la générosité corse, prestige et hospitalité.

Au nombre des révélations du vin qui peuvent inviter les historiens à réviser leurs jugements, nous devons noter l'existence au Moyen Age et peut-être prolongée longtemps, car l'histoire de la Corse est presque inconnue jusqu'au XVIe siècle, d'un « petit royaume de Sartène », dont Mérimée aurait dit qu'il avait été le plus corse de tous les royaumes corses. Il a appliqué cette définition à la ville de Sartène. La richesse et la complexité de son vignoble sont des témoignages irréfutables de son ancienne grandeur et de son indépendance. Il offre aussi bien les vins à boire dans l'année issus des rivages des golfes de Porto-Vecchio, de Valinco ou de Figari; des vins qui passaient Pâques ou même la Trinité, issus des collines d'Olmeto, de Sollacaro, de Sartène, de Giuncheto, de Granace, de Fozzano, pour culminer enfin dans les vins de garde de Tallano.

Un grand vin n'est pas un ermite isolé, hautain et silencieux. Chef d'une famille, d'une tribu ou d'un royaume, il ne peut vivre et grandir qu'entouré de tous ses gens qui sont à la fois ses obligés et ses serviteurs. A elle seule, l'existence du grand cru de Santa-Lucia-di-Tallano nous conduit à découvrir une Corse inconnue et insoupçonnée qu'aucun document écrit ne nous permettrait de deviner, une Corse à l'aise avec elle-même, jouissant de ses hommes et des ses biens poussés à leur plus haut degré de qualité. La vie alors ne devait pas y être très différente de celle pratiquée dans les royaumes grecs de la haute époque, Mycènes ou Ithaque. Courage, fierté, indépendance! Lorsqu'ils prétendent juger de la valeur d'un peuple, certains enquêteurs demandent à lire sa constitution, d'autres ne posent qu'une question : *« Avez-vous un grand vin? J'aimerais le goûter ».*

les îlots au-dessus de la mer

Ils ne sont plus, ils ne veulent plus être les parents pauvres de la grande famille des vins de France. De toute la symphonie de leurs arômes et de leurs couleurs, ils clament qu'ils sont dignes d'être aimés. Au même titre que les plus recherchés et sans fausse honte. Au reste, d'avoir été trop longtemps boudés leur vaut du moins cet avantage d'être restés eux-mêmes, francs de collier et de goûts. Naturels. Accessibles en outre à tous les palais car de prix extraordinairement raisonnables.

A ceux qui souhaitent les découvrir, ils demandent la même simplicité, le même naturel. Sans doute ne jouissent-ils pas de la notoriété dont se parent nombre de leurs cousins plus septentrionaux. Mais ce relatif efface-ment, subi bien plus qu'accepté, n'est-il pas de nature à multiplier les plaisirs de la découverte? D'une connais-sance qui, en bien des cas, a les plus grandes chances de s'épanouir en révélation?

On objectera que la réputation d'une région viticole est, en règle générale, étroitement subordonnée au nombre de ses vins à appellation. De ce point de vue, il est patent que le Languedoc demeure assez chichement pourvu et, par voie de conséquence, le prestige des absents ne risque pas de rejaillir sur l'ensemble de la production! Certes, mais c'est faire bon marché de la multitude des vins doux naturels élevés sous le ciel du Roussillon.

Il reste que la plupart de ces vins sont mal connus ou carrément ignorés du public et qu'il est temps de leur rendre justice. Ce sont de vrais vins, solides et bien charpentés, riches et hauts en couleurs. «Des vins — a-t-on pu dire — d'homme civilisé qui s'est frotté à notre mère Méditerranée». Sans se voir taxé d'indulgence suspecte, on leur décernera la mention méritée d'hono-rable et, à certains d'entre eux, celle d'excellents. Que beaucoup n'aient pas droit à l'appellation, voilà qui est regrettable: ils la mériteraient largement. Mais notre religion est faite, que ce rapide survol permettra d'étayer: les vins du Languedoc-Roussillon détiennent par eux-mêmes les arguments aptes à convertir leurs plus sévères détracteurs.

Pour éclairer la lanterne de ceux-là, avant de les inviter à juger sur pièces, il aurait fallu goûter à la production des quelque 158.019 déclarants de récolte du Languedoc et du Roussillon. Excusez du peu, il y a de quoi hésiter... Encore que l'on regrette de s'être privé de nombreuses bonnes surprises, on a dû s'en tenir à un éventail plus restreint.

Des vins qui font chanter les cigales

D'entrée de jeu, cette revue des troupes, entamée de façon très classique par l'extrémité provençale du sillon rhodanien avant de descendre jusqu'à la frontière des Pyrénées, nous permettra d'abattre une carte maîtresse: le *Tavel*. Il est le glorieux porte-enseigne de la côte du Rhône, ce triangle de vermeil qui, avec pour sommet Pont-Saint-Esprit, pour côtés le Rhône et la route de Remoulins, et pour base la nationale Villeneuve-lès-Avignon — Remoulins, couvre en gros l'ancienne viguerie gardoise d'Uzès. Une trentaine de villages ont droit à l'appellation. Ils ne sont pas dépourvus de lettres de noblesse. Citons, en vrac, les brevets de satisfaction délivrés par les convives de Pétrone, les cardinaux de la Curie romaine, la cour de Blois, celle de Versailles, Napoléon Ier, les grands bourgeois hollandais de Dordrecht et de Gouda. Parmi les hommes de lettres, Balzac et Ronsard rejoignaient l'opinion d'une illustre tête couronnée, celle de Philippe-le-Bel selon qui, doit-on le rappeler *«il n'est de bon vin que de Tavel»*.

Adage que la succession des siècles n'a pas démenti: les vignerons de ce terroir n'ont cessé d'élaborer des vins bouquetés, ambrés, agréablement fruités et qui, avec toute l'ardeur des vins de soleil, ne craignent pas de titrer parfois à 17° et au-dessus. Du plus corsé au plus léger, aucun d'entre eux ne ménage son plaisir à l'amateur éclairé. Plaisir de l'œil, en premier lieu, provoqué par leurs teintes de rubis pâle; plaisir du goût, ensuite, avec de subtiles nuances qui rappellent leurs origines caillou-teuses et les font aptes, selon les épigones de Brillat-Savarin, *« à tous les offices de bouche»*.

173

Aussi juste soit-il, cet hommage rendu aux vins de Tavel n'atteint pas, en force d'évocation poétique, le charmant surnom délivré par Mistral qui l'appelait « *lou cigalié* » : le vin qui fait chanter les cigales...

Avec le vignoble de Tavel, celui, contigu, de Lirac dépend des Côtes-du-Rhône. Il produit des rosés souples et légers qu'il convient de boire jeunes, des rouges dont la riche saveur se développe avec l'âge et une petite quantité de blancs qui, très frais, ne sont pas dénués de charme.

Parmi les autres vignobles gardois qui ont droit à l'appellation Côtes-du-Rhône-Villages, on mentionnera le *Chusclan*, vin rosé dont l'arôme délicat offre des réminiscences de prune et d'acacia, et le *Laudun*, un rouge racé, frère d'un élégant rosé. Le blanc de la famille n'a pas moins de brillant, à cette réserve près que la jeunesse lui sied mieux que la maturité. Il s'agit là de vins d'élite, soumis à une discipline rigoureuse, très représentatifs de cette côte du Rhône méridionale.

La riche gamme des Costières

Les Costières du Gard ont avec eux des liens de parenté manifestes. Exposées au soleil, sur les dépôts de galets de l'ancien delta du Rhône au sud de Nîmes, les grappes donnent un vin corsé et bouqueté, ici très vigoureux, là plein de finesse. Il est difficile d'établir entre eux une hiérarchie, même approximative, tant leurs nuances arrivent à se mêler et se confondre. Certains accusent néanmoins une personnalité nettement marquée.

Le vin de Saint-Victor-la-Coste remonte plus loin que le XVIIIe siècle. Chaud et nerveux, c'est dit-on le vin des chasseurs, à cause sans doute de son goût prononcé de pierre à fusil.

Le vin d'Orsan, rouge ou rosé, bénéficie d'une égale et aussi légitime renommée, accréditée par le fait qu'en bonne cuvée il ne craint pas de titrer un degré de plus que son prestigieux voisin et concurrent, le Chusclan. D'autres encore mériteraient mieux qu'une simple énumération : sur la partie orientale de la Costière, Jonquières, Manduel, Redessan, Lédenon, Bezouce, Marguerittes ont ainsi acquis une bonne réputation de vins de qualité, ensoleillés et capiteux. Là naît *le vin du Purgatoire,* ainsi baptisé car, dit-on, il laisse entrevoir le Paradis. A moins, explication tout aussi vraisemblable, que son parfum tenace de pierrailles n'évoque la torridité des garrigues chauffées à blanc...

Une mention spéciale doit être décernée au *vin de Langlade* récolté sur les coteaux de la Vaunage, le val de Nage, cuvette effondrée où s'élabore un nectar qui, au XVIIe siècle, était classé troisième cru de France, juste après les grands Bourgognes. Avec le vin blanc clair et pailleté de Laudun, déjà cité, qu'Olivier de Serres faisait figurer parmi les tout premiers de son « Théâtre de l'Agriculture », le terroir du Gard ne manque pas, on le voit, d'estimables références. En voici une autre, plus acide, relative toujours à ce fameux vin de Langlade : ne rapporte-t-on pas qu'il coûta sa première défaite au chef camisard Jean Cavalier. Le général des Enfants de Dieu en aurait trop abusé certain jour où les dragons du Roi venaient le harceler. Et les mêmes d'ajouter que ce vin capiteux, s'il porte peu aux combats martiaux, n'a pas son pareil pour favoriser les joutes amoureuses. A bon entendeur !

Les autres vins de la Vaunage huguenote exaltent tous, aujourd'hui, la même joie de vivre. De Calvisson à Saint-Côme, de Clarensac à Congeniès, ils ne sont pas moins plaisants. Ce vignoble recèle les meilleurs vins de café, comme on disait naguère, ou vins d'une nuit, comme on préfère le dire aujourd'hui. Entendez par là qu'ils sont prêts à être bus à l'aurore de leur première veillée en cuve.

A quelques portées de gosier, les vins fruités de Crespian, Montmirat, Saint-Théodorit, Lédignan, Cardet, Lézan et Quissac sont déjà des vins de montagne. Plus près de la mer, en Camargue ou à ses portes, Générac, Beauvoisin, Saint-Gilles et Vauvert sont des laboratoires naturels où se distillent de beaux vins pourprés, veloutés et brillants. Ces vins ont du corsage et, assure-t-on, des vertus thérapeutiques : preuve en est, l'année 1720 où la peste fut épargnée aux habitants de ces contrées qui, cette année-là, burent la totalité de leur récolte.

Avant de quitter le Gard, il reste à saluer *la clairette de Bellegarde* aux qualités unanimement reconnues de bouquet, de limpidité et de soyeux et à relever le formidable essor, soutenu par une politique commerciale très offensive, des vins de *Listel*. Elevés sur les terrains littoraux de la Compagnie des Salins du Midi, depuis la crise du phylloxéra, ces vins de sable et gris de gris sont le fruit d'une politique volontariste à grande échelle. Aujourd'hui, on les connaît partout. Faut-il en inférer qu'avec leur saveur fruitée, légèrement pétillante, accordée à la demande de la consommation européenne, ils représentent les vins typiques du Languedoc-Roussillon? A chacun de répondre.

Des vins couleur de miel

L'Hérault, avec qui ils font la transition par la bande littorale du golfe du Lion, ne possède pas à l'heure actuelle de vin rouge admis dans la catégorie supérieure des AOC. Pourtant, cela ne signifie pas qu'il soit inapte à produire des grands vins susceptibles d'y figurer; nous le verrons plus loin en examinant le cas de certains candidats sérieux au titre. Mais, jusqu'ici, les seuls acceptés dans le cénacle sont des blancs et des vins doux naturels. Commençons par eux.

Tout d'abord le *muscat de Lunel*: un vin doux naturel produit exclusivement par les raisins muscat à petits grains dans les grès des coteaux de Lunel, Lunel-Viel, Vérargues et Saturargues où les cailloux du «diluvium alpin», en grand nombre, l'aident à atteindre une maturité idéale et à acquérir son goût de fruit très caractéristique.

Déjà renommé au début du XVIIe siècle, il est qualifié par le voyageur anglais Sterne, en 1760, de «*meilleur vin muscat de toute la France*». Si son très célèbre voisin le Frontignan a eu l'hommage de Voltaire, lui c'est le grand Frédéric de Prusse, ami du précédent, qu'il a conquis. A cette époque, il atteint la perfection grâce aux soins et à la compétence de l'abbé Bouquet, propriétaire de la Côte du Mazet, à Lunel-Viel. Le muscat de Lunel est l'un des trois vins que Pauline Borghèse faisait envoyer à son illustre frère exilé à Sainte-Hélène. Sous le président Carnot, rappellent avec une pointe d'émotion les historiens locaux, il figurait encore aux menus de l'Elysée. Mais le phylloxéra, en ravageant le vignoble méridional, allait bientôt faire disparaître le muscat des coteaux languedociens. Quelques vignerons cependant lui restèrent fidèles et lorsque, au cours de notre siècle, le vignoble de Lunel se reconstitua, ils transmirent aux nouvelles générations les recettes qui avaient fait la réputation de ce vin couleur de miel transparent fort prisé, entre autres, de l'enfant du pays Louis Feuillade — le père au cinéma de Judex et Fantomas — et des frères Goncourt. A ce propos, comment résister au plaisir de citer cette brève réplique, dans Germinie Lacerteux? «La mère Jupillon dit à son fils: «*tu monteras deux bouteilles de notre Lunel... du deux francs... de celui qui tape!*»

Régulièrement primé au Concours général agricole, le muscat de Lunel bénéficie de nos jours des méthodes modernes de vinification. Sur une production moyenne de 5.000 hectolitres par an, 4.500 sont vinifiés en cave coopérative, ce qui tend incontestablement à l'unification du produit. La mise en bouteille, fait notable car pas si fréquent dans cette région, a lieu directement dans la cave coopérative créée en 1956. Son trait dominant, par rapport au Frontignan, réside en ceci qu'il est peut-être moins doux, moins suave sans être sec, et qu'il s'attira par là les faveurs croissantes des amateurs curieux.

Avant de déguster le Frontignan, il importe de découvrir ou de redécouvrir un autre muscat: celui de *Mireval*. Connu de François Ier, chanté par Rabelais dans Pantagruel: «*Puis vint à Montpellier où il trouva fort bon vin de Mirevaux et joyeuse compagnie*», il naît sur les coteaux du massif de la Gardiole inondé de soleil, exposé à un microclimat où se conjuguent les influences de la mer et de la garrigue. Seuls ont droit à l'appellation contrôlée les vins blancs récoltés sur les territoires des communes de Mireval et Vic-la-Gardiole et issus du cépage muscat blanc à petits grains ronds. Comme tous les AOC, le muscat de Mireval est soumis à différentes obligations, notamment en matière de taille: deux yeux francs et contre bourgeon; l'irrigation est strictement interdite à toute époque de l'année, et les vendanges ne peuvent servir à l'élaboration du VDN muscat de Mireval qu'à partir de la quatrième feuille du greffon, après greffage sur place ou mise en place des racinés-greffés. De plus, lorsque le rendement des parcelles dépasse 40 hectolitres de moût à l'hectare, le producteur perd droit à l'élaboration en VDN et l'appellation d'origine contrôlée n'est applicable que dans la limite de 28 hectolitres de moût à l'hectare.

Autres conditions de base qui nous dispenseront d'y revenir pour la suite : lors du ramassage — la surmaturation de la vendange étant évitée par crainte des pertes d'arômes — le foulage est proscrit en raison des risques d'oxydation ; le mutage, quant à lui, doit permettre d'atteindre 15 degrés d'alcool acquis et 125 grammes de sucre, soit 21°5 d'alcool total. Les vins inférieurs à ce minimum ne peuvent prétendre au label. Enfin, l'octroi de celle-ci reste subordonné à un contrôle analytique et organoleptique des vins, sur avis d'une commission de dégustation. Ces contraintes, si sévères qu'elles apparaissent, sont une garantie constante de la qualité des « vins de Mirevaux ». Des vins qui, comme ne se font pas faute de le rappeler leurs éleveurs, sont aussi naturels qu'aux origines.

A Fort-Knox : le Frontignan ?

Si, dans Pantagruel, Panurge réclamait une grosse tonne de vin de Mireval, Voltaire a laissé une lettre du 14 décembre 1774 dans laquelle il implore du *muscat de Frontignan* la fois comme elixir de vie et extrême-onction. Cela peut paraître contradictoire mais, à y bien réfléchir, n'est-il pas vrai que ce vin allie la vigueur d'une boisson de jouvence à une extrême... douceur. De Pline le Jeune, qui l'appelle *« viae apianae »,* le chemin des abeilles, à Paul Géraldy qui a chanté ce vin *« léger, doré, sucré, fruité »* que nos pères *« riaient de tenir dans leur verre »,* le muscat de Frontignan paraît connu de toujours et en tout lieu. Les célèbres bouteilles torsadées vendues par la cave coopérative, qui représente les trois-quarts de la production, ont fait le tour du monde. Au fait, pourquoi cette forme assez originale ? Selon la légende, elle proviendrait du fait qu'Hercule, ayant bu du muscat de Frontignan, trouva ce nectar si délicieux que, pour extraire la dernière goutte restant dans la bouteille, il tordit celle-ci dans ses mains puissantes. Si non e vero... Ce qui est authentique, en tout cas, c'est qu'après les intendants de bouche du Roi-Soleil, du duc d'Orléans et du grand Condé, plus près de nous, l'ancien président des Etats-Unis Thomas Jefferson passait commande de cet élixir. On ignore s'il s'en trouve encore aujourd'hui une réserve dans les caves de la Maison Blanche, mais ce qui est plus surprenant c'est que, selon certains témoignages dignes de foi, il en aurait été vu et bu à Fort-Knox. De là à déduire que, si ce camp militaire est si sévèrement gardé, c'est parce qu'il abrite aussi des réserves d'or liquide, il n'y a qu'un pas ! Plus sérieusement, il n'est pas inutile de rappeler que parmi les territoires d'exportation privilégiés du Frontignan figurent la Grande-Bretagne et la Suède.

Abordons sa production d'un point de vue plus technique, sans insister sur le cépage, toujours le muscat blanc à petits grains exclusivement réservé à la vinification et non à la consommation de bouche. L'aire d'appellation a été délimitée par une commission d'experts comprenant des géologues, des vinificateurs et des vignerons. Ont été écartées les terres d'alluvions ainsi que les terres bordant les étangs. La partie du terrain retenue est composée de terres de collines calcaires de la période quaternaire située sur les pentes des collines de la Gardiole exposées au sud. Cette composition permet d'obtenir une maturité très poussée et protège en même temps le vignoble des vents froids du nord. La production est limitée à 28 hectolitres à l'hectare, soit une moyenne de 3.500 kilos à l'hectare. Le muscat de Frontignan est actuellement complanté sur une superficie de 720 hectares environ, dont 500 couverts par la coopérative fondée en 1908. La propriété de ce vignoble est assez morcelée et correspond en grande partie au type du vignoble méridional. Aujourd'hui, sur 500 producteurs répertoriés, 430 adhèrent à cette coopérative.

La vinification s'opère selon deux modes : en vin de liqueur comme à l'origine, mais surtout, de plus en plus, en vin doux naturel. Les opérations de fermentation et de mutage pour ces deux types de vinification sont effectuées sous le contrôle de l'Administration des contributions indirectes qui surveille l'adjonction d'alcool telle qu'elle est autorisée par les décrets fixant l'appellation muscat de Frontignan : 5 à 10% d'alcool neutre ajoutés aux 14% d'alcool en puissance pour le VDN. Après mutage, les vins sont laissés sur leurs bourbes pendant trois mois pour être ensuite soumis aux opérations de soutirage. Le traitement par le froid, à environ moins sept degrés centigrades, permet d'obtenir un dépouillement appréciable du vin. Il sera, en fin de parcours, bonifié par le vieillissement dans des foudres de chênes de Yougoslavie et de Russie de plus de soixante ans d'âge. Ne nous attardons pas sur l'embouteillage, qui assure un rendement de 1.800 bouteilles à l'heure, et revenons de façon plus précise sur la commercialisation. Les ventes ont atteint, en 1976, le nombre respectable de 1.608.700 bouteilles de 0,75 l chacune, le record ayant été battu l'année précédente avec 1.793.300 bouteilles. Compte tenu de la modique récolte de 1977, la demande est actuellement très supérieure à la production et toute la clientèle ne peut être satisfaite. Outre la Grande-Bretagne et la Suède déjà notées, la clientèle étrangère se recrute dans les pays suivants: anciens territoires francophones d'Outre-Mer, pays du Marché commun, USA et Canada.

Pourquoi le Frontignan est-il universellement si prisé? Parce qu'il est à la fois un vin d'apéritif, de dessert et d'après-repas. Parce qu'il est doux sans être douceâtre, ni sirupeux, ni poisseux. Vieilli, il acquiert un sympathique goût de rancio. Dans la force de l'âge, il n'est pas apte uniquement à accompagner les friandises et desserts: les gastronomes les plus orthodoxes recommandent de marier un verre de Frontignan avec une tranche de fromage de Roquefort. Leurs saveurs respectives s'exaltent et se mêlent dans une étrange, riche et fort plaisante harmonie.

L'étrange arôme du Minervois

Pour en terminer avec les vins muscat du Languedoc, il faut aller chercher assez loin du littoral, dans le vignoble du Minervois, le quatrième de la série.

Le muscat de Saint-Jean-du-Minervois a obtenu en 1946, après plusieurs années de demandes réitérées, l'appellation d'origine contrôlée pour une partie de la commune. Les vignes de ce terroir ressemblent plus à des champs de pierres, où la charrue n'atteint jamais qu'un épais manteau de rocailles, qu'à de vraies vignes. A l'époque du phylloxéra, les tènements les plus secs, et donc les plus éprouvés, furent complantés en muscat à petits grains dorés dit de Frontignan. Cette mutation du vignoble entraîna pour le terroir une nouvelle activité mais, empressons-nous de le préciser, celle-ci reste très modeste. Qu'on en juge par ces quelques chiffres: à l'heure actuelle, la production ne dépasse pas 1.500 hectolitres sur une superficie de 80 hectares répartis entre une quarantaine de vignerons dont un seul aujourd'hui vinifie en cave particulière, les autres vinifiant en cave coopérative créée en 1955. Mais la richesse de l'arôme du muscat de Saint-Jean paraît très liée à la modicité de la récolte. De doctes dégustateurs affirment même qu'il serait le meilleur du monde et, récemment, le Comité interprofessionnel des VDN a entrepris une étude visant à percer le mystère de l'étrange arôme du nectar minervois. Y sont sans doute pour une large part les marnes gypséennes qui composent le sol calcaire. Aussi fin mais plus sec que les autres, il est parfait en apéritif.

Un blanc de classe: la Clairette du Languedoc

L'un des plus beaux fleurons de la production viticole de cette région est représenté par *la Clairette du Languedoc*. Ceux qui la produisent vous diront, avec une légitime fierté, que ses origines se perdent dans la nuit des temps, citant à l'appui de leurs affirmations Pline l'Ancien et Sidoine Apollinaire. Mais point n'est besoin, pour ce vin, d'étaler ses titres d'antériorité: une simple dégustation convainc de sa prééminence. Ce vin blanc de très grande classe, par ses qualités propres et ses facultés de conservation, a été — dit-on — encore de tous les temps et de toutes les fêtes depuis le VIIe siècle avant Jésus-Christ jusqu'à nos jours. Son vignoble a pour terre d'élection le cœur du vieux Languedoc, au pied du majestueux Pic de Vissous; il couvre les coteaux de huit communes – Adissan, Aspiran, Cabrières, Ceyrac, Fontès, Paulhan, Péret, St-André-de-Sangonis – soit environ 1.200 hectares exploités par 1.200 producteurs. Produit du seul raisin dénommé «clairette», exempte de toute opération d'enrichissement et de concentration, la Clairette est un vin naturel par excellence. De la fin du siècle dernier jusqu'au début des années 40, elle a connu cependant un certain effacement car les vermouthiers, qui l'utilisaient comme vin de base pour l'élaboration de leurs apéritifs, l'ont plongé dans un relatif anonymat. Elle devait en émerger, en 1941, avec la création du syndicat de défense de la Clairette, qui s'est fixé comme premier objectif d'améliorer la qualité du produit et de

faire officialiser cette qualité. Consécration de ces efforts: par décret du 28 septembre 1948, la Clairette est entrée dans le club des AOC. Entre-temps, le syndicat a contribué à la création, en 1946, de la coopérative de vente «La Clairette» qui groupe la quasi-totalité des producteurs de l'aire d'appellation et commercialise 90% de la production. Il a d'autre part engagé une action pour que ces mêmes producteurs aient la possibilité d'élaborer une clairette en VDN, produit que l'on peut préjuger d'une réelle qualité et d'une commercialisation aisée mais les projets de loi déposés en ce sens — et qui allaient sans doute contre certains intérêts — n'ont pas abouti à ce jour.

Quand on parle de Clairette, encore convient-il de préciser que quatre types de vins sont commercialisés sous cette étiquette. Il n'y a donc pas une Clairette mais quatre:

la Clairette du Languedoc AOC dry (12°): vin de goutte obtenu à partir de vendange de clairette sélectionnée, sans foulage préalable pour éviter toute oxydation et conserver le parfum du cépage. C'est un vin blanc sec de teinte légère, parfumé et fruité, d'une grande finesse de goût, remarquable avec les poissons et les crustacés;

la Clairette du Languedoc AOC demi-doux: vin blanc légèrement moelleux, excellent avec le foie d'oie et les entremets;

la Clairette du Languedoc AOC «amer dry»: vin blanc très sec connu au Moyen Age sous le nom de Picardan; apéritif au bouquet naturel très prenant;

la Clairette blonde: vin blanc moelleux comprenant 11° d'alcool acquis et 2° d'alcool en puissance, convient particulièrement pour les entremets et les desserts.

La Clairette, *« l'un des rares vins à supporter l'épreuve redoutable des hors-d'œuvres»,* selon Maurice Chauvet, doit à son goût légèrement madérisé la faveur dont elle jouit auprès des consommateurs anglo-saxons. Baptisée «*Sherry»* ou «*Claret»,* elle a eu longtemps les Britanniques comme meilleurs acheteurs. Aujourd'hui, les 122.500 bouteilles réservées à l'exportation prennent aussi la direction de l'Allemagne, de la Belgique, des USA et même du Japon.

La grande famille des Coteaux du Languedoc

D'aucuns estimeront que tous les vins d'AOC que nous venons de présenter n'ont qu'un seul défaut, mais rédhibitoire: celui de n'être pas rouges. Rassurons-les, les vins rouges de qualité ne manquent pas en Languedoc. Même s'ils éprouvent quelques difficultés à obtenir la consécration officielle, ces vins rouges ont assez de qualités propres pour plaire au consommateur. Beaucoup d'entre eux ne dépareraient pas, loin de là, la cave de l'honnête homme du XXe siècle.

C'est le cas notamment de ceux qui sont groupés, depuis 1940, au sein du Syndicat de défense des Coteaux du Languedoc. Un label qui, pour le gourmet, offre une double garantie de qualité car, d'une part, cette appellation n'est délivrée qu'à des VDQS, et, d'autre part, elle n'est accordée qu'au terme de deux sélections et dégustations sur produits issus de cépages nobles.

L'appellation *Coteaux du Languedoc* réunit, pour l'heure, treize appellations primaires, onze d'origine héraultaise et deux d'origine audoise. Les onze VDQS qui composent, dans l'Hérault, la branche la plus importante de la famille sont les suivants: Cabrières, Coteaux de la Méjanelle, Coteaux de Saint-Christol, Coteaux de Vérargues, Faugères, Montpeyroux, Pic Saint-Loup, Saint-Chinian, Saint-Drézéry, Saint-Georges d'Orques et Saint-Saturnin. La branche audoise est composée des vins de La Clape et de Quatourze. En quelques mots, essayons de définir la personnalité des onze premiers.

Les vins de Cabrières: ce sont essentiellement des vins rosés légers, gais et lumineux, issus d'un encépagement composé à 50% au maximum de carignan, à 45% au minimum de cinsaut et d'œillade; les 5% complémentaires peuvent être constitués soit de grenache soit de cinsaut. A boire avec le délicieux fromage de chèvres du pays qui les met en valeur. Souples et gouleyants, en fait, ils s'accommodent de tous les plats.

Les vins de la Méjanelle: distingués par le voyageur allemand Abraham Goelnitz, en 1626, comme «les vins les plus généreux de France», ils sont produits, tout près de Montpellier, sur les hauteurs de Montaubérou, la petite Costière de la capitale languedocienne. Cette terre rougeâtre parsemée de galets produit des rouges d'une belle couleur rubis, issus d'excellents cépages comme les cinsaut, mourvèdre, syrah, grenache et autres. Elle donne aussi des blancs très secs.

Les vins de Saint-Christol: ce sont des vins souples et bouquetés à base de carignan, de cinsaut et de grenache. On les connaît et les apprécie depuis longtemps dans le centre de la France et dans le lyonnais. Mais leur notoriété tend à dépasser ces frontières.

Les vins de Vérargues: de très honorables rouges, corrects et sans surprise qui mériteraient d'être mieux connus, même dans leur région d'origine où l'on oublie que le vignoble de Vérargues ne produit pas uniquement le muscat de Lunel.

Les vins de Faugères: s'il fallait décerner, en dehors des médailles officielles dont nous parlions plus haut, un «oscar» de la révélation des dernières années à un vin du Languedoc, c'est assurément à celui de Faugères qu'il faudrait l'attribuer. Ses cépages principaux sont à 80% au moins le carignan, le grenache et le cinsaut. Pour le reste, il s'agit de cépages divers à l'exclusion des teinturiers grand noir et morastel. Cet encépagement produit un vin corsé et parfumé, aux riches senteurs de thym et de garrigue, d'un beau rouge profond. Avec quelques Corbières et Minervois, le Faugères est l'un de ces vins où l'on sent vibrer toute l'âme du pays d'Oc. Sa qualité tend à s'imposer avec une certitude croissante.

Les vins de Montpeyroux ont droit, eux aussi, à de sincères éloges. Ronds et pleins, comme les précédents, de bonne garde et comparables aux meilleurs crus, tout snobisme mis à part, ils se distinguent par leur saveur joyeusement musclée.

Les vins du Pic Saint-Loup: récoltés au nord de Montpellier dans les combes que domine ce sommet débonnaire, ils savent être tour à tour chauds et corsés, légers et sans rudesse. Droits de goût et sans fard, ils gagneraient parfois à être plus étoffés.

Les vins de Saint-Chinian, eux, ont de la charpente à revendre! Ce sont des vins souples et très typés, vins de schiste pour la plupart, gouleyants et de faible acidité. Parmi la couronne de villages qui ont droit à l'appellation, le terroir de Berlou mérite d'être distingué en raison de ses vifs efforts de promotion en direction de la Belgique essentiellement. La production de ces vins est limitée à 50 hl/ha. Ils titrent en moyenne à 12 degrés et, faut-il le préciser, ne sont pas chaptalisés. La cuvée 1977 manque un peu d'alcool, exceptionnellement. En ligne générale, ces vins vieillissent bien et se chargent en tanin. Un trait significatif de l'engouement qu'ils connaissent: en un an à peine, le Berlou a doublé ses ventes, passant de 30.000 bouteilles en 1976 à 60.000 en 1977.

Les vins de Saint-Drézéry, de la même famille que les vins de Vérargues, Saint-Christol et la Méjanelle, sont des rouges étoffés, parfumés et de belle couleur élaborés à partir de la trinité carignan-cinsaut-grenache.

Les vins de Saint-Georges d'Orques: réputés depuis longtemps, ces vins sont élaborés par un «consortium» de quatre communes de la banlieue montpelliéraine: Pignan, Lavérune, Murviel, Juvignac. Ils sont vifs et fruités, très prenants. Leur teinte légèrement paillée est agréable à l'œil. On les compare parfois au Chambertin. Après avoir fait les délices des conseillers de la Cour des Aides, ils ont élargi leur marché à tout l'Hexagone et au-delà. Ce sont des vins de gibier, lièvre et perdreau surtout.

Les vins de Saint-Saturnin: peut-être les plus connus de cette liste. Candidats sérieux au titre d'AOC comme leurs voisins les vins de Montpeyroux, ces vins du terroir de la région de Lodève sont musclés et bouquetés. La qualité est généralement bien suivie, encore que certaines années elle ne soit pas exempte de quelques faiblesses. Pour un vin de ce renom qui vise à porter le flambeau du Languedoc, on est en droit de se montrer assez exigeant. Le *rouge cardinal,* qui titre de 12°5 à 13° est un vin riche et corsé propre à séduire le néophyte qui voudrait aborder par lui la connaissance des vins du Midi. Saint-Saturnin s'enorgueillit d'avoir été l'un des premiers terroirs à élaborer des *« vins d'une nuit».* Aujourd'hui, il exporte dans tous les pays du Marché Commun une grande partie des 13.300 hectolitres de la cuvée 1977 vinifiés en sa cave coopérative.

Pour n'appartenir point aux Coteaux du Languedoc, d'autres VDQS héraultais ne doivent pas toutefois être négligés. Les vins de la plaine littorale, en particulier, méritent le détour. A Marseillan, sur les bords de l'étang de Thau, on trouvera un excellent vin blanc sec et à Pinet le fameux *picpoul* dont la réputation n'est plus à faire. Leur vocation naturelle est bien entendu d'arroser les spécialités gastronomiques du secteur: rouilles, bourrides, bouillabaisses et huîtres de Bouzigues.

Les vins délicats de la frontière audoise

Autant que l'Hérault, l'Aude offre une floraison de bons vins. A cheval sur ces deux départements, le terroir du Minervois s'étage entre la vallée du fleuve Aude et les contreforts de la Montagne Noire sur une succession de coteaux alluviaux où la vigne s'épanouit dans un micro-climat sec et ensoleillé.

Les vins rouges produits par ce vignoble sont bien charpentés, tendres et veloutés. A leur sortie de la cave de vieillissement de Jouarres, par exemple, où ils séjournent trois ans, ils sont dignes de figurer parmi les meilleurs crus du Médoc et de Bourgogne. Le carignan leur donne couleur et richesse, la générosité et la persistance de leur bouquet. A l'aramon ils doivent leur velouté et leur finesse. Les rosés, pour leur part, sont redevables de la délicatesse de leur bouquet aux cépages blancs ou gris des terrets.

A travers les Corbières

Par les vignobles de *l'Orbiel* et du *Cabardès* qui produisent de remarquables rouges, le Minervois se fond insensiblement dans la plaine de l'Aude que domine la Corbière. Dans cette zone de garrigues et de rocailles au relief tourmenté, de Carcassonne à Narbonne s'étend en arc-de-cercle sur plus de 30.000 hectares l'un des plus anciens vignobles du monde. Ses vins sont les plus connus du sud de la France. Avec un petit air de commisération, combien de fois n'a-t-on pas dit aux Languedociens: «Vos vins? Hmm! Heureusement, vous avez les Corbières...». Ce qui prouve au moins que ceux-là sont justement connus et appréciés. Les Corbières n'ont pas la délicatesse raffinée des Minervois. Ce sont des vins forts en gueule et hauts en couleurs, corsés et charnus, un peu âpres dans leur jeunesse et l'attente de cette maturité qui, tempérant leur ardeur, leur donnera du bouquet. Par leur robe et leur arôme, après quelques années de vieillissement – quatre en moyenne – ils s'apparentent aux meilleurs crus français. Ces vins sont célèbres dans le monde entier. Pourtant, à ce jour, un seul d'entre eux a pu décrocher l'appellation contrôlée AOC. C'est le Fitou.

Un grand seigneur: le Fitou

Les vins d'appellation contrôlée *Fitou* sont produits sur un vignoble qui couvre environ 1.700 hectares. L'appellation contrôlée, délivrée le 28 avril 1948, s'applique aux meilleurs vins rouges de neuf communes des hautes Corbières et des Corbières maritimes: Tuchan, Paziols, Villeneuve, Cascastel, Fitou, Caves, Treilles, Leucate et Lapalme. L'existence de ces vins remonte, d'après certains documents historiques, au temps de Philippe-Auguste. Seuls les terrains secs et caillouteux sont classés dans l'aire de production Fitou. Les vignes sont plantées en cépages de choix: carignan limité à 75 % et 25 % en cépages nobles: grenache noir, cinsault, syrah, mourvèdre, maccabéo. Le degré des vins de Fitou doit être au moins de 12° et le rendement à l'hectare de 40 hectolitres au maximum. En fait, le rendement réel est bien plus faible, de l'ordre souvent de 25 hl/ha. Avec 40 hl/ha, la capacité théorique maximum serait de 68.000 hectolitres, mais les conditions climatiques et les nécessités de renouvellement du vignoble conduisent à une évaluation plus réaliste de 45.000 à 50.000 hectolitres... dans les prochaines années. Car les critères d'encépagement définis en 1948, lors de la création de cette AOC et complétés par un décret de septembre 1974, ont provisoirement réduit le potentiel à un total de 30.000 hectolitres en 1976 et près de 37.000 en 1977.

La vinification fait appel aux techniques les plus modernes tout en restant fidèle à la tradition, les méthodes utilisées sont naturelles et les vins sont obtenus exclusivement à partir de raisins de qualité parvenus à complète maturation. En outre, l'appellation ne peut être accordée qu'aux vins qui ont vieilli neuf mois en cave et qui ont satisfait aux épreuves de dégustation devant une commission compétente.

Les vins de Fitou possèdent au plus haut point les qualités de corps et de parfum qui caractérisent les grands crus et que souligne le vieillissement. Un peu rudes au lendemain des vendanges, ces vins s'épanouissent d'année en année. On obtient alors un Fitou charnu et complet à souhait, ayant de la mâche et du bouquet, plein de vie dans sa robe de couleur violacée. Conditionnés en bouteilles de 0,75 et 0,70 litres, ils sont commercialisés par les producteurs eux-mêmes et par les négociants distributeurs. Les exportations intéressent principalement la Belgique, la Hollande, l'Allemagne et le Canada. Les vins de Fitou, qui s'apparentent par leurs qualités organoleptiques et leur usage à certains Bourgognes, sont longtemps restés méconnus du grand public.

Mais, ces dernières années, les progrès du tourisme en Languedoc-Roussillon ont aidé les producteurs de l'AOC-Fitou à prendre conscience de la valeur de leurs vins. Le marché se développe rapidement et, en 1977, cet effort de promotion s'est soldé par la commercialisation – pour la seule cave coopérative du Mont Tauch, à Tuchan — d'un million de bouteilles. La preuve est donnée que la politique de qualité menée depuis des années porte enfin ses fruits. A telle enseigne que bientôt la demande sera supérieure au potentiel de production. Avant de boire le Fitou, les producteurs vous conseilleront d'observer cinq à six ans de garde pour lui permettre d'exalter son bouquet.

Sans avoir la richesse tanique de ce cru exceptionnel, d'autres vins de l'Aude ne rougiraient pas – façon de parler – d'affronter les plus austères jurys. La politique de qualité, et à ce terme il vaudrait mieux substituer en l'occurrence celui de politique de rigueur, a gagné notamment les *Côtes de la Malepère* à Routier, les coteaux du Razès, les vignobles du *Quatourze* et de *La Clape,* ces deux derniers affiliés comme on l'a dit aux Coteaux du Languedoc. La Clape propose en particulier, du haut de son balcon calcaire qui surplombe à deux cents mètres d'altitude la tendre Méditerranée, des vins blancs d'un moelleux hors du commun.

A Limoux, pas de complexes et le soleil en plus

Avant d'en terminer avec ce tour d'horizon de la viticulture audoise, il importe d'accorder la place qui lui revient à l'une des célébrités du vignoble languedocien, la *Blanquette de Limoux.* Célébrité, au vrai, longtemps décriée. Mais, désormais, la Blanquette ne souffre d'aucun complexe d'infériorité envers les prestigieux champagnes et ceux qui persistent à assurer qu'elle lorgnerait encore avec dépit de leur côté sont bien mal informés. La Blanquette doit affirmer sa spécificité. Elle est au Champagne ce que le Bordeaux est au Bourgogne. Ni plus ni moins.

Contrairement aux coquettes, elle avoue facilement son âge. Mais, en réalité, c'est pour en tirer argument car il lui permet désormais de se parer du titre de «plus vieux brut du monde». De fait, en l'an 931, la ville de Limoux protégeait déjà par décret la noblesse de ses vins. En 1388, le chroniqueur Froissard, après son voyage en Languedoc chez Gaston Phœbus, parlait avec passion de «beuveries moult délectables de vin blanc de Limoux». En 1544, le Sieur d'Arques, pour fêter victoire, passait commande sur parchemin de *«moultes pinctes de Blanquette de Limoux».* Dès le VIᵉ siècle, la Blanquette a donc ses lettres de noblesse et l'on en a déduit, en attendant d'autres documents confirmatifs, que la champagnisation était inventée à Limoux avant Dom Pérignon.

Ce vin effervescent blanc de blanc résulte de raisins nés de trois cépages: le mauzac, cultivé depuis toujours en Limouxin, le chardonnay et le chenin, autorisés depuis peu dans l'appellation. Compléments parfaits du mauzac, ces deux-là trouvent un environnement idéal dans un climat méditerranéen mais sans excès, entre la douceur aquitaine et la rigueur montagnarde, ainsi que sur les sols maigres et peu épais. Le rendement à l'hectare est de 40 hectolitres maximum et le degré minimum de 10°5. Seul le «premier jus» obtenu par un léger pressurage — 100 litres de moûts sont extraits de 150 kilos de raisin — bénéficie de l'AOC. Il est conduit aux bassins de décantation avant toute oxydation ou coloration, les bourbes les plus épaisses étant éliminées après un court séjour dans ces bassins; les moûts sont

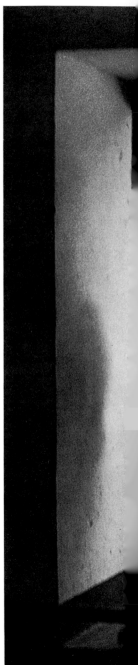

vinifiés à l'étage inférieur dans des cuves rondes qui permettent d'éviter l'échauffement en cours de fermentation, laquelle se prolonge huit jours à température basse. Ce luxe de précautions montre assez que la recherche continuelle de la qualité n'est pas ici un slogan passe-partout destiné à flatter n'importe quel produit. Il est une vérité tangible qui s'est traduite par la vente, en 1976, de 3.500.000 bouteilles et, en 1977, de plus de 4 millions de bouteilles. Après avoir conquis de haute lutte une place enviable sur le marché français, la Blanquette de Limoux accentue son effort sur la CEE et les pays tiers. D'ores et déjà, la coopérative expédie des quantités importantes vers l'Italie et a reçu commande de 300.000 bouteilles annuelles pour les USA au terme d'un contrat de longue durée.

Le mot de la fin: laissons-le aux producteurs de Blanquette. «Profitant du climat de sympathie que nous avons créé en notre faveur, nous espérons réussir en vingt ans ce que le champagne a fait en deux cents ans!».

A noter aussi que le Limouxin produit, de plus en plus, des vins rouges en progression constante selon les critères œnologiques. La production issue de cépages nobles y est en augmentation sensible par rapport à celle des vins ordinaires: gain de 12% en 1973, de 50% en 1976, doublement prévu au cours des prochaines campagnes.

Le terme spécificité que nous avons employé à propos de la Blanquette conviendrait aussi pour définir la viticulture des Pyrénées-Orientales, le quatrième grand département producteur du Languedoc-Roussillon.

Roussillon:
le fief des Vins Doux Naturels
Cette place à part qu'il revendique hautement, le pays catalan la doit à une production essentiellement orientée sur les vins doux naturels. A lui seul, le Roussillon produit 95% des VDN français. L'ensoleillement intense, la douceur climatique et la géologie de ses terroirs ont favorisé de tous temps cette vocation à produire des vins liquoreux et alcoolisés qui bénéficient d'une technique de vinification très particulière. Issus de quatre cépages d'une grande finesse — maccabéo, malvoisie, grenache,

muscat — ils sont élaborés à partir de moûts naturellement riches en sucres: 252 grammes par litre, soit l'équivalent de 14 degrés d'alcool. Pour éviter que la fermentation transforme ces sucres en alcool, celle-ci est arrêtée au bon moment par le mutage, autrement dit par l'adjonction de 5 à 10% d'alcool à 90 degrés. Les levures cessent leur action et le vin conserve alors une forte proportion de sucres naturels. Grâce à cette fermentation inachevée, les VDN garderont intacts tous les arômes et les saveurs du fruit d'origine, avant d'acquérir par vieillissement leur goût caractéristique de rancio. Leur teneur alcoolique finale — 21°5 — en fait des vins d'apéritif à boire très frais et surtout des vins de dessert.

Le plus ancien d'entre eux, le plus réputé aussi, est le *Banyuls* que buvaient déjà les rois d'Aragon. Il a pour géniteurs les grenaches plantés sur les rivages de Banyuls-sur-Mer, Cerbère, Collioure et Port-Vendres. Frotté d'embruns et d'effluves d'iode, tirant sa substance des terres schisteuses du bord de mer, c'est un vin chaud et voluptueux, élégant dans sa robe de topaze. Sa production annuelle est limitée entre 40.000 et 50.000 hectolitres.

Le muscat de Rivesaltes: VDN exclusivement élaboré à partir des récoltes de muscats dorés, il a une belle couleur ambrée et une saveur d'une grande délicatesse.

Les Rivesaltes: leur vaste territoire s'étend des Corbières aux Albères sur des terres rougeâtres qui donnent des vins riches et généreux.

Le Maury, qui a avec eux une certaine parenté, n'est produit qu'en faibles quantités sur des parcelles de vignes presque montagnardes. Le grenache cultivé sur les pentes inondées de soleil des bords de l'Agly lui confère une teinte pourpre qui va de pair avec une ardeur quasi torride.

Des vins de race, fougueux comme des rugbymen

Si les vins doux naturels sont le parangon de la viticulture catalane, on aurait tort d'oublier les autres vins produits dans ce terroir. La plupart sont d'une qualité bien au-dessus de la moyenne. On notera à ce sujet qu'il n'y a plus, dans les Pyrénées-Orientales, d'intermédiaire entre les vins de pays et les AOC: les vins des crus *Côtes du Roussillon* et *Côtes du Roussillon-Villages,* seuls du département à être classés VDQS jusqu'en 1976, ont été promus AOC en 1977. Sage décision qui intéresse les beaux vignobles de schiste et de marne étalés depuis le versant méridional des Corbières jusqu'au sud de Perpignan, sur le massif des Albères. Des rouges et des rosés pleins de caractère et de franchise, des blancs verts à l'esprit vif.

A l'intérieur de ce volume est incluse la production de vins AOC corsés et chaleureux de Collioure qui, en quantité réduite, offre un condensé de toutes les qualités du vin catalan. Est également comprise la production, d'une haute tenue et d'une souplesse, d'un fruité exemplaire, des Corbières du Roussillon. Nés des vignobles cultivés en prolongement des Corbières audoises, ces vins ont de la chair, de l'ampleur et même de l'abattage. A l'image de cette terre et de son peuple, ils sont sensuels et nobles. Des vins de race en somme.

La plupart des grands rouges et rosés du Roussillon sont commercialisés directement par les producteurs ou leurs caves coopératives.

La SICA des vignerons catalans propose notamment un bel éventail de vins riches de sève et de tanin.

Une nécessaire clarification, une impérative revalorisation

Au terme de cet itinéraire nous comptions opérer une sélection parmi les *Vins de Pays* produits dans cette région. Cette catégorie obtient un certain succès; elle répond au besoin manifesté par le consommateur d'un vin quotidien de qualité se situant entre les VDQS et les vins de coupage industriels ou standardisés. Mais on a assisté ces derniers temps à une certaine inflation des vins de cette catégorie, en qui certains disaient voir la planche de salut de la viticulture méridionale. En 1977,

5.109.616 hectolitres ont obtenu la qualification. Dès lors, conseiller celui-ci, de préférence à celui-là produit dans la même zone, relève de la fantaisie et frise l'injustice.

D'autant que, si tous se présentent sous des étiquettes alléchantes, les meilleurs côtoient les moins bons avec, au cours d'une même campagne, d'inexplicables fléchissements pour les premiers et d'intéressantes remontées pour les seconds. Il suffit d'avoir la main heureuse... et d'espérer que, grâce à un nécessaire suivi dans la qualité, les Vins de Pays pourront jouer bientôt pleinement leur rôle entre vins fins et vins de consommation courante.

L'instauration, par récent décret, d'un label régional «les Vins de Pays d'Oc» réservé aux plus réussis devrait mettre un peu d'ordre dans la maison. De plus, l'attention des professionnels a été attirée sur l'indispensable rigueur qui doit présider à la sélection des Vins de Pays susceptibles d'accéder à ce créneau privilégié du marché.

Enfin, il est bon de le rappeler, le décret du 29 novembre 1973 renforçant la réglementation applicable à cette catégorie de vin prévoyait qu'en 1980 toute exploitation comportant la moindre parcelle de cépages autorisés — l'aramon en l'occurrence — se verrait écartée des possibilités d'obtention du label Vin de Pays.

Lorsque ces diverses mesures seront entrées en application et que les circuits de distribution, autant que la production, seront enfin rationalisés, l'expérience, encore tâtonnante, se révélera sans doute un jour positive.

La revalorisation des vins du Midi suppose une réelle et constante convergence d'efforts. Mais n'implique-t-elle pas, aussi, la reconnaissance tangible de ceux déjà consentis? Et l'égalité de tous les vignobles devant les disciplines imposées?

le Languedoc et le Roussillon du XIXe au XXe siècle

DE GRANDS VINS DOUX ARISTOCRATIQUES

Languedoc et Roussillon ont depuis longtemps produit et exporté vins et eaux de vie. L'ensoleillement, l'adaptation de la vigne aux terroirs fragmentés, exigus et pauvres des collines, à la longue sécheresse estivale des régions méditerranéennes, offraient des conditions naturelles favorables. Mais l'acharnement des hommes à cultiver les très nombreux terroirs médiocres de ces régions pour s'émanciper des contraintes féodales, et le développement d'une demande parfois lointaine mais accessible par mer, furent déterminants.

Dès le XVIe siècle progressèrent les vignobles littoraux : les compoix comme s'appelait le cadastre en pays d'Oc, sous l'Ancien Régime ; les compoix donc, de certaines communautés proches d'Agde enregistrent alors jusqu'à 30 % de terrains plantés de vignes. Le port catalan de Collioure est déjà mentionné comme exportateur de vins rouges dès la période des rois de Majorque au XIVe siècle. Avec les blés narbonnais, les draps de Carcassonne et de Lodève, le sel du littoral et l'huile d'olive jusqu'à la catastrophe climatique de l'hiver 1709, les vins languedociens entretenaient un commerce actif dans les ports : Agde d'abord puis Sète (Cette) dès la fin du XVIIe siècle. Victime ensuite de la crise agricole et commerciale, la vigne accuse un recul de 10 % au cours du XVIIe siècle dans toute la région. Mais, l'ouverture du Canal du Midi à la fin du XVIIe siècle relance le commerce du vin vers l'intérieur et vers Bordeaux. Les Bordelais conservèrent toutefois leur privilège d'exportation, et les vins du Languedoc ne peuvent de ce fait acquérir la réputation internationale indispensable à l'essor d'un grand vignoble de qualité.

Les premiers vignerons languedociens furent surtout de petits vignerons, encore que l'intendant d'Aguesseau décrive en 1670 une cave de 10.000 hl située à Béziers ! Par le même grand commis, nous connaissons les villes et les régions importateurs du vin languedocien : Gênes, Rome, la vallée du Rhône et aussi les Cévennes.

En 1676, le philosophe anglais John Locke célèbre les mérites du muscat de Frontignan, seul cru de cette région à connaître à cette époque une réputation universelle. Locke cite les divers cépages qu'il a pu voir lors de son séjour à Frontignan : Spiran, Maroquin, Terret, Ramonin, Picpoul et bien sûr Muscat. On note l'absence du grenache et du carignan ; cépages originaires du bassin de l'Ebre, leur acclimatation en Languedoc remonte seulement à la deuxième moitié du XVIIIe siècle. Le philosophe notait la qualité supérieure des vins issus de vieilles vignes et décrivait leur plantation en quinconce qui se distingue nettement des plantations en foule alors usitées en Bourgogne.

Un siècle plus tard l'américain Jefferson, alors ambassadeur de la jeune République des Etats-Unis auprès de la couronne de France, visite lui aussi Frontignan, et passe ensuite, pour garnir sa cave américaine, de régulières commandes au Dr Lambert, l'un des propriétaires locaux. 1.000 pièces de 250 bouteilles étaient produites alors, dont 600 de première qualité, vinifiées à 80 % par les six plus grands propriétaires.

Voltaire ne dédaignait pas non plus de faire appel aux vertus roboratives du muscat : « Conservez-moi la vie en m'envoyant un petit quartaut du meilleur vin de Frontignan » écrivait-il à son fournisseur en décembre 1774.

Ces trois illustres amateurs ne sont pas avares de louanges à l'égard du vin liquoreux, mais donnent peu de renseignements sur les procédés de vinification. L'addition d'alcool en usage pour garantir la tenue de vins destinés à l'exportation, fut bientôt utilisée pour le mutage, dans le but de stopper la fermentation et conserver ainsi la saveur fruitée, qui a toujours été caractéristique du muscat de Frontignan. Contrairement aux méthodes en honneur à Porto ou dans les Charentes où l'on additionnait d'eau-de-vie, l'alcool ajouté ici fut toujours un « trois-six » sans goût propre.

Banyuls et Lunel ne se distinguent pas de Frontignan à cet égard. Du reste, l'ensoleillement et l'exposition en gradins surplombant la mer de ces vignobles littoraux procurait un degré naturel élevé, encore amélioré par les techniques viticoles: pinçage des grappes, passerillage de la récolte. L'abbé Bousquet décrit quatre cueillettes successives pour son vignoble de muscat de Lunel en 1730.

Hormis Frontignan et Lunel, Rivesaltes produisait aussi un muscat qui après avoir enchanté Arthur Young en 1792, est relevé comme le meilleur de France dans la célèbre «Topographie de tous les vignobles connus» de Jullien en 1816.

Pour les vins rouges, le même auteur signale Saint Georges d'Orques, Autignac et Laurens dans l'Hérault, Fitou, Leucate, Treilles et Portel dans l'Aude, Collioure pour les Pyrénées Orientales, Chusclan et Tavel dans le Gard. Aucun de ces crus ne figure dans la «première classe» et les vins catalans sont mentionnés surtout comme vins de coupage: «Ils servent à donner du corps et de la couleur aux vins faibles». Déjà se manifestait l'influence bénéfique des cépages espagnols récemment introduits. Mais la demande en eau-de-vie allait bouleverser les conditions de la production.

POUSSÉE DE LA DEMANDE ET MENACE SUR LA QUALITÉ

L'eau-de-vie est restée, selon Emmanuel Le Roy-Ladurie, une «drogue d'apothicaire» jusque vers 1660. L'engouement pour cette boisson, propagée par les marins et les soldats favorisa pour deux siècles le développement de la production sans rien ajouter, bien au contraire, à la qualité des vins languedociens.

Les plantations se multiplient dès le début du XVIIIe siècle, à tel point que le Conseil du Roi, alerté par l'Intendant de Montpellier inquiet de l'approvisionnement en blé de sa province, promulgue l'interdiction de toute nouvelle plantation par l'édit du 5 juin 1731.

La Révolution allait vivement relancer l'essor viticole, en levant ces interdictions, mais aussi en libérant la circulation des denrées de province à province, en suspendant la perception des impôts indirects, les «aides» pour le vin; enfin en favorisant le partage de nombreux communaux, terroirs jusque-là marginaux et désormais dévolus à la viticulture paysanne. Malgré le rétablissement par Napoléon des «Droits Réunis» dont la fiscalité pesa durement sur le vin, malgré la précarité des moyens de transport, cet essor n'a pu être stoppé. En 1791, Sète exportait 200.000 hectolitres d'alcool représentant une production de 2 millions d'hectolitres de «vins de chaudière».

L'Hérault comptait en 1824, 264 distilleries, sans compter les nombreuses distilleries particulières installées sur leur domaine par les grands exploitants du Biterrois, les bouilleurs itinérants sillonant les campagnes avec leurs alambics pour brûler la récolte des petits vignerons. Les principaux marchés des spiritueux furent Montpellier, Pézenas puis Béziers dont la suprématie en matière de «trois-six» était vers 1850 incontestée en France.

La distillation permettait d'absorber rapidement les excédents périodiquement disponibles, mais elle finit par capter plus de la moitié de la production. A un moment où les transports étaient chers et difficiles, il était logique de développer cette pratique qui permettait de commercialiser de fortes quantités de vin sous un faible volume. Les vignerons du Midi se préoccupèrent dès lors de fournir au marché des quantités toujours plus importantes de vin de chaudière dont la qualité importait peu aux négociants, soucieux de répondre à la demande populaire du «pousse-café» bon marché.

Plus que jamais, la vigne était une culture démocratique, un moyen d'ascension sociale, particulièrement efficace à une époque où les campagnes connaissaient un surpeuplement relatif et le morcellement excessif des exploitations.

Vins et eaux-de-vie aidaient le nouveau prolétariat urbain à supporter sa difficile condition; et la demande croissait dans la même proportion que l'industrialisation du pays, et l'augmentation du nombre des ouvriers. Pour la seule agglomération parisienne, 5 millions d'hectolitres de vin étaient consommés vers 1900 contre 2 millions à peine soixante ans plus tôt.

Parallèlement se répand dans la paysannerie la consommation fréquente du vin. Pendant longtemps seules les noces, fêtes familiales et banquets en étaient l'occasion. Cette demande populaire multipliée entretint l'essor d'une production de masse. Les grands propriétaires pressés de reconvertir leurs champs de blé menacés par la concurrence reprennent alors l'administration directe de leurs domaines jusque-là divisés en métairies et font appel à la main-d'œuvre immigrée des montagnards. Dans le même temps, les ouvriers agricoles et petits paysans plantent à qui mieux mieux pour augmenter leurs ressources d'appoint et avec la volonté farouche d'accéder au statut de propriétaire indépendant. Cultiver la vigne permettait aussi d'éviter les effets fâcheux du morcellement des héritages, en assurant la subsistance de la famille sur un terrain exigu, qu'aucune autre culture n'aurait permis de valoriser autant. Ces petites propriétés de 1 à 3 hectares, récoltant 50 à 200 hectolitres de vin ont longtemps été considérées comme économiquement et socialement valables en Languedoc et en Roussillon.

A la même époque, se manifesta un renouveau des exportations. Evoquant les débouchés de la viticulture héraultaise, le préfet Creuzé de Lesser mentionne en 1824 Nice et les ports italiens pour les vins rouges de bons crus. Nous avons pu recueillir également des témoignages écrits de l'exportation des vins de Fitou en direction de Gênes jusque vers 1860. Sont signalés aussi comme clients des vins de Saint Georges d'Orques, près de Montpellier: l'Angleterre, la Hollande, les villes hanséatiques, tandis que la cour de Russie maintenait sa prédilection pour les vins blancs. Le préfet indique par ailleurs les rapides progrès de la demande intérieure française, approvisionnée par les ports du Havre, de Rouen, Dunkerque, Boulogne et Saint-Valéry, sans oublier Paris. Sur quelque 2,1 millions d'hectolitres produits dans l'Hérault, 400.000 sont consommés sur place et en l'état, ce qui témoigne d'une consommation populaire importante de l'ordre de 115 litres par habitant et par an, supérieure à la moyenne actuelle; 400.000 hectolitres sont exportés, et 1.310.000 hectolitres sont brûlés avant d'être exportés.

Distillation massive, autoconsommation paysanne, exportations à l'étranger, approvisionnement des villes françaises, tout coucourrait à développer le vignoble languedocien en cette première moitié du XIXe siècle.

Alphonse Mahul, grand propriétaire carcassonnais, écrivait en 1859 dans un article sur l'agriculture de l'Aude, pour l'Encyclopédie pratique de l'Agriculture: *« La vigne, reléguée dès l'origine sur les coteaux où elle trouvait sa place naturelle, utilisant avec profit des terrains qu'on ne pouvait affecter à la production des fourrages et des céréales, est descendue depuis cinquante années dans la plaine. C'est un empiètement qu'on peut critiquer à des points de vue théoriques, mais il est parfaitement justifié par les bénéfices qu'il a donnés. »*

De l'artisanat vigneron à la viticulture industrielle

Avant d'envisager le prodigieux effort de la viticulture de masse, faisons revivre cette viticulture paysanne qui durant des décennies permit aux ouvriers agricoles et aux petits paysans de grignoter les terres médiocres du Languedoc pour améliorer leur condition.

Tous les témoignages concordent pour souligner le caractère artisanal de cette culture: le travail s'effectuait exclusivement à la main à l'aide de quelques instruments, une bêche droite, le «luchet» réservé aux deux ou trois façons que reçoivent les vignes au printemps, le rabassier (houe) servant aux «escaussels» (conques) autour des souches, à moins que le terrain ne soit trop caillouteux ce qui conduit à utiliser le «bigos» (houe à deux dents). En 1867, le Dr. Guyot constatait que les deux tiers du vignoble gardois étaient encore cultivés exclusivement à la main.

Les plantations en quinconce dominaient déjà mais avec un écartement réduit, 0,80 à 1 m, qui donne un encépagement de 5.300 souches à l'hectare. La taille, à deux coursons seulement, était effectuée à la serpe, la poda, au moins jusqu'en 1840, le sécateur ne s'imposant progressivement qu'après cette date: il permit un travail à la fois plus rapide et plus soigné; les sarments soigneusement récupérés étaient vendus aux boulangers. De fumure il n'était guère question, étant donnée la rareté du bétail.

Les vendanges étaient en général précoces, à partir de la fin d'août et la vinification souvent défectueuse faute de maturité suffisante. La plupart des petits vignerons vendaient d'ailleurs leur vin aussitôt après la récolte à la fois par nécessité pécuniaire et pour éviter les dangers du stockage: mal pourvus en vaisselle vinaire, avec quelques demi-muids seulement, ils n'avaient guère les moyens de loger leur récolte, utilisant en l'absence de caves des «remises» et des «magasins».

Les cépages locaux dominaient encore nettement, mais leurs noms chantants rivairenq, picpoul, picardan, cruchenc, œillade, terret cèdent bientôt la place aux espagnoles comme le carigan, le mourastel et le mourvèdre. Ces espèces plus productives donnèrent aux vins locaux le corps et la couleur qui leur manquaient pour affronter les périls de la commercialisation à longue distance.

La conversion en exploitations viticoles des «mas» et des «campagnes» jusque-là exclusivement céréalières entraîne de grands bouleversements. L'utilisation de la charrue, de plus en plus répandue, puisque dès 1824 les trois quarts du département de l'Hérault sont ainsi labourés, implique à elle seule une culture plus rationnelle: conduite plus haute des ceps, espacements portés à 1,50 m — ce qui donne 4.444 souches à l'hectare —, plantation en carré, facilitant les labours croisés dès lors beaucoup plus fréquents, possibilité d'une taille plus longue: c'est l'avènement du «gobelet» à 4 ou 5 coursons, et de la taille à deux yeux. L'accroissement de la fréquence des fumures, tous les deux ou trois ans et la mise en culture des terres de plaines beaucoup plus riches que celles des coteaux, tout conduisit à l'amélioration des rendements. Dans cette course à la production maximale, la qualité du vin fut la plupart du temps négligée: vendanges plus précoces pour éviter les déperditions de poids, pressurages hâtifs imposés par les récoltes massives, vinification peu satisfaisante du fait de l'acidité des moûts et de leur faible teneur en sucre.

L'ouverture des chemins de fer, les nouvelles transformations imposées par l'apparition des parasites de la vigne accélérèrent le mouvement déjà amorcé durant la première moitié du siècle.

Chemins de fer et calamités viticoles: vers la monoculture

Dès 1838, la ligne Sète-Montpellier, une des premières de France, permet d'accélérer l'exportation à l'étranger des vins du Montpelliérais. En 1847, Nîmes est raccordée au PLM par Tarascon. Mais c'est seulement en 1857 que fut inauguré le Bordeaux-Sète, œuvre des Péreire et de la Compagnie du Midi. Un an plus tard, Narbonne était reliée à Perpignan. Le Languedoc et le Roussillon furent alors en mesure d'expédier massivement des vins tant vers le Bordelais que vers les grands centres de consommation du nord de la France et de la région parisienne. La concurrence entre les compagnies contribua à faire baisser les prix de transport des 4/5e. On relève un coût de transport de 10 francs pour un vin de Béziers expédié à Lyon en 1858, contre 50 francs précédemment.

Le réseau ferroviaire est ensuite progressivement complété dès les années 1860, et après 1880 par des voies directes, à vocation essentiellement vinicole: Nîmes-Paris et Béziers-Paris par Neussargues furent créées. Dès lors Languedoc et Roussillon purent importer tout ce qui était nécessaire à la culture de la vigne et à l'alimentation des populations, tout en exportant massivement leur production de vin.

Cette extension du marché stimulait le renouveau d'un vignoble qui venait de surmonter sa première grande crise due à l'oïdium. Ce cryptogame avait considérablement affaibli les récoltes des départements méridionaux entre 1851 et 1857 sans toutefois détruire le vignoble lui-même. Vaincu par les applications de soufre recommandées par un grand viticulteur montpelliérain, Henri Marès, l'oïdium a entraîné une augmentation considérable des frais de production. Mais il a surtout suscité de nouvelles plantations par la hausse des cours qu'avait entraîné la chute des quantités produites en présence d'une demande toujours croissante. Enfin, c'est probablement de la crise de l'oïdium que date l'effacement des eaux-de-vie languedociennes: à quoi bon distiller un vin rare, qui se vend très bien et s'expédie grâce aux nouvelles voies ferrées? L'eau-de-vie de Béziers cède durablement la place aux eaux-de-vie de betterave et de grains. Dès les années 1860, Languedoc et Roussillon s'installent dans la monoculture viticole et les plaines voient affluer les ouvriers montagnards alléchés par des salaires élevés et une vie plus facile.

Les premiers signes d'un engorgement du marché apparurent dès 1865 et surtout 1875 avec une récolte record de 83 millions d'hectolitres. Le Midi faisait déjà l'expérience de sa vulnérabilité économique. Rapidement, la reprise de la distillation et la vente massive à bas prix permirent de franchir ces années difficiles, exceptions dans une prospérité éclatante.

Mais le phylloxéra en détruisant successivement tous les vignobles de France ouvrit une nouvelle période de l'histoire viticole.

Apparu dès 1863 à Pujaut dans le Gard, chez un viticuleur ayant importé des plants américains, le puceron mangeur de racines allait dévaster successivement le Gard et l'Hérault, jusqu'en 1878, puis l'Aude et le Roussillon dont les vignes «françaises» ne furent définitivement détruites que vers 1885–1886. Il faut noter que les autres vignobles de France étaient attaqués à la même époque. Ceci provoqua une grande pénurie sur le marché des vins et une formidable hausse des prix dont les viticulteurs les plus tardivement touchés profitèrent parfois pendant plus de cinq années. L'écroulement d'un des principaux secteurs agricoles du pays, alors même que les blés français étaient de plus en plus concurrencés par ceux de Russie et d'Amérique du Nord, provoqua une sorte de panique, plus peut-être parmi les responsables politiques que chez les viticulteurs habitués à affronter les difficultés climatiques et les incertitudes économiques. C'est ainsi que fut favorisée par l'Etat, à partir de 1870, la création du vignoble algérien dont l'importance a longtemps pesé sur la vie du vignoble languedocien. Reposant sur la mise en culture de grands domaines concédés par l'Etat et sur l'exploitation d'un prolétariat largement sous-payé par rapport au prolétariat viticole métropolitain, la viticulture algérienne fut rapidement en mesure d'apporter en franchise douanière totale plusieurs millions d'hectolitres de vin sur le marché français. Ces vins très colorés, titrant fréquemment 13 à 14° ne concurrencèrent pas directement les vins du Languedoc Roussillon. Contrôlés par le négoce de Sète ou de Paris où les entrepôts du quai de Bercy furent aménagés vers 1880, ils servirent pourtant à couper de petits vins et permirent la valorisation de liquides médiocres produits dans des pays sans soleil, tout en encourageant la production en Languedoc même des petits vins de plaine dont le cépage aramon, aidé de fumures massives, de taille longue et d'irrigations estivales devint le principal pourvoyeur.

Le vigneron languedocien ne s'est donc pas mis à la production en quantité du vin de 8° par vice ou négligence. Il l'a fait pour répondre aux injonctions du commerce désireux de valoriser une production algérienne développée sous l'impulsion de l'Etat.

Par leurs capitaux disponibles, leurs connaissances techniques, leurs appuis politiques, les grands propriétaires étaient mieux armés pour répondre aux nouvelles conditions du marché viticole, nées du phylloxéra. A la tête des sociétés d'agriculture, des comités de lutte contre le phylloxéra, ils ont successivement traité leurs vignes au sulfure de carbone, greffé les plants français sur porte-greffe américain (Planchon en 1878), enfin submergé temporairement les vignes de basses plaines, non sans obtenir le concours massif de l'Etat et des compagnies ferroviaires directement intéressées par le retour à un trafic viticole important. Les deux dernières décennies du siècle virent la naissance au long du golfe du Lion, du superbe vignoble de la Compagnie des Salins du Midi, qui produira 100.000 hl annuels sur 1.000 hectares de sables littoraux.

Pendant ce temps, les petits vignerons, souvent lourdement endettés au cours de la période de prospérité arrivèrent à peine à faire face aux frais de la reconstruction, et à la multiplication des frais courants imposée par les nouveaux vignobles, vite menacés par de nouveaux parasites comme le mildiou et le black-rot. Au prix d'efforts surhumains, utilisant toutes les ressources familiales et les trésors de solidarité villageoise, beaucoup pourtant parvinrent à éviter le départ en Algérie ou la prolétarisation complète. Ainsi se modela pour plusieurs décennies le visage d'une société viticole complexe juxtaposant quelques centaines de privilégiés et des multitudes d'ouvriers ou petits exploitants, tous paysans besogneux malgré l'éclat éphémère de quelques années prospères.

Des Pyrénées au Rhône se trouve constitué sur 450.000 hectares le plus grand vignoble du monde. Il est capable de produire entre 20 et 30 millions d'hectolitres,

soit entre le tiers et la moitié des récoltes nationales. Au lendemain de la crise phylloxérique la toile de fond du drame viticole était déjà brossée.

Fraudes et méventes

En réduisant de 40 % pendant plusieurs années, c'est la chute moyenne de 1880 à 1899, les quantités produites en France, sans que la demande diminue parallèlement, la crise phylloxérique encouragea certes les importations mais elle multiplia par ailleurs les fraudes et la fabrication des vins artificiels. Les placards publicitaires foisonnaient dans la presse de cette époque, évoquant les mérites de telle poudre miracle qui après avoir été additionnée d'eau et de sucre pouvait être livrée sous le nom de vin à la consommation des ouvriers parisiens. Mais on sous-estime peut-être la prolifération des vins de sucre, le mouillage massif qui accompagne leur fabrication, des vins de raisins secs importés de Grèce ou de Turquie et réhydratés, enfin des piquettes (épuisement du marc sans addition de sucre) qui concurrencent le vin sur les tables familiales sans toutefois donner lieu à de sordides spéculations.

Tous ces procédés ont été largement tolérés avant que la loi Griffe du 14 août 1889 ne donne une première définition officielle du vin comme produit de la fermentation du raisin frais. Les auteurs de ces fraudes, commerçants, détaillants, négociants approvisionneurs sans doute pour la plupart, mais aussi nombre de récoltants, y ont trouvé leur compte, sans oublier les betteraviers du nord de la France alors soucieux de trouver un débouché à leur production menacée par la concurrence du sucre tropical. Fidèlement représentés au pouvoir par Méline, plusieurs fois ministre de l'Agriculture à partir de 1884, et président du Conseil de 1896 à 1898, ces gros agrariens persistèrent à vouloir écouler leur production sur ce marché frauduleux, en dépit du retour à des récoltes normales dès avant la fin du siècle. Ils obtinrent même de nouvelles facilités en faisant réglementer la chaptalisation par la loi de 1903.

On ne peut chiffrer autrement que par des ordres de grandeur allant de 2 à 10 millions d'hectolitres (soit entre 3 et 20 % d'une récolte moyenne) l'importance économique de quantités fraudées. Les hectolitres résultant de la chaptalisation à la vendange ou à la cave sont en effet confondues dans la statistique avec les hectolitres de vin naturel. Pourtant, la seule persistance du phénomène à une époque où sévit la mévente avait pour les vignerons quelque chose d'insupportable. Quant aux consommateurs, ils s'installèrent dans une méfiance durable à l'égard des vins du Midi.

La crise et les tentatives pour la surmonter

Les innovations technologiques, comme le charroi du vin par wagon-foudre dès 1894, et législatives, l'allègement de la fiscalité indirecte sur le vin réduite aux droits de circulation en 1901, ont pour résultat immédiat d'ouvrir de nouveaux marchés populaires mais c'est hélas au détriment de la qualité. C'est alors qu'on peut vraiment parler d'une marée de vins médiocres submergeant le pays.

Si les responsabilités sont partagées dans le déclenchement de cette crise séculaire, il semble pourtant que les petits vignerons du Languedoc et du Roussillon en supportent une part limitée. Certes, dans les villages de la plaine, ils obéirent aux exigences d'une viticulture de profit comme les propriétaires des domaines reconstitués à grands frais qui entrent alors en pleine production. Mais au contraire sur les coteaux de l'Hérault, du Minervois, des Corbières et du Roussillon ils ont maintenu les chances de la qualité, en conservant les cépages généreux en degrés, grenache, carignan de préférence à l'aramon et en maintenant des pratiques culturales raisonnables : fidélité à la taille en gobelet et au fumier animal de préférence aux engrais.

Ce sont eux pourtant qui vont en masse participer aux côtés d'un prolétariat viticole meurtri lui aussi par la crise aux émouvants défilés du printemps 1907 à l'appel des tribuns populaires que furent Marcellin Albert et Ernest Ferroul. La loi du 29 juin 1907 contrôlant rigoureusement le sucrage et imposant les déclarations de récolte, et la création à Narbonne de la Confédération générale des vignerons du Midi dont le rôle sera efficace dans le dépistage de la fraude, sont les principaux acquis d'un mouvement auquel Clémenceau avait d'abord répondu par une répression sanglante.

La viticulture languedocienne désormais en crise chronique se fige alors pour plus d'un demi-siècle dans une attitude conflictuelle vis-à-vis de l'Etat. Celui-ci ne peut pas négliger les appels au secours d'une paysannerie viticole nombreuse, dont le poids électoral est évident, et dont on craint l'esprit frondeur: il n'est pas certain que les rappels lancinants des souvenirs de la Croisade des Albigeois par Albert et Ferroul aient été étrangers à la volonté répressive du gouvernement. Sous la pression des revendications des viticulteurs s'élabora toute une œuvre législative qui fait du vignoble français, et en particulier du vignoble languedocien, le plus réglementé du monde. Il serait fastidieux d'en énumérer tous les éléments. Citons pourtant le Statut viticole élaboré entre 1931 et 1936 sous l'impulsion du député de Béziers Edouard Barthe et qui prévoit la limitation puis l'interdiction des nouvelles plantations, la pénalisation des gros rendements et l'échelonnement des ventes. La création en 1953 de l'Institut des vins de consommation courante, celle en 1975 de l'Office national des vins de table n'apporteront que quelques retouches au système mis en place avant la Seconde Guerre mondiale. Il s'agit d'un encadrement plus ou moins efficace du marché mais qui laisse intactes les disparités structurelles les plus criantes. L'Etat est parvenu à atténuer les effets de la crise sans en éliminer les causes profondes.

Parallèlement à cet effort pour discipliner la production sur le plan qualitatif interviennent des mesures ayant pour but d'encourager la consommation: la guerre de 1914–1918 fut l'occasion, avec l'attribution systématique du «pinard» aux «poilus», d'élargir le marché à des régions jusque-là peu perméables, l'ouest et l'est de la France. L'accord de Béziers en 1922 où Barthe a scellé la réconciliation des betteraviers et des pinardiers, laissait à ces derniers le monopole de la fabrication d'alcool alimentaire. Enfin la création à Béziers en 1927 de l'Association de propagande pour le vin permit de combattre efficacement l'orientation par trop antivinicole de certaines campagnes antialcooliques. Face à un marché peu dynamique, et même en déclin à partir des années 1960, la viticulture de masse avait forgé les moyens de sa difficile survie!

LA RECHERCHE DE LA QUALITÉ

Mais la crise de mévente a aussi été le point de départ de nouveaux efforts vers la qualité. Jusqu'alors on distinguait les vins du Languedoc suivant leur degré alcoolique, leur force et surtout leur couleur, et aussi leur origine géographique: vins des sables, vins de plaine, vins de coteaux ou soubergues, demi-montagnes, montagnes, composaient la hiérarchie — on parlait même de montagne 1re, 2e, 3e pour affiner cette échelle des valeurs. Les Corbières, le Minervois généralement dénommé Narbonne et les Roussillons avaient déjà une prééminence incontestée; mais à l'Exposition universelle de 1900 qui présentait un musée rétrospectif de la viticulture, les pavillons languedociens qui avaient exposé leurs crus les plus fameux étaient surtout visités par les amateurs de gros rouge qu'ils consommaient à 2 sous le verre ou 8 sous le litre!

C'est à partir de 1905 en effet que se définirent les appellations d'origine. Ici point de crise analogue à celle qui secouait la Champagne pour l'attribution de l'appellation. Les rares crus qui avaient échappé à la banalisation née de la monoculture étaient méconnus de tous et leur supériorité incontestée. Restait à les délimiter et à les protéger.

La loi sur les appellations d'origine du 1er août 1905 en réprimant la tromperie sur l'origine gênait sans les empêcher complètement les envois traditionnels de vins de l'Aude vers le Bordelais. Dans le but de restituer à ces vins toute leur dignité, le Conseil général de l'Aude tenta de favoriser leur délimitation dans ses sessions de novembre 1907 et août 1909. Les résultats de ces premiers essais furent retardés par les graves manifestations champenoises de 1911 contre les décrets de délimitation, et il fallut attendre la loi du 6 mai 1919 qui laisse aux tribunaux le soin de délimiter les régions, cépages, procédés de culture et de vinification donnant droit à l'appellation d'origine, sur requête des Comités de défense constitués par les producteurs.

C'est en juillet 1923 que l'appellation «Corbières» vit le jour après la constitution à Lézignan d'un Comité de défense. A côté des règles très simples: 10° minimum, exclusion des vignes arrosées, inondées ou sur espaliers,

et limitation à 10% des cépages aramons, terrets et hybrides, les arrêts des Tribunaux de Narbonne et de Carcassonne ouvraient très libéralement l'appellation à un très grand nombre de communes, de telle sorte que deux millions d'hectolitres purent bientôt être déclarés sous le label Corbières contre 700.000 hl aujourd'hui, les années moyennes, et seulement pour 17.000 ha. Cette appellation recouvrait aussi bien des vins de plaine récoltés à concurrence de 80 hl/ha que des vins de coteau dont la qualité est incontestable. Démagogie électoraliste des radicaux, Albert Sarraut était alors à son zénith politique, menacés par la poussée de la SFIO dans les villages de la plaine? Toujours est-il que les Corbières pâtissent encore du laxisme qui a présidé à la délimitation, en dépit du renforcement de la réglementation au lendemain du deuxième conflit mondial avec la consécration en 1951 des appellations Corbières supérieures et surtout Fitou. Pour le Minervois, le syndicat de défense fondé en août 1922 obtint lui aussi la délimitation par jugements en 1924 à Saint-Pons et 1925 à Carcassonne. 51 communes furent concernées dont 37 dans le département de l'Aude et représentèrent bientôt 1.500.000 hectolitres. La définition précise du «Minervois» calquée sur celle des Corbières ne sera effective qu'après la Deuxième Guerre mondiale; la récolte moyenne y est actuellement de 600.000 hectolitres pour 18.000 hectares environ.

En ce qui concerne les vins de table, nous n'insisterons pas davantage sur les nombreuses appellations du Roussillon, AOC ou VDQS, leur étude ayant été réservée pour un autre chapitre de ce livre.

Le deuxième souffle des vins doux

Les conditions naturelles rendent Languedoc et Roussillon aptes à produire des vins exceptionnels, à la fois doux et fortement alcoolisés. La pratique, depuis longtemps connue du mutage a fait de nos régions le berceau des vins doux naturels. Elle consiste à bloquer la fermentation — le moût jusque-là bruyant devient muet — par addition d'alcool quelques semaines après la vendange sans pouvoir dépasser une teneur de 21°5. Le sucre naturel non transformé en alcool garantit la «douceur» du vin ainsi obtenu.

Si les muscats de l'Hérault ont maintenu sans difficulté leur réputation, si la Clairette d'Adissan et d'Aspiran, un vin sec titrant 13 à 14°, a conquis peu à peu ses lettres de noblesse tout en alimentant les fabricants d'apéritifs de Sète et de Marseillan, les XIXe et XXe siècles ont vu la promotion des vins doux catalans.

En 1868 déjà, la «Wine and Spirits Gazette» de Londres chantait les louanges des «vins du Roussillon, improprement appelés Porto français». Les négociants de Port-Vendres, dont le développement s'accélère au XIXe siècle propagent la réputation du Banyuls. Sous la IIIe République, Emmanuel Arago, Emmanuel Brousse et Jules Pams réussirent à faire réglementer avec précision par les lois de 1872, 1898, 1914 et 1921 et le décret de 1910 l'élaboration des VDN.

Ces vins doivent provenir à concurrence de 90% au moins des cépages grenache, muscat, maccabeu et malvoisie. Leur rendement est limité à un maximum de 40 hl/ha. Le mutage effectué avec un alcool de vin à 90° bénéficiant d'une détaxe fiscale doit introduire un volume d'alcool compris entre 5 et 10% du volume des moûts.

Cette législation allait être affinée en 1936 et 1938 par la définition des aires d'appellation contrôlée de Banyuls, Maury, Rivesaltes, Côtes d'Agly, Côtes de Haut-Roussillon et Grand-Roussillon, puis par la suppression des VDN sans appellation en 1942, enfin par l'exigence des 14° en puissance pour les moûts destinés au mutage en 1947, et enfin la réduction du rendement maximum à 35 puis 25 hectolitres par hectare.

Il faudra attendre 1956 pour que soit établie l'appellation Muscat de Rivesaltes. La définition est identique pour les muscats de Frontignan, Lunel, Mireval, Saint-Jean du Minervois et Beaumes de Venise, tandis que les délimitations territoriales des AOC donnaient lieu à de patientes enquêtes sur le terrain par les experts de l'INAO.

Ainsi se trouvait protégé des contrefaçons et des concurrences déloyales un vignoble relativement exigu; quelques 30.000 hectares sur les 450.000 de la région, mais infiniment précieux puisque le seul à conserver les méthodes de production ancestrales.

L'exemple du Banyuls

A Banyuls, le bail à complant fut longtemps en vigueur: le propriétaire cédait sa terre au métayer qui défrichait lui-même, plantait, cultivait et finalement gardait pour lui les 4/5ᵉ de la récolte, tout en conservant la faculté de transmettre la terre à ses enfants. En éliminant les cultivateurs les plus pauvres et les terroirs les plus escarpés qui étaient aussi les plus éloignés des villages, le phylloxéra façonna le visage définitif d'une viticulture dont les pratiques culturales constituent un conservatoire du vignoble traditionnel. Encore de nos jours on y rencontre: la plantation serrée (1 m à 1,30 m), la conduite en gobelets aux bras longs et divergents, la taille à un œil, les labours peu fréquents effectués à main d'homme, la rareté des fumures. Le plafonnement des rendements à 25 hl/ha impose le maintien de ces pratiques archaïques qui garantissent au consommateur avec des conditions climatiques étonnamment constantes, une qualité immuable.

L'élaboration du vin fut longtemps atomisée en de multiples caves particulières vendant leur produit à quelques négociants spécialisés de Sète ou de Perpignan ou à des fabricants d'apéritifs bientôt célèbres comme la société Violet, Byrrh et Bartissol. Elle a depuis 1904 tendance à se regrouper autour des coopératives. Maury et Banyuls où 83% de la production sont élaborés et commercialisés par les 9 coopératives ont fait preuve d'un grand dynamisme. L'admirable chais des Templiers, creusé dans les schistes des Albères assure le vieillissement pendant 30 mois en fûts puis 10 ans en bouteilles de la liqueur rouge patiemment préparée par des vignerons longtemps condamnés à remonter dans leurs banastes, des paniers de joncs, la terre de leurs terrasses ravinées par les orages d'automne.

D'autres coopératives comme Tuchan et Paziols dans les Hautes Corbières, mais aussi Maury dans la vallée de l'Agly, maintiennent la tradition séculaire de l'exposition du grenache aux intempéries sur le toit des cuves pour obtenir le «rancio».

Banyuls et Maury ont le privilège de produire des vins à la fois liquoreux et secs dont la qualité augmente à mesure que le vieillissement favorise l'élimination du sucre. Cette lente élaboration des «rancios» suppose des capacités de stockage et de financement que seule la coopération a pu procurer aux petits propriétaires.

Les vins doux ont longtemps pâti de la concurrence des apéritifs sophistiqués, même s'ils contribuaient à leur fabrication, et aussi du recul des vins de dessert lié à l'évolution des habitudes sociales et alimentaires, simplification des repas de fêtes et raréfaction des cérémonies familiales. Ils semblent devoir bénéficier aujourd'hui du renouveau du goût pour les produits naturels, et leur production limitée à 70.000 hl seulement autour de 1930 atteint de nos jours 700.000 hl. L'unification récente des vins doux du Roussillon sous l'étiquette «Rivesaltes», excepté Banyuls et Maury qui conservent leur marque traditionnelle, a été l'occasion d'une campagne publicitaire spectaculaire. Toutefois, le coût de la main-d'œuvre, plus élevé que dans les exploitations viticoles de la plaine, la faiblesse des rendements, indispensable au maintien de la qualité, enfin l'écart relativement important des prix de vente à la consommation entre apéritifs et VDN au détriment de ces derniers, limitent encore leur développement.

Blanquette et blanquetiers
Un essor remarquable

Nombre de coopératives produisent en cuve close du mousseux sucré, à partir de cépages blancs comme terret et clairette: le Champagne est trop cher pour le vigneron languedocien pourtant habitué à «faire sauter le bouchon» dès que l'occasion s'en présente.

Aucun de ces mousseux n'a pourtant atteint la notoriété de la Blanquette de Limoux.

Très anciennement produit à partir du cépage Mauzac, le vin pétillant du Limouxin ne débouchait guère que sur la consommation locale. La méthode d'élaboration ne requérait que très peu de moyens: il s'agit de quelques jours après le pressurage, traditionnellement assuré par foulage d'arrêter la fermentation par un filtrage. La mise en bouteilles a lieu au mois de mars afin de préserver le gaz de la fermentation secondaire. Cette méthode «limouxine» ou traditionnelle est encore utilisée par les petits propriétaires vinifiant eux-mêmes. Elle donne une blanquette très fruitée, souvent trouble, à mousse turbulente, et dont les caractéristiques varient

beaucoup d'un propriétaire à l'autre, obstacle redoutable à la commercialisation.

Les premiers essais de la méthode champenoise ont été effectués dès la 2e partie du XIXe siècle par des négociants de Limoux : la maison Tailhan obtint un prix en 1860. Il s'agit à partir de moûts complètement fermentés, ensuite mélangés pour obtenir un vin homogène, de réaliser une deuxième fermentation par addition de levure et de sucre. Le séjour en caves des bouteilles soumises à manipulations fréquentes pendant plusieurs années prépare l'élimination des dépôts.

Les deux méthodes ont été fixées par le décret d'appellation de 1938 qui distinguent «le Vin de Blanquette», méthode limouxine, de la «Blanquette de Limoux», méthode champenoise. La vinification de la première est aujourd'hui partagée entre la coopérative et sept négociants dont chacun applique quelque procédé particulier qui lui permet de se distinguer de ses concurrents. La méthode champenoise subit aussi quelques variantes : filtrage des moûts en fermentation, fermentation en fûts, utilisation de levures locales, etc. Les grands propriétaires désireux de commercialiser directement leur production ont entraîné les exploitants familiaux largement majoritaires à créer en 1946 la Société coopérative de production de Blanquette.

Représentant à peine 1.400 hectares répartis sur 42 communes, le vignoble produit en 1976 quelque 48.000 hectolitres, soit cinq fois plus qu'en 1960. 3.600.000 bouteilles sont distribuées annuellement par la coopérative contre 1 million et demi pour les négociants. Au cœur du Languedoc profond, Limoux, où se sont conservées intactes les traditions de carnaval, est aussi à la tête du Vignoble le plus dynamique de la région.

La viticulture languedocienne qui en quelques décennies a perdu la moitié de ses hommes, incapables de résister à la concurrence de vins étrangers, produits à bon compte et préférés d'un négoce dominé par les groupes financiers. Peut-on croire à sa mort prochaine ? Vins rouges de qualité, vins doux naturels et Blanquette sont les meilleurs atouts pour répondre au nouveau défi de l'histoire. Mais l'essor des vins de pays, soutenu par le renouveau de la coopération incarné par les groupements de producteurs pourra seul enrayer le déclin.

la technique, un sursaut vers la qualité

Le voyageur qui traverse le Languedoc d'est en ouest, par la voie Domitienne qu'emprunte maintenant l'autoroute A9, se noie dans un océan de vignes. S'il s'intéresse au vignoble, pour en avoir une idée plus exacte, qu'il marche dans les pas d'Arthur Young sur ces routes «superbes jusqu'à la folie». Elles le mèneront au nord sur les sommets des Cévennes ou de la Montagne Noire.

De ce balcon qui domine la plaine de 1000 mètres, il découvrira un panorama qui va du Ventoux et des Alpes en toile de fond, au Canigou. A ses pieds, le relief s'adoucit en escaliers successifs jusqu'aux garrigues couvertes de chênes verts et kermès, puis c'est la croupe lourde des soubergues qui précèdent la plaine. C'est enfin, le miroir nacré des étangs, séparés de la mer par le «lido» du cordon des sables du littoral.

Le paysage est coupé de nombreuses vallées, gorges profondes à leur naissance, elles s'élargissent ensuite pour finir en plaines fertiles; les rivières qui les ont sculptées ont déposé au terme de leur course des lits de cailloux en forme de plateaux ou de reliefs faisant résurgence ici ou là entre les soubergues et la plaine ou parfois le lido.

Ainsi, d'un seul coup d'œil, apparaissent les grands traits des terroirs viticoles: les pentes des montagnes, les bassins des garrigues, les soubergues, les costières et grèzes aux cailloux roulés, les basses plaines alluviales, le cordon littoral. Tous ces sites sont colonisés par la vigne.

La vigne couvre ainsi maintenant près de 450.000 hectares, soit 52% de la surface agricole utile de la région, et produit quelques 25 millions d'hectolitres de vin. C'est la plus grande unité viticole du monde remodelée, après l'anéantissement entre 1863 et 1875 du précédent vignoble par Phylloxéra Vastatrix.

LE VIGNOBLE ANCIEN

Créé au premier siècle avant notre ère par les Gallo-Romains, il occupait les terroirs les moins fertiles, rebelles aux autres cultures. A la veille de la Révolution, il n'est encore qu'un élément de la polyculture méditerranéenne qui partage le territoire de chaque communauté en trois secteurs: le saltus, la silva et l'ager. Le saltus, terrain de parcours où paissent les moutons, est particulièrement développé dans les communautés à cheval sur la garrigue et la plaine. La silva est la forêt bien défigurée aujourd'hui. L'ager, zone de culture, porte les céréales et les prairies artificielles; sur ses marges, généralement sur les sols caillouteux, sont les olivettes et les vignes.

Les vignes couvrent alors — on est en 1788 — une surface de 170.000 hectares et produisent 2.700.000 hectolitres de vin. De ce vin, une bonne partie est exportée, achetée spécialement par les Anglais, les Hollandais, les villes Hanséatiques, depuis la levée de l'embargo bordelais par l'édit de Turgot de 1776.

Les vins rouges ont une belle couleur, du corps, de la vinosité, depuis l'introduction de cépages espagnols par les Marches catalanes. Déjà au Moyen Age, un fabliau écrit en 1240, «La bataille des vins», nous montre les vins languedociens figurant en bonne place sur la table de Philippe Auguste. Vers l'an 1300, le pape Benoît XIII achète vingt barriques de Banyuls pour les besoins de sa table. Depuis longtemps les vins de Muscat occupent une place importante. Les contemporains de Pline le Jeune les importaient déjà à pleines galères de la Gaule narbonnaise sous l'appellation «Apianée», c'est-à-dire «qui attire les abeilles» et le connaisseur Gargantua ne s'arrête pas d'en clamer les mérites.

Le commerce est florissant, la vigne devient la «principale mine d'or du royaume». Le contrôleur général des finances l'abbé Terray, en 1772, incite à l'extension des «plantations dans les lieux bas et dans les terres qui auraient pu produire des grains». Les vignes y réussissent à merveille mais déjà on s'inquiète. Pœydavant, subdélégué général du Roussillon, constate en 1776 que «si les vignes rendent beaucoup, il est aisé de constater que les vins sont grossiers, inférieurs de qualité et sujets à se gâter».

Les guerres de la Révolution et du premier empire n'arrêtent pas l'extension du vignoble qui passe en 1808 à une superficie de 195.000 hectares. Cependant il prend son essor définitif sous la Restauration et la Monarchie de juillet. C'est ainsi qu'en 1850 avec ses 310.000 hectares, il représente déjà 70% du vignoble actuel. Mais, avec 6.000.000 d'hectolitres, il ne produit encore que le quart environ de ce que récolte le Languedoc-Roussillon d'aujourd'hui.

C'est qu'en effet, ce sont surtout les Costières, les terroirs de soubergues qui sont alors occupés, les meilleures terres étant encore réservées aux céréales.

Les anciens cépages dont Magnol en 1676 a dressé une liste dans son «Botanicum Monspeliense»: Terret, Clairette, Espiran, Oeillade, Efoireau, Calitor, Muscats, ou certains cépages importés d'Espagne au XVIIIe siècle, Grenache, Mourvèdre, Morrastel, Bobal, sont progressivement abandonnés ou relégués au second plan. A leurs dépens on développe l'Aramon et le Carignan.

LE VIGNOBLE POST PHYLLOXÉRIQUE

Puis c'est, en 1863, le phylloxéra qui, en dix années, ruine le vignoble. Le remède est rapidement découvert dans le greffage, l'immersion hivernale et les plantations dans les sables.

La vigne prend un essor nouveau, 465.000 hectares en 1901, et envahit les plaines fertiles et le lido où triomphe l'Aramon qui donne en abondance un vin pâle et léger que l'on colore avec les «teinturiers», Alicante et Morrastel Bouschet, Grand Noir de la Calmette créés à partir de 1860 par Louis et Henri Bouschet de Bernard.

Le Carignan se réfugie dans les coteaux et les soubergues. Les autres cépages noirs, Cinsault, Œillade, Grenache, Mourvèdre, Morrastel, Aspiran, disparaissent ou ne se maintiennent qu'en des points isolés. Les trois cépages blancs fondamentaux, Terret, Clairette, Piquepoul subsistent.

Enfin les hybrides producteurs directs font leur apparition dans les situations les moins favorables aux vinifera parce que gélives ou humides (plaines fertiles, bas fonds) ou climatiquement marginales, l'ouest de l'Aude, le nord du Gard et de l'Hérault.

Désormais une bonne partie de la production devient complémentaire du vin d'Algérie, plus corsé et riche en alcool, dont le vignoble créé en 1880 couvre cinquante ans plus tard 400.000 hectares.

Ainsi naît, au lendemain de la crise phylloxérique, le vignoble de masse du Languedoc-Roussillon dont l'image de marque de «gros rouge» s'établit injustement auprès du grand public car elle ne rend pas compte de son potentiel viticole au contraire très diversifié par la variété extrême de ses terroirs et aussi de ses microclimats.

On peut apprécier cette diversité à l'examen du cadastre viticole réalisé de 1953 à 1960 par l'Institut des vins de consommation courante où est fait l'inventaire des surfaces occupées par les différents cépages pour toutes les communes viticoles ainsi que le bilan des aires de production de vins d'appellation d'origine ou de vin de table. (Voir tableau ci-contre.)

Apparaissent alors à côté des vignobles fertiles où en 1960 dominent encore l'Aramon, puis les teinturiers et parfois les hybrides, de nombreux vignobles subrégionaux où sont concentrés le Carignan, le Cinsault, les Grenaches, les Muscats, le Macabeu, la Clairette, le Piquepoul, le Mauzac. Ces terroirs constituent l'ossature des vignobles délimités de qualité supérieure et d'appellation d'origine contrôlée; ils représentent plus du tiers du potentiel viticole de la région.

Parmi les aires à AOC, rouges et rosés: la partie gardoise des Côtes du Rhône, Tavel, Lirac, Chusclan;

Evolution de l'encépagement par département
en pourcentage des surfaces

	AUDE 1958	AUDE 1975	GARD 1958	GARD 1975	HÉRAULT 1958	HÉRAULT 1975	Ensemble AUDE-GARD-HÉRAULT 1958	Ensemble AUDE-GARD-HÉRAULT 1975	PYRÉNÉES ORIENTALES 1958	PYRÉNÉES ORIENTALES 1975
Aramon	17,8	8,4	41,2	24,9	45,4	25,9	35,5	20,1	4,6	1,4
Carignan	51,3	63,0	14,2	29,2	24,4	40,5	30,6	45,0	56,4	39,3
Cinsault	0,5	6,4	1,3	9,5	1,4	10,1	1,1	8,7	—	—
Grenache	1,8	7,0	2,3	12,6	0,4	3,9	1,3	7,1	20,5	31,4
Teinturiers	3,6	4,6	3,3	3,1	3,6	3,6	3,5	3,7	0,7	0,4
Hybrides Noirs	10,6	7,9	24,3	10,5	5,3	5,0	11,4	4,9	—	—
Syrah	—	—	—	—	—	—	—	—	—	0,1
Cabernet Sauv.	—	—	—	0,3	—	—	—	—	—	—

Ces statistiques proviennent pour 1958 du Cadastre Viticole IVCC et pour 1975 de la Direction Régionale de l'Agriculture, Chambre d'Agriculture de l'Hérault.

Dans les départements de l'Aude, du Gard et de l'Hérault, on observe une régression importante de l'Aramon et des Hybrides au profit du Carignan et du Grenache. Concrètement, de 1958 à 1975, pour l'ensemble de ces trois départements, l'Aramon est passé de 126.400 ha à 71.700 ha, le Cinsault de 3.900 ha à 30.700 ha et le Grenache de 4.700 ha à 25.000 ha. Dans les Pyrénées Orientales, l'Aramon est en voie de disparition, le Carignan a diminué dans des proportions importantes au profit du Grenache.

Parallèlement les surfaces destinées à la production de « Vins de Qualité Produits dans des Régions Déterminées » (VQPRD) ont pris une importance croissante: en quatre ans, de 1974 à 1977 elles ont augmenté de 13.625 hectares; dans le même temps, celles destinées aux vins de table diminuaient de 18.220 hectares.

Fitou dans les Corbières; les Côtes du Roussillon et Roussillon villages; blancs: Clairette du Languedoc dans l'Hérault et de Bellegarde dans le Gard; mousseux: Blanquette de Limoux, dans l'Aude; vins doux naturels, dans l'Hérault, l'Aude et les Pyrénées orientales: les muscats de Lunel, Mireval, Frontignan, Saint-Jean du Minervois, Rivesaltes; le Maury et le Banyuls.

Parmi les aires à VDQS: les Costières du Gard; dans l'Hérault, les appellations Cabrières, Faugères, Méjanelle, Montpeyroux, Pic Saint-Loup, Pinet, Saint-Chinian, Saint-Christol, Saint-Drézéry, Saint-Georges, Saint-Saturnin, Vérargues, qui peuvent prétendre depuis 1963 à l'appellation Coteaux du Languedoc à la condition de satisfaire à un deuxième barrage sélectif de même que les appellations La Clape et Quatourze dans l'Aude; à cheval sur l'Aude et l'Hérault: le Minervois puis enfin dans l'Aude: les Côtes de Malepère, les Côtes du Cabardès et de l'Orbiel et enfin les Corbières.

La majeure partie de la récolte du Languedoc-Roussillon est en vins de table, puis en vins de pays première promotion, puis en VDQS: *Coteaux du*

Languedoc, rouges et rosés d'une couleur soutenue, charpentés, et bouquetés mais aussi légers et friands lorsqu'ils sont vinifiés en vin dit «de café» ou «vin d'une nuit»; le *Picpoul de Pinet,* blanc sec et fruité qui se marie si bien aux coquillages de l'étang de Thau; *Minervois,* rouges complets tendres et veloutés, les rosés secs et fruités; *La Clape et Quatourze* qui vont chercher leur sève dans le miroir de la mer et des étangs; les *Corbières,* vins qui «ont de l'accent», produits dans un pays de contraste battu par le Cers, cousin du Mistral et de la Tramontane, sur des coteaux arides où domine le Carignan dont la charpente et la rudesse sont tempérés par la générosité du Grenache. Puis enfin en AOC: les blondes *Clairettes* si différentes l'une de l'autre, la *Blanquette de Limoux,* le plus ancien effervescent du monde, à base de Mauzac, les vins rouges capiteux des *Côtes du Roussillon* qui puisent leur sève dans le Grenache. Les *Fitou* mûris dans le bois. Enfin la palette si variée des *vins doux naturels* dont les ceps qui les produisent disputent la garrigue au thym, au romarin, à la lavande et à la sariette.

Muscats aux parfums variés pleins de mystère dont la recherche a levé un coin du voile. Chacun a son caractère, son originalité: l'un est fin, distingué, délicat, parfois un peu maigre, tout en longueur, avec le charme secret d'un Modigliani, l'autre est violent, charnel, voluptueux comme les beautés de Rubens, le dernier, sur la route catalane, est racé, plus sec, il sent déjà le Don Quichotte des Marches d'Espagne.

LA MUTATION

Depuis une quinzaine d'années, sous la pression des événements politiques, particulièrement l'indépendance de l'Algérie et l'ouverture du Marché commun viticole et de la conjoncture économique, crise de la consommation des vins de table, et surproduction endémique à l'échelle européenne, des efforts considérables sont réalisés au vignoble comme à la cave. Le but est d'améliorer la qualité et de produire des vins répondant à la demande du consommateur.

«Le génie du vin est d'abord dans le cépage»

Ce vieil adage qui nous vient d'Oliver de Serres a été pris en compte par les viticulteurs. Cela s'est traduit par une évolution de l'encépagement méridional que l'on peut mesurer en comparant les données du cadastre viticole en 1958 et 1975. (Voir tableaux pages 212, 213.)

Dans les départements de l'Aude, du Gard et de l'Hérault, on note une diminution de 22% en moins des hybrides et de l'Aramon remplacés par du Carignan mais aussi du Cinsault et du Grenache. Ces deux derniers cépages atteignaient en 1975 15,8% de l'encépagement de l'ensemble des trois départements pour seulement 2,4% en 1958. Cette évolution vers un encépagement noble s'est encore accélérée ces trois dernières années.

Dans les Pyrénées Orientales, l'encépagement tend vers un profil souhaitable défini en 1973, dans lequel rentre moins de Carignan et davantage de Grenache noir. Le Languedoc-Roussillon retourne ainsi à ses vieux cépages traditionnels auxquels on commence à associer notamment dans les terroirs à appellation, la Syrah qui apporte un supplément d'arôme et de couleur, et plus timidement le Mourvèdre, comme le laissent apparaître des enquêtes réalisées sur le parcellaire des Corbières et des Coteaux du Languedoc, par le Comité Interprofessionnel des Vins Fitou-Corbières-Minervois et l'INAO.

Les Côtes de la Malepère, du Cabardès et de l'Orbiel ont droit en outre à une certaine proportion de cépages venant du sud-ouest: les Cabernet-Sauvignon et Franc, la Negrette, le Cot, le Fer.

Tous ces cépages apportent des éléments qualitatifs lorsqu'ils arrivent à bonne maturité mais cela n'est pas toujours le cas, apparaissent alors les défauts: une voie intéressante en matière d'amélioration de l'encépagement a été ouverte par les travaux de l'INRA qui ont abouti à la création de certaines variétés plus précoces, ou résistantes à la pourriture ou encore présentant des avantages technologiques parce que moins acides et astringentes que le Carignan, plus riche en couleur et en sucre que le Cinsault dans les situations où ces cépages n'arrivent pas au terme de leur maturité.

Les Directions départementales et les Chambres d'agriculture, les SUAD, les Instituts technique et coopératif du Vin, l'ANTAV sont associés à cet effort de recherche. Des SICAREX — Méditerranée dans le Gard, Coteaux occitans dans l'Aude, Alenya dans les Pyrénées Orientales — et des vignobles expérimentaux répartis dans les différentes zones viticoles, ont été créés en vue de tester les cépages, de définir les types de vins, de définir aussi les types d'encépagement les mieux adaptés à chaque terroir.

Parallèlement à l'amélioration de l'encépagement, une politique de restructuration du vignoble est poursuivie. Destinée aux groupements de producteurs représentant un minimum de production de 150.000 hectolitres, elle est accompagnée de mesures financières d'aide à l'étude et à la réalisation des programmes de rénovation. L'objectif est d'améliorer les conditions de production et la qualité des produits, d'améliorer aussi les conditions de mise en marché. Les schémas font l'objet d'un agrément administratif et les groupements de producteurs présentent chaque année le programme des opérations d'arrachage et de plantation à réaliser au cours de l'exercice. A ce jour, 17 schémas directeurs ont été agréés dans l'ensemble de la région et représentent une surface de vignes d'environ 60.000 hectares.

L'œnologie, fidèle au passé mais tournée vers l'avenir

Dans l'œnologie, la fidélité aux traditions, le respect des «usages locaux, loyaux et constants», sont considérés comme les meilleurs garants de la qualité et des caractères originaux du cru. La prudence avec laquelle l'œnologue aborde les innovations technologiques se justifie par le fait qu'il manque le plus souvent de critères assez fins pour en apprécier les effets qui ne sont encore pour l'instant perceptibles que par les organes des sens. Mais les techniques œnologiques ne restent pas pour autant immuables. Les vins que nous buvons ne sont pas ceux que buvaient nos grands-parents. Les vins rouges charpentés, tanniques, les vins blancs mœlleux, oxydés, ont fait place à des vins moins corsés pour les rouges, secs, frais, tout en sève et en fruit pour les rosés et les blancs.

Les progrès réalisés en viticulture n'ont pas que des retombées favorables en œnologie. Le raisin plus abondant sur la souche n'est pas toujours le meilleur à la cuve, mais les progrès industriels, l'apparition de matériaux nouveaux, mettent à la disposition de l'œnologue les équipements nécessaires à l'appréciation des résultats de la recherche.

Faire du vin, c'est bien toujours un art qui a ses traditions respectables, mais c'est de plus en plus, une science et une technique.

— *L'évolution des techniques de vinification.* On distingue deux phases importantes dans la vinification, une phase préfermentaire qui va de la récolte du raisin jusqu'à sa prise en charge par la levure et une phase fermentaire.

Dans les schémas de vinifications traditionnelles, en blanc ou en rouge, cette prise en charge du milieu par les levures est en général très rapide de sorte que l'œnologue jouit d'un très faible degré de liberté dans ses interventions. La recherche et l'expérimentation ont pourtant apporté la preuve, et expliqué pourquoi toute intervention sur le fruit ou le moût, à ce stade de la vinification, peut se répercuter en bien ou en mal sur le produit élaboré. Les enzymes portent la part la plus importante de responsabilité dans ces effets. Elles constituent une dynamique de transformation en puissance dans la baie de raisin qui peut se manifester dans des sens différents

AIRES DE PRODUCTION	Superficie				
	AUDE	GARD	HÉRAULT	PYR. ORIENT.	TOTALE
Vins de Consommation Courante (VCC)	47.547	68.223	145.699	16.970	278.439
Vins Délimités de Qualité Supérieure (VDQS)	59.235	10.795	17.374	7.932	95.336
Vins à Appellation d'Origine Contrôlée (VAOC)	8.929	10.788	3.900	40.542	64.159
Total	115.711	89.806	166.973	65.444	437.934

	Pourcentage				
Vins de Consommation Courante (VCC)	41	76	87	26	64
Vins Délimités de Qualité Supérieure (VDQS)	51	12	11	12	22
Vins à Appellation d'Origine Contrôlée (VAOC)	8	12	2	62	14

Près des deux tiers du vignoble du Languedoc-Roussillon ont vocation à la production de vins de consommation courante. Mais cette production de vins de table est inégalement répartie suivant les départements; les surfaces de vignoble qui lui sont destinées représentent le quart de la superficie plantée dans les Pyrénées-Orientales, moins de la moitié dans l'Aude, plus des trois quarts dans le Gard et l'Hérault.

suivant que les structures du grain sont ou non respectées.

Le foulage par exemple, en mettant en contact enzymes et substrats, favorise des phénomènes d'oxydation défavorables à la qualité, il favorise aussi la production de composés volatils à l'origine de flaveur herbacée. Il faut dès lors se donner le temps et les moyens de corriger les effets néfastes des interventions auxquelles le raisin vient d'être soumis.

Au contraire, le non foulage induit, dans la baie intacte, si elle est placée en atmosphère privée d'oxygè-ne, une fermentation intracellulaire caractéristique de la macération carbonique: le grain de raisin est le siège d'une métamorphose pectique, les colorants de la pellicule diffusent dans le suc vacuolaire des cellules de la pulpe, une part importante de l'acide malique présent est dégradé, et il apparaît des arômes particuliers spécifiques de la fermentation intracellulaire.

Le raisin renferme aussi un potentiel de couleur qu'on sait extraire maintenant par d'autres voies que la vinification en rouge classique ou la macération carbonique; le chauffage de la vendange donne des rende-

CÉPAGES	COTEAUX et SOUBERGUES			BASSES PLAINES			TERROIRS MARGINAUX	
	Terroir I	Terroir II	Terroir III	Aude	Hérault	Salanque	Ouest	Nord-Est
Aramon	3,0	16,0	46	35,0	74,0	19,0	31	43
Carignan	85,0	64,5	37	34,0	13,0	71,0	21	3,5
Cinsault	0,6	1,0	2,5	—	—	—	0,5	4,0
Grenache	4,0	1,0	1,0	—	—	0,5	0,5	0,5
Terrets	2,7	5,0	2,5	1,0	—	—	1,0	—
Teinturiers	3,2	9,0	9,0	23,0	7,5	8,5	15	30,5
Hybrides noirs	1,5	3,5	2,0	7,0	5,5	1,0	24	18,5

Les terroirs I, II et III représentent un échantillonnage de communes situées respectivement dans les Corbières, le Minervois et les Coteaux du Languedoc. Ces données ont été calculées à partir de surfaces plantées de 5.000 à 25.000 hectares suivant le cas.

L'encépagement de la plupart des terroirs viticoles était en 1960 à base de Carignan et d'Aramon mais dans des proportions qui pouvaient être très différentes. Dans les Coteaux et Soubergues, le Carignan apportait la charpente, la robe, le caractère; l'Aramon la finesse; le Cinsault le fruité et le Grenache la générosité. Ainsi le type des vins des terroirs I, II et III était-il très différent. Dans les plaines, les teinturiers étaient précieux pour la couleur.
A remarquer la forte progression de teinturiers et d'hybrides dans les terroirs marginaux. Ne figurent pas dans ce tableau les terroirs complantés en Grenache, Macabeu ou Muscats, cépages des vins doux naturels.

ments d'extraction aussi bons. L'élaboration des vins rouges n'est donc plus tributaire de la fermentation alcoolique en présence des constituants solides de la vendange. Le potentiel azoté du raisin, aux trois quarts fixé dans les parties solides du grain, est extrait avec un bon rendement par le chauffage; il est de plus profondément remanié, enrichi en peptides, appauvri en protéines, par les protéases de la baie. Cet enrichissement des moûts en azote se traduit par une plus grande fermentescibilité, une aptitude plus grande à la croissance cellulaire.

Ainsi, depuis quelques années, la phase préférentaire de la vinification constitue-t-elle un centre d'intérêt croissant pour l'œnologue; et le vinificateur, grâce aux résultats de la recherche et aux moyens nouveaux mis à sa disposition, a de plus en plus tendance à séparer les différentes séquences de la vinification. Il en résulte que les fermentations en phase liquide se développent en offrant de nouvelles possibilités. En bref, une évolution des techniques œnologiques dans le sens d'une meilleure maîtrise à la fois des phases préférentaire et fermentaire de la vinification.

— *Modernisation et procédés physiques de vinification:* ils sont l'application des résultats de la recherche sur les mécanismes et les effets des phénomènes oxydatifs intervenant tout au long de la technologie du raisin. Dans les chais appliquant ces procédés, les moyens et les équipements que l'on rencontre dans d'autres industries alimentaires sont mis au service de l'œnologie: cuverie en métal revêtu ou en acier inoxydable et tous les équipements indispensables à l'utilisation des techniques physiques permettant de réduire au minimum des doses de SO_2, de réaliser les fermentations aux températures les plus convenables, de se prémunir contre les effets de l'oxydation dans les moûts et les vins et de réaliser leur stabilisation biologique, la maîtrise de la fermentation malolactique notamment.

Concrètement cela se traduit par:

  — la manipulation des moûts à l'abri de l'oxygène

  — le débourbage statique au froid ou dynamique par centrifugation des moûts dans le but d'éliminer l'essentiel des polyphénoloxydases qui se trouvent liées aux débris cellulaires de la pulpe ou de la pellicule;

  — le contrôle des températures de fermentation à un niveau suffisamment bas (15-20°) de façon à éviter les accidents de fermentation et les pertes d'arôme qui sont d'autant plus importantes que la quantité de gaz carbonique dégagée par unité de temps est plus élevée;

  — la conservation des vins sous gaz inerte dans des enceintes climatisées d'abord favorables à la fermentation malolactique puis défavorables aux phénomènes oxydatifs;

  — la mise en bouteilles à l'abri de l'oxygène associée de plus en plus fréquemment à la flash pasteurisation ou la thermolysation de façon à assurer la stabilité biologique des vins contenant encore de l'acide malique ou des sucres fermentescibles. Ainsi des progrès substanciels ont-ils été réalisés dans l'élaboration des vins blancs et rosés.

Pour la vinification en rouge, on procède au chauffage de la vendange: cela consiste à chauffer la vendange foulée et en général égrappée un certain temps à une température donnée: elle est ensuite pressée et le jus mis à fermenter après refroidissement.

On obtient ainsi en quelques minutes autant de couleur qu'après plusieurs jours de cuvage. De plus les phases de macération et de fermentation sont dissociées ce qui permet d'en assurer un meilleur contrôle.

Le vinificateur a dès lors la possibilité d'agir avec une certaine sélectivité sur le potentiel couleur et tanin du raisin et d'obtenir, suivant les températures et les durées de macération choisies, toute une gamme de vins pouvant aller des rosés aux rouges de garde en passant par les vins primeurs.

L'expérience montre qu'on obtient par ce procédé des vins de qualité comparable à celle des vins obtenus par la vinification classique. On n'est cependant pas encore très renseigné sur son intérêt dans le cas de la vinification de variétés aromatiques.

Le génie œnologique a mis à la disposition des utilisateurs des chaînes de chauffage permettant de traiter en continu de 40 à 60 tonnes de vendange à l'heure. Dans l'Hérault, la première installation date de 1968; en 1973, 16 chaînes de différentes marques étaient en service et 33 en 1977, dans les caves coopératives. A ce jour, plus de 10% de la production de vin rouge de ce département sont élaborés par ce procédé.

— *Modernisation et procédé biologique de vinification:* il consiste à remplir avec de la vendange non foulée une cuve de préférence préalablement chargée de CO_2. Une partie des raisins s'écrase et la fermentation du moût libéré assure le maintien de la saturation en CO_2 de la cuve fermée, munie d'une valve de sécurité. Au bout d'un temps variable, de l'ordre de 8 à 15 jours, d'autant plus long que la température est plus basse, le vin de goutte est recueilli et la vendange contenant la majorité de ses grains encore intacts, pressée. On obtient ainsi un vin de goutte et de presse encore riches en sucre qui vont fermenter en mélange ou séparément.

La vie en anaérobie des grains intacts constitue la phase préfermentaire de ce procédé. Les processus biochimiques qui se passent dans la baie de raisin au cours de cette étape, ont été minutieusement étudiés, de même que les conséquences pratiques qu'on pouvait en tirer pour une application à l'échelle des caves.

La vinification par macération carbonique permet d'obtenir des vins aromatiques et souples qu'il est possible de consommer jeunes. C'est un vieux procédé, longtemps utilisé de façon empirique, mais maintenant bien maîtrisé grâce aux acquisitions récentes de la recherche. Le goût des consommateurs pour les vins tendres et parfumés, l'intérêt qu'il présente pour la vinification de certains cépages ou de vendanges riches en sucre, les progrès du génie œnologique qui rendent plus facile sa réalisation pratique, lui ont donné un regain d'actualité. Il est essentiellement utilisé dans les zones à appellation, et c'est actuellement la seule méthode qui permette d'obtenir des vins aromatiques à partir de cépages à goût neutre.

— *Simplification et organisation du travail:*
les cuves à décuvage intégral par gravité, la vinification par macération à chaud de la vendange et la vinification continue permettent d'aller dans ce sens.

C'est ainsi que dans la vinification continue, la fermentation est réalisée dans des tours en général métalliques, d'une capacité de 2000 à 4000 hl qui sont alimentées en continu pendant toute la durée des vendanges, soit pendant 15 à 20 jours. La vendange entre vers le bas de l'appareil, le vin sort vers le haut par un trop plein à niveau réglable. Quant aux parties solides, elles sont entraînées à la partie supérieure où elles émergent comme dans les récipients traditionnels et d'où elles sont extraites par un moyen mécanique (rateau, vis d'Archimède) et amenées égouttées à un pressoir continu. Le débit d'alimentation des tours est calculé en fonction du temps de cuvage que l'on a choisi mais il dépend aussi des aléas de l'arrivée de la récolte.

Le procédé est séduisant dans son principe et ses réalisations qui sont maintenant au point. Il permet une meilleure organisation et centralisation des différentes opérations unitaires de la vinification jusqu'au pressurage. Mais il nécessite un contrôle attentif de la pollution bactérienne et du sulfitage qui doit être réglé en conséquence car la densité en ferments lactiques augmente avec la durée de fonctionnement.

De plus l'alimentation des tours de vinification est commandée davantage par les impératifs de réception de la cave que par l'activité fermentaire des levures, de telle sorte que les possibilités d'action de l'œnologue pour diriger les phénomènes de macération en milieu alcoolique sont plus limitées que dans la vinification en rouge traditionnelle.

L'expérimentation a cependant montré que, bien conduits, les vinificateurs alimentés en vendange saine ou altérée, donnent des vins de qualité semblable à ceux obtenus par la vinification en rouge traditionnelle.

C'est pourquoi ils ont connu un essor rapide pendant un certain temps et obtenu la faveur des caves coopératives les plus handicapées du point de vue de leur capacité de réception des vendanges.

A ce jour ils assurent la vinification de 1,5 à 2 millions d'hectolitres de vin dans les zones de production des vins de table.

Certaines, parmi les techniques de vinification évoquées, sont plus adaptées à l'élaboration des vins de table, d'autres à l'élaboration des vins d'appellation, mais toutes procèdent du même souci de mettre au service de la qualité les acquisitions les plus récentes de la science et de la technique œnologique.

Les efforts et les sacrifices consentis au vignoble et à la cave par les viticulteurs du Languedoc-Roussillon convergent ainsi vers le même but, l'amélioration constante et la promotion de leurs vins.

la gastronomie des Alpes à la mer

Il s'est trouvé quelques hommes pour donner le nom de «Vallée des Merveilles» à un chaos montagneux situé au nord de Nice sous prétexte qu'ils y avaient dénombré cent mille gravures datant de l'âge du bronze. On se demande à quoi ils pensaient. Des gravures, je vous demande un peu! De plus, inaccessibles et intransportables. Il y a supercherie, usurpation de qualificatif. La vraie, la vivante, nous la connaissons tous: vallée Saône-Rhône, voie lactée de la gastronomie mondiale, étoiles dessus, étoiles dessous. Si l'on fait le compte des établissements mentionnés par les guides gastronomiques dans la région formée par le bassin rhodanien et son raccordement avec la Méditerranée, on s'aperçoit que, Paris mis hors-jeu, elle compte plus de la moitié des établissements français, d'ailleurs presque tous enfilés sur le même axe, le long des fleuves et de la côte.

UN PAYS DE COCAGNE AU BORD DU FLEUVE

Abondance de biens ne nuit pas à la compréhension. Au premier coup d'œil on lit clair dans cette prospérité. Il s'agit seulement de deux grandes régions thermales, la Savoie qui, à Evian, Aix-Challes et vingt autres, en est restée aux sources d'autrefois; la Méditerranée et en particulier la Côte d'Azur qui, paradoxalement, se trouve avoir découvert l'eau salée longtemps après avoir inventé le sel! L'idée générale ne saurait donc nous surprendre et moins encore le détail: ce ne sont que carrefours, gués, ponts, gares, ports, plages...

Loin de nous l'idée de nous plaindre de cette facilité. Assez de Sphynx ici-bas nous encombrent. Le présent nous livre un passé dans lequel nous pouvons pénétrer l'arme à la bretelle et la fleur au fusil. On n'a pas tous les jours quelques milliers d'années devant soi. Nous allons tenter d'en profiter.

Mes lecteurs seront-ils plus indulgents que le juge des «Plaideurs» et me laisseront-ils prendre les choses au commencement du monde sans me demander aussitôt de passer au Déluge? L'entrée de la préhistoire dans la plus ancienne activité de l'homme est inévitable. Alors que l'on situe au-delà de quatre millions d'années les premières manifestations du génie humain, pouvons-nous nous contenter de ressasser quelques pauvres lieux communs sur la cuisine apparus au cours du XIXe siècle et continuer à reconnaître comme «anciennes», voire «antiques», des recettes de la Belle Epoque. Dans ce domaine, même les esprits les plus hardis et les mieux formés nous paraissent bien timorés: situer les fondements de notre cuisine au XVIIe siècle ou même au Moyen Age, c'est admettre que le dernier de nos poètes de sous-préfecture a plus de talent qu'Homère sous prétexte qu'il joue au tiercé alors que le Grec ne connaissait que le Cheval de Troie. Sans doute, il y a eu des modifications, des adaptations et des nuances, comme il y en a eu dans la politesse, mais il en est très peu qui aient touché le fond. La cuisine, comme l'homme, comme tout le reste, du fond des âges jusqu'à aujourd'hui, est restée la même.

La gastronomie date d'avant le feu, c'est-à-dire d'avant la cuisine. L'idée que les premiers hommes ont tiré l'essentiel de leur nourriture de la chasse est aujourd'hui abandonnée. Ils n'avaient pas les moyens de tuer le gros gibier ni de le faire cuire. Ils devaient se contenter de la cueillette, mais s'il s'en faut de beaucoup qu'une telle activité doive être considérée comme purement mécanique. Une vache et un mouton choisissent leur herbe, un cochon ses glands. Nos ancêtres ne se sont pas montrés moins exigeants en ce qui concernait les herbes, racines, au nombre desquelles ils devaient compter les étranges champignons, mortels ou succulents. Cette attentive prospection se doublait d'une sélection des meilleures espèces et de leur diffusion. Peu méthodique sans doute, mais efficace. Abandonnés près du campement, les pépins des fruits, les grains, les faines et les glands constituaient des jardins d'essais spontanés dont la rationalisation était à la merci d'un observateur avisé. Il pourrait bien avoir existé. Une autre catégorie de ressources était fournie par la chasse et la pêche à la main, en particulier des escargots et des écrevisses qui semblent avoir constitué un fond inépuisable. A ces évidences, nous ajouterons une hypothèse nouvelle, la consommation de lait et de fromage avant toute domestication! Cinquante ou cent mille ans avant notre ère, notre territoire était occupé par un animal dont le rendement surclasse celui du cochon, le renne. Lui, il fournit, en plus, des os et des bois, et un lait si dense et si crémeux qu'il peut être assimilé à du beurre ou à un fromage à pâte molle. A la question de savoir comment les hommes du paléolithique pouvaient traire un animal réputé sauvage, les Lapons actuels peuvent répondre: comme nous! Le renne n'est pas plus domestiqué aujourd'hui qu'autrefois, on le parque bien parfois dans des enclos, mais il faut le reprendre au lasso chaque fois que l'on prétend l'atteler ou le traire. L'usage de «l'ourga», lasso fixé au bout d'une perche, encore utilisé en Sibérie pour la capture des chevaux sauvages, fut connu très tôt et il nous paraît expliquer en particulier le cimetière de chevaux de Solutré, situé au pied de la roche. (Les animaux n'ont pu être précipités du sommet de la roche, ou alors il faut admettre qu'ils ont perdu une partie de leur squelette au cours de leur vol plané!).Si nous faisons un instant abstraction du désir frénétique de l'homme moderne d'être non seulement le maître de la nature mais de le paraître, nous découvririons que la bonne domestication est celle qui ne s'en soucie pas et que la sagesse du soldat consiste à profiter de l'intendance spontanée plutôt qu'à s'épuiser à l'organiser. Le berger du renne se contentait de suivre la harde au cours de ses parcours de transhumance, s'assurant de sa confiance en la protégeant contre ses ennemis, en particulier les loups, se remboursant chaque soir sous forme d'une «brousse» et chaque dimanche sous forme d'un gigot. L'existence d'enclos naturels proches de la plupart des stations magdaléniennes (au nord de la région qui nous intéresse, on en trouvera un bon exemple à Arcy-sur-Cure), le fait que la «ville» des Eyzies contrôle le canyon emprunté par la voie de transhumance des rennes de La Rochelle à Brive, nous paraissent autant d'arguments aptes à soutenir notre thèse.

A propos du renne et de l'homme, le second suivant le premier, nous nous retrouvons encore une fois sur la route, route d'ailleurs bien connue dans la préhistoire, qui pourrait bien avoir joint Gibraltar à Vladivostock, mais dont la partie la plus fréquentée allait d'Altamira au Caucase par la vallée du Danube après avoir contourné par l'ouest le Massif Central et emprunté la trouée de Belfort. Cette autoroute n'était pas sans «bretelles». L'une d'elles, longeant les Pyrénées jusqu'à l'Ariège, empruntait ensuite les terrasses qui bordent la vallée de l'Aude et la rocade cévenole pour atteindre la basse vallée de l'Ardèche. Une seconde «bretelle» se détache de l'axe principal à la hauteur de Besançon et longeant le Revermont, par les stations préhistoriques de Mesnay près d'Arbois, de la Colombière près de Poncin, empruntant la Cluse d'Ambérieu (station des Hoteaux, à Rossillon), se divise ensuite en deux branches, l'une va buter à Veyrier près de Thonon sur le lac Léman, l'autre se dirige vers les Alpes du Sud.

L'escargot, l'écrevisse et la grenouille

«Où voulez-vous en venir? demandera le lecteur impatient. Ne devions-nous pas nous entretenir de gastronomie?» Nous n'allons plus nulle part, nous sommes arrivés! Tracer ces routes préhistoriques, c'est désigner du même coup les recettes les plus anciennes et les plus typiques et nommer leurs places fortes. Nous saurons donc déjà tout sur la manière dont on conçoit les produits de cueillette, légumes, champignons; nous nous expliquerons l'irrésistible pression que l'escargot a exercé sur tout ce territoire, et nous comprendrons l'enthousiasme toujours renouvelé du bon peuple pour l'écrevisse et la grenouille. Quant au fromage, le ferment en est jeté!

Le long de l'ascendante bretelle sud, des recettes d'escargots sont accrochées à Carcassonne, Narbonne (sous-bretelle en direction de Port-Vendres), Béziers, Agde, Lodève, Montpellier, Sommières, Lunel, Nîmes, Aubenas. Au nord, la sous-bretelle en direction de Solutré a été la plus féconde avec Dijon, Beaune et Meursault; mais la voie du Jura fait un crochet heureux vers Clairvaux et Divonne-les-Bains, pour atteindre Sion, en Valais. Les principaux postes des Alpes sont situés à Aigueblanche, Meyrieu, Tourrette-Levens, Aix, Arles... Il se pourrait donc que les recettes d'escargots de la vallée du Rhône relèvent de deux «esprits» différents, celui de la rive droite qui souffle du sud, celui de la rive gauche, qui souffle du nord. Evidemment, depuis, il y a eu des gués, des bacs et des ponts. L'échange a peut-être même pu se produire bien avant, les recettes ont pu s'interpénétrer d'une rive à l'autre, comme des bergères des collines qui échangent leurs chants par-dessus le fleuve.

De Besançon à Grasse par la voie préhistorique et la route Napoléon (d'ailleurs, elle aussi, préhistorique), on a l'impression d'avoir vu marcher en rangs serrés, et non pas à reculons, la grande armée des écrevisses. Hélas, aujourd'hui, le recrutement se fait surtout grâce aux bons offices de la Légion Etrangère, du côté de la Turquie. Le corps disparu, l'esprit n'a rien perdu de sa vitalité. Il se manifeste par les recettes dont le Bugey en particulier a fait un choix qui ressemble à une exposition de natures mortes: «Ecrevisses cardinalisées de Monsieur le Prieur», «La timbale d'écrevisses à la Brillat-Savarin», «le coulis aux queues d'écrevisses», «le gratin de queues d'écrevisses à la Nantua», «le gâteau de foie blond de poularde de Bresse au coulis de queues d'écrevisses».

Sur toute cette région, le champignon a posé son sceau sous la forme d'un trépied, en comparaison duquel celui de la Pythie de Delphes est tout juste bon à cuire une soupe aux choux. Morilles dans le Jura, oronges sur le Mont-Ventoux, cèpes sous les châtaigniers de la Montagne Noire. Entre ces étapes majeures, les relais sont assurés en Bugey, en Savoie, sur le flanc des Alpes et non moins par les bergères d'en face qui veillent sur les monts du Vivarais et des Cévennes. Dernière venue, au moins sur les tables, la truffe noire pose un cas curieux. Elle n'a été consommée qu'à partir de la fin du XVIIe siècle. Auparavant, on ne voulait connaître que la truffe blanche des Médicis, dont la plus réputée était originaire du Piémont, mais qui se trouvait presque partout en France. La truffe noire fit sa réputation à partir du Périgord, mais aujourd'hui elle est presque devenue une exclusivité de la vallée du Rhône, de la Drôme et du Vaucluse, mais aussi des Hautes Alpes, de l'Ardèche, du Gard, de l'Hérault. Elle paraît avoir été abondante autrefois dans le Bugey. S'est-elle laissé glisser? Etait-elle déjà présente mais ignorée? Certains patriotes périgourdins n'hésitent pas à accuser certain pape d'Avignon originaire du Périgord d'avoir trahi la bonne cause en acclimatant la truffe natale dans ses domaines provençaux. Chauvinisme réjouissant qui se heurte malheureusement à deux objections: en dépit des nombreuses affirmations contraires, personne jusqu'à ce jour n'a été doté de l'infaillibilité nécessaire pour la reproduction des truffes; au temps des papes d'Avignon, personne ne mangeait de truffes noires, sauf peut-être quelques charbonniers au fond des bois.

Des légumes vieux comme le monde

Dans les légumes aussi, la préhistoire maintient quelques-unes de ses positions, tout d'abord dans les produits et les recettes: la choucroute de raves franc-comtoise, les flans de courge et de potiron de Savoie, le gratin de millet du Dauphiné, la salade de chardon de Chamonix, les topinambours en daube de Provence, la ratatouille, gratin d'herbes à l'ail du pays de Nice. Mais, plus encore, nous attribuerons à la présence de la préhistoire une rare intransigeance quant à la fraîcheur, qu'on retrouve chez les grands cuisiniers actuels — pour citer un disparu, celle de Point était célèbre — aussi bien que chez les créateurs et mainteneurs de la gastronomie nés entre Bugey et Savoie, Brillat-Savarin, Paul Ramains, Lucien Tendret. De ces trois auteurs, nous avouons un faible pour ce dernier qui porte si bien ce nom rassurant. Il a d'autres qualités, plus littéraires, observation directe, rapidité, précision. Très naturellement, ce gourmand était un écrivain sobre. Ni une épice de trop dans un plat, ni un mot encombrant dans une page. D'où sa poésie, car il laisse aux choses le goût de ce qu'elles sont. De «*La table au pays de Brillat-Savarin*», nous extrairons quelques principes concernant le bon usage des légumes:

«Les légumes venus dans un terrain sec, dit Horace, sont meilleurs que ceux de nos faubourgs; rien n'est insipide comme les productions d'un jardin fort arrosé... Les bons légumes sont ceux choisis dans les espèces

221

d'élite et cultivés dans les terres légères modérément engraissées et irriguées.

» Les asperges, les petits pois, les pommes de terre nouvelles au printemps, les laitues, les épinards, les haricots verts doivent être mangés aussitôt cueillis ; quelques heures après, leur sapidité n'est plus la même...

» Les espèces de pommes de terre sont très nombreuses ; parmi les hâtives cultivées dans les jardins, les meilleures sont la Marjolin et la Quenelle longue jaune. Extraites du sol au printemps, immédiatement essuyées et frottées d'un linge pour enlever leur peau, sautées dans une casserole contenant de l'excellent beurre cuit, servies sur du beurre frais d'Isigny, elles sont de véritables soufflés à la crème. Il faut les manger sortant de terre aussitôt cueillies, le lendemain elles ne sont plus aussi bonnes. »

Avec de telles précautions, certains mets vulgaires peuvent se révéler de purs délices. Ainsi, les navets. Après avoir énuméré les différentes variétés connues en France, Lucien Tendret entre dans le vif du sujet :

« ... ceux de la montagne de Parves, près de Belley, sont d'une qualité supérieure ; peu volumineux et courts, ils ont la peau noire et leur chair blanche a une saveur particulièrement sucrée tenant à la nature des terres de la montagne. »

Ce serait péché que de nous priver de la recette :

« Ayez des navets de Parves récoltés après les premières gelées, que leur peau ne soit pas ridée et que leur chair soit lisse et compacte. Epluchez-les, taillez-les en forme de colonnettes de la grosseur du doigt, jetez-les dans la poêle à frire contenant du beurre cuit, modérément chauffé, saupoudrez-les de quatre pincées de sucre réduit en poudre et couvrez la poêle pendant quelques minutes pour que les navets, lentement pénétrés par la chaleur, deviennent tendres, et ne restent pas durs, surpris dans la friture.

» Faites un roux selon la règle, mouillez-le de bouillon de bœuf, de jus et de deux cuillerées de sauce tomate.

» Les navets ne sont pas tous cuits en même temps, suivant leur grosseur et la place qu'ils occupent dans la poêle, les uns sont rissolés avant les autres ; retirer ceux-ci, égouttez-les et déposez-les successivement dans la casserole contenant la sauce préparée. Vers la fin de la cuisson, ils roussissent tous à la fois; il faut alors les remuer sans cesse, et quand ils sont dorés, on les mêle à ceux déjà trempés dans le jus. On peut servir sur les navets des aiguillettes de canard rôti...».

Et les raves? Quel gastronome oserait seulement les mentionner? Ne méprisant aucun des mets de nos aïeux, Lucien Tendret n'avait que tendresse pour ce pauvre légume, qui avant l'époque où avait été introduite la pomme de terre, était «pendant l'hiver, la principale nourriture des paysans de la Bresse et du Bugey». A son propos aussi, il distinguait des crus de qualités différentes: «Les meilleures raves de nos contrées sont celles venues sur le monticule appelé le Jean, situé devant la gare de Culoz; elles n'ont aucune amertume et sont plus douces que celles des autres terrains.»

Moi-même, qui, comme tous les paysans de la première partie du XXe siècle ait vécu au néolithique, j'ai mangé des raves, cuites à la vapeur au-dessus de la «marmite du cochon». Bien qu'elles ne fussent pas issues des terres légères et chaudes du Bugey mais de la grasse et humide terre bressane, je n'en ai pas gardé un mauvais souvenir.

LE FEU ET LE SEL

Il y eut donc pendant longtemps, très longtemps, une période de prospection et de mise en place, plus riche peut-être en préparations que nous ne pouvons encore le soupçonner, mais qui ne paraissent pas avoir laissé beaucoup de traces. Peut-être ne serait-ce pas trahir cette période de l'humanité que de la qualifier de pré-culinaire, alors qu'elle fut hautement gastronomique, la gastronomie étant essentiellement un art d'appréciation. Lui succéda ensuite la phase «cuisine prométhéenne», conséquence de la maîtrise, plus que de l'invention, du feu. La date de cet événement qui sortit l'homme des ténèbres animales où il se débattait est constamment soumise à révision, car les cendres que tant de vents emportèrent, nous reviennent maintenant chargées de vérités. Certains préhistoriens parlent avec certitude de 400.000 ans, d'autres, à peine timides, vont jusqu'au million d'années.

Cadeau véritablement divin, puisqu'il permettait à l'homme de décoller d'une façon définitive de la condition animale, le feu devait jouer un rôle aussi décisif dans la vie matérielle que dans la vie spirituelle, et nous ne cesserons de nous lamenter sur leur séparation. Autel et foyer sont fils de la même flamme. Si, dans les églises, on conserve toujours allumée la lumière du Saint-Esprit, c'est en souvenir de l'époque où, chaque matin, il fallait faire repartir le feu pour faire bouillir la soupe.

Pour imaginer le rôle du feu, il nous suffit de nous représenter notre situation si nous en étions privés. Au point de vue alimentaire, il nous semble que son principal apport fut celui du gros gibier. Il libéra l'homme de l'escargot. En rendant les pointes de l'épieu aussi dures que l'acier, il fournissait l'arme qui jusqu'au Moyen Age allait être employée aussi bien contre l'aurochs que le sanglier, en produisant des braises, il permettait la consommation du filet de rhinocéros laineux. Ce fut le grand temps du rôti, un festival de grillades! Peut-être la période la plus heureuse de l'humanité, son âge d'or. Les hommes étaient alors assez peu nombreux et le gibier assez abondant pour que tout gaspillage soit laissé impuni. La preuve? Ils n'ont pas daigné consommer le bouilli, alors qu'ils avaient les ustensiles nécessaires pour le préparer: des seaux de cuir tendus sur des armatures en bois, des galets et des baguettes. On peut faire bouillir l'eau du seau en y jetant les galets chauffés à blanc qu'on retirait ensuite avec les baguettes. Ce sera l'une des premières inventions des hommes du néolithique poursuivis par une démographie galopante et qui s'essoufflaient eux-mêmes à galoper derrière un gibier de plus en plus rare et rapide. Le premier âge du feu qui s'étendit jusque vers 7000 ans avant notre ère fut donc pour la cuisine relativement léthargique, période heureuse et sans histoire, une cuisine de boy-scouts réfractaires à l'écologie. On peut penser que certains se déclarèrent déçus. Toujours du steak grillé! Toujours des brochettes! Franchement, ils attendaient mieux de Prométhée!

Il ne suffit pas d'un héros pour faire une gastronomie. Au martyr du Caucase, attaché au rocher d'où il pouvait voir les premiers vignobles, il avait manqué deux éléments pour réussir: un allié et une motivation. La motivation, nous la connaissons déjà, la crise de surpopulation qui éclata en Orient à la suite du grand dégel qui mit fin à l'époque glaciaire. Ce fut tout d'un coup des milliers de bouches à nourrir dans un monde dont on ne peut même pas dire qu'il était sous-développé, n'étant pas développé du tout, mais réduit au triste état de Paradis Terrestre. Tragique en elle-même, cette situation devait se révéler heureuse entre toutes pour la cuisine en permettant l'entrée de la fée qui cache toutes ses bienfaisances sous son air revêche, la Pauvreté. Alors que l'abondance n'est que facilité, paresse, sclérose, la pauvreté stimule, conseille, inspire. Si tant de génies se manifestent dans les commencements, c'est que la jeunesse est souvent pauvre.

Merveilleuse coïncidence! Au moment même où le monde s'apercevait qu'il avait besoin de plus de cuisine, un marmiton presque inconnu se présentait en se déclarant capable d'en faire pour jusqu'à la fin des temps, le sel. En réalité, il n'est pas sûr qu'il y ait eu coïncidence, mais peut-être premier «filon» indiqué par la pauvreté à l'homme affamé. A qui tente de découvrir l'histoire du sel, qui n'a d'ailleurs jamais été écrite, sa première impression est de n'y voir que du feu. Cette épice, de loin la première de toutes en saveur et en rendement, a fait l'unanimité de la planète et a été proclamée «sel de la terre» dès le premier jour. On n'imaginait pas cataclysme plus épouvantable que sa disparition: *«Si le sel s'affadit, avec quoi le salera-t-on?»* dit la Bible. Pourtant, alors qu'en beaucoup d'endroits du monde il suffisait de se baisser pour le prendre, que les animaux traçaient les chemins, nous devons admettre que son apparition fut très tardive. Nous devons donc admettre que le besoin s'en faisait peu ou pas sentir, ce qui s'explique par l'abondance de l'alimentation carnée, au moins pendant le premier âge du feu. Sa découverte et son expansion doivent être considérées sous deux aspects, sel gemme et sel marin.

Les routes préhistoriques vont d'une source thermale à l'autre, et le sel n'y manque pas. Le long de la falaise salée qui va de Besançon à Lons-le-Saunier par Salins, il suffisait de présenter au soleil un peu d'eau dans une coquille pour être assuré de recueillir du sel. Prodigieuse facilité qui dut faire de la Franche-Comté l'une des premières en date de nos provinces culinaires. Le premier cuisinier à qui l'on fit part de la découverte de ce corps et de ses propriétés poussa l'exclamation qui devait devenir fameuse: «Si le Sel existe, alors tout est permis!»

Il exagérait à peine. A l'origine, la plus grande vertu du sel fut de permettre la consommation des farines sous forme de bouillies. Elles n'ont pas disparu, même s'il y a eu parfois substitution d'une céréale à une autre. En Franche-Comté, les gaudes ont remplacé la bouillie de mil, dans le comté de Nice, on passe à la poêle la bouillie de pois chiches et l'on obtient la socca, mais en Corse, on reste fidèle à la bouillie de châtaignes, parfois frite elle aussi et l'on obtient les danizze. La préparation de la bouillie a joué un rôle important dans la généralisation de la céramique. Elle pourrait même avoir été à l'origine de sa création. Nous avons déjà fait allusion au procédé de chauffage qui consistait à jeter des galets brûlants dans un seau de cuir rempli de liquide. On peut le considérer comme parfait si l'on se propose de faire «brousser» le lait, ce qui ne demande pas une chaleur longue et régulière. Certains bergers corses préparaient encore leur bruccio de cette façon jusqu'à une période très récente. Compacte, opaque, préférant la chaleur douce au coup de feu, la bouillie appelait un autre ustensile. Ce fut le pot de terre qui, par un mouvement inverse, enfanta de nouveaux plats et d'abord les potées, qui ne portent pas toutes ce nom. Parmi celles qui ne renient pas leurs origines, nommons les potées au choux et au cochon de Franche-Comté et de Savoie. Le pot au feu provençal fait le fier avec toutes ses viandes (bœuf, mouton, et jarret de veau). Mais il en est bien d'autres. Qu'est une bouillabaise, provençale ou corse, sinon une potée de marin rondement menée? Et que devient une potée oubliée sur le feu? Chargée en haricots, un cassoulet, comme à Nîmes. Faite avec des choux ou des raves de conserve, une choucroute, comme à Besançon. Si l'on a trop économisé sur les légumes et qu'on la laisse se réduire, alors il faut y ajouter du liquide, du vin par exemple, on obtient en Corse la pebronata de bœuf, l'estouffade de bœuf à Nice, la daube provençale et le bœuf bourguignon à partir de Lyon.

Le sel a fait la marmite et la potée, mais tout aussi bien

le cochon. A l'origine, il n'était qu'un sanglier vivant dans les bois et ce ne fut qu'au cours. du XIXe siècle, victime de la rage d'ordre de l'administration des Eaux et Forêts, qu'il dut renoncer à sa glandée d'automne. Longtemps, les hommes se conduisirent avec la même sagesse dont ils avaient fait preuve face aux troupeaux de rennes. Domestiquer un sanglier, ils ne voulaient seulement pas en entendre parler, et qui s'est trouvé à devoir nourrir un seul cochon pendant un seul hiver est en situation de les approuver! Quand ils avaient besoin d'un jambon, ils décrochaient leur épieu ou creusaient une fosse. Comme congélateur, on ne fera jamais mieux que la vie sauvage. Tout changea avec le sel et la dureté des temps. Avait-on peur? On pouvait se payer le luxe d'avoir peur. Désormais, sans un cochon dans le saloir, on n'osa plus regarder son voisin en face. Cependant, le cochon, ce vorace, domestiqué après le mouton, la chèvre et le bœuf, fut aussi parmi les derniers à être jugé digne de la conserve. Nos deux meilleures «réserves» préhistoriques ont conservés des mets de première époque: le brézi en Franche-Comté (viande de bœuf comparable à celle des Grisons) et la chèvre séchée corse.

Il se pourrait cependant que le plus fabuleux cadeau fait à cette humanité, déjà très vieille et déjà menacée de famine, ait été le fromage. Sans sel, la conservation du fromage est impossible, comme d'ailleurs celle du beurre, tout au moins autrefois. Il se peut que les premiers vrais fromages aient été réussis à partir du lait de renne, car il nous paraît presque évident que les magdaléniens, qui vivaient quelque quinze mille ans avant notre ère, connaissaient les propriétés du sel. L'une de leurs plus fameuses stations, Altamira, est située à quelques kilomètres d'une mine de sel gemme à ciel ouvert, le Cabezon de Sal. Leur plus grande route les conduisait directement aux mines de sel de Bavière et d'Autriche!

Téléscopage différé! Ce fut sur cette même route, mais en sens inverse, qu'arrivèrent dix mille ans plus tard par la vallée du Danube les troupeaux de moutons orientaux qui voulaient voir la mer. Franche-Comté et Savoie se trouvaient aux premières loges pour les accueillir et le contact fut d'autant plus facile que ces deux régions étaient vouées à l'élevage comme le melon de douze tranches à la famille nombreuse. De cette première rencontre, il pourrait bien en rester deux témoins : la cancoillotte franc-comtoise et la fondue savoyarde. Que la première soit préparée aujourd'hui à partir d'un fromage amaigri et la seconde par un assemblage de fromages gras, peu importe ! Ils se mangent chauds tous les deux, et nous les soupçonnons d'être les enfants de ce fertile seau-aux-galets qui avait déjà produit la brousse. Au lieu de morceaux de pain, on léchait les cailloux ! De nombreux exemples, dont certains en Rouergue, nous laissent penser que nombre de fromages devaient être autrefois consommés cuits ou grillés. Le «plateau de fromages» doit être une création assez récente, à peine quelques siècles.

Les plus anciens fromages datés ont été de chèvre et de brebis. S'ils subsistent dans les régions méridionales, rigottes, banon, picodon, broccio, niolo, ils survivent difficilement en Savoie où nous devons néanmoins nommer le bleu des Aravis, de chèvre, et ne jouent plus aucun rôle dans le Jura, domaine exclusif de la vache. Il y a donc eu un transfert qu'il n'est pas difficile d'expliquer d'après les lois habituelles de l'évolution des fromages. Terroirs pauvres, économies fermées, Provence et Corse sont restées fidèles à un système d'autarcie familiale qu'elles n'avaient pas les moyens de briser. Il en fut tout autrement pour la Savoie et la Franche-Comté qui ne purent jamais être très occupées par l'économie familiale... faute de famille. Par manque de ressources alimentaires variées suffisantes et de communications assurées pendant l'hiver, plateaux jurassiens et alpages savoyards sont restés très longtemps pratiquement vierges d'habitants. Lorsqu'à partir d'une période encore mal reconnue mais que l'on peut situer vers la fin du XVIᵉ siècle, l'idée d'un fromage que l'on pourrait qualifier de «commercial» se profila au-dessus de l'horizon, le pré était libre. La Suisse, peut-être, avait ouvert la voie, et plus sûrement encore l'Italie, dont le Parmesan transitait par Lyon, après avoir traversé la Savoie. Savoie et Franche-Comté ont sans doute été en France les premières à considérer que le lait de vache ne devait pas être réservé exclusivement à la production du caillé ou du beurre, ce qui avait été le cas jusqu'alors, mais qu'il pouvait être employé à la fabrication d'un fromage de longue conservation et résistant. Ces conditions étaient imposées par l'éloignement relatif des marchés : Genève, Lyon, Besançon, l'Alsace et la précarité des moyens de transport, le mulet au départ, la patache ou le coche d'eau ensuite. La réussite fut assez rapide et nous aurions tendance à penser que la trouée faite par le Parmesan y contribua. L'imitation est une des lois de la gastronomie, que l'on peut vérifier fréquemment.

Le sel se trouve donc à l'origine de l'utilisation des céréales sous forme de bouillie, puis de pain, de la fabrication du fromage, de la conservation du chou et de toutes les viandes et de tous les poissons. Son premier titre de gloire aura donc été de délivrer un nouveau passeport pour l'hiver à l'humanité, alors que le précédent était périmé depuis quelques millénaires. Ce précédent étant le renne qui fournissait de la viande fraîche en toutes saisons et le fromage du jour. Il n'est pas sûr que la gastronomie ait gagné à ce relais, mais l'humanité lui doit peut-être d'avoir survécu. Elle n'en a pas pour autant classé le sel au nombre de ses bienfaiteurs, elle en a fait un collecteur d'impôts. Heureusement le fromage lui a présenté son jeune ami le vin et à tous les trois ils ont eu le courage d'affronter l'ingratitude.

La naissance du sel est une pièce en trois actes qui, tous les trois, ont été interprétés, sinon créés, dans la vallée du Rhône. Le premier, encore à reconstituer, a été joué par les hommes du paléolithique avec les Magdaléniens en vedette, le second, déjà plus lisible, est l'œuvre des bergers et des agriculteurs du néolithique venus d'Orient, quant au troisième, le sel marin, il est peut-être celui qui pose le plus de questions sous son apparente simplicité.

Tout d'abord, nous pouvons nous étonner de sa tardive apparition, admise par tous les spécialistes. Si, jusqu'à présent, l'apport méditerranéen, qui devrait être le plus important et le plus facile à déceler, a été faible, en revanche on connaît un certain nombre d'exploitations de l'ouest, situées particulièrement au sud de la côte bretonne. En général, elles ne précèdent que d'assez peu l'arrivée des Romains. Autour de l'étang de Berre, si l'on n'a pas encore retrouvé de marais salants antiques, en revanche on connaît bien un magnifique «comptoir du sel», l'oppidum de Saint-Blaise qui domine la saline de Citis à quelques kilomètres au sud d'Istres. Enfermée dans un puissant rempart, il s'agit d'une ville considérable, probablement plus vaste que ne le fut jamais la Marseille grecque, comparable à Glanum, la ville romaine proche de Saint-Rémy-de-Provence. Menées depuis 1935 par Henri Rolland, des fouilles méthodiques ont apporté une série de révélations qui ne nous paraissent pas avoir été exploitées dans le domaine gastronomique.

Tous les curieux qui ont eu l'occasion de seulement s'approcher des Etrusques, l'énigme la plus passionnante de l'antiquité, savent qu'ils ont été en rapports très suivis avec le bas-Languedoc où ils ont précédé les Grecs de beaucoup et auxquels ils ont peut-être fermé la voie. Les témoins de cette occupation, recueillis sur le lieu-même, figurent au magnifique musée d'Ensérune, à quelques kilomètres au sud de Béziers. En revanche, les traces de la présence étrusque en Provence sont rares, ce qui peut paraître surprenant au premier abord, étant donné la proximité. Exception éclatante, Saint-Blaise... à condition que l'on accepte comme des lois révélées les hasards des frontières, car il est bien évident que les Etrusques, ignorant l'histoire de France, considéraient la région de l'étang de Berre comme appartenant au même territoire que les étangs de Thau ou de Sigean, ne songeant nullement à la comparer aux calanques de Cassis ou aux rochers de la côte des Maures. Que venaient donc chercher les Etrusques, peuple hardi et commerçant, dans cette avancée du «Languedoc géographique»? Dans sa brochure sur les fouilles de Saint-Blaise, Henri Rolland y répond sans équivoque: «... sur la surface de ce sol, encore inexploré, se révèle la fréquence d'importations bien caractérisées provenant d'Etrurie. Eloquente est l'abondance des débris d'amphores vinaires et de vases en *bucchero-nero* originaires de ce pays, auxquels viennent se joindre des tessons de coupes italo-corinthiennes ou rhodiennes; ces dernières, drainées, peut-être, par le trafic à travers l'Italie. Déjà à cette lointaine époque, comme ce sera encore le cas au XIIᵉ siècle de notre ère, l'exportation du sel, seule industrie florissante sur les bords des étangs marins, apportait sur l'*oppidum* le vin de la Toscane. Ceci se passait au cours du VIIᵉ siècle avant notre ère, des années

avant que les Phocéens fussent venus d'Orient fonder Marseille et se substituer à ceux qui les avaient précédés sur la côte méridionale de la Celtique.» Cette indication suffit à nous faire comprendre la raison qui décidait les marchands à entreprendre un cabotage long et dangereux vers le Languedoc plutôt que de s'arrêter aux côtes provençales. Le sel, or blanc, était languedocien. Ce fut aussi, sans nul doute, la raison, plus que les beaux yeux de Gyptis, qui décida les Grecs à fonder le jeune port de Marseille, juste à la charnière des deux régions et d'où ils pouvaient contrôler directement l'entrepôt de Saint-Blaise.

Nous autres, gastronomes ou cuisiniers, nous sommes obsédés par des questions que les esprits supérieurs jugent déplorablement techniques. A chaque instant, nous réclamons la recette: «Comment fait-on? Faut-il laisser le couvercle? A quel moment saler?» Nous ne pouvons donc cacher notre étonnement en découvrant que le sel marin a été le dernier à être recueilli alors qu'il suffisait de se baisser pour le prendre. Belle occasion de voir la gastronomie participer à l'explication du monde alors que par paresse nous nous contentons trop souvent du contraire!

A grands coups d'écume, de Vénus et de coquilles Saint-Jacques, on a beau raconter à l'homme que la mer est son élément, il n'en croit rien. Né sur la terre, il regarde cette immense étendue d'eau salée comme l'astucieuse souris certain «bloc enfariné». Elle ne lui dit rien qui vaille. Ce n'est que très tard et contraint par d'impérieuses raisons économiques et politiques qu'il se décidera à lui confier sa vie. La navigation maritime ne prend d'importance qu'à partir de l'an mille avant notre ère, soit après trois mille ans d'ardente civilisation terrienne. Devenu matelot malgré lui, l'homme change de sentiment, perd son indifférence et la remplace par la haine. Il en sera ainsi jusqu'au XXᵉ siècle, à toutes les époques, dans tous les pays. Ce refus de tout l'être de devenir le jouet d'une force inconnue, n'a jamais été mieux exprimé qu'à son état naissant, dans la première, voire unique épopée maritime de tous les temps, l'«Odyssée». Ce qui sous-tend l'action tout au long, c'est la fureur des marins pris au piège, Ulysse le vaillant le tout premier. Que la houle se lève au chant V: «*Alors*

Ulysse sentit défaillir son cœur et ses genoux». Et gémissant, il dit donc à son cœur magnanime: *«Ah! malheureux que je suis! Que va-t-il m'arriver enfin? Je crains que tout ne soit vrai de ce qu'a prédit Calypso quand elle m'annonçait que sur la mer, avant d'atteindre la terre de ma patrie, j'épuiserais toutes les souffrances. A présent tout va s'accomplir. De quels nuages Zeus enveloppe le vaste ciel! Il a bouleversé la mer, et sur moi fondent les tempêtes de toutes sortes de vents. Voici la brusque mort bien assurée pour moi.»* En solo, en chœur, ce leitmotiv sera repris tout au cours du périple. Beaucoup plus que celui des sirènes, ce qu'on entend tout au long de l'«Odyssée», c'est un chant de haine pour la mer.

Il se retrouve dans l'une de nos provinces, celle qui est restée la plus proche des origines. Dans son «Histoire de l'île de Corse», parue à Nancy en 1749, Goury de Champgrand raconte la scène à laquelle il a assisté sur le port d'Ajaccio à la suite du naufrage de plusieurs barques de pêche ayant entraîné la mort de plusieurs hommes: «Les veuves et cinquante autres femmes accourent sur le rivage avec des imprécations abominables contre la mer: une d'entre elles prenant des pierres et les jetant, disait avec rage: *«Tiens, maudite et exécrable mer, voilà pour toi!»* Et l'auteur de rappeler avec à propos que déjà Xerxès avait fait fouetter Neptune.

Entre la mer et les hommes, qu'ils fussent Perses, Grecs ou Corses, rien ne pouvait s'arranger, parce qu'en plus de la vie présente, elle ôtait aussi la vie future, ce qui était pour Ulysse et tant d'autres la plus grande douleur. Il conclut ainsi sa lamentation: *«... que ne suis-je mort et n'ai-je accompli mon destin le jour où les Troyens en foule lançaient contre moi leurs javelines de bronze... Alors, j'aurais obtenu des honneurs funèbres».* Pour aimer la mer, il fallait commencer par cesser de croire en Dieu. Il y a pourtant au chant XIV, noyé dans une de ces étourdissantes suites de mensonges comme il en avait le secret, un bref mais émouvant aveu d'Ulysse qui ouvrait comme une nouvelle carrière à la mer: *«Ce que j'aimais d'un constant amour, c'étaient les vaisseaux avec leurs rames...».* Sans doute ne voit-il en eux que de bons instruments pour la guerre et le pillage, mais tout de même il l'a dit!

Les préhistoriens ajoutent d'autres raisons pour expliquer la longue absence de contact entre l'homme et la mer, elle aurait été plus «sauvage» et d'accès plus difficile que de nos jours. Il en est une à laquelle on ne pense guère et qui nous est apparue en étudiant la situation des vins corses, la malaria et les autres fièvres nées des marécages. Encore redoutables à notre époque, elles étaient beaucoup plus expéditives autrefois. Certaines tuaient à peine moins vite qu'une épée. Or leur terrain d'élection était évidemment les marais. Qu'ils soient salés n'adoucissait pas les humeurs des moustiques. Ces derniers étendaient même leur champ d'action hors de la zone la plus contaminée formée de roseaux et de plantes aquatiques, établissant une sorte de glacis, terre sans hommes et sans animaux. Gardée par les moustiques et les maladies, la mer apparaissait au plus intrépide aventurier comme une forteresse inexpugnable.

Ils y sont allés pourtant, ces hommes épouvantés! Pour fuir ou pour voler. Achille était spécialisé dans l'enlèvement des troupeaux, les colonies grecques ont été fondées par des bannis et des affamés. Le sel marin, ce sera eux! Peut-être est-ce pour mieux le découvrir, le cerner, l'exploiter, qu'ils ont inventé la nage. Elle aussi nous paraît dater de cette époque. On n'a pas tous les jours l'occasion de faire une remarque nouvelle sur Homère. Dans certaines traductions de «l'Iliade», il arrive que le mot «nager» apparaisse. A notre avis, ce ne peut être que par erreur, car l'examen d'une des scènes les plus fameuses ne nous laisse pas supposer que la nage fut alors connue. Il s'agit de la traversée du fleuve Xanthe qui ouvre le chapitre XXI. Tout l'épisode du franchissement de ce qui devait être un gué assez praticable reflète la terreur des hommes préhistoriques dont on prétend qu'ils se refusaient à mettre le pied dans une flaque qui avait plus de quarante centimètres de profondeur. Que la vulgaire piétaille se noie, rien de surprenant, mais le comportement de l'invincible Achille, du héros qui fait face à tout et qui, de plus, s'est fait la main comme corsaire le long des côtes, ne saurait nous tromper: «Chaque fois que le rapide et divin Achille s'élançait, pour lui résister en face, et reconnaître si tous les immortels le poursuivaient, qui occupent le vaste ciel, chaque fois le grand flot du fleuve issu de Zeus battait le haut de ses épaules. Alors Achille sautait en l'air, le cœur soucieux; car le fleuve, en dessous, domptait ses genoux par la violence du courant inférieur, et dérobait la terre sous ses pieds.» Ni le héros, ni l'auteur ne semblent soupçonner l'existence de la nage.

L'autre héros, celui de «l'Odyssée», tout au contraire ne connaît pas ces affres, il flotte comme un bouchon en pleine tempête. Chant V: «... une grand vague à pic, se ruant terriblement sur lui, l'atteignit et retourna le radeau... Ulysse fut englouti pendant un long temps; il ne put sortir aussitôt des flots, empêché par l'élan d'une grande vague. Il était alourdi par les vêtements que lui avait donnés l'auguste Calypso. Il émergea enfin, rejeta de sa bouche l'âcre eau salée, qui dégouttait en abondance et avec bruit de sa tête. Mais, malgré son accablement, il n'oublia pas son radeau; nageant parmi les vagues, il parvint à s'en saisir et s'assit au milieu, cherchant à éviter le terme de la mort.» Il ne s'agit pas d'une conduite instinctive dictée par l'épouvante, les conseils que lui donne ensuite «Ino aux belles chevilles» sont ceux d'un entraîneur pour les Jeux Olympiques: «Dépouille ces vêtements, laisse les vents emporter ton radeau, nage à pleines brassées...» Lui-même étudie le problème en vieux routier, si l'on peut risquer ce terme à propos de la mer, le voici en vue de la côte et il est visible qu'il a déjà eu à traiter le problème de l'abordage: «Hélas! maintenant que Zeus m'a donné de voir la terre contre toute espérance, et que j'ai fendu ces abîmes à la nage, je n'aperçois aucune issue pour sortir de la mer grise. Devant la côte, rien que des rochers aigus; tout autour, les vagues bondissent et mugissent; le roc s'élève à pic, tout uni; alentour, la mer est profonde, nul moyen de poser ses pieds et d'éviter la mort; je crains, si j'essaie de sortir, qu'une forte lame ne me saisisse et ne me jette contre la roche dure. Mon élan sera vain. Si je nage encore plus loin à la recherche d'un rivage en pente et d'anses de mer, je crains que la tempête ne me saisisse encore, et malgré tous mes gémissements ne m'emporte sur la mer poissonneuse...»

On ne peut s'y tromper. Un tel récit a l'accent du vécu, tout comme celui de la panique d'Achille, le guerrier-qui-ne-savait-pas-nager. En ce qui concerne la recherche pure, le rapprochement de ces deux épisodes peut

présenter un intérêt, offrant un élément inédit dans la fameuse querelle, l'«Iliade» et l'«Odyssée» ont-elles un même auteur. Nous pouvons répondre : le second savait nager, ... non pas le premier. Mais... il a pu apprendre entre temps. Il a pu vivre au moment exact où le monde inventait la nage, comme j'ai moi-même vu apparaître la chasse sous-marine, discipline à peine moins révolutionnaire. Qu'on me pardonne au passage cette légère et unique ressemblance avec Homère!

On a remarqué que les spéculations désintéressées avaient un grand intérêt pratique, l'avenir leur découvrant de nombreuses applications insoupçonnées de leur créateur. Ainsi, après Einstein, la bombe atomique et tout le nucléaire... Ce même phénomène se produit en remontant le passé. Vingt lignes d'Homère nous ont apporté une révélation gastronomique capitale. Rien ne nous permet de croire absolument que les Grecs ont apporté la vigne en Gaule, ni même l'olivier, car les Etrusques, plus proches de notre pays et qui nous fréquentaient, étaient vers l'an 600, des arboriculteurs et des vignerons d'une qualification alors bien supérieure à celle des Grecs qui ne devaient atteindre leur âge d'or qu'un siècle et demi plus tard, sous Périclès. En revanche, nous avons la preuve par Ulysse que les marins grecs étaient de la classe des trafiquants-conquérants bien équipés, capables de payer d'abord de leur personne, aussi bien physique qu'intellectuelle. Par-dessus tout, ils étaient les premiers à avoir maîtrisé la mer et avoir réussi, au-delà de l'exploitation des marais salants, à mettre la main sur une nouvelle corne d'abondance, la pêche côtière. En ce temps où les bateaux étaient petits et fragiles, la signalisation nulle, la cartographie inexistante, son essor était lié à celui de la nage. C'est donc aux Grecs, à la natation, au sel et sans doute à bien d'autres choses encore, la gastronomie étant le plus serré des nœuds gordiens, que nous devons tous les chefs-d'œuvre de la cuisine méditerranéenne : la bouillabaisse, la bourride, le rouget grillé, les supions et vingt autres poissons de mer, sans oublier les anguilles d'eau douce du catigot des Martigues, réplique exacte d'un plat grec, relique d'un temps qui datait d'avant-la-nage. A tort, je viens d'écrire le mot chef-d'œuvre. Il ne convient guère à la gastronomie, et moins encore à celle des côtes méditerranéennes qui exige de la liberté, n'en fût-il plus au monde. Elle fait fi de la puérilité qui réclame des recettes «vraies», des dosages minutieux. Une bouillabaisse corse avec langouste est-elle plus ou moins «vraie» qu'une bouillabaisse provençale avec une pomme de terre? Il y eut une époque où la seconde coûtait aussi cher que la première et l'on sait quel rôle joue dans l'application des recettes cet élément si méprisé par ceux qui les publient — en les recopiant —, le prix de revient. Raymond Oliver, ce cuisinier qui connaît le poisson comme s'il avait été triton dans une autre vie, et même dans la sienne!, m'a dit avoir recueilli plus de six cents recettes de bouillabaisses. Laquelle est la vraie? La plus riche en huile en plein hiver, la plus poivrée quand on est amoureux, la plus chargée en orties de mer lorsque l'on vient d'adhérer au zen...

Sel de la terre et néanmoins de la mer, on ne cesserait d'en parler, sans risque d'être interrompu. Nous nous résignons à le quitter, mais non sans lâcher derrière nous, comme une bombe à retardement, une question qui risque de faire exploser cinq ou six millénaires. Nous avons exposé la thèse officielle en cours : le sel marin aurait fait l'objet d'une exploitation régulière au VIIe siècle à Saint-Blaise, à l'ouest de l'étang de Berre. La période des débuts n'étant pas incluse, arrondissons généreusement et datons de l'an mil l'apparition du sel provençal. Pourquoi faut-il que, quelque diable nous poussant, nous traversions aussitôt l'angle sud-ouest de l'étang de Berre pour trouver à quelques kilomètres et à plus de quatre mille ans d'intervalle la bergerie néolithique de Châteauneuf-les-Martigues, la première connue en Europe de l'ouest! La brebis et son fromage! Ces deux compagnons que nous avons toujours vus dès le début inséparables du sel. Nous n'en pouvons douter, il y eut dès cinq mille ans avant notre ère, un sel de l'étang de Berre, resté jusqu'alors inconnu et que seule pouvait nous révéler la gastronomie préhistorique. Est-ce si invraisemblable? Un grand produit est aussi un personnage. Avant «d'exploser» en trois ans de vie publique, le Christ a connu trente ans de vie cachée, la proportion est donc de un à dix. Dans le cas du sel de Châteauneuf, elle ne serait que de un à quatre.

A partir d'une production indéfinie de sel, l'homme

s'assurait le moyen de créer à volonté le dernier élément rebelle à la toute puissance du cuisinier, le salé. Il s'agissait plus que d'un tournant, d'une révolution. En effet, dans ce monde du goût en apparence si complexe, les physiologistes distinguent seulement quatre types de saveurs: acide, amère, sucrée, salée. Les trois premières sont distribuées assez généreusement par la nature: les fruits verts sont acides et le restent parfois quand ils sont mûrs; l'amertume est fournie par nombre de végétaux, champignons, herbes, légumes; le sucre est abondant dans le miel, les fruits mûrs et, bien que moins sensible sur la langue, dans les grains et les tubercules. Le sel est l'oiseau rare. Sans doute, on le trouve dans la viande, mais en petite quantité qu'il n'est pas avantageux de libérer. Pour le reste, il faut jouer à l'auberge espagnole, ce qui suppose une bonne organisation.

Organiser l'Espagne, c'est un travail de Romain! Même les Français les plus calmes perdent leur sang-froid dès que l'on annonce Jules César. Je me flatte de rester l'un des plus sereins, sans grand effort. Si les Étrusques me passionnent, si les Grecs m'enchantent, les Romains m'ennuient... Leur qualité la plus évidente est d'être inévitables. Il ne faut pas cependant confondre l'homme et l'œuvre. Sans doute, le Romain fut d'abord un occupant, mais auteur d'une organisation rationnelle, il ouvrait une voie sûre à la liberté. Avec ou sans soupir, nous devons conclure que si César n'avait pas existé, il eût été sage de l'inventer.

Ils ont enlevé le monde avec la même arme qu'ils emportent notre adhésion, le sel. Rome est née dans les salines et ce sont les grains de sel natal glissé dans la gibecière du légionnaire qui lui ont assuré mille ans de succès et le titre de père de la gastronomie européenne. Quand il est arrivé, tout était disponible, les aliments, déjà énumérés, et le sel en trois vagues successives, paléolithique, gemme, marin, mais rien n'était «lié», ni «monté». La mayonnaise n'avait pas pris, parce qu'elle demandait un batteur ayant du battant. Cette mayonnaise, ce devait être, enfin, la vraie cuisine.

Avec les légions romaines: la vraie cuisine
A partir de cet instant, nous entrons en pays connu et le plus distrait des voyageurs peut terminer le parcours.

Nous nous contenterons de proposer un aide-mémoire, pour les candidats au baccalauréat avec option gastronomique, épreuve encore réservée au pays de Cocagne.

Il se pourrait que le plus grand mérite de Rome ait été d'abolir le défilé de Donzère et d'établir la jonction des deux sels, marin de la Méditerranée, gemme du Jura et de Lorraine à la hauteur de Vienne et de Lyon. Choc de deux courants, l'un du nord et l'autre du sud, qui provoqua une étonnante fertilité. Faite par la montagne pendant la conquête, à partir des villes situées à l'intérieur, comme Die dans la Drôme et Alba en Vivarais, la jonction fut bientôt confirmée par la vallée et en particulier par la navigation sur le fleuve. Dès le début de ce texte, nous avons insisté sur la haute valeur gastronomique de toutes les villes de la vallée du Rhône: Belley et Tournus, Lyon et Mâcon, Vienne, Condrieu, Valence, Montélimar, Avignon, Arles... Autant de créations des matelots romains dont le préfet était installé à Vienne.

Certes, ils ne travaillaient pas pour les beaux yeux de la Gauloise, mais pour la plèbe de Rome et, occasionnellement, pour les généraux et les fonctionnaires. Mais quand une affaire doit réussir, tout y contribue, le pour et le contre. L'influence de Rome a été aussi heureuse sur ce qu'elle nous prenait que sur ce qu'elle nous laissait. Elle réquisitionnait les charcuteries dont grâce à son sel elle avait permis la création ou le développement: jambons du Morvan, d'Auvergne, des Cévennes, des Pyrénées (sur la rive droite); jambons de Franche-Comté, de Savoie, de Provence (sur rive gauche). Les saucissons étaient du Beaujolais, de Lyon, d'Arles. Les saucisses de Franche-Comté, de Savoie, de Narbonne (où elles sont dites de Toulouse), du Roussillon. Rome embarquait les vins de Narbonne, de Béziers, de Vienne, qui devaient être meilleurs à chaque livraison, car on prenait mais on payait. Les fromages suivaient, dont une partie était rassemblée à Nîmes, ce qui a provoqué entre le Cantal et le Roquefort une polémique dont nous espérons qu'elle ne s'éteindra qu'avec eux.

Ce qu'elle laissait? Les bas morceaux. La cuisine de la vallée du Rhône est une cuisine sans filets ni gigots. Daube provençale et bœuf bourguignon, qui ont l'avantage de faire filer plus vite les vins trop légers pour être

conduits à Rome et qui risquaient de tourner à l'aigre. D'ailleurs, le vinaigre aussi, on l'utilisait beaucoup. Non moins les abats, qui ne supporteraient pas un jour de transport. Que de tabliers de sapeur, d'andouillettes, de pieds et paquets, de têtes de veau. S'il reste vraiment trop peu de bas morceaux et trop peu d'abats, on va faucher une brassée d'herbes derrière la maison et c'est assez pour faire un chou farci — fassum, disait le Romain — , ou des caillettes qui changent de nom et de goût de chaque côté du Rhône, mais qui contre tout aveu, restent les mêmes.

On juge aux résultats. Depuis des centaines d'années les Lyonnais ont vu des hommes et des affaires de toutes les couleurs. Des Italiens de Marie de Médicis aux touristes du XXe siècle, ils ont été perturbés des millions de fois. Eux-mêmes, pour la soie ou la teinture, ils ont couru le monde. Il n'y a pas plus Chinois qu'eux. Rien n'a pu changer leur menu. Ils mangent romain comme au premier jour.

Les plus hardis de nos historiens se risquent à parler de la France depuis Hugues Capet, les plus téméraires de nos gastronomes font naître notre cuisine de Taillevent. Heureuse jeunesse, mais qui ferait une bien triste tradition! Pour nous, tout était joué, si tout n'était pas fini, bien avant la chute de l'Empire romain. En quelque deux mille ans, nous ne trouvons guère à signaler que quelques actions de commandos réussies, d'ailleurs d'autant moins méprisables qu'elles se sont exercées malgré la force d'inertie, beaucoup plus puissante que l'accélération de l'histoire.

Il y eut d'abord une offensive arabe qui dura quelque trois siècles, car ces cavaliers ne lisant pas les manuels scolaires, ils n'avaient aucun moyen d'apprendre que Charles Martel les avaient arrêtés à Poitiers en 732. Ils continuèrent donc à vivre en France comme s'ils ne s'étaient aperçus de rien, se livrant à leurs occupations favorites, massacres, pillages, pèlerinages. Ils avaient une vénération particulière pour la vierge noire du Puy à laquelle ils rendaient de fréquentes visites. Peu de labourage et de pâturages, mais beaucoup de cuisine, l'oisiveté ne seyant qu'aux guerriers, pas aux femmes. Ils aimaient le climat méditerranéen. Ils pillèrent Arles en 842 et s'installèrent à la Garde-Freinet, à quelques kilomètres de Saint-Tropez, en 890. Ils faillirent y boucler le siècle, n'en ayant été chassés qu'en 975 pour avoir touché à la hache en enlevant du côté de Grenoble Maïeul, abbé de Cluny. Ils se rembarquèrent donc avec armes et bagages, laissant derrière eux des recettes de friandises à base de sucre et d'amandes qui allaient devenir le calisson d'Aix, le touron au miel de Gap, le nougat de Marseille, de Montélimar et de Voiron, la croustade languedocienne et, sur le lieu même qu'ils occupaient, la Garde-Freinet, la patience.

On sait que les curés sont forts en gastronomie plus encore qu'ailleurs, surtout s'ils sont habillés en moines. Impossible de ne pas reconnaître leur manière dans le commando de la morue qui, de la Rochelle à Nice, coupa toutes les routes de pèlerins de France, si bien qu'il n'y avait plus qu'à ouvrir aux carrefours des stands de brandade et autre stockfish — une morue faite avec de l'aiglefin! —. Dans son élan, le commando morue atteignit Venise, la plus riche ville du temps qui se devait de devenir la capitale mondiale de la morue et qui l'est restée depuis lors.

Le bonheur en retour ne se fit pas attendre. Pour avoir beaucoup reçu, Venise pouvait beaucoup donner: le maïs à la Bresse et à la Franche-Comté, pour qu'elles fassent enfin ces gaudes qu'elles n'osaient plus espérer; les pommes de terre à la Savoie et au Dauphiné qui croyaient à l'avenir du gratin; la tomate enfin à la Provence parce que la couleur rouge lui allait bien.

Ensuite, ce fut l'escarpolette d'un bout à l'autre de la vallée du Rhône. Les coches d'eau, le chemin de fer... Le camion, la voiture de sport... Tu montes... Je descends... Dans tous les cas, le même refrain: «Holà, tavernier du Diable...» Aujourd'hui, le diable est un seigneur et il reçoit lui-même.

Le grand pays des seigneurs de la gastronomie, nous l'avons déjà désigné. Il se situe dans la région de choc du sel gemme et du sel marin, de la cuisine continentale et de la cuisine méditerranéenne, de l'ail et de l'oignon, de l'huile d'olive et du beurre. Ce domaine, auquel il faudrait bien donner un nom, couvre le Bugey, la Bresse, les Dombes, le Beaujolais, le Lyonnais. Belley, Bourg, Tournus, Vienne en délimitent le périmètre, Lyon se trouvant installé au centre, tel le fourmi-lion! Ouvrez les guides et comptez les étoiles! Il y en a un plein seau. Cette situation privilégiée date d'aussi loin que la gastronomie. Comment l'expliquer? Sans doute, nos plus grands écrivains y sont nés: Brillat-Savarin et Lucien Tendret dans le Bugey, Paul Ramain en Savoie, Berchoux dans le Mâconnais, mais, bien plus que des créateurs, les grands hommes sont des hommes créés par leurs origines, des «originaux» au plein sens du mot. Comme les carabiniers, ils arrivent toujours en retard, quand il n'y a plus qu'à mettre les pieds sous la table, soit pour écrire et pour manger.

Tout au long de nos recherches, nous avons constaté combien la notion de terroir était insuffisante pour justifier la qualité d'un cru. Cependant, nous devons reconnaître un certain rôle aux conditions physiques. Dans le cas des aliments, il est réduit à zéro. L'idée d'une bonne cuisine née des fameux «bons produits locaux» fait partie des pouilleries de la pensée qu'il est indigne de défendre. Comment des régions si diverses se seraient-elles mises d'accord pour choisir l'exquis comme commun dénominateur? Quel géographe un peu averti ne pourrait pas découper trente ensembles équivalents sur le territoire de l'hexagone? En réalité, la cascade fonctionne en remontant: en bas se trouve le gourmand, qui exige la bonne cuisine placée au niveau d'au-dessus, le cuisinier levant lui-même la tête pour maintenir le producteur dans la bonne voie. Les brefs extraits de Lucien Tendret cités plus haut concernant les légumes et particulièrement les navets et les raves illustrent ce schéma d'une manière irréfutable. Gourmand, cuisinier, connaissant sa terre et ses produits, il tenait tout le circuit en main. De plus, il pouvait le décrire. C'était un humaniste dans le plein sens du mot.

De telles personnalités sont rares, mais, M. de la Palisse le dirait, on a d'autant plus de chances d'en rencontrer qu'on voit plus de monde. La valeur gastronomique de cette région s'explique parce qu'elle est d'abord un gué et un carrefour. Gué qui est parfois un col et une cluse. Carrefour qui peut être de montagnes — sur lesquels autrefois on marchait, — de rivières et de routes. Tout arrivait de Lyon et tout en partait. Les Romains ne réfléchirent pas longtemps avant d'en faire leur capitale et il est probable que, sans l'Atlantique et Christophe Colomb, Paris serait encore une pauvre ville. Mais nous n'opposerons pas ce que la politique et la gastronomie ont uni, préférant produire un document historique, qui résume à lui seul une longue histoire, le menu du déjeuner du 21 juillet 1921, offert à Curnonsky, prince des gastronomes, par le fils de Lucien Tendret en son domaine de Senœ, près de Ceyzerieu:

LE POTAGE AUX LÉGUMES

LES TRUITES SAUMONÉES FROIDES DU FURAN
AVEC LA SAUCE VINAIGRETTE

LE GATEAU DE FOIES BLONDS
DE VOLAILLES DE BRESSE
AU COULIS DE QUEUES D'ÉCREVISSES

LE GIGOT DE MOUTON BRAISÉ
A LA PURÉE D'OIGNONS

LES CANETONS BRESSANS ROTIS

LES ÉPINARDS AU JUS

LES ÉCREVISSES CARDINALISÉES
A LA MODE DE MONSIEUR LE PRIEUR

LES ANANAS AU RIZ

LE MOKA

LE VIEUX MARC DE VIN DE SEYSSEL

LES VINS BRESSANS DE SEYSSEL ET DE CEYZÉRIEU

Remontant nous aussi la cascade, nous terminerons par la région la plus excentrique et la plus particulière de notre champ d'exploration, la Corse. A la différence de la précédente, poreuse de toutes parts, elle s'est maintenue tout au long de l'histoire à l'état de forteresse recto-verso. On ne pouvait ni y pénétrer ni en sortir. La marmite en était réduite à bouillir toute seule, pour elle-même. Aussi s'explique-t-on qu'elle soit tardivement entrée en cuisine. On n'a commencé à publier des recettes corses que depuis très peu de temps. Nous nous trouvons donc devant un cas unique en France, celui d'une gastronomie sans voyageurs. Mais, si nous sommes bien renseignés, ce temps pourrait être révolu. Il y aura donc un nouvel élan, pris à même d'un tremplin que l'on pourrait qualifier de préhistorique. C'est une occasion exceptionnelle qui devrait permettre de monter très haut, car la cuisine qui a le plus d'avenir est toujours celle qui reste le plus proche de son passé.

LA TABLE DE MARIE MAURON

Une table sans vin, vouée à l'eau est triste. Encore sied-il d'assortir vins aux plats. J'entends les grands jours, où *l'on se dérange,* parce qu'il est fête ou que l'on reçoit ses amis. Il y a quelques règles à respecter, celles du bon sens, donc, des connaisseurs. En Provence, la forme compte autant que le fond et chacun sait qu'un vin mal servi, donc mal à propos, perd ses qualités et son charme.

Dans cette optique, les grands vignerons disent que manger tous les plats avec le même vin, dire que le rosé, étant *moyen,* y est parfait, sont deux hérésies magistrales. D'abord, rien n'est moyen: la couleur claire du rosé (voyez par exemple, celui de Tavel), ne signifie pas qu'il est entre deux, rouge et blanc, sinon de couleur. Chacun a ses qualités propres, son degré d'alcool, son bouquet et s'associe mieux au moment où on le sert, au mets qu'on mange. Et justement, comme ces mets vont des légers hors-d'œuvre, aux entrées plus corsées, jusqu'aux rôtis plus somptueux, le blanc, le rosé et le rouge doivent accompagner chacun sans détonner.

Autre règle absolue: les blancs se boivent frais; les rosés aussi, mais moins frais; les rouges, chambrés, c'est-à-dire à la température de la pièce où ils seront bus; les liquoreux de dessert, eux, très frais. Mais frais ne signifie pas froid. Le froid tue sans appel tout bouquet, en tout vin, quel qu'il soit.

Avec quel mets servir nos vins blancs, rosés, rouges? Les usagers du Rhône, de la côte, de la montagne, de la plaine me l'ont appris, parfois contradictoirement. A chacun d'expérimenter.

Les blancs secs vont aux crudités: céleri, carde à l'anchoyade, allumettes, salades vertes pour ceux qui, comme nous, paysans d'Arles et du Comtat, commencent par là le repas, tourte aux herbes, aux oignons, et même pizza importée d'Italie, ayant conquis droit de cité. Il va très bien aux coquillages, fruits de mer en tout genre, poisson rôti, grillé, bouilli, à la brandade de morue, aux olives, vertes et noires, de rigueur sur toutes nos tables. C'est le vin exclusif de la bouillabaisse, fût-elle de simple morue, et de l'excellent catigot d'anguilles.

Les rosés, plus corsés, accompagnent bien l'aïoli où, si volontiers, l'ail joue les ténors et que, subtil, puissant, le Tavel tient gentiment en respect. Il va bien avec les volailles blanches, poulet rôti ou en ragôut, et il entre alors dans la sauce, y colorant un peu les anémiques champignons de Paris; bien aussi avec les pâtés: de canard, de foie gras, de toute volaille et de porc; avec toute charcuterie, le jambon en particulier. Il est d'usage de déglacer les fonds de rôti avec du vin blanc. Ici, nous le faisons plus volontiers avec du rosé. C'est encore lui qui *lie* la farine de nos ragoûts d'agneau, de mouton, de porc, de légumes: haricots ou pommes de terre aux olives et grosses saucisses fondues.

Le vin rouge est parfait en marinades pour le bœuf, le sanglier et son fils qui, même plus tendre, a besoin d'un bain parfumé et corsé de deux ou trois jours: bon vin, oignons, thym, laurier, sel, poivre abondant. Il est de toute daube, avec ou sans carottes, avec ou sans olives noires, avec ou sans anchois; de toute carbonnade, estouffade, farcums de bœuf, civets, de tout salmis du plus humble au plus magnifique, du pigeon au gibier de choix. Il entre partout s'il s'agit de sauce royale ou de bohémienne aux tomates. Surtout c'est l'accompagnement obligatoire des fromages: gruyère ou Cantal, Port Salut, Roquefort, Banon et toutes les brousses, les tommes, Brie, Camembert et Pont l'Evêque, car la Provence est éclectique, bien qu'elle préfère les *siens,* surtout de chèvres, qu'elle élève, mais aussi de vaches de tous les pays. Il va sans dire que rigottes, pélardons, cachats, cacheilles, fromages fermentés des montagnes, (Alpes, Alpilles, Ventoux, Lubéron de chez nous), faits de tous les restes des uns et des autres confits à l'alcool, au vinaigre et aux herbes aromatiques, ont la faveur de nos bergers, comme à Roquefort, le leur, de brebis, que, tous, s'arrosent de vin rouge à belle robe...sauf à Condrieu où les rigottes ne veulent que leur seul vin blanc!

Non, non, je n'ai pas oublié les escargots, gibier de pauvre, et succulents, qu'ils soient gris, nonnes ou capucins, cuits dans une sauce aux anchois, aux noix écrasées, au fromage, et que les gastronomes, parce qu'ils les bourrent de foie et de persil, comme en Bourgogne, ne savent classer ni poisson, ni viande, pâle ou rouge, ni gibier de garrigue. Les livres de cuisine, eux aussi, les mettent à part, mais par dédain et non par dilection comme ici, et ils disent boire avec *du vin blanc,* sans qualification. Tant pis! Tant mieux! Nous les arrosons de vin rouge, du meilleur, les pauvres, pour les honorer, et aussi parce que poivre et anchois, ail et persil, tomates, nous justifient de cette préférence. D'ailleurs, ici, nous mangeons de *vrais* escargots.

Tout le monde le sait: au dessert, on boit des vins doux. A nous le Baumes-de-Venise, le Rasteau, le muscat mousseux, le vin cuit parfumé au coing, la carthagène si moelleuse et si traître avec son alcool! voici venir tels quels, les fruits frais, en salade, en conserve l'hiver, les crèmes, les beignets, fougasses, oreillettes que d'autres appellent merveilles, les tartes — surtout celles faites à la maison, et, avec le café, ces *sauve-chrétiens,* vins de fruits macérés, vin d'orange ou de cassis, de framboise, de fraise et même de tilleul, de verveine, d'origan, de myrte, surtout de noix vertes, de pétales de roses. Fruits, feuilles, fleurs ont d'abord macéré 40 jours dans de l'alcool avant d'être ajoutés au vin le meilleur que l'on sucre.

C'est avec ce vin cuit fait à la maison, dont le coing vient de quelqu'un d'autre, que l'on bénit la bûche de Noël; c'est ce vin de noix, dont les noix viennent aussi, anonymes, de quelqu'un d'autre que l'on offre à l'hôte arrivant: le toast de l'hospitalité, symboliquement, comme à Châteauneuf, la clé de la cave et du cœur. Aimons ensemble cette fraternité campagnarde, du coing, des noix qu'en secret l'on se donne, se prend, des uns aux autres, au moment des vendanges, dans la fête du moût giclant où l'on jette le coing doré qui le parfume; à la Saint-Jean, dans la gloire du blé quand, dans l'alcool du marc de l'an dernier, on coupe en croix les noix vertes d'un autre qui, à travers le vin, vous devient doublement ami.

Vin chaud d'hiver avec sucre, poivre, cannelle, girofle, zeste d'orange ou de citron; vin frais d'été où ont trempé ensemble ou successivement fraises, framboises, melons, pêches, sur fond de pamplemousse, de citron et d'orange, avec parfois banane et ananas, vin frais, bien sucré, de la pause dit le *totti* des moissonneurs. Vin si réconfortant, avec un jaune d'œuf et du sucre fin battus jusqu'au «blanc», bu en compagnie, au coin du feu au cours des châtaignées, sous la tonnelle après la sieste, ne dites-vous pas l'amitié, même venant de loin et anonyme avec la sangria d'Espagne, quand, clairs et vifs, tintent nos verres?

C'est parce qu'il sert, joyeux, cette amitié, que l'homme a tant de façons, d'après ses sentiments à son égard, qualifié le vin — nos vins.

Il l'a dit franc, délicat, dépouillé, fin, ferme, distingué, généreux, léger, structuré, bien en bouche, moelleux et amoureux à boire, racé, de belle robe, parfumé, gouleyant, bouqueté, même: aimable, etc. Frédéric Mistral, dans son «Grand Trésor» a relevé: vin de grâce, celui du premier rai; vin de Dieu ou des demoiselles pour un vin exquis, un nectar; vin du roi ou de capitaine pour un vin corsé, supérieur; mais aussi de couvent quand il est coupé d'eau, il donne à la piquette le nom péjoratif d'arrière-vin.

Mais aussi, sévère envers lui comme envers l'ami qui trahit, on peut signifier les défauts d'un vin, le disant âpre, maigre, faible, pauvre, dur, déséquilibré, acerbe, mordant, lourd, pâteux, mou, brûlé, plat, froid, amer, rèche, râpeux, et pis encore: éteint, fané et même louche!

Faut-il l'aimer pour le juger avant tant de nuances et de discernement! Il faut, en Provence du moins, penser avec Horace qui a dit: «Je veux du vin qui ait du corps sans avoir rien de rude, qui, coulant dans mes veines, bannisse les soucis de mon esprit, porte dans mon cœur les plus riches espérances et mette sur ma langue les grâces de la parole».

CLASSIFICATION

VALLÉE DU RHÔNE

CÔTES-DU-RHÔNE

La production de ce vignoble, l'une des plus abondantes de France, est de l'ordre de 1.600.000 hl par an. Les vins rouges représentent 99 % de la production. L'appellation «Côtes-du-Rhône» s'applique à des vins produits par plus de cent communes des cinq départements du Rhône, de l'Ardèche, de la Loire, de la Drôme et du Vaucluse.

CÔTES-DU-RHÔNE-VILLAGES

Cette appellation est réservée à 16 communes qui bénéficient elles-mêmes de l'appellation contrôlée : leur nom peut donc figurer seul sur une étiquette.

Il s'agit de *Rochegude, Rousset-les-Vignes, Saint-Maurice-sur-Eygues, Saint-Pantaléon-les-Vignes* et *Vinsobres* dans la Drôme, de *Chusclan, Laudun* et *Saint-Gervais* dans le Gard, de *Cairanne, Rasteau, Roaix, Sablet, Séguret, Vacqueyras, Valréas* et *Visan* dans le Vaucluse. La production annuelle est d'environ 70.000 hl.

CÔTE-RÔTIE

Quelque 2.000 hl de vin rouge. Les vignes sont toutes situées sur la commune d'Ampuis. Les meilleurs crus portent les noms de Côte-Blonde, Côte-Brune, La Turque, La Grande Vigne, La Grosse Roche, La Grande Plantée, La Claypeyrane, La Poyette.

CONDRIEU et CHÂTEAU-GRILLET

Ces deux appellations voisines recouvrent à peine 200 hl de vin blanc, dont 50 hl à peine pour Château-Grillet.

HERMITAGE

3.000 hl, dont 1.000 de vin blanc produits pour l'essentiel sur le territoire de la commune de Tain-l'Hermitage. En rouge, les principaux crus sont Les Bessards, Le Méal et Greffieux. En blanc, Chante-Alouette.

CROZES-HERMITAGE

Environ 20.000 hl par an, dont 1.500 de vin blanc. En rouge, les meilleurs sont produits à Croze, Larnage, Mercurol. En blanc, à Mercurol — Clos des Hirondelles —, à Livron-sur-Drôme, Die, Château-Curson.

SAINT-JOSEPH

Ce terroir, situé sur la rive droite du Rhône, produit 4.000 hl, dont moins de 500 hl de vin blanc.

CORNAS

1.500 hl de vin rouge produits sur le territoire de la commune de Cornas, en face de Valence.

SAINT-PÉRAY

Vin blanc, traité en mousseux. Moins de 2.000 hl. Les vendanges se font aux portes de Valence.

246

CHÂTILLON-EN-DIOIS
Rouges, blancs et rosés, la production, limitée à Châtillon-en-Diois est de l'ordre de 2.500 hl par an.

CLAIRETTE DE DIE
Vin mousseux à base de Muscat et de Clairette récoltés aux environs de Die, dans la Drôme. 40.000 hl par an.

CÔTES DU VENTOUX
Rouges, blancs et rosés. Entre 100 et 150.000 hl vinifiés au pied du Ventoux à cheval sur les départements de la Drôme et du Vaucluse.

COTEAUX DU TRICASTIN
50.000 hl de vin rouge produits autour de Suze-la-Rousse.

RASTEAU et MUSCAT DE BEAUMES-DE-VENISE
Ces deux vins doux naturels totalisent chaque année environ 6.000 hl dont 1.000 hl pour Rasteau.

GIGONDAS
25.000 hl de vin rouge.

CHÂTEAUNEUF-DU-PAPE
Le plus grand vin rouge des Côtes-du-Rhône. Les meilleurs crus sont le Château de la Nerthe, le Château-Fortia ou Fortiasse et le Château des Fines-Roches. Il existe un Châteauneuf-du-Pape blanc : 1.500 hl sur un total de 90.000 hl.

TAVEL
C'est le plus ancien rosé de France. La production est d'environ 30.000 hl par an.

LIRAC
Voisin du précédent, il existe aussi en rouge et en blanc. Au total, un peu plus de 10.000 hl par an.

Les VDQS de la vallée du Rhône

COTEAUX DU LYONNAIS
Sur la rive droite, aux environs de Lyon. Vins rouges, rosés, plus rarement blancs — entre 2 et 3 % du total — produits sur les cantons de l'Arbresle, Condrieu, Givors, Limonest, Mornant, Neuville-sur-Saône, Saint-Genis-Laval, Tarare et Vaugneray. 7.000 hl.

CÔTES DU VIVARAIS
Sur la rive droite, environ 20.000 hl principalement de vins rouges dont certains peuvent porter les noms des crus suivants : Orgnac, Saint-Montant et Saint-Remèze.

HAUT-COMTAT
Sur la rive gauche, près de 30.000 hl de rouges et de rosés produits autour de Nyons.

CÔTES DU LUBERON
Sur la rive gauche, plus de 50.000 hl de rouges, de rosés et de blancs vinifiés autour de Lourmarin.

PROVENCE

COTES DE PROVENCE
Classé en AOC, ce vignoble s'étend sur la zone côtière des Maures, la bordure nord du même massif et la vallée moyenne de l'Argens. La production avoisine 700.000 hl, vins rosés pour l'essentiel.

PALETTE
500 hl dont ¼ de vins blancs — les plus réputés —, produits sur le territoire des communes du Tholonet et de Meyreuil près d'Aix-en-Provence.

CASSIS
Vins blancs surtout, mais aussi rouges et rosés totalisant 4.000 hl par an.

BANDOL
Blancs et rosés, plus rarement rouges, 15.000 hl au total.

BELLET
Le vin de Nice, blanc et rouge, moins de 1.000 hl par an.

Les VDQS de Provence

COTEAUX D'AIX-EN-PROVENCE
Vins blancs, rosés et rouges ; environ 65.000 hl par an produits dans la région d'Aix.

COTEAUX DES BAUX
Vins rouges et rosés, soit moins de 8.000 hl par an.

COTEAUX DE PIERREVERT
Vins blancs, rouges et rosés produits par une quarantaine de communes autour de Manosque.

LANGUEDOC-ROUSSILLON

CLAIRETTE DE BELLEGARDE
Ce petit vignoble aux environs de Nîmes produit moins de 1.000 hl de vins blancs.

CLAIRETTE DU LANGUEDOC
Vin blanc — environ 7.000 hl — produit par quelques communes situées au nord de Pézenas.

FITOU
Cette appellation couvre les meilleures communes des Corbières. La production annuelle — vin rouge — est de l'ordre de 40.000 hl.

CÔTES DU ROUSSILLON
150.000 hl de vins rouges pour l'essentiel, mais aussi rosés et blancs produits dans les Pyrénées-Orientales.

CÔTES DU ROUSSILLON-VILLAGES
Appellation qui peut être suivie du nom de deux communes: Caramany et La Tour-de-France. La production de vins rouges dépasse 50.000 hl.

COLLIOURE
Environ 1.000 hl de vin rouge produits sur la Côte Vermeille entre Collioure et Banyuls-sur-Mer.

BLANQUETTE DE LIMOUX
Vin mousseux élaboré selon la méthode champenoise. La production est de l'ordre de 40.000 hl et concentrée autour de Limoux dans l'Aude.

Les Vins Doux Naturels du Languedoc et du Roussillon

MUSCAT DE FRONTIGNAN
Environ 7.000 hl

MUSCAT DE LUNEL
Environ 4.000 hl

MUSCAT DE MIREVAL
Environ 2.000 hl

MUSCAT DE SAINT-JEAN-DE-MINERVOIS
Environ 1.000 hl

RIVESALTES ET MUSCAT DE RIVESALTES
Ces deux appellations regroupent une production de près de 500.000 hl dont 400.000 hl pour la première. Le vignoble couvre toutes les collines qui limitent la plaine du Roussillon du sud des Corbières aux Albères.

MAURY
Environ 30.000 hl produits en Roussillon dans la vallée de l'Agly entre Maury et Estagel.

BANYULS et BANYULS GRAND CRU
Ces deux appellations produisent au total environ 40.000 hl par an. La seconde est obligatoirement vinifiée en macération et vieillie trente mois en fût.

Les VDQS du Languedoc

COSTIÈRES DU GARD
Blanc, rouge et rosé. Environ 200.000 hl produits entre Nîmes et Saint-Gilles.

COTEAUX DU LANGUEDOC
Cette appellation générique couvre une production de l'ordre de 40.000 hl. Elle est complétée par 13 appellations locales: vins rouges pour l'essentiel.
– *Coteaux de la Méjanelle* entre Montpellier et Mauguio: environ 10.000 hl
– *Coteaux de Vérargues* au nord de Lunel: près de 20.000 hl

– *Coteaux de Saint-Christol*, appellation voisine de la précédente: 5.000 hl
– *Saint-Drézéry*, au nord-est de Montpellier: 1.000 hl
– *Pic-Saint-Loup*, au nord de Montpellier: 25.000 hl
– *Saint-Georges-d'Orques*, aux portes de Montpellier sur la route de Lodève: 15.000 hl
– *Saint-Saturnin*, au nord de Clermont-l'Hérault: 15.000 hl
– *Montpeyroux*, appellation voisine de la précédente: moins de 10.000 hl
– *Cabrières*, rouge et rosé: 5.000 hl au sud-ouest de Clermont-l'Hérault.
– *Faugères*, au sud de Bédarieux: 30.000 hl
– *Saint-Chinian*, à l'ouest de Béziers sur la route de Saint-Pons: près de 100.000 hl
– *La Clape*: 25.000 hl dont 3.000 hl de vin blanc, produits au pied de la Montagne de la Clape entre Narbonne et la côte
– *Quatourze*: 10.000 hl aux portes de Narbonne sur la route de Gruissan
– *Picpoul de Pinet*: 5.000 hl de vin blanc produits autour de Pinet, près de l'étang de Thau
– *Côtes de la Malepère*: 4.000 hl produits dans la région de Limoux
– *Côtes du Cabardès et de l'Orbiel*: 10.000 hl de vins rouges et rosés produits au nord de Carcassonne
– *Minervois*: plus de 300.000 hl, rouges et rosés pour l'essentiel, produits sur 25.000 hectares de collines à cheval sur l'Aude et l'Hérault
– *Corbières et Corbières Supérieures*: plus de 800.000 hl dont 5.000 hl de Corbières Supérieures rouges et rosés. Les blancs représentent moins de 1 % du total.

SAVOIE

SEYSSEL et SEYSSEL MOUSSEUX
Vin blanc sec produit aux confins de l'Ain et de la Haute-Savoie sur les communes de Seyssel et Corbonod dans l'Ain et de Seyssel dans la Haute-Savoie. 2.500 hl dont 500 hl de vin mousseux.

CRÉPY
Vin blanc produit sur les communes de Ballaison, Douvaine et Loisin en Haute-Savoie. 4.000 hl.

VIN DE SAVOIE
Blanc, rouge, rosé ou clairet. Les principaux crus sont: Abymes, Apremont, Arbin, Ayze, Charpignat, Chautagne, Chignin, Chignin-Bergeron ou Bergeron, Cruet, Marignan, Montmélian, Ripaille, Saint-Jean-de-la-Porte, Saint-Jeoire-Prieuré et Sainte-Marie d'Alloix. Pour les vins mousseux ou pétillants les noms de crus sont: Ayze, Bonneville et Marignier. Au total plus de 50.000 hl dont 40.000 hl de vins blancs.

ROUSSETTE DE SAVOIE
Vin blanc dont les principaux crus sont Frangy, Marestel, Monthoux et Monterminod. 2.500 hl.

Les VDQS du Bugey

**VINS DU BUGEY – ROUSSETTE DU BUGEY et MOUS-
SEUX ou PÉTILLANT DU BUGEY**
10.000 hl de vins rouges, blancs, rosés ou mousseux produits entre le
Rhône et l'Ain. L'appellation « Vin du Bugey » peut être complétée par
les noms de crus suivants: Virieu-le-Grand, Montagnieu, Manicle,
Machuraz, Cerdon. Celle de «Roussette du Bugey» — vin blanc
uniquement — peut être suivie des noms de crus: Anglefort, Arbignieu, Chanay, Lagnieu, Montagnieu et Virieu-le-Grand.

CORSE

VIN DE CORSE
Cette appellation générique est complétée par sept appellations
locales: Coteaux d'Ajaccio, Calvi, Coteaux du Cap Corse, Patrimonio,
Porto-Vecchio, Figari et Sartène. Au total, une production annuelle de
l'ordre de 150.000 hl, rouges et rosés pour l'essentiel. Les vins blancs
représentent moins de 10% du total.

VALLÉE DU RHÔNE

APPELLATION D'ORIGINE CONTRÔLÉE — A.O.C.

CÔTE RÔTIE
Emile Champet, 69420 Ampuis
Marius Gentaz, 69420 Ampuis
E. Guigal, 69420 Ampuis
Francis de Vallouit, 26240 Saint-Vallier

CONDRIEU
Marc Dumazet, 07340 Limony
Paul Multier, 69420 Condrieu
Georges Vernay, 69420 Condrieu

CHÂTEAU-GRILLET
Neyret-Gachet, Château-Grillet, 69420 Condrieu

CROZES-HERMITAGE
Albert Begot, 26600 Serves (rouge et blanc)
Cave Coopérative Les Clarmonts, 26600 Beaumont-Monteux
Jules Fayolle, 26600 Gervans (blanc)
Robert Michelas, 26600 Mercurol (rouge et blanc)
Pierre Peichon, 26600 Erôme (rouge)
Raymond Roure, 26600 Gervans (rouge et blanc)
Gabriel Viale, 26600 Mercurol (rouge)

HERMITAGE
De Boissieu, 26600 Tain-l'Hermitage (blanc)
Cave Coopérative Les Vins Fins, 26600 Tain-l'Hermitage (rouge)
M. Chapoutier, 26600 Tain-l'Hermitage
Gérard Chave, 07300 Mauves (rouge et blanc)
Louis-Aimé Fayolle, 26600 Gervans (rouge)
Térence Gray et Jehan Dufresne de Gallier,
26600 Tain-l'Hermitage (rouge et blanc)

SAINT-JOSEPH
Jean-Louis Grippat, 07300 Tournon (rouge et blanc)
Antoine Guilleron, 42760 Chavanay (blanc)
Jean Marsanne, 07300 Mauves (rouge)

CORNAS
Auguste Clape, 07130 Cornas
Robert Michel, 07130 Cornas
Louis Verset, 07130 Cornas

CHÂTEAUNEUF-DU-PAPE
Elie Armenier, 84230 Châteauneuf-du-Pape (rouge)
Bérard Père et Fils, 84370 Bédarrides (blanc)
Jean-Pierre Boisson, 84230 Châteauneuf-du-Pape (rouge)
Paul Coulon, 84230 Châteauneuf-du-Pape (rouge et blanc)
Les Fils d'Etienne Gonnet, 84370 Bédarrides (rouge et blanc)
Pierre Quiot, Château Maucoil, 84230 Châteauneuf-du-Pape
Jean-Claude Sabon, 84230 Châteauneuf-du-Pape (rouge)
Domaine de Nalys, 84230 Châteauneuf-du-Pape (rouge)

GIGONDAS
Jean et Maurice Archimbaud, 84190 Vacqueyras
Boutière Père et Fils, 84190 Gigondas
Cave Coopérative, 84190 Gigondas
Michel Coulouvrat, 84500 Bollène
Georges Faraud, 84190 Gigondas
Roland Gaudin et Pierre Lambert, 84190 Gigondas
Roger Meffre, 84190 Gigondas
Laurent Meunier, 84190 Gigondas

CÔTE-DU-RHÔNE
Cave Coopérative, 84190 Beaumes-de-Venise (rouge, rosé et muscat)
Cave Coopérative, 84290 Cairanne (rouge, blanc et rosé)
Cave Coopérative, 30200 Chusclan (rouge et rosé)
Cave Coopérative, 30390 Estézargues (rouge)
Cave Coopérative Les Quatre Chemins, 30290 Laudun (rosé)
Cave Coopérative, 84110 Rasteau (rosé)
Cave Coopérative, 84110 Roaix-Séguret (rouge)
Cave Coopérative, 30120 Saint-Hilaire-d'Ozilhan (rouge)
Cave Coopérative, 26110 Saint-Maurice-sur-Eygues (rouge)
Cave Coopérative, 84220 Saint-Pantaléon-les-Vignes (rouge)
Cave Coopérative Costebelle, 26130 Tulette (rouge)
Cave Coopérative, 26110 Vinsobres (rouge)
Cave Coopérative, 84600 Visan
Alary Frères, 84290 Cairanne (blanc)
André Brusset et Fils, 84290 Cairanne (blanc)
Fernand Durma, 26110 Vinsobres (rouge)
Edouard Dusser, 84260 Sarrians (rouge)
André Payan, 30650 Saze (rouge)
Charles Pons-Mure, 30126 Saint-Laurent-des-Arbres (blanc)
Marie Pons-Mure, 30150 Roquemaure (rouge)
Abel Rabasse-Charavin, 84290 Cairanne (rouge et rosé)
Ricard Frères, 84190 Vacqueyras (rouge et rosé)
Charles Roux, 84190 Gigondas (rouge et blanc)
Guy Steinmaier, 30200 Saint-Gervais (rouge)

TAVEL
Andrée Bernard, 30126 Tavel
Georges Bernard, 30126 Tavel
Armand Maby, 30126, Tavel
Gabriel Roudil, 30126 Tavel

LIRAC
Antoine Verda, 30150 Roquemaure (rouge, blanc et rosé)

COTEAUX DU TRICASTIN
J.M. Bouat, 26290 Donzère (rosé)
Pierre Labeye, 26290 Donzère (rouge)

CÔTES DU VENTOUX
Cave Coopérative, 84190 Beaumes-de-Venise (rosé)
Cave Coopérative, 84110 Bédoin (rouge et rosé)
Cave Coopérative, 84380 Mazan (rouge)

RASTEAU — VIN DOUX NATUREL
Cave Coopérative, 84110 Rasteau
Robert Charavin, 84110 Rasteau

SAINT-PÉRAY
Cave Coopérative des Vignerons, 07130 Saint-Péray
Jean-François Chaboud, 07130 Saint-Péray

CLAIRETTE DE DIE
Claude Achard, 26150 Barsac
Martial Bec, 26340 Saillans
Cave Coopérative, 26150 Die
Raymond Frachet-Vincent, 26150 Sainte-Croix
Jean-Claude Raspail, 26340 Saillans

VIN DÉLIMITÉ DE QUALITÉ SUPÉRIEURE — V.D.Q.S.

CÔTES DU LUBÉRON
Luc Pinatel, 84400 Apt (blanc et rosé)
SICAREX-Méditerranée, 30240 Le Grau-du-Roi (rouge)

CÔTES DU VIVARAIS
Cave Coopérative, 07150 Orgnac-l'Aven (rouge)
G.A.E.C. du Belvezet, 07700 Saint-Remèze (rouge)

VIN DE PAYS

DRÔME
Cave Coopérative Les Clairmonts, 26600 Beaumont-Monteux

PROVENCE

APPELLATION D'ORIGINE CONTRÔLÉE — A.O.C.

CASSIS
Costa Zafiropulo, 13260 Cassis

BANDOL
Paul Bunan, 83740 La Cadière-d'Azur (rouge et rosé)
Pierre Bunan, 83300 Le Castellet (rouge)
Cave Coopérative, 83740 La Cadière-d'Azur (rouge, blanc et rosé)
Jules Estienne, 83330 Sainte-Anne-d'Evenos (rouge)
Gaston Prébost, 83270 Saint-Cyr-sur-Mer (rouge)
Henri de Saint-Victor, 83740 La Cadière-d'Azur (rouge)

BELLET
René Gomez, 06200 Saint-Roman
J. Schneider-Quinat, Lou Clos de la Terre, 06200 Saint-Roman

PALETTE
Château-Simone, 13590 Meyreuil

CÔTES DE PROVENCE
Georges Brunet, Château Vignelaure, 83560 Rians
Cave Coopérative, 83460 Les Arcs (rosé)
Cave Coopérative La Cuercoise, 83390 Cuers (blanc)
Cave Coopérative La Pugetoise, 83750 Puget-Ville (rouge)
Barbaroux, 83250 La Londe-des-Maures (rosé)
Hoirs Victor, 83460 Les Arcs (rouge)

Paul Fieschi, 83920 La Motte (rouge)
M. de Louvencourt, 83260 La Crau (rouge et rosé)
Jean Roubaud, 83850 Cotignac
Madame Thoulon et M. de Pierrefeu, 83390 Cuers

VIN DÉLIMITÉ DE QUALITÉ SUPÉRIEURE — V.D.Q.S

COTEAUX D'AIX-EN-PROVENCE
Cave Coopérative, 13410 Lambesc (rouge)
Cave Coopérative, 13880 Velaux-Coudoux (rosé)
Domaine de Font-Colombe, 13610 Le Puy-Sainte-Réparade
Marcel Lafforgue, 13610 Le Puy-Sainte-Réparade

COTEAUX VAROIS
Compagnie des Salins du Midi, 83610 Collobrières (rouge)

CORSE

Albertini Frères, 20151 Carri-d'Orcino (blanc et rosé)
Cave Coopérative, 20270 Aléria (rouge)
Christian Imbert, 20210 Lecci di Porto-Vecchio (blanc et rosé)
Charles Morazzani, 20213 Folelli (rouge et rosé)

LANGUEDOC-ROUSSILLON

APPELLATION D'ORIGINE CONTRÔLÉE — A.O.C.

CLAIRETTE DE BELLEGARDE
Coopérative de la Clairette, 30300 Bellegarde
Pierre Laurent, 30300 Bellegarde

CLAIRETTE DU LANGUEDOC
Cave Coopérative, 34800 Cabrières
Cave Coopérative, 34230 Paulhan
Coopérative de Vinification, 34800 Aspiran

FITOU
Jean Abelanet, 11510 Fitou
Cave Coopérative, 11360 Cascatel
Cave Coopérative, 11350 Tuchan
Coopérative Pilote, 11360 Villeneuve-les-Corbières

CÔTES DU ROUSSILLON
André Calvet, 66300 Thuir (rouge)
Cazes Frères, 66600 Rivesaltes (rouge et blanc)
Château de l'Esparrou, 66140 Canet-en-Roussillon (rouge)
Gilbert Noury, 66300 Passa (blanc)
Marie Santenach, 66300 Ponteilla (rouge)
Henri Vidal, 66300 Bages (vin vert)

COLLIOURE
Groupement Interproducteur du Cru Banyuls, 66660 Port-Vendres

MUSCAT DE FRONTIGNAN — VIN DOUX NATUREL
Cave Coopérative du Muscat, 34110 Frontignan

MUSCAT DE LUNEL — VIN DOUX NATUREL
Cave Coopérative du Muscat, 34400 Vérargues

MUSCAT DE MIREVAL — VIN DOUX NATUREL
Cave Coopérative du Muscat, 34840 Mireval

MUSCAT DE SAINT-JEAN-DE-MINERVOIS —
VIN DOUX NATUREL
Cave Coopérative du Muscat, 34360 Saint-Jean-de-Minervois

RIVESALTES — VIN DOUX NATUREL
Cave Coopérative, 66390 Baixas
Louis-Jean Comalada, 66670 Bages
Marie Graves, 66240 Saint-Estève
Madame Georges Sisqueille, 66140 Canet-en-Roussillon

MAURY — VIN DOUX NATUREL
Cave Coopérative, 66460 Maury
Charles Dupuy, Mas Amiel, 66460 Maury
Madame Léon Mège, 66460 Maury

BANYULS — VIN DOUX NATUREL
Cave Coopérative Le Dominicain, 66190 Collioure
Cave Coopérative L'Etoile, 66650 Banyuls-sur-Mer
Cave Coopérative Les Vignerons, 66650 Banyuls-sur-Mer
Groupement Interproducteur du Cru Banyuls, 66660 Port-Vendres

BLANQUETTE DE LIMOUX
Malviva Buoro, 11300 Limoux
Cave Coopérative, 11300 Limoux

VIN DÉLIMITÉ DE QUALITÉ SUPÉRIEURE — V.D.Q.S

COSTIÈRES-DU-GARD
Charles Daussant, 30000 Nîmes (rosé)
Mas de Carlot, 30127 Bellegarde (rouge)
SICAREX-Méditerranée, 30240 Le Grau-du-Roi

COTEAUX DU LANGUEDOC
Cave Coopérative, 33800 Cabrières (rouge)
Cave Coopérative, 34230 Paulhan (rosé)
Cave Coopérative, 34270 Saint-Martin-de-Tréviers (rouge)
André Dellis, 34800 Cabrières (rouge)
G.A.E.C. des Ruffes, 34700 Sallèles-du-Bosc (rosé)
M. Gaujal, 34320 Nizas (rouge)
Madame Grill, 34570 Lavérune (rouge)

SAINT-CHINIAN
M. Libes-Cavaillé, 34490 Saint-Nazaire-de-Ladarez
S.I.C.A. Les Vignerons des Quatre-Vents, 34360 Saint-Chinian

SAINT-CHRISTOL
Cave Coopérative, 34400 Saint-Christol

MINERVOIS
Cave Coopérative, 33210 La Livinière (rouge)
Cave Coopérative, 11120 Pouzols-Minervois (rouge)
M. de Crozals, 11160 Rieux-Minervois (rouge)

J. Tallavignes, 11160 Caunes-Minervois (blanc et rosé)
M. de Thélin, 11700 Blomac (rouge)

CÔTES DE LA MALEPÈRE
U.C.C.O.A.R., 11290 Montréal (rouge)

CORBIÈRES
J. Bérail, 11200 Ornaisons (blanc)
Cave Coopérative, 11360 Embres-et-Castelmaure (rouge)
Cave Coopérative, 11220 Lagrasse (rosé)
Cave Coopérative, 11420 Portel (rouge)
Cave Coopérative, 11130 Sigean (rouge)
Cave Coopérative, 11350 Tuchan (rouge)
Cave Coopérative, 11360 Villeneuve-les-Corbières (rouge)
Château de Villenouvette, 11200 Névian (rouge)
André Miquel, 11540 Roquefort-des-Corbières (rouge)
Simone Mirouze, 11200 Bizanet (rosé)
Paul Roger, 11200 Bizanet (rouge)

VIN DE PAYS

GARD
M. de Redon de Colombier, 30670 Garons
SICAREX-Méditerranée, 30240 Le Grau-du-Roi

HÉRAULT
Cave Coopérative, 34810 Pomerols (rosé)
S.I.C.A. Les Vignerons des Quatre Vents, 34360 Saint-Chinian
SICAREX-Méditerranée, 30240 Le Grau-du-Roi (rouge)

CÔTES DE THAU
Cave Coopérative, 34120 Castelnau-de-Guers (rosé)

VIN DE PAYS DES SABLES DU GOLFE DU LION
Compagnie des Salins du Midi, 34200 Sète
et 30220 Aigues-Mortes (rouge, blanc et rosé)
SICAREX-Méditerranée, 30240 Le Grau-du-Roi

HAUTE VALLÉE DE L'AUDE
Cave Coopérative, 11300 Limoux (rouge)

SAVOIE

APPELLATION D'ORIGINE CONTRÔLÉE — A.O.C.

SEYSSEL
Georges et René Mollex, 01420 Corbonod

CRÉPY
A.A. Fichard, 74140 Chens-sur-Léman
Goy et Fils, 74140 Ballaison
Jean Métral, Le Chalet, 74140 Loisin

APPREMONT ET ABYMES
Michel Cartier, 38530 Chapareillan
Les Vignerons Savoyards, 73190 Apremont
Marcel Viallet, 73190 Apremont

CHIGNIN
Raymond Quenard, 73800 Chignin
Renée Quenard, 73800 Chignin

VIN DE SAVOIE
Cave Coopérative, 73800 Cruet (rouge, blanc et rosé)
Noël Dupasquier, 73170 Jongieux (rouge)
Madame P. Crisard 73250, Fréterive (blanc)

VIN DÉLIMITÉ DE QUALITÉ SUPÉRIEURE — V.D.Q.S.

VIN DE BUGEY
Michelle Ferrier, 01350 Culoz (rouge et blanc)
Caveau Bugiste, 01350 Vongnes (blanc)

BIBLIOGRAPHIE

Paul Arrighi: *La vie quotidienne en Corse au XVIIᵉ siècle,* Paris 1970
Robert Bailly: *Histoire de la vigne et des grands vins des Côtes du Rhône,* Avignon
Robert Bailly: *Histoire du vin en Vaucluse,* Avignon
G. Bechtel: *1907, la révolte du Midi,* Paris 1977
F. Béranger: *Histoire de la région de Condrieu,* Vienne 1977
C. et J. Béranger: *Die au fil des siècles,* Die 1977
Pierre Bosc: *Le vin de la colère,* Paris 1976
Roger Dion: *Histoire de la vigne et du vin en France des origines au XIXᵉ siècle,* Paris 1959
R. Dugrand: *Villes et campagnes en Bas-Languedoc,* Paris 1963
Raymond Dumay: *Guide du vin,* Paris 1967
Raymond Dumay: *Guide des vins de pays*
Raymond Dumay: *De la gastronomie française*
P. Galet: *Cépages et vignobles de France,* Montpellier 1957
G. Galtier: *Etude comparative d'un vignoble de masse: le vignoble du Languedoc méditerranéen et du Roussillon,* Paris 1958
Philippe Huguier: *Vins de Provence,* Marseille 1977
René Jouveau: *La cuisine provençale de tradition populaire,* Aix-en-Provence 1976
Emmanuel Le Roy-Ladurie: *Les paysans du Languedoc,* Paris 1966
Jacques Médecin: *La cuisine du Comté de Nice,* Paris 1972
Rémy Pech: *Entreprise viticole et capitalisme en Languedoc-Roussillon,* Toulouse-Le Mirail
Lucien Tendret: *La table au pays de Brillat-Savarin,* Chambéry 1934
Recettes et paysages par Curnonsky, Paul Ramain et différents auteurs, Paris 1951

TABLE DES ILLUSTRATIONS

TABLE DES MATIÈRES

Cet ouvrage a été achevé d'imprimer en août 1978
par les Presses Centrales Lausanne S.A. sur papier couché.

Reliure d'André Brun à Malesherbes.

Dépôt légal nᵒ 013 - 2ᵉ trim 1978. ISBN 2-85870-014-1.